Таджикистан
Афганистан
Иршадский перевал
Долина Чарпурсон
Гиндукуш
Зуудхан
Сост
Хунджерабский перевал
Хунза
Долина Хунза
Каримабад
Каракорумское шоссе
Ледник Гиспар
Каракорумский массив
Китай
Ракапоши (7788 м)
Гилгит
Башня Мустаг (7273 м)
К2 (8611 м)
Ледник Годвин-Остин
Широкий пик (8047 м)
Ледник Балторо
Ледник Биафо
Гашербрум II (8035 м)
Гашербрум I (8068 м)
Бралду
Конкордия
Асколе
Корфе
Инд
Шигар
Шигарская долина
Машербрум (7821 м)
Хуше
Шигар
Долина Хуше
Чилас
Скарду
Балтистан
Ледник Сиачен
Нангапарбат (8125 м)
Озеро Сатпара
Хаплу
Шьок
Пакистан
Плато Деосай
Пограничная линия
Каргил
N
W
E
S
Индия
0
40 километров
0
25 миль
D1723124

КНИГИ, КОТОРЫЕ ВДОХНОВЛЯЮТ

Грег Мортенсон
Дэвид Оливер Релин

Три чашки чая

Москва 2022

УДК 821.111-3(73)
ББК 84(7Сое)-44
М79

Greg Mortenson and David Oliver Relin

THREE CUPS OF TEA

One Man's mission to fight terrorism and build nations...

One School at a time

Перевод с английского *Т. Новиковой*

Художественное оформление *П. Петрова*

Мортенсон, Грег.

М79 Три чашки чая / Грег Мортенсон, Дэвид Оливер Релин ; [пер. с англ. Т. Новиковой]. — Москва : Эксмо, 2022. — 624 с. : ил. — (Проект TRUESTORY. Книги, которые вдохновляют).

ISBN 978-5-699-43672-9

«Три чашки чая» — это поразительная история о том, как самый обычный человек, не обладая ничем, кроме решительности, способен в одиночку изменить мир.

Грег Мортенсон подрабатывал медбратом, ночевал в машине, а свое немногочисленное имущество держал в камере хранения. В память о погибшей сестре он решил покорить самую сложную гору К2. Эта попытка чуть ли не стоила ему жизни, если бы не помощь местных жителей. Несколько дней, проведенных в отрезанной от цивилизации пакистанской деревушке, потрясли Грега настолько, что он решил собрать необходимую сумму и вернуться в Пакистан, чтобы построить школу для деревенских детей.

Сегодня Мортенсон руководит одной из самых успешных благотворительных организаций в мире, он построил 145 школ и несколько десятков женских и медицинских центров в самых бедных деревнях Пакистана и Афганистана.

Книга была издана в 48 странах и в каждой из них стала бестселлером. Самого Грега Мортенсона дважды номинировали на Нобелевскую премию мира.

УДК 821.111-3(73)
ББК 84(7Сое)-44

ISBN 978-5-699-43672-9

Посвящается Ирвину «Демпси» Мортенсону,
Барри «Бэррелу» Бишопу и Ллойду Генри Релину,
которые показали нам путь, пока были здесь

Содержание

Вступление

Орбита господина Мортенсона

Маленькая красная лампочка на пульте управления мигала уже минут пять, прежде чем пилот Бангу обратил на нее внимание. Один из самых опытных пакистанских вертолетчиков, бригадный генерал, он постучал по прибору и проворчал: «Указатели уровня горючего на этих старых машинах ужасно ненадежны. — И посмотрел на меня. — А что вы хотите? Вертолет «Алуэтт», еще вьетнамских времен!» Казалось, что он просто хотел меня успокоить.

Я подвинулся к нему ближе и стал смотреть сквозь мутное лобовое стекло вертолета. В шестистах метрах под нами извивалась река. Она прокладывала себе путь среди скалистых утесов, теснящихся по обе стороны долины Хунза. На склонах гор искрились ледники, тающие под лучами тропического солнца. Бангу невозмутимо стряхнул пепел с сигареты прямо на табличку с надписью «Не курить».

Грег Мортенсон молчаливо сидел сзади. Вдруг он постучал по плечу пилота. «Генерал! Сэр! — прокричал Грег. — Мне кажется, мы летим не туда!»

До отставки бригадный генерал Бангу был личным пилотом президента Мушаррафа. После увольнения из армии стал работать в гражданской авиации. Ему было далеко за шестьдесят, волосы и ухоженные усы старого вертолетчика густо подернула седина. Генерала отличало великолепно поставленное произношение — результат обучения в британской колониальной школе, которую окончил и Мушарраф, и многие будущие лидеры Пакистана.

Бангу затушил сигарету и выругался. Наклонившись, он стал сравнивать данные GPS-навигатора, лежавшего на коленях, с военной картой, протянутой Мортенсоном.

«Я летаю в Северном Пакистане уже сорок лет, — недовольно сказал он, покачивая головой. — Откуда вам знать этот район лучше меня?» И неожиданно заложил крутой поворот. Вертолет направился в противоположном направлении.

Красная лампочка, которая меня так беспокоила, заморгала быстрее. Стрелка на приборе показывала, что у нас меньше ста литров горючего. Эта часть Северного Пакистана настолько удалена и неприветлива, что если мы не сможем добраться до места, то окажемся в весьма незавидном положении. Скалистый каньон, которым мы летели, абсолютно не был приспособлен для посадки вертолета.

КРАСНАЯ ЛАМПОЧКА ЗАМОРГАЛА БЫСТРЕЕ. СТРЕЛКА НА ПРИБОРЕ ПОКАЗЫВАЛА, ЧТО У НАС МЕНЬШЕ СТА ЛИТРОВ ГОРЮЧЕГО.

Бангу поднял вертолет выше, задал автопилоту координаты посадочной площадки — на случай, если нам не хватит топлива, — и прибавил скорость. Когда стрелка дошла до предельного значения и прибор тревожно запищал, Бангу уже сажал вертолет в центре большой буквы Н, выложенной белыми камнями. Там нас ожидала бочка с керосином.

«Отлично получилось, — заметил Бангу, зажигая очередную сигарету. — Но если бы не мистер Мортенсон, могло быть намного хуже».

Мы дозаправились из ржавой бочки с помощью ручного насоса и полетели в долину Бралду, в деревню Корфе — последний населенный пункт перед ледником Балторо, который поднимается на К2. Дальше начинается горный массив восьмитысячников. Именно с ним связана история появления Грега Мортенсона в Пакистане. У подножия именно этих гор рядовой американец, выходец из Монтаны, начал свою удивительную работу.

ВЕЧЕРОМ ГРЕГ БЫЛ ОБЫЧНЫМ АЛЬПИНИСТОМ-НЕУДАЧНИКОМ. УТРОМ ОН СТАЛ ЧЕЛОВЕКОМ, КОТОРЫЙ ОСОЗНАЛ СВОЮ ГУМАНИТАРНУЮ МИССИЮ И ПОСВЯТИЛ ЕЙ ВСЮ ОСТАВШУЮСЯ ЖИЗНЬ.

В 1993 году после неудачной попытки совершить восхождение на К2 Мортенсон вернулся в Корфе совершенно обессиленный. Вечером он лег спать возле очага, который топили кизяком. Тогда он был обычным альпинистом-неудачником. А утром, когда гостеприимные хозяева поили его чаем с маслом, он стал человеком, осознавшим свою гуманитарную миссию и посвятившим ей всю оставшуюся жизнь. С тех пор в бедной деревне, среди глинобитных хижин, стала меняться жизнь и самого Мортенсона, и детей из Северного Пакистана.

В Корфе нас с Мортенсоном и Бангу встречали с распростертыми объятиями, преподнесли голову только что убитого горного козла и стали поить чаем. Мы слушали, как дети Корфе — одного из самых бедных районов мира — говорили о своих надеждах и планах на будущее. С тех пор как десять лет назад в их деревне появился большой американец и построил первую школу, жизнь этих детей заметно изменилась. Мы с генералом были растроганы.

В КОРФЕ НАС С МОРТЕНСОНОМ И БАНГУ ВСТРЕЧАЛИ С РАСПРОСТЕРТЫМИ ОБЪЯТИЯМИ, ПРЕПОДНЕСЛИ ГОЛОВУ ТОЛЬКО ЧТО УБИТОГО ГОРНОГО КОЗЛА И СТАЛИ ПОИТЬ ЧАЕМ.

«Знаете, — сказал мне Бангу, когда мы в сопровождении 120 учеников совершали экскурсию по школе, — летая с президентом Мушаррафом, я видел многих замечательных людей. Но мне кажется, Грег Мортенсон — самый выдающийся человек из всех, кого я когда-либо встречал».

Все, кому посчастливилось наблюдать за работой Грега Мортенсона в Пакистане, были поражены тем, насколько глубоко он знаком с жизнью одного из самых удаленных регионов мира. И многие, даже и против своей воли, оказывались втянутыми в орбиту притяжения этого человека. За последние десять лет после ряда неудач и несчастных случаев, которые превратили его из альпиниста в гуманитария, Мортенсон создал одну из самых квалифицированных и успешных благотворительных организаций в мире. Неграмотные носильщики, работавшие в пакистанском Каракоруме, бросали свою поклажу, чтобы работать вместе с ним и дать своим детям образование, без которого пришлось обходиться им самим. Водитель такси, подвозивший Мортенсона в исламабадский аэропорт, продал машину и стал активным сотрудником его организации. Бывшие боевики движения Талибан после встречи с Мортенсоном забыли о насилии и угнетении женщин; вместе с ним они начали работать на строительстве школ для девочек. Мортенсон сумел завоевать уважение и снискать поддержку во всех слоях пакистанского общества, и даже в воинственных сектах ислама.

Объективные журналисты также не смогли не попасть в орбиту притяжения этого человека. Я трижды сопровождал Мортенсона в Северный Пакистан. На старых вертолетах, которым место в музее, мы летали в самые удаленные долины Каракорума и Гиндукуша. И чем больше времени я проводил, наблюдая за его работой, тем больше убеждался в том, что участвую в выдающихся событиях.

Мне рассказывали о том, как Мортенсон строил школы для девочек в удаленных горных районах Пакистана. Все это звучало настолько фантастически, что мне захотелось проверить услышанное, прежде чем вернуться домой. Эту историю мне излагали охотники на горных козлов в горных долинах Каракорума, в поселениях кочевников на границе с Афганистаном, за столами переговоров с пакистанской военной элитой, за бесконечными чашками чая в чайных, где было настолько дымно, что я с трудом мог вести записи. История, однако, оказалась еще более фантастической, чем я предполагал.

МОРТЕНСОН СОЗДАЛ ОДНУ ИЗ САМЫХ КВАЛИФИЦИРОВАННЫХ И УСПЕШНЫХ БЛАГОТВОРИТЕЛЬНЫХ ОРГАНИЗАЦИЙ В МИРЕ.

На протяжении двадцати лет я использовал свою журналистскую профессию для того, чтобы изучать жизнь разных людей. За эти годы я многократно сталкивался с фактами недоверия к журналистам. Но в Корфе и других пакистанских деревнях меня встречали, как близкого родственника — ибо Грег Мортенсон сумел завоевать доверие этих людей. Я понял, что последние десять лет его жизни были богаты необыкновенными событиями.

Надо сказать, что остаться простым наблюдателем мне не удалось. Любой из журналистов, кто побывал в какой-нибудь из пятидесяти трех школ, созданных Мортенсоном, раз и навсегда становился его сторонником. Достаточно провести ночь за разговорами с деревенскими старейшинами, обсудить новые проекты, попасть в класс, где восторженные восьмилетние девочки учатся пользоваться точилками для карандашей, или провести экспромтом урок английского языка для почтительно слушающих учеников — и остаться обычным репортером уже не удастся.

Как понял журналист Томас Фаулер, герой романа Грэма Грина «Тихий американец», иногда, чтобы остаться человеком, нужно принять чью-то сторону. Я принял сторону Грега Мортенсона. Не потому, что у него нет недостатков. За те два года, что мы работали над этой книгой, Мортенсон так часто опаздывал на наши встречи, что я уже подумывал отказаться от сотрудничества. Многие люди, особенно в Америке, перестали работать с Мортенсоном, сочтя его «ненадежным» или хуже того. Но со временем я понял справедливость слов его жены, Тары Бишоп: «Грег — не такой, как все». Он обладает странным чувством времени, из-за чего восстановить точную последовательность событий, описанных в этой книге, почти невозможно. В языке народности балти[1], с которой он работает, нет категории времени. Эти люди с той же небрежностью относятся к течению дней, месяцев и лет, как и человек, которого они называют доктором Грегом. Мортенсон живет по Времени Мортенсона, которое сформировалось во времена его детства, проведенного в Африке, и работы в Пакистане. Ко всему этому он приглашает на работу людей без опыта, опираясь только на

---

[1]Балти — народность в Кашмире, исторической области в Азии (бассейн верхнего Инда). Часть Кашмира находится под контролем Пакистана. Балти живут в горной системе Каракорум, районах слияния рек Шьок, Шигар, Инд.

собственное чутье, делает странные и непривычные вещи — и сдвигает с места горы.

Для человека, которому удалось достичь так многого, Мортенсон обладает поразительной скромностью. Когда я согласился писать эту книгу, он протянул мне листок из блокнота с десятками имен и телефонных номеров. Это был список его врагов. «Поговорите со всеми этими людьми, — сказал Грег. — Пусть выскажутся. Мы получим интересные результаты. Это все, чего я хочу».

КОГДА Я СОГЛАСИЛСЯ ПИСАТЬ ЭТУ КНИГУ, МОРТЕНСОН ПРОТЯНУЛ МНЕ ЛИСТОК ИЗ БЛОКНОТА С ДЕСЯТКАМИ ИМЕН И ТЕЛЕФОННЫХ НОМЕРОВ. ЭТО БЫЛ СПИСОК ЕГО ВРАГОВ.

Я беседовал с сотнями союзников и врагов Мортенсона. В интересах безопасности и приватности я изменил некоторые имена и названия.

Работа над книгой шла в тесном сотрудничестве с Грегом: я писал историю, а он проживал ее. Вместе мы перебрали тысячи слайдов, пересмотрели кипы документов, множество видеозаписей, прослушали сотни интервью и побывали у людей, которые стали центральными героями этой необычной истории.

В Пакистане я выяснил, что Институт Центральной Азии, созданный Мортенсоном, добился потрясающих результатов. В той части света, где американцев, в лучшем случае, не понимают, а гораздо чаще боятся и проклинают, этот спокойный альпинист из Монтаны сумел добиться несомненных успехов. Хотя сам он никогда об этом не скажет, но его работа изменила жизнь десятков тысяч детей. Ему удалось завоевать больше сердец и умов, чем всей официальной американской пропаганде.

И я должен признаться в следующем. Я не просто описываю работу Грега Мортенсона. Я мечтаю, чтобы у него все получилось. Я желаю ему успеха, потому что он борется с терроризмом именно так, как, по моему мнению, и нужно это делать. Носясь по так называемому Каракорумскому шоссе на своем старом «лендкрузере», подвергаясь огромному риску ради того, чтобы построить в регионе, где зародилось движение Талибан, школы. Мортенсон дает возможность детям получить нормальное образование, а не учиться в экстремистском медресе, где из них сделают убийц и террористов.

МОРТЕНСОН ДАЕТ ВОЗМОЖНОСТЬ ДЕТЯМ ПОЛУЧИТЬ НОРМАЛЬНОЕ ОБРАЗОВАНИЕ, А НЕ УЧИТЬСЯ В ЭКСТРЕМИСТСКОМ МЕДРЕСЕ[1], ГДЕ ИЗ НИХ СДЕЛАЮТ УБИЙЦ И ТЕРРОРИСТОВ.

[1] Медресе — средняя или высшая религиозная школа у мусульман.

Если мы, американцы, хотим научиться чему-нибудь на собственных ошибках; если готовы осознать, насколько неэффективно мы ведем войну с террором после событий 11 сентября, а также понять, чем объясняется невозможность представить наши идеалы здравомыслящим людям в центре мусульманского мира, нужно прислушаться к Грегу Мортенсону. Я сделал это. И общение с ним стало одним из главных событий моей жизни.

Дэвид Оливер Релин,
Портленд, Орегон

Глава 1

Провал

Когда становится достаточно темно,
можно увидеть звезды.

Персидская пословица

В пакистанском Каракоруме, на площади не более полутора сотен квадратных километров, расположены 60 высочайших гор планеты. Их заснеженные вершины гордо вздымаются над суетным миром. Только снежные барсы и горные козлы способны существовать в этом суровом ледяном мире. Вплоть до начала XX века вторая по высоте гора мира К2 оставалась легендой: о ее существовании догадывались, но точно не знали.

В ПАКИСТАНСКОМ КАРАКОРУМЕ РАСПОЛОЖЕНЫ 60 ВЫСОЧАЙШИХ ГОР ПЛАНЕТЫ, СРЕДИ КОТОРЫХ ЗНАМЕНИТАЯ К2.

Путь с К2 к населенным районам верховий долины Инда проходит между четырьмя гранитными пиками Гашербрума I, Гашербрума II и смертельно опасными Башнями Транго.

Добавьте к этому 62-километровый ледник Балторо — и получите грандиозный собор из камня и льда. Движение ледника, этой могучей ледяной реки, которая течет со скоростью десять сантиметров в сутки, остается практически незаметным.

* * *

2 сентября 1993 года Грег Мортенсон чувствовал, что он и сам движется не быстрее. Ему, одетому в потрепанный костюм пакистанского носильщика, казалось, что тяжелые кожаные альпинистские ботинки сами собой несут его по леднику Балторо мимо армады айсбергов, напоминавших паруса тысяч затертых во льдах кораблей.

Мортенсон искал члена своей экспедиции Скотта Дарсни, с которым спускался с гор. Он еще не понимал, что заблудился и остался в одиночестве. Верхняя часть Балторо — это не торная тропа, а настоящий лабиринт. Грег сошел с основной части ледника в сторону, но не на запад, к деревне Асколе, где его ждал водитель на джипе, а на юг, в запутанный лабиринт ледяных скал. Эта высокогорная зона была опасна еще и тем, что здесь постоянно происходили артиллерийские перестрелки между пакистанскими и индийскими солдатами.

Мортенсону следовало сконцентрироваться. Ему нужно было сосредоточиться на жизненно важной информации — например, на том, что носильщик Музафар пропал из виду. А ведь пакистанец нес все его снаряжение, палатку, почти всю пищу и его нельзя выпускать из виду. Но Грег уделял гораздо больше внимания поразительной красоте вокруг.

В 1909 году один из величайших альпинистов своего времени и, пожалуй, главный ценитель суровых пейзажей, герцог Абруцци, возглавил итальянскую экспедицию на Балторо. Альпинисты хотели подняться на К2, но им это не удалось. Герцог был поражен суровым великолепием окружавших его пиков. «Ничто не могло сравниться с ними, — записал он в своем дневние. — Это был мир ледников и ущелий, невероятная красота, которая поразила бы не только альпиниста, но и художника».

ЭТОТ МИР ЛЕДНИКОВ И УЩЕЛИЙ — НЕВЕРОЯТНАЯ КРАСОТА, КОТОРАЯ ПОРАЗИЛА БЫ НЕ ТОЛЬКО АЛЬПИНИСТА, НО И ХУДОЖНИКА.

Но все-таки для Мортенсона восхищение красотой окружающего мира затмевалось другим, более тяжелым чувством. Когда солнце скрылось на западе за гранитными скалами башни Музтаг и на восточные горы близ серых монолитов Гашербрума легли глубокие тени, Грег этого почти не заметил. Он был погружен в глубокие раздумья, пораженный абсолютно незнакомым ему доселе чувством — чувством провала.

Сунув руку в карман, он нащупал янтарное ожерелье, которое носила его младшая сестра Криста. Родители Мортенсона были из Миннесоты, но выбрали для себя путь лютеранских миссионеров и учителей. Они уехали в Танзанию. Там в возрасте трех лет Криста заболела острым менингитом — и осталась инвалидом. Грег, который был на двенадцать лет ее старше, стал защитником сестры. Хотя Криста изо всех сил старалась сама справляться с простыми задачами, но даже на то, чтобы одеться, у нее уходило не меньше часа. У девочки часто случались жестокие эпилептические припадки. И все же Грег убедил мать обращаться с дочерью так, чтобы Криста чувствовала себя самостоятельной. Он помог сестре найти простую работу, научил пользоваться общественным транспортом. К ужасу матери, когда у Кристы появился друг, он даже и не подумал о каких бы то ни было запретах, а просто рассказал сестре о противозачаточных средствах.

Грег служил медиком в частях американской армии в Германии, учился в медицинском институте в Южной Дакоте, постигал основы нейрофизиологии в Индиане — в надежде найти лекарство для Кристы... Что бы ни происходило, где бы Грег ни находился, он всегда настаивал на том, чтобы младшая сестра на месяц приезжала к нему. Вместе они любовались тем, что доставляло Кристе удовольствие; ездили на автогонки, на скачки, в Диснейленд. Грег отвез сестру и в свой «личный собор» — показал ей гранитные скалы Йосемитской долины[1].

Когда Кристе должен был исполниться двадцать один год, они с матерью решили поехать из Миннесоты в Айову, на кукурузное поле в Дайерсвилле, где когда-то снимался любимый фильм девушки «Поле мечтаний». Криста готова была смотреть эту картину бесконечно. Но прямо в день рождения, за пару часов до отъезда, Криста умерла от сильнейшего приступа эпилепсии...

---

[1] Йосемитская долина — долина реки Йосемити-Крик в США, штат Калифорния, Йосемитский национальный парк.

ГРЕГ УЧИЛСЯ В МЕДИЦИНСКОМ ИНСТИТУТЕ, ЧТОБЫ ПОМОЧЬ СВОЕЙ БОЛЬНОЙ СЕСТРЕ.

После смерти сестры Мортенсон забрал только ее ожерелье. Оно все еще пахло костром, который они разводили во время ее последнего приезда к нему в Калифорнию. Грег взял ожерелье с собой в Пакистан и завернул его в тибетский молельный платок, собираясь почтить ее память. Он был альпинистом, поэтому решил отдать сестре последние почести самым значимым для себя способом. Он решил подняться на К2 — самую сложную для восхождения гору Земли. Ожерелье Кристы должно было остаться там, на высоте 8611 метров.

Грег вырос в семье, где умели справляться со сложными задачами. (Его родители построили школу и больницу в Танзании, на склонах горы Килиманджаро; детство Грега прошло в Восточной Африке.) Тремя месяцами раньше Мортенсон спокойно прошел по леднику Балторо в сандалиях без носков, неся за спиной сорокакилограммовый рюкзак. Грег пришел сюда ради величайшего подвига своей жизни. 110-километровый путь из Асколе он проделал в обществе десяти английских, ирландских, французских и американских альпинистов. Денег у этих людей было мало, но стремление покорить вторую по высоте гору мира было почти патологическим.

В отличие от Эвереста, расположенного в тысяче шестистах километрах юго-восточнее, К2 пользуется репутацией горы-убийцы. Восхождение на нее — самое сложное испытание для любого альпиниста; К2 — настоящая пирамида острых гранитных скал, настолько крутых, что снег не задерживается на их острых вершинах. Мортенсону было тридцать пять лет. В одиннадцать лет он уже покорил Килиманджаро; много тренировался на крутых гранитных скалах Йосемита[1], совершил полдесятка успешных восхождений в Гималаях. Грег не сомневался в том, что очень скоро будет стоять на вершине «самой большой и ужасной горы на Земле».

ОН НЕ СОМНЕВАЛСЯ В ТОМ, ЧТО ОЧЕНЬ СКОРО БУДЕТ СТОЯТЬ НА ВЕРШИНЕ «САМОЙ БОЛЬШОЙ И УЖАСНОЙ ГОРЫ НА ЗЕМЛЕ».

И вот сегодня он почти достиг цели. Мортенсон подобрался к вершине очень близко. Оставалось всего 600 метров. Но К2 скрылась в тумане за его спиной, а ожерелье все еще лежало в кармане. Как такое могло случиться?! Он вытер глаза рукавом, растерявшись от неожиданных слез, и постарался успокоиться. Он чувствовал себя странно. После семидесяти восьми дней неустанной борьбы с высотой на К2 он казался себе жалкой карикатурой на самого себя. Он даже не знал, хватит ли ему сил пройти еще восемьдесят километров до Асколе.

Резкий треск, похожий на ружейный выстрел, вернул его к действительности. Грег увидел, как по склону горы мимо него

---

[1] Йосемит — национальный парк США, штат Калифорния.

несется валун размером с трехэтажный дом, как он ускоряется и вдребезги разносит гигантский айсберг, оказавшийся на пути.

Мортенсон собрался с силами. Он осмотрелся, оценил, как высоко поднялись тени на восточных пиках, и постарался вспомнить, сколько времени прошло с того момента, когда он видел людей. Прошло несколько часов с тех пор, как Скотт Дарсни исчез. Часом раньше Грег слышал колокольчики мулов армейского каравана, доставлявшего боеприпасы на ледник Сиачен. Там, на высоте шесть тысяч метров, развернулось настоящее поле боя: пакистанцы вели непрекращающуюся войну с индийской армией.

Он стал искать следы. На тропе, ведущей в Асколе, должны были остаться следы, оставленные военными. Но ничто не указывало на то, что здесь побывали мулы. Не было ни окурков, ни консервных банок, ни сена, которым погонщики кормили животных. Мортенсон вдруг понял, что эта местность — не тропа. Он оказался в расщелине, среди лабиринта валунов и льда. Грег попытался сосредоточиться. Но длительное пребывание на большой высоте лишило его способности решительно мыслить и действовать.

МОРТЕНСОН ВДРУГ ПОНЯЛ, ЧТО СОШЕЛ С ТРОПЫ. ОН ОКАЗАЛСЯ В РАСЩЕЛИНЕ, СРЕДИ ЛАБИРИНТА ВАЛУНОВ И ЛЬДА.

Целый час он карабкался по крутому склону, надеясь найти площадку над валунами и айсбергами, откуда можно было бы увидеть гигантский скалистый хребет Урдукас, который врезался в Балторо, как гигантский кулак. Оттуда можно было вернуться обратно на тропу. Но с вершины он не увидел ничего, зато лишился последних сил. В сумерках даже хорошо известные пики казались совершенно незнакомыми.

Ощутив приближение паники, Мортенсон присел на камень, чтобы собраться с мыслями. В его маленьком фиолетовом рюкзаке было легкое шерстяное армейское одеяло, пустая бутылка из-под воды и протеиновый батончик. Высокогорный спальный мешок, теплая одежда, палатка, печка, продукты, фонарик и все спички остались в рюкзаке исчезнувшего носильщика Музафара.

Нужно было переночевать и начать поиски тропы при дневном свете. Хотя температура уже упала ниже нуля, он не боялся замерзнуть. К тому же он понимал, что брести ночью по движущемуся леднику, трещины в котором достигали глубины более сотни метров и вели в подземные озера, смерти подобно. Спустившись со склона, Мортенсон стал выбирать место для ночлега. Нужно было найти прочный лед, который не треснул бы под ним и не увлек в пропасть. И подальше от стены, чтобы во сне его не завалило камнями.

Бывалый альпинист нашел плоскую каменную плиту, которая казалась достаточно прочной, снял перчатки и наскреб льдистого снега в бутылку. А затем завернулся в одеяло и постарался не думать о том, как он слаб и одинок посреди ледяной пустыни. Рука горела от ожогов, оставленных веревкой. Он знал, что нужно снять промокшие повязки и просушить раны, которые не заживали на такой высоте, но не мог найти сил. Грег просто лежал и дрожал на неровном камне. И наблюдал за тем, как последние лучи солнца гаснут на зубчатых пиках на востоке — и исчезают, оставляя после себя лишь отблески на иссиня-черном небе.

СПУСТИВШИСЬ СО СКЛОНА, МОРТЕНСОН СТАЛ ИСКАТЬ ПРОЧНЫЙ ЛЕД, КОТОРЫЙ НЕ ТРЕСНУЛ БЫ ПОД НИМ И НЕ УВЛЕК В ПРОПАСТЬ.

За сто лет до этого врач и летописец экспедиции в Каракорум герцога Абруцци, Филиппо де Филиппи, описывал чувство одиночества, которое охватило его среди этих гор. Несмотря на то что рядом с ним было два десятка европейцев и 260 местных носильщиков; несмотря на то что члены экспедиции отдыхали на складных креслах и пользовались серебряными чайными сервизами; несмотря на то что им регулярно доставляли европейские газеты — он чувствовал себя ничтожеством рядом с величественными горами. «Полная тишина охватывала всю долину, — писал он, — и эта тишина давила непередаваемой тяжестью. Нет другого места в мире, где человек чувствовал бы себя настолько одиноким, заброшенным, полностью безразличным природе, совершенно неспособным вступить с ней в союз».

Возможно, Мортенсону помогли воспоминания о собственном одиночестве, когда он был единственным американским мальчишкой среди сотен африканцев или когда проводил ночи на почти километровой высоте во время многодневного подъема в Йосемите. Так или иначе, Грег почувствовал облегчение. Если спросить, почему это произошло, он спишет все на помрачение рассудка, вызванное длительным пребыванием на большой высоте. Но любой, кто хоть раз бывал в его обществе, поймет: перипетии той ночи в очередной раз показали твердость и несгибаемость этого человека.

В ПОЛНОМ ОДИНОЧЕСТВЕ МОРТЕНСОН ЛЕЖАЛ ПОД ЗВЕЗДАМИ, УСЕЯВШИМИ НЕБО, И АНАЛИЗИРОВАЛ ПРИЧИНЫ СВОЕГО ПРОВАЛА.

Ветер усилился, ночь стала по-настоящему морозной. Грег пытался смотреть на пики, зловеще нависшие над головой, но не мог рассмотреть их в полной темноте. Проведя час под одеялом, он растопил замерзший протеиновый батончик и немного ледяной воды. Конечно, ни о каком сне не могло быть и речи. Мортенсон лежал под звездами, усеявшими небо, и анализировал причины своего провала...

* * *

Руководители его экспедиции, Дэн Мазур и Джонатан Пратт, а также французский альпинист Этьен Фин были первоклассными скалолазами, двигались быстро и грациозно.

Мортенсон же был медлителен, зато по-медвежьи силен. При росте метр и девяносто сантиметров и весе 95 килограмм он считался ведущим игроком в футбольной команде колледжа Конкордия в Миннесоте.

Хотя никто не принимал такого решения, но медленная, напряженная работа по подъему снаряжения и съестных запасов естественным образом легла на плечи Мортенсона и Дарсни. Восемь раз Мортенсон исполнял обязанности вьючного мула: нес продукты, горючее и баллоны с кислородом по пути к Японскому кулуару; вырубал укрытие для припасов за шестьсот метров от вершины, чтобы альпинисты могли штурмовать пик налегке.

Все остальные экспедиции в том сезоне предпочли традиционный маршрут — юго-восточное ребро Абруцци. И только команда Мортенсона пошла по смертельно сложному западному ребру. До них по этому маршруту удалось пройти лишь однажды, двенадцать лет назад. Этот подъем совершил японский альпинист Эйхо Отани и его пакистанский напарник Назир Сабир.

ДО ЭКСПЕДИЦИИ МОРТЕНСОНА ПО ЭТОМУ МАРШРУТУ ЛИШЬ ОДНАЖДЫ УДАЛОСЬ ПРОЙТИ ЯПОНСКИМ АЛЬПИНИСТАМ.

Мортенсон отлично понимал всю сложность маршрута и гордился тем, что выбран именно этот путь. Каждый раз, когда альпинисты брали очередное препятствие, поднимались все выше по западному ребру, опустошали канистры с горючим и разматывали веревки, он чувствовал, что становится сильнее. Казалось, они обязательно достигнут вершины.

Однажды вечером после более семидесяти дней подъема Мортенсон и Дарсни спустились в базовый лагерь, чтобы поспать после девяноста шести часов непрерывного подъема со снаряжением и припасами. Бросив последний взгляд на вершину через телескоп, они неожиданно заметили мерцающий свет на западном ребре К2 и поняли, что это сигналы членов экспедиции. Мортенсон и Дарсни решили, что у француза Этьена Фина возникли проблемы. «Этьен был слишком темпераментным альпинистом, — объясняет Мортенсон, подчеркивая французское происхождение последнего слова. — Он поднимался быстро и легко с абсолютным минимумом снаряжения. Нам приходилось его придерживать, когда он устремлялся вперед слишком быстро, не думая об акклиматизации».

Мортенсон и Дарсни сомневались, что смогут подняться к Мазуру, Пратту и Фину после утомительного спуска. Они обратились к пяти другим экспедициям, находившимся в базовом лагере. Добровольцев оказать помощь не нашлось. Два часа альпинисты лежали в палатках, отдыхая и восстанавливая водный баланс, затем собрали снаряжение и двинулись вперед.

Потом Джонатан Пратт и Дэн Мазур рассказывали Мортенсону: «Этьен поднялся в лагерь IV на отметку 7600 метров, чтобы присоединиться к нам и вместе штурмовать вершину. Но когда он дошел до лагеря, потерял сознание. Он пытался дышать и говорил нам, что слышит хрипы в собственных легких».

У Фина начался отек легких, связанный с пребыванием в разреженном воздухе на большой высоте. Если немедленно не эвакуировать человека в таком состоянии, он погибнет. «Это было ужасно, — вспоминал Мазур. — Изо рта Этьена шла розовая пена. Мы пытались вызвать помощь, но уронили рацию в снег, и она перестала работать. Было принято решение двигаться вниз».

Пратт и Мазур закрепили снаряжение Фина и начали спускать его по самым крутым зубьям западного ребра. «Это было все равно что тащить большой мешок картошки, — говорил Мазур. — И мы должны были следить за временем, чтобы не погибнуть».

С присущей ему скромностью Мортенсон мало рассказывает о тех двадцати четырех часах, которые потребовались, чтобы добраться до товарищей. Он просто говорит, что это было «довольно тяжело». «Настоящие герои — это Дэн и Джонатан, — замечает он. — Они пожертвовали вершиной, чтобы спасти Этьена».

К тому моменту, когда Мортенсон и Дарсни встретили своих товарищей на скале возле промежуточного лагеря, Фин то терял сознание, то вновь приходил в себя. У него начался отек мозга. Мортенсон в свое время работал внештатным сотрудником травматологического отделения «Скорой помощи». Он сделал Фину укол, чтобы снять отек, и четыре измученных альпиниста начали сорокавосьмичасовую одиссею по спуску товарища с крутой скалы.

Иногда Фин, свободно владевший английским, начинал бредить по-французски. В самых сложных местах в нем просыпался чисто альпинистский инстинкт самосохранения: он пристегивал карабин к веревке, затем снова терял сознание.

ФИН ТО ТЕРЯЛ СОЗНАНИЕ, ТО ВНОВЬ ПРИХОДИЛ В СЕБЯ. У НЕГО НАЧАЛСЯ ОТЕК МОЗГА.

Через семьдесят два часа после встречи с Мортенсоном и Дарсни группа спустила Фина в базовый лагерь. Дарсни связался с канадской экспедицией, находившейся ниже, а те передали пакистанским военным просьбу выслать спасательный высотный вертолет «лама». Но те ответили, что погода и слишком сильный ветер не позволяют машине взлететь. Фина нужно было спускать еще ниже.

Это стало новой проблемой. Четверо мужчин дошли до последней, животной степени утомления, но все же изо всех сил пытались спасти товарища. Запаковав Фина в спальный мешок, они шесть часов прокладывали смертельно опасный путь по леднику Савойя, общаясь только невнятными звуками и жестами. «Порой мы были настолько утомлены и обессилены, что могли лишь ползти», — вспоминает Мортенсон.

Наконец группа достигла базового лагеря К2. Фина они тащили за собой в спальном мешке. «Все альпинисты выстроились на леднике, чтобы приветствовать нас. Нас встречали, как героев, — рассказывает Мортенсон. — Когда пакистанский вертолет забрал Этьена (впоследствии стало известно, что Фин лишился всех пальцев на ногах), канадская экспедиция устроила торжественный ужин. Начался настоящий праздник. Но мы с Дарсни не могли ни есть, ни пить; просто рухнули в спальные мешки, как подкошенные».

Два дня Мортенсон и Дарсни то засыпали, то просыпались. Длительное пребывание на такой большой высоте не проходит даром даже для отлично тренированных людей. Ветер, завывавший вокруг их палаток, раскачивал металлические тарелки, на которых были выгравированы имена сорока восьми альпинистов, погибших на К2. Эти тарелки развесили на мемориале Арта Гилки, американского альпиниста, который погиб здесь в 1953 году.

Окончательно проснувшись, Мортенсон и Дарсни нашли записку от Пратта и Мазура. Они вернулись в верхний лагерь и приглашали товарищей присоединиться к ним в штурме вершины, когда появятся силы. Но силы не появились. Спасательная экспедиция лишила альпинистов остатков энергии.

Когда они наконец выбрались из палатки, оба еле передвигали ноги. Спасение Этьена далось слишком дорого. Через неделю Мазур и Пратт сообщили миру о том, что достигли пика — и вернулись домой со славой. Но в том сезоне увеличилось количество металлических мемориальных тарелок — четверо из шестнадцати альпинистов погибли во время спуска.

СПАСЕНИЕ ЭТЬЕНА ДАЛОСЬ СЛИШКОМ ДОРОГО. ДАРСНИ И МОРТЕНСОН ПОТЕРЯЛИ ПОСЛЕДНЮЮ НАДЕЖДУ ПОКОРИТЬ ВЕРШИНУ, К КОТОРОЙ ТАК СТРЕМИЛИСЬ.

Мортенсон был так слаб, что стал серьезно опасаться: как бы на одной из таких тарелок не появилось и его имя. О том же думал и Дарсни. В конце концов друзья оставили надежду покорить вершину, к которой так стремились. Они решили вернуться к цивилизации...

* * *

Черная ледяная ночь казалась бесконечной. Заблудившийся, перенесший испытания тяжелейшего спасательного рейда, Грег ворочался на небольшой каменной плите, кутался в одеяло и мучительно пытался устроиться поудобнее. При его росте никак не удавалось улечься так, чтобы голова или ноги не свисали с неудобного ложа. На горе он потерял в весе четырнадцать килограмм; и теперь, как бы ни поворачивался, голый камень жестоко давил на исхудавшее, измученное тело. То приходя в себя, то теряя сознание, он слушал ворчание таинственного внутреннего механизма ледника. Грег уже смирился с тем, что не смог почтить память Кристы. Его подвело тело, а не дух. Да, у каждого есть свой предел...

Впервые в жизни Грег Мортенсон дошел до этого предела.

Глава 2

Не тот берег реки

Что будущею занят ты судьбой,
Терзаешься бессмысленной борьбой?
Живи беспечно, весело. Вначале
Не посоветовались ведь с тобой.

Омар Хайям, «Рубайат»

Мортенсон открыл глаза. Рассвет был необыкновенно, фантастически тихим. Грег высвободил руки из тугого кокона одеяла, с трудом поднес их к лицу. Он лежал на голом камне, рот и нос покрылись коркой льда. Грег стряхнул лед и сделал первый глубокий вдох. Затем сел и засмеялся: он проспал довольно долго — и полностью потерял чувство реальности..

Мортенсон потянулся, пытаясь вернуть чувствительность онемевшим конечностям. Острые камушки отпечатались на теле. Осмотрелся. Горы окрасились в яркие, сочные тона: розовые, фиолетовые, голубые. Ветра не было. Небо перед рассветом выглядело абсолютно ясным. Осознание своего положения вернулось к Грегу вместе с чувствительностью конечностей. Он по-прежнему был один. Он заблудился. Но это больше его не беспокоило. Утро все расставило по своим местам. Оглянувшись на бесконечную долину, откуда пришел, он сразу понял, что ему не вернуться обратно на тропу, даже если несколько часов идти в обратном направлении.

Высоко над ледником кружил орел. Его большие черные крылья четко выделялись на фоне заснеженных гор. Непослушными от холода руками Мортенсон сложил одеяло, спрятал его в свой маленький фиолетовый рюкзак и попытался открыть бутылку с водой. Но потом спрятал ее и сказал себе, что напьется, как только согреются руки. Орел, увидев, что Мортенсон шевелится, разочарованно полетел дальше в поисках другой жертвы.

ГРЕГ ПО-ПРЕЖНЕМУ БЫЛ ОДИН. ОН ЗАБЛУДИЛСЯ. ОН ПОНЯЛ, ЧТО ЕМУ НЕ ВЕРНУТЬСЯ ОБРАТНО НА ТРОПУ, ДАЖЕ ЕСЛИ НЕСКОЛЬКО ЧАСОВ ИДТИ В ОБРАТНОМ НАПРАВЛЕНИИ.

Грег двинулся на север, спотыкаясь о валуны, перепрыгивая только самые узкие трещины — ноги все еще не слушались. Вспомнилась песня из африканского детства. Тогда он часто пел ее при ходьбе: «Yesu ni refiki Yangu, Ah kayee Mbinguni» («У нас есть настоящий друг, Иисус, он живет на небесах»). Мортенсон пел на суахили. На этом языке говорили в церкви, откуда была видна гора Килиманджаро и где каждое воскресенье проходили службы. Он не обращал внимания на необычность происходящего: американец заблудился в Пакистане и поет немецкий религиозный гимн на суахили. Среди лунного ландшафта, среди валунов и голубого льда, там, где камешки, отброшенные ударом ноги, исчезали в трещинах и через секунды падали в подземные реки — старая мелодия пробудила в нем чувство ностальгии. Это был привет из страны, которую он когда-то называл своим домом.

Прошел час. Потом второй. По крутой тропе Мортенсон выбрался из ущелья, по которому шел. Здесь он упал на четвереньки и стоял так, пока поднявшееся солнце не осветило всю долину. И тогда его что-то словно ударило: открывшаяся панорама буквально ослепила. Гашербрум, Броуд-пик, Митр-пик, башня Музтаг — заледеневшие гиганты, купавшиеся в лучах утреннего солнца, пылали, как гигантские костры.

Известный фотограф Гален Роуэлл, который в 2002 году погиб в авиационной катастрофе, долгие годы провел, пытаясь запечатлеть ускользающую красоту гор, окружающих ледник Балторо. Его фотографии поражали воображение, но Роуэллу всегда казалось, что они не могут сравниться с теми ощущениями, которые он испытывал, просто находясь здесь и ощущая свое ничтожество перед заснеженными колоссами. Роуэлл считал это место самым прекрасным на земле, «тронным залом горных богов».

ХОТЯ МОРТЕНСОН УЖЕ ПРОВЕЛ В ГОРАХ НЕСКОЛЬКО МЕСЯЦЕВ, ОН УПИВАЛСЯ ОКРУЖАВШЕЙ КРАСОТОЙ ТАК, СЛОВНО НИКОГДА ПРЕЖДЕ НЕ ВИДЕЛ НИЧЕГО ПОДОБНОГО.

Хотя Мортенсон уже провел в горах несколько месяцев, он упивался окружавшей красотой так, словно никогда прежде не видел ничего подобного. «Так никогда не было, — объясняет он. — Все лето я смотрел на эти горы как на цель, полностью сосредоточившись на самой высокой — К2. Я думал об их высоте, о технических трудностях при подъеме. Я мыслил как альпинист. Но тем утром я впервые просто увидел их. Это было потрясающе».

Архитектурное совершенство гор — широкие откосы и настоящие крепости из красновато-охристого гранита, гармонично завершенные острыми заснеженными пиками, — подействовало на него неожиданным образом. Оно ободрило, укрепило дух. Мортенсон сел на камень и стал пить, пока бутылка не опустела. Несмотря на слабость, отсутствие пищи и теплой одежды, несмотря на четкое понимание того, что, если он быстро не выйдет к людям, шансы на выживание ничтожно малы, Мортенсон теперь ощущал странную уверенность. Он наполнил бутылку под струйкой воды, стекающей с ледника, сделал глоток — и содрогнулся от ледяного холода. «Спокойно, — сказал он себе. — Голод станет проблемой лишь через несколько дней, но пить нужно обязательно».

Ближе к полудню послышался легкий звон колокольчиков где-то на западе. Там шел караван, лежала главная тропа по Балторо! Он стал искать каменные вешки, отмечавшие тропу, но увидел только разбросанные камни. Перебравшись через крутую осыпь на краю ледника, Грег неожиданно оказался перед стеной высотой в полтора километра, она полностью преграждала путь. Мортенсон понял, что перешел тропу, не заметив ее, поэтому пришлось вернуться прежним путем, полностью сосредоточившись на поиске следов. Любоваться горами было нельзя. Через полчаса он нашел окурок, потом каменную вешку. И пошел по еле заметной дорожке туда, откуда все четче слышался звон колокольчиков.

БЛИЖЕ К ПОЛУДНЮ ПОСЛЫШАЛСЯ ЛЕГКИЙ ЗВОН КОЛОКОЛЬЧИКОВ ГДЕ-ТО НА ЗАПАДЕ. ТАМ ШЕЛ КАРАВАН. МОРТЕНСОН НАЧАЛ ИСКАТЬ ТРОПУ.

Каравана он не видел. Но примерно через полтора километра заметил человека, стоявшего на огромном валуне где-то над ледником. Силуэт четко вырисовывался на фоне неба. Мортенсон закричал, но его голос был слишком слабым. Человек исчез, потом появился на другом валуне, ярдов на сто ближе. Мортенсон закричал изо всех сил, и на этот раз человек повернулся к нему, потом быстро спустился и исчез из виду. Посреди огромных валунов в самом центре ледника увидеть Мортенсона в его пыльной, выгоревшей одежде было невозможно. Но он мог кричать, и его могли услышать.

Бежать Грег не мог, поэтому побрел в направлении того места, где видел человека. Каждые несколько минут кричал, и звук собственного надтреснутого голоса каждый раз изумлял его. Наконец он увидел человека, стоявшего на другой стороне широкой трещины. Тот широко улыбался. Это был Музафар, носильщик, которого Грег нанял для того, чтобы добраться со своим багажом до цивилизации. Музафар нашел самую узкую часть трещины и с легкостью перепрыгнул через нее — несмотря на то, что за его плечами был груз более 40 килограмм.

«Мистер Гирег! Мистер Гирег! — закричал он, обнимая Мортенсона медвежьей хваткой. — Аллах Акбар! Благословение Аллаху, вы живы!»

НАКОНЕЦ ГРЕГ УВИДЕЛ ЧЕЛОВЕКА, СТОЯВШЕГО НА ДРУГОЙ СТОРОНЕ ШИРОКОЙ ТРЕЩИНЫ. ТОТ ШИРОКО УЛЫБАЛСЯ. ЭТО БЫЛ МУЗАФАР, ЕГО НОСИЛЬЩИК.

Мортенсон неловко высвободился. Хотя проводник был на голову его ниже и лет на двадцать старше, его объятия буквально лишили Грега способности дышать.

Музафар радостно ударил Мортенсона по спине. То ли от этого, то ли от пыли, взлетевшей от одежды, Мортенсон начал кашлять и долго не мог остановиться.

«Чаю, мистер Гирег! — предложил Музафар, явно обеспокоенный состоянием Мортенсона. — Чай придаст вам сил!»

Проводник привел Мортенсона в небольшую пещеру, где можно было укрыться от ветра. Он оторвал от большого пучка полыни, прицепленного к рюкзаку, несколько веток, порылся в карманах своей огромной выцветшей куртки «Гортекс» (подарок одной из бесчисленных экспедиций, которые он вел по Балторо), достал кремень и металлический чайник и уселся готовить чай.

* * *

Впервые Мортенсон познакомился с Музафаром Али через четыре часа после того, как вместе с Дарсни спустился с К2. От базового лагеря на Броуд-пике их отделяло меньше пяти километров. Раньше они покрывали такое расстояние за сорок пять минут — когда ходили на Броуд-пик в гости к красивой мексиканской альпинистке, которую Дарсни все лето пытался соблазнить. После спуска с К2 они четыре часа шли, волоча непослушные ноги и таща немыслимый по тяжести груз.

Тогда Музафар и его друг Якуб только что закончили работу с мексиканской экспедицией и теперь налегке возвращались домой через Балторо. За четыре доллара в день они предложили донести тяжелые рюкзаки Мортенсона и Дарсни до Асколе. Американцы с радостью согласились. Хотя в наличии оставались последние рупии, они собирались более щедро вознаградить своих проводников, спустившись с гор.

Музафар принадлежал к народности балти. Эти горцы живут в самых суровых высокогорных долинах Северного Пакистана. Более шестисот лет назад балти пришли сюда с юго-запада, с Тибета, через перевал Ладакх. Неприступные горные перевалы стали тяжелым испытанием для буддистов, и буддизм уступил место религии, более подходящей для их новой родины. Такой религией стал шиитский ислам[1]. Но балти сохранили свой язык — древнетибетский. Этот маленький народ сумел отлично приспособиться к жизни на такой высоте, на которую не каждый человек рискнет подняться даже на короткое время. Физически балти напоминали альпинистов, покоряющих горы Балтистана, и своих дальних сородичей — непальских шерпов[2]. Балти — люди недоверчивые, с подозрением относящиеся к чужакам; кроме того, исповедуют мусульманство. Неудивительно, что европейцы воспринимают их совсем не так, как буддистов-шерпов.

---

[1] Шиитский ислам — одно из двух (наряду с суннитским исламом) основных направлений в мусульманстве.

[2] Шерпы — народ на востоке Непала и в соседних районах Индии. Буддисты.

Балти произвели глубочайшее впечатление на Фоско Мараини, члена итальянской экспедиции 1958 года, которая совершила первое восхождение на Гашербрум IV, скалистого соседа К2. Написанная им книга «Каракорум: восхождение на Гашербрум IV» читается скорее как этнографический трактат о жизни балти, чем как воспоминания об альпинистском триумфе. «Они способны запугать и подавить человека. Мало того, что от них частенько исходит отвратительный запах, в них безошибочно распознаешь разбойников, — писал Мараини. — Но если вам удастся расположить их к себе, вы поймете, что они умеют хранить верность и обладают огромным мужеством. Физически они очень сильны, умеют преодолевать трудности и усталость. Эти маленькие мужчины с тонкими, как у аистов, ногами день за днем тащат на плечах груз в сорок килограммов по таким тропам, на какие европеец не ступит даже без всякого груза прежде, чем десять раз подумает».

«ОНИ СПОСОБНЫ ЗАПУГАТЬ И ПОДАВИТЬ ЧЕЛОВЕКА. МАЛО ТОГО, ЧТО ОТ НИХ ЧАСТЕНЬКО ИСХОДИТ ОТВРАТИТЕЛЬНЫЙ ЗАПАХ, В НИХ БЕЗОШИБОЧНО РАСПОЗНАЕШЬ РАЗБОЙНИКОВ».

* * *

Музафар согнулся в углу пещеры, раздувая костер. Огонь разгорелся, стало светлее. Пакистанец был по-своему привлекателен, хотя отсутствие нескольких зубов и выдубленная ветром и солнцем кожа делали его старше, чем было на самом деле. Он приготовил чай с маслом — напиток, который составлял основу ежедневного рациона балти. Делал он это так. Сначала заварил в закопченном металлическом чайнике зеленый чай, добавил соли, соды и козьего молока, а потом осторожно бросил в чайник ломтик мара — прогорклого масла из молока яка, такое масло у балти считается деликатесом. Затем размешал напиток весьма просто: не очень чистым указательным пальцем.

МУЗАФАР РАЗМЕШАЛ ЧАЙ ВЕСЬМА ПРОСТО: НЕ ОЧЕНЬ ЧИСТЫМ УКАЗАТЕЛЬНЫМ ПАЛЬЦЕМ.

Мортенсон посматривал на эти приготовления довольно нервно. Запах такого чая он знал давно: почувствовал его сразу, как только прибыл в Балтистан. И говорил, что этот напиток «более вонючий, чем самый страшный сыр, изобретенный французами». Теперь же поспешно изобретал все возможные причины, лишь бы уклониться от угощения.

Музафар протянул ему закопченную кружку.

Мортенсона замутило, но его организм требовал соли и тепла, поэтому он все же выпил. Музафар снова наполнил кружку. Потом еще раз.

«Zindabad! Хорошо, мистер Гирег!» — сказал Музафар после третьей кружки, дружески похлопав Мортенсона по плечу, отчего в воздух поднялась туча пыли.

Дарсни ушел в Асколи с Якубом. Спустя некоторое время Мортенсон и Музафар направились вслед за ними. Они шли по Балторо еще три дня, и все это время проводник не выпускал американца из виду. Грег по-прежнему практически не различал тропы, но Музафар шел по ней уверенно, словно по Бродвею. Проводник держал Мортенсона за руку или требовал, чтобы он шел за ним след в след, и Грег неотрывно следил за движением дешевых пластиковых китайских спортивных ботинок, которые Музафар носил без носков. Как правоверный мусульманин, Музафар пять раз в день совершал намаз, но даже в это время он порой отвлекался, чтобы убедиться, что Мортенсон рядом.

Этим путешествием Грег воспользовался для того, чтобы учить язык балти. У проводника он спрашивал названия всего, что попадалось по пути. Ледник назывался «gangs-zhing», лавина — «rdo-rut». Для камня в языке балти было столько же слов, сколько у эскимосов для снега. Плоский камень, на котором можно спать или готовить, называли «brak-lep». Острый, подходящий для проделывания отверстий, — «khrok». А маленькие круглые камешки именовались «khodos». Их нагревали в костре, а потом оборачивали тестом. Женщины балти каждое утро таким образом пекли пресный хлеб. Мортенсон обладал хорошими лингвистическими способностями, поэтому язык балти давался ему без труда.

Преодолев узкое ущелье, наконец ступили на твердую землю. Выступ ледника Балторо лежал на дне каньона — почерневший от грязи и напоминавший нос «Боинга-747». Из-под него, подобно реактивным струям, вырывались подземные реки, которые на протяжении шестьдесяти двух километров текли под толстым слоем льда и снега. Пенистые бурные потоки были верховьями реки Бралду. Пятью годами позже шведский спортсмен прибыл сюда со съемочной группой. Он хотел пройти на байдарке по реке Бралду до Инда и дальше, в Аравийское море. Через несколько минут после спуска байдарки на воду спортсмен погиб — первобытная сила реки перевернула лодку, и швед разбился о камни.

ПРЕОДОЛЕВ УЗКОЕ УЩЕЛЬЕ, ГРЕГ НАКОНЕЦ СТУПИЛ НА ТВЕРДУЮ ЗЕМЛЮ – ВПЕРВЫЕ ЗА ПОСЛЕДНИЕ ТРИ МЕСЯЦА.

В каньоне Мортенсон в первый раз за последние несколько месяцев увидел цветок — пятилепестковый розовый шиповник. Он упал на колени, чтобы полюбоваться им. Цветок стал символом возвращения из края вечной зимы. Вдоль берега реки росли тростник и полынь. Грег смотрел на них, и его охватывало ощущение настоящей жизни, хотя в скалистом ущелье растительность была более чем скромной. Осенний воздух на высоте трех с половиной тысяч метров казался роскошным. Мортенсон дышал полной грудью и наслаждался. Он забыл, что так бывает.

Теперь, когда опасности Балторо остались позади, Музафар каждый вечер уходил вперед, разбивал лагерь и готовил ужин к приходу Грега. Мортенсон даже здесь ухитрился заблудиться, попав на развилку дорог, одна из которых вела на летнее пастбище. К счастью, он быстро сориентировался, вернулся к реке и вышел на дымок лагеря Музафара. Ноги по-прежнему слушались плохо, но Грег упорно шел вперед, часто останавливаясь для отдыха.

На седьмой день после спуска с К2 Мортенсон увидел деревья — на южном берегу ущелья реки Бралду. Пять тополей сгибались под сильным ветром. Они напоминали приветственный взмах руки друга. Деревья росли рядком — их посадил человек. Стало ясно, что здесь кончается жестокая сила Каракорума, которая посылает лавины из снега и камней, способные смести со своего пути любое живое существо. Увидев тополя, Мортенсон понял, что выжил.

УВИДЕВ ТОПОЛЯ, МОРТЕНСОН ПОНЯЛ, ЧТО ВЫЖИЛ.

Засмотревшись на деревья, он опять, как и несколько дней назад, пропустил развилку. Главная тропа шла к реке и дальше — к веревочному мосту, «zamba». (Впрочем, мостом эти веревки из шерсти яка, натянутые между двумя валунами, можно было назвать с большой натяжкой.) Перейдя через мост, Грег прибыл бы в деревню Асколи. Она располагалась на северном берегу реки, в тринадцати километрах от «zamba». Но Мортенсон заблудился во второй раз и остался на гребне, на южном берегу. Он пошел к деревьям.

За тополями начались абрикосовые сады. Здесь, на высоте три тысячи километров, к середине сентября урожай уже собрали. Груды спелых фруктов лежали в сотнях плоских плетеных корзин. Яркие абрикосы буквально светились на фоне зеленых листьев. Между корзинами на коленях ползали женщины. Они доставали косточки из плодов. Увидев Мортенсона, женщины закрыли лица платками и бросились бежать от странного белого человека.

ПРИ ВИДЕ МОРТЕНСОНА ЖЕНЩИНЫ ЗАКРЫЛИ ЛИЦА ПЛАТКАМИ И БРОСИЛИСЬ БЕЖАТЬ ОТ СТРАННОГО БЕЛОГО ЧЕЛОВЕКА.

Дети оказались смелее. Грег шел по бурым полям в сопровождении целой свиты малышей и подростков, а женщины издали наблюдали за ним. Дети указывали пальцами на его одежду, рассматривали запястья в поисках часов, которых не было, и смело хватали незнакомца за руки.

Впервые за много месяцев Мортенсон подумал о том, как выглядит. Длинные волосы спутались, он чувствовал себя огромным и грязным. «К тому времени прошло уже больше трех месяцев с того момента, как я принимал душ», — вспоминает он. Ему показалось, что он может напугать детей. Но они не боялись. Их одежда была такой же грязной и рваной, как и у него. Несмотря на холод, многие бегали босиком.

Воздух деревни Корфе Мортенсон почувствовал за километр. Запах можжевелового дыма и немытого человеческого тела после стерильного горного воздуха был невыносим. Думая, что все еще находится на верном пути, Мортенсон решил, что подходит к Асколе, откуда три месяца назад отправился штурмовать К2. Но все вокруг казалось незнакомым. Он подошел к церемониальным воротам деревни — простой деревянной арке, стоящей на краю картофельного поля. К этому времени его уже сопровождало около пятидесяти мальчишек.

Мортенсон осмотрелся, надеясь увидеть Музафара. Но увидел только пожилого человека в шерстяной шапочке топи, такой же серой, как и его борода. Тот ждал Грега за воротами. Черты его лица были настолько резкими, что казались вырубленными из камня. Старика звали Хаджи Али. Он был вождем Корфе, «nurmadhar» на местном наречии.

«Ассалам алейкум», — произнес Хаджи Али, пожимая руку Мортенсона. Он торжественно провел гостя через ворота. Закон гостеприимства балти соблюдали свято. Сначала Али подвел Грега к церемониальному источнику, где следовало вымыть руки и лицо, затем пригласил к себе домой.

Корфе находилась на горном уступе в 250 метрах над уровнем реки Бралду. Эта своеобразная «полка» напоминала платформу альпиниста, подвешенную на отвесной скале. На ней теснились квадратные трехэтажные каменные домики безо всяких украшений. Они почти слились бы со стенами каньона, если бы на их плоских крышах не сушились абрикосы, лук и пшеница.

Хаджи Али привел Мортенсона в дом, который ничем не отличался от остальных. Он быстро убрал постельные принадлежности (при этом пыль из них распространилась по всей комнате), разложил подушки рядом с очагом и пригласил Мортенсона садиться.

Пока готовился чай, хозяин и гость молчали. Слышались только шаги и шорох подушек: двадцать мужчин из большой семьи Хаджи Али входили и занимали свои места у очага. Едкий дым ячьего навоза уходил в большое квадратное отверстие в потолке. Мортенсон заметил, что дети, которые провожали его в деревню, заглядывают в это отверстие. Судя по всему, они расположились на крыше. До этого в Корфе ни разу не было иностранцев.

МОРТЕНСОН БЫЛ ПЕРВЫМ ИНОСТРАНЦЕМ В КОРФЕ.

Хаджи Али сунул руку в карман своего расшитого жилета, вытащил куски вяленого мяса горного козла и энергично размял их с листьями крепкого жевательного табака «naswar». Затем предложил кусочек Мортенсону. Под доброжелательными взглядами десятков зрителей тот сумел справиться с одной из самых сложных задач в своей жизни. А когда хозяин предложил Грегу чашку чая с маслом, тот выпил ее почти с удовольствием.

Наконец, ритуал гостеприимства был исполнен. Вождь наклонился вперед, и его бородатое лицо оказалось прямо перед лицом Мортенсона. «Cheezaley?» — рявкнул он. Это непереводимое с балти слово означает что-то вроде «какого черта?». Пользуясь известными ему словами и массой жестов, Грег объяснил собравшимся, что он американец, что пытался покорить К2 (это заявление было воспринято одобрительно). Сказал, что ослаб и болен и теперь идет в Асколе, где его ждет джип, который отвезет его в столицу Балтистана, Скарду.

Исчерпав последние силы, Мортенсон откинулся на подушки. Бесконечный путь и попытки изложить свою историю окончательно его измотали. Мягкие подушки, тепло от очага, множество людей... Мортенсон почувствовал такую усталость, что, казалось, сейчас заснет прямо здесь.

«CHEEZALEY?» — РЯВКНУЛ ОН. ЭТО НЕПЕРЕВОДИМОЕ С БАЛТИ СЛОВО ОЗНАЧАЕТ ЧТО-ТО ВРОДЕ «КАКОГО ЧЕРТА?».

«Met Askole (не Асколе), — со смехом сказал Хаджи Али и указал пальцем себе под ноги. — Корфе».

Мортенсон подскочил. Он никогда не слышал о Корфе и был уверен, что не видел этого названия ни на одной карте Каракорума, хотя, готовясь к экспедиции, изучил их немало. Волнуясь, объяснил, что ему нужно добраться до Асколе и встретиться там с человеком по имени Музафар, у которого остались его вещи.

Хаджи Али обхватил гостя за плечи и силой усадил обратно на подушки. Он обратился к своему сыну Туаа, который частенько бывал в Скарду и немного знал английский. Тот перевел: «Сегодня идти в Асколе невозможно. Большая проблема. Полтора дня пути. Завтра Хаджи пошлет искать Музафар. Теперь ты спать».

Хозяин поднялся и прогнал детей, которые все еще заглядывали в комнату с крыши. Мужчины разошлись по домам. Несмотря на тревогу, гнев на самого себя, ощущение полной беспомощности, Грег Мортенсон повалился на подушки и мгновенно заснул.

Глава 3

«Прогресс и совершенство»

«Скажи нам, если бы существовало что-то одно, что мы могли бы сделать для твоей деревни, что бы это было?»
«Со всем уважением к тебе, сахиб, скажу, что вам нечему учить нас в силе и выносливости. И мы не завидуем вашему мужеству. Может быть, мы счастливее вас? Но нам хотелось бы, чтобы наши дети ходили в школу. Из всего, что у вас есть, мы хотели бы получить только образование для наших детей».

Разговор сэра Эдмунда Хиллари с шерпом Уркиеном из «Школы под облаками»

Кто-то накрыл его тяжелым одеялом. Грег отогрелся и почувствовал настоящее блаженство. Впервые с конца весны он ночевал в доме. В тусклом свете углей в очаге Мортенсон видел очертания спящих людей. Отовсюду слышался храп. Он перекатился на спину, и его собственный храп гармонично влился в этот хор.

Когда он проснулся, рядом уже никого не было. Через отверстие в потолке виднелось голубое небо. Жена Хаджи Али, Сакина, увидела, что гость ворочается, и принесла ему ласси[1], свежеиспеченные лепешки чапатти[2] и сладкий чай. Это была первая женщина балти, которая к нему подошла. Мортенсон подумал, что у нее самое доброе лицо, какое он видел в жизни. Морщинки в уголках рта и глаз говорили о веселом нраве. Длинные волосы были заплетены по-тибетски и скрывались под шерстяной шапочкой урдва, украшенной бусинками, ра-

---

[1] Ласси — традиционный прохладительный напиток Южной Азии из смеси йогурта, воды, соли и специй.

[2] Чапатти — традиционный индийский хлеб, лепешки, сделанные из муки низшего сорта и воды.

кушками и старинными монетами. Сакина стояла и ждала, когда Мортенсон приступит к завтраку.

Стоило ему откусить первый кусочек теплой чапатти, размоченной в ласси, как он понял, что страшно голоден. Мортенсон с волчьим аппетитом проглотил все, что принесла Сакина, и выпил сладкий чай. Женщина приветливо улыбнулась и принесла еще. Если бы Мортенсон знал, насколько дорог сахар для балти, как редко они сами употребляют его в пищу, он отказался бы от второй кружки чая.

Сакина вышла, а он стал осматривать комнату. Обстановка была спартанской, если не сказать нищенской. На одной стене висел выгоревший плакат с изображением швейцарского шале[1] на зеленом лугу, покрытом яркими цветами. Все остальное — от закопченных кухонных принадлежностей до масляных фонарей — имело утилитарный характер. Тяжелое одеяло, под которым он спал, было сделано из темно-коричневого шелка и украшено крохотными зеркальцами. Остальные обитатели жилища укрывались тонкими шерстяными одеялами, украшенными тем, что оказалось под рукой. Эти люди явно отдали гостю лучшее, что было в доме.

МОРТЕНСОН ОСМОТРЕЛ КОМНАТУ. ОБСТАНОВКА БЫЛА СПАРТАНСКОЙ, ЕСЛИ НЕ СКАЗАТЬ НИЩЕНСКОЙ.

[1] Шале — небольшой сельский домик в горах Швейцарии.

Мортенсон услышал за окном громкие голоса, вышел из дома и вместе с остальными жителями деревни направился на скалу над рекой Бралду. Он увидел, как через реку по стальному тросу, натянутому на высоте 60 метров, перебирается человек. Такой способ переправы экономил ему полдня, которые потребовались бы на то, чтобы подняться выше по течению и перейти поток по мосту возле Корфе. Но падение означало бы его неминуемую смерть. Когда человек был уже на полпути над ущельем, Мортенсон узнал Музафара. Он увидел, что проводник захватил с собой и знакомый сорокакилограммовый рюкзак альпиниста.

На этот раз медвежья хватка Музафара не застала Мортенсона врасплох — он не закашлялся. Глаза проводника увлажнились. Он поднял руки к небу и воскликнул: «Аллах Акбар!» Казалось, на него пролилась манна небесная.

На ужин у Хаджи Али приготовили «biango» — жареную курицу, такую же жилистую и жесткую, как и те балти, что ее вырастили. Мортенсон узнал, что Музафара в Каракоруме хорошо знают. Тридцать лет он считался одним из самых опытных проводников в Гималаях. Его достижения и заслуги были велики и разнообразны. Например, в 1960 году он сопровождал знаменитого американского альпиниста Ника Клинча в первом его восхождении на Машербрум. Грега поразило то, что за время похода Музафар ни разу об этом не упомянул.

Музафар помог Грегу встретиться с Дарсни. Мортенсон заплатил Музафару три тысячи рупий — гораздо больше, чем договаривались, и пообещал навестить в его деревне, когда окончательно поправится. Грег и не подозревал, что этот человек будет присутствовать в его жизни еще более десятка лет: он поможет преодолеть все сложности жизни в Северном Пакистане с той же уверенностью, с какой в горах преодолевал сходы лавин и коварные расщелины.

ГРЕГ И НЕ ПОДОЗРЕВАЛ, ЧТО ПРОВОДНИК МУЗАФАР БУДЕТ ПРИСУТСТВОВАТЬ В ЕГО ЖИЗНИ ЕЩЕ БОЛЕЕ ДЕСЯТКА ЛЕТ И ПОМОЖЕТ ПРЕОДОЛЕТЬ ВСЕ СЛОЖНОСТИ ЖИЗНИ В СЕВЕРНОМ ПАКИСТАНЕ.

На джипе Мортенсон и Дарсни добрались до Скарду. И, лежа в удобной постели альпинистского мотеля «К2» после прекрасно приготовленного ужина, Грег вдруг понял, что его тянет назад в Каракорум. Он чувствовал, что в Корфе нашел нечто редкое — и обязательно туда вернется.

* * *

Мортенсон так и сделал, как только смог организовать поездку, и в этот раз снова воспользовался гостеприимством Хаджи Али. Каждый день он прогуливался вокруг Корфе в сопровождении детей, которые хватали его за руки. Он видел, что этот крохотный зеленый оазис среди пыльных скал обязан своим существованием неустанному труду. Сотни оросительных каналов, прорытых вручную, приводили его в восторг. Благодаря им ледниковая вода поступала на поля и в сады.

Вдали от опасностей Балторо он вдруг понял, насколько драгоценна жизнь. Стало ясно, как он ослабел: ему с трудом удавалось спускаться к реке. Однажды, стирая рубашку в ледяной воде, Грег увидел свое отражение — и был поражен. «Мои руки напоминали тонкие зубочистки. Мне казалось, что они принадлежат кому-то другому», — вспоминает он.

ВДАЛИ ОТ ОПАСНОСТЕЙ БАЛТОРО ОН ВДРУГ ПОНЯЛ, НАСКОЛЬКО ДРАГОЦЕННА ЖИЗНЬ. СТАЛО ЯСНО, КАК ОН ОСЛАБЕЛ, С ТРУДОМ СПУСКАЯСЬ К РЕКЕ.

В тот день, возвращаясь в деревню, Мортенсон почувствовал себя стариком, похожим на тех, что часами сидели под абрикосовыми деревьями, покуривали трубки и ели абрикосовые ядрышки. Сил у него хватало лишь на час-два прогулки, затем он возвращался на подушки к очагу Хаджи Али.

Вождь Корфе внимательно следил за состоянием Мортенсона. И однажды приказал забить для него одного из драгоценных огромных баранов. Сорок человек срезали жареное мясо с костей, а потом раскалывали кости камнями, чтобы не пропал драгоценный мозг. Участвуя в пиршестве, Грег понял, насколько редкими бывают в Корфе подобные трапезы. Эти люди постоянно жили на грани голода.

Силы возвращались к Мортенсону, вместе с ними обострялась восприимчивость. Впервые оказавшись в Корфе, он подумал, что попал в некую Шангри-Ла[1]. Многие европейцы, попавшие в Каракорум, считают, что балти живут простой счастливой жизнью, куда более спокойной, чем в развитых странах Запада. Первые европейцы-романтики прозвали этот край «Абрикосовым Тибетом».

В 1958 году Мараини написал, что балти «действительно умеют наслаждаться жизнью». Итальянец посетил Асколе; там его восхитили «старики, сидевшие на солнце и покуривавшие свои живописные трубки, мужчины, трудившиеся в тени шелковицы с уверенностью, которая приходит только с жизненным опытом, и двое мальчиков, сосредоточенно и тщательно выбиравшие вшей друг у друга».

«Мы дышали воздухом абсолютного счастья, вечного покоя и мира, — писал он. — И мы задумались. Не лучше ли жить в неведении: не зная ни асфальта, ни щебня, ни автомобилей, ни телефонов, ни телевизоров? Не лучше ли жить в благодати, не ведая обо всем этом?»

Тридцать пять лет спустя балти по-прежнему жили, не ведая о благах цивилизации. Но, проведя несколько дней в деревне, Мортенсон начал понимать, что Корфе — это не рай до грехопадения, каким он представлялся европейской фантазии. В каждом доме кто-то страдал от тяжелой болезни. Старики балти годами не выходили из своих жилищ. Из разговоров

---

[1] Шангри-Ла — вымышленная страна духовной гармонии и счастья, описанная в 1933 году писателем-фантастом Джеймсом Хилтоном в одном из своих произведений. Ценители творчества Хилтона сравнивают ее с мифической страной Шамбалой.

с сыном Хаджи Али, когда тот вернулся с вечерней молитвы в деревенской мечети, Мортенсон узнал, что ближайший врач находится в Скарду, куда неделя пути. Каждый третий ребенок в Корфе умирает, не дожив до года.

Туаа рассказал, что его жена, Рокия, умерла во время родов семью годами раньше. После нее остался единственный ребенок — дочка Джахан. Коричневое зеркальное одеяло, под которым спал Мортенсон, было частью приданого Рокии.

Мортенсон не представлял, как помочь своим друзьям в Корфе и отплатить за их доброту, но был твердо намерен это сделать. И начал раздавать то, что у него было. Пластиковые бутылки и фонарики были нужны балти: каждым летом им приходится проводить много времени в пути со своими стадами. Мортенсон отдал все это мужчинам из семьи Хаджи Али. Сакине он подарил походную плиту, работающую на керосине, которого всегда хватает в любой деревне балти. Свою темно-красную куртку Мортенсон накинул на плечи Туаа и заставил принять ее, хотя сыну Хаджи Али она была на несколько размеров велика. Вождю он подарил теплую куртку «Хелли Хансен», которая спасала его от холода даже на К2.

МОРТЕНСОН БЫЛ ТВЕРДО НАМЕРЕН ПОМОЧЬ СВОИМ НОВЫМ ДРУЗЬЯМ В КОРФЕ И ОТБЛАГОДАРИТЬ ЗА ИХ ДОБРОТУ. И НАЧАЛ РАЗДАВАТЬ ТО, ЧТО У НЕГО БЫЛО.

Но самым ценным подарком оказались медикаменты из походной аптечки и опыт работы медбратом в отделении «Скорой помощи». Силы Мортенсона постепенно крепли. Теперь он часами бродил по крутым улочкам Корфе, переходя из дома в дом и делая то малое, что было в его возможностях. Мазью с антибиотиками обрабатывал открытые язвы, вскрывал и дренировал нарывы и гнойные раны. Лечил переломы и пытался облегчить страдания людей с помощью антибиотиков и обезболивающих средств. Куда бы он ни направился, за ним всегда следили десятки глаз. Слух о нем прошел по всей деревне. Больные с окраин Корфе отправляли родственников к «доктору Грегу», как впоследствии его стали называть во всем Северном Пакистане. И неважно, что он много раз твердил, что является лишь медбратом. Для этих людей он был врачом.

В Корфе Грег часто ощущал присутствие своей младшей сестры, Кристы. Особенно ярким было это чувство, когда его окружали местные ребятишки. «Вся их жизнь была преодолением, — вспоминает Мортенсон. — Они напомнили мне о том, как Кристе приходилось бороться за самые простые вещи. И о том, какой настойчивой она была, несмотря ни на что». Он решил, что должен что-то сделать для этих людей. Приехав в Исламабад, думал он, нужно будет потратить последние деньги на то, чтобы купить учебники для местной школы или лекарства.

Однажды вечером, лежа у очага, Мортенсон сказал Хаджи Али, что хотел бы посетить местную школу. Он заметил, что по лицу старика пробежала тень. Но все же настоял на своем. Вождь согласился показать ему школу на следующее утро.

После традиционного завтрака, состоявшего из чапатти и чая, Хаджи Али по крутой тропе повел Мортенсона на большую открытую площадку, расположенную на высоте 300 метров над рекой Бралду. Вид оттуда открывался потрясающий. Над серыми скалами гордо высились ледяные гиганты верховий Балторо. Их заснеженные вершины будто врезались в ярко-голубое небо. Но Мортенсон не заметил этой красоты. Он с ужасом увидел, как восемьдесят два ребенка (семьдесят восемь мальчиков и четыре девочки, которым хватило мужества присоединиться к классу) сидят прямо на холодной земле под пронизывающим ветром. Хаджи Али, не глядя Грегу в глаза, сказал, что в деревне нет школы, а пакистанское правительство не присылает учителя: ему нужно платить доллар в день, а деревне это не по силам. Поэтому они наняли одного учителя на две деревни — Корфе и Мунджунг. Три дня в неделю он работает в Корфе. Все остальное время дети занимаются сами.

ХАДЖИ АЛИ, НЕ ГЛЯДЯ ГРЕГУ В ГЛАЗА, СКАЗАЛ, ЧТО В ДЕРЕВНЕ НЕТ ШКОЛЫ, А ПАКИСТАНСКОЕ ПРАВИТЕЛЬСТВО НЕ ПРИСЫЛАЕТ УЧИТЕЛЯ: ЕМУ НУЖНО ПЛАТИТЬ ДОЛЛАР В ДЕНЬ, А ДЕРЕВНЕ ЭТО НЕ ПО СИЛАМ.

Мортенсон с комом в горле наблюдал, как ученики замирают в благоговейной сосредоточенности и начинают свой «школьный день» с пения пакистанского национального гимна. «Благословенна будь, священная земля. Будь счастлив, изобильный край, символ славных дел, наш Пакистан», — пели дети, и пар от их дыхания таял в почти зимнем воздухе. Мортенсон заметил семилетнюю дочку Туаа, Джахан. Закутанная в платок девочка пела: «Пусть вечно сияет слава народа, страны и государства. Флаг с полумесяцем и звездой ведет нас по пути прогресса и совершенства».

Живя в Корфе, он часто слышал, как жители деревни жалуются на пакистанское правительство, где засели пенджабцы[1]. Эта власть была для них чуждой. Чаще всего говорили о коррупции, из-за которой даже те малые средства, которые выделялись для народа Балтистана, на долгом пути от Исламабада до удаленных горных долин полностью разворовывались. Люди удивлялись: правительство Пакистана приложило много усилий, чтобы отвоевать эту часть Кашмира[2] у Индии, а потом благополучно забыло о живущих здесь людях.

Было совершенно ясно, что большая часть правительственных денег, которая доходила до горных высот, предназначалась для армии. Противостояние на леднике Сиачен обходилось дорого. Но Мортенсон поражался тому, что правительство даже такой бедной страны, как Пакистан, не может выделить деревне Корфе доллар в день на учителя. Почему столь малой ценой нельзя повести детей к «прогрессу и совершенству»?

---

[1] Пенджабцы — основное население провинции Пенджаб на востоке Пакистана, в бассейне реки Инд.

[2] Кашмир — историческая область в Азии. Часть ее территории составляет индийский штат Джамму и Кашмир, часть находится под контролем Пакистана.

МОРТЕНСОН ПОРАЖАЛСЯ ТОМУ, ЧТО ПРАВИТЕЛЬСТВО ДАЖЕ ТАКОЙ БЕДНОЙ СТРАНЫ, КАК ПАКИСТАН, НЕ МОЖЕТ ВЫДЕЛИТЬ ДЕРЕВНЕ КОРФЕ ДОЛЛАР В ДЕНЬ НА УЧИТЕЛЯ. ПОЧЕМУ СТОЛЬ МАЛОЙ ЦЕНОЙ НЕЛЬЗЯ ПОВЕСТИ ДЕТЕЙ К «ПРОГРЕССУ И СОВЕРШЕНСТВУ»?

Когда отзвучали последние ноты гимна, дети уселись кружком и начали переписывать таблицу умножения. Большинство писало прямо в пыли палочками, специально принесенными для этой цели. Те, кому повезло больше, в том числе Джахан, писали на грифельных досках, окуная палочки в разведенную водой грязь. «Можете себе представить, чтобы американские четвероклассники одни, без учителя сидели и спокойно делали уроки? — спрашивает Мортенсон. — Я почувствовал, что у меня разрывается сердце. Их желание учиться было столь сильным... А все вокруг было против них! Эти дети напомнили мне Кристу. Я понял, что должен хоть что-то сделать для них!»

Но что? Денег оставалось лишь на самую скромную еду и дешевую гостиницу. На джипе и автобусе он доберется до Исламабада и улетит на самолете домой. В Калифорнии же Грега ожидает лишь внештатная работа медбрата. А все его имущество помещается в багажнике старенького «бьюика», который был почти что его домом...

И все же Мортенсон был преисполнен решимости помочь детям, забытым собственным правительством.

Стоя рядом с Хаджи Али и глядя на долину, над которой высились заснеженные горы, он вспомнил о своей решимости подняться на К2 и оставить там ожерелье Кристы. И внезапно понял, что в память о сестре нужно сделать нечто другое, более значимое. Он положил руку на плечо вождя, как не раз делал старик после первой выпитой вместе кружки чая. «Я построю вам школу», — сказал он, еще не понимая, что после этих слов вся его жизнь пойдет совершенно другим путем — еще более извилистым и сложным, чем тот, которым он спускался с К2. «Я построю школу, — сказал Мортенсон. — Обещаю».

Глава 4

Камера хранения

Величие всегда опирается на одно и то же — на способность выступать, говорить и действовать, как самые обычные люди.

Шамсуддин Мухаммед Хафиз

В камере хранения пахло, как в Африке. Стоя на пороге незапертой комнаты размерами два на два с половиной метра и слушая шум автомобилей на оживленной Сан-Пабло Авеню, Мортенсон не понимал, где находится. И неудивительно: ведь его утомительное путешествие длилось сорок восемь часов. Вылетая из Исламабада, он был преисполнен решимости действовать и уже придумал с десяток разных способов найти деньги на строительство школы в Корфе. Но, оказавшись в Беркли, растерялся. Он чувствовал себя чужим под этим чистым небом, среди преуспевающих студентов университета, направляющихся пить очередной эспрессо. Он помнил о своем обещании Хаджи Али, но сейчас прошедшие события казались ему полузабытым фильмом.

Смена часовых поясов. Культурный шок...

Как ни крути, Мортенсон уже не раз сталкивался с подобными ощущениями. Поэтому, как всегда после восхождений, и пришел сюда, в камеру хранения Беркли, зал 114.

Здесь он всегда обретал себя.

Грег вгляделся в душный полумрак, потянул за веревочку, чтобы включить лампочку. Перед ним появились пыльные книги по альпинизму, громоздящиеся вдоль стен; караван резных статуэток изящных слонов из черного дерева, принадлежавших отцу. На старом фотоальбоме сидела шоколадного цвета плюшевая обезьянка Джи-Джи — любимая игрушка детства.

Он взял обезьянку и увидел, что шов на ее груди разошелся. Мортенсон прижал игрушку к лицу, вдохнул до боли знакомый запах — и вспомнил большой неуклюжий дом под раскидистым перечным деревом. Это было в Танзании...

* * *

Как и его отец, Мортенсон родился в Миннесоте. Но в 1958 году, когда ему было три месяца, родители вместе с сыном отправились в величайшее путешествие всей своей жизни: они стали миссионерами в Танзании. Их школа находилась у подножия самой высокой горы Африки, Килиманджаро.

КОГДА ГРЕГУ БЫЛО ВСЕГО ТРИ МЕСЯЦА, ЕГО РОДИТЕЛИ ВМЕСТЕ С СЫНОМ ОТПРАВИЛИСЬ В ВЕЛИЧАЙШЕЕ ПУТЕШЕСТВИЕ ВСЕЙ СВОЕЙ ЖИЗНИ: ОНИ СТАЛИ МИССИОНЕРАМИ В ТАНЗАНИИ.

Отец Грега, Ирвин Мортенсон, родился в благообразной лютеранской семье. Он был молчалив — не спешил беззаботно тратить свои словесные богатства. Высокого, хорошо сложенного атлета прозвали Демпси[1], и имя знаменитого боксера приклеилось к нему навсегда. Демпси был седьмым, последним ребенком в семье, состояние которой было подорвано Великой депрессией. Спортивные способности помогли мальчику выбиться в люди — он был ведущим игроком школьной футбольной команды, отстаивал честь штата в баскетболе. Ему удалось выбраться из крохотного захолустного миннесотского городка и найти себе интересную дорогу в жизни. Благодаря своим футбольным достижениям Ирвин поступил в университет Миннесоты, старательно учился, чтобы получить степень по физкультуре, а свободное время посвящал футбольным сражениям и лечению полученных в них синяков и ссадин.

Жена Ирвина, Джерена, влюбилась в него с первого взгляда. Ее семья перебралась в Миннесоту из Айовы. Джерена тоже была спортсменкой — капитаном школьной баскетбольной команды. Молодые люди поженились неожиданно, когда Демпси, который в то время служил в армии, приехал в трехдневный отпуск из Форт-Райли. «У Демпси была страсть к путешествиям, — вспоминает Джерена. — Он побывал в Японии и хотел увидеть остальной мир, а не провести всю жизнь в Миннесоте. Однажды, когда я была беременна Грегом, он пришел домой и сказал: «В Танганьике[2] нужны учителя. Давай поедем в Африку». Я не смогла сказать «нет». В молодости не боишься неизвестности. Мы просто сделали это».

---

[1] Джек Демпси — американский боксёр-профессионал (20—30-е гг. XX века), чемпион мира в супертяжелом весе.

[2] Танганьика — название материковой части Танзании.

РОДИТЕЛИ ГРЕГА ПЕРЕБРАЛИСЬ В АФРИКУ, ПОТОМУ ЧТО ТАМ БЫЛА ПОТРЕБНОСТЬ В УЧИТЕЛЯХ.

Они отправились в страну, о которой ничего не знали; она располагалась в Восточной Африке, между Кенией и Руандой. Четыре года проработали в удаленных Узамбарских горах, затем переехали в Моши. Название этого города с суахили переводится как «дым». Лютеранское миссионерское общество поселило их в большом нелепом доме греческого торговца оружием. Дом был конфискован властями. Как часто бывает в случае импульсивных решений, семье Мортенсон повезло. Они влюбились в страну, которая в 1961 году получила независимость и стала называться Танзанией. «Чем старше я становлюсь, тем больше начинаю ценить свое детство. Это был рай», — вспоминает Грег.

В детстве мальчик считал своим домом не величественное строение с красивым внутренним двором, а огромное перечное дерево. «Дерево было символом стабильности, — вспоминает Мортенсон. — На закате сотни летучих мышей, которые жили на нем, отправлялись на охоту. А после дождя все вокруг пахло перцем. Это было потрясающе!»

Поскольку Демпси и Джерена относились к вопросам веры довольно легко, их дом стал скорее общественным, нежели религиозным центром. Демпси преподавал в воскресной школе. Но в то же время организовал команду по софтболу[1], которая занималась во дворе возле перечного дерева, и создал первую в Танзании школьную баскетбольную лигу. Однако в жизни Демпси и Джерены было два проекта, которые занимали их целиком и полностью.

Демпси всего себя посвятил святому делу: собирал деньги на то, чтобы основать первую в Танзании учебную больницу — Христианский медицинский центр Килиманджаро. Джерена с тем же пылом создавала Международную школу в Моши для детей экспатриантов. Грег учился там вместе с детьми из разных стран. Национальные различия тогда для него практически ничего не значили, и он очень удивлялся, когда узнавал, что где-то народы начинают воевать друг с другом. Во время усиления конфликта между Индией и Пакистаном Грега поразило то, что индийские и пакистанские школьники, которые во время перемен играли в войну, делали вид, что стреляют из автоматов и отрезают друг другу головы.

ОТЕЦ ГРЕГА ВСЕГО СЕБЯ ПОСВЯТИЛ СВЯТОМУ ДЕЛУ: СОБИРАЛ ДЕНЬГИ НА ТО, ЧТОБЫ ОСНОВАТЬ ПЕРВУЮ В ТАНЗАНИИ УЧЕБНУЮ БОЛЬНИЦУ.

«А вообще наша школа была замечательным местом, — вспоминает Мортенсон. — Это была Организация Объединенных Наций в миниатюре. У нас учились дети двадцати восьми

[1] Софтбол — спортивная командная игра с мячом, разновидность бейсбола.

национальностей, и мы отмечали все праздники: Хануку, Рождество, Дивали и Ид».

«Грег не любил ходить с нами в церковь, — вспоминает Джерена, — потому что все африканские старушки хотели поиграть с маленьким светловолосым мальчиком». А в остальном Грег рос счастливым ребенком и не обращал внимания на расовые проблемы. Очень скоро он овладел суахили и говорил абсолютно без акцента. По телефону его принимали за танзанийца. В церковном хоре мальчик пел старинные религиозные гимны, а потом занимался танцами в труппе, которая приняла участие в телевизионном танцевальном конкурсе в честь дня независимости Танзании, Саба-Саба.

В возрасте одиннадцати лет Грег Мортенсон покорил первую настоящую гору. «С шести лет я смотрел на вершину Килиманджаро и умолял отца взять меня туда». Наконец Демпси счел сына достаточно взрослым для восхождения. Но подъем на вершину Африки оказался делом нелегким. «Меня мутило и тошнило всю дорогу. Все казалось ужасным. Но стоило мне оказаться на вершине и увидеть под собой африканскую саванну — и я на всю жизнь стал настоящим альпинистом».

Джерена родила трех девочек: Кари, Соню Джой и Кристу. Криста появилась, когда Грегу было двенадцать лет. Демпси часто пропадал на долгие месяцы, собирая средства и вербуя квалифицированных врачей в Европе и Америке. К тринадцати годам Грег имел рост метр и восемьдесят сантиметров и в отсутствие отца был главным мужчиной в доме. Когда родилась Криста, родители понесли ее крестить. Грег вызвался быть крестным отцом.

В отличие от трех старших детей, которые быстро стали похожими на своих крепких родителей, Криста оставалась маленькой и хрупкой. К моменту начала учебы в школе она сильно отличалась от остальных Мортенсонов. В детстве ей сделали прививку от оспы, которая вызвала сильную аллергическую реакцию. «Ее рука полностью почернела», — вспоминает Джерена. Ей кажется, что именно та прививка стала причиной несчастий дочери. В три года Криста перенесла тяжелейший менингит и так и не оправилась от болезни. Ее мучили частые припадки. Когда девочке было восемь лет, ей поставили диагноз — эпилепсия. Криста болела постоянно. «Она училась читать, — вспоминает Джерена, — но слова были для нее лишь звуками. Она не понимала смысла предложений».

МЛАДШАЯ СЕСТРА КРИСТА РОДИЛАСЬ, КОГДА ГРЕГУ БЫЛО ДВЕНАДЦАТЬ. ОНА БЫЛА МАЛЕНЬКОЙ И ХРУПКОЙ ДЕВОЧКОЙ И ОТЛИЧАЛАСЬ ОТ ОСТАЛЬНЫХ МОРТЕНСОНОВ.

Подрастающий Грег стал для сестры надежной опорой и защитником. Он набрасывался на любого, кто обижал малышку. «Криста была самой славной из нас, — вспоминает он. — Она спокойно воспринимала свое несчастье. Одеться утром было для нее непосильной задачей, поэтому она с вечера раскладывала вещи, чтобы перед школой потратить на одевание меньше времени. Она была очень чуткой к окружающим».

ПОДРАСТАЮЩИЙ ГРЕГ СТАЛ ДЛЯ СЕСТРЫ НАДЕЖНОЙ ОПОРОЙ И ЗАЩИТНИКОМ.

Мортенсон с нежностью говорит: «В некотором роде она была похожа на отца. Они оба умели слушать».

Демпси действительно умел слушать — особенно молодых честолюбивых африканцев из Моши. Они мечтали продвинуться и преуспеть, но постколониальная Танзания, которая и сейчас остается одной из самых бедных стран мира, мало что могла им предложить, кроме рутинной работы в сельском хозяйстве. Когда больница была достроена и начала работать, Демпси настоял на том, чтобы основной ее задачей стало обучение местных студентов, а не просто медицинское обслуживание детей экспатриантов и отпрысков богатой восточноафриканской элиты. И ему удалось отстоять свое мнение, несмотря на противодействие других членов совета Христианского медицинского центра.

Когда Грегу исполнилось четырнадцать лет, больница на 640 коек была окончательно достроена. На ее торжественном открытии выступал президент Танзании Джулиус Ньерере. Отец Грега закупил море местного бананового пива помбе и срезал все кусты во дворе, чтобы разместить пятьсот гостей, которых он пригласил на барбекю[1] в честь успешного завер-

[1] Барбекю — досуговое мероприятие, связанное с приготовлением мяса на жаре тлеющих углей. Также кушанье из кусочков мяса, зажаренных таким способом.

шения проекта. В традиционном черном танзанийском наряде он поднялся на сцену под перечным деревом и произнес речь перед людьми, которых так любил.

За четырнадцать лет, проведенных в Африке, он отяжелел, но все еще сохранял спортивную осанку. Хотя теперь его уже не считали спортсменом, но, по мнению сына, он выглядел великолепно. В начале выступления он поблагодарил своего танзанийского партнера, Джона Моши, который внес в успех этого проекта вклад не меньший, чем сам Демпси. «Я хочу предсказать будущее, — сказал Демпси на суахили. В тот момент он выглядел абсолютно умиротворенным и счастливым. Отец Грега никогда не стеснялся выступать публично. — Через десять лет руководителями всех отделений Христианского медицинского центра Килиманджаро будут танзанийцы. Это ваша страна. Это ваша больница».

«Я почти физически ощущал гордость этих африканцев, — вспоминает Мортенсон. — Экспатрианты хотели сказать: «Посмотрите, что мы сделали для вас». А отец сказал: «Посмотрите, что вы сделали для себя — и что еще сделаете!»

ОНИ ХОТЕЛИ СКАЗАТЬ: «ПОСМОТРИТЕ, ЧТО МЫ СДЕЛАЛИ ДЛЯ ВАС». А ОТЕЦ СКАЗАЛ: «ПОСМОТРИТЕ, ЧТО ВЫ СДЕЛАЛИ ДЛЯ СЕБЯ – И ЧТО ЕЩЕ СДЕЛАЕТЕ!»

Отец оказался прав, — рассказывает Грег. — Его клиника работает и сегодня. Это главная учебная больница Танзании.

Через десять лет после ее постройки всеми отделениями стали заведовать африканцы. Тогда, на открытии больницы, я так гордился, что этот большой, плотный человек на трибуне — мой отец! Он научил меня тому, что можно добиться всего — нужно только верить в себя».

Когда школа и больница были достроены, Мортенсонам стало нечего делать в Танзании. Демпси предложили новую интересную работу — строить госпиталь для палестинских беженцев на Масличной горе[1] в Иерусалиме. Но они решили, что их детям пора вернуться в Америку.

«ОТЕЦ НАУЧИЛ МЕНЯ ТОМУ, ЧТО МОЖНО ДОБИТЬСЯ ВСЕГО — НУЖНО ТОЛЬКО ВЕРИТЬ В СЕБЯ».

Грег и девочки стремились в страну, которую все еще считали родиной, хотя были там всего раз пять и боялись ее. Грег прочел в семейной энциклопедии обо всех пятидесяти штатах Америки, пытаясь подготовиться к новой жизни. Четырнадцать лет родственники из Миннесоты писали о семейных праздниках, пропущенных Мортенсонами. Они присылали газетные вырезки. Грег хранил их в своей комнате и перечитывал по ночам. Так он пытался понять экзотическую для него культуру далекой родины.

---

[1] Масли́чная, или Елеонская, гора — возвышенность, которая лежит недалеко от восточной стены Старого города Иерусалима. В древности была засажена маслинами, отчего и получила свое название.

Мортенсоны собрали свои книги, вещи и резные фигурки из черного дерева и переехали в Америку. Они поселились в старом четырехэтажном доме родителей Джерены в Сент-Поле[1], а потом купили недорогой дом в пригороде Роузвилле. Грег отправился в местную школу и с радостью увидел там множество чернокожих учеников. Он сразу почувствовал себя в Моши. По школе быстро разнесся слух о том, что высокий неуклюжий подросток приехал из Африки.

Мортенсон довольно быстро приспособился к американской культуре. Он отлично успевал в школе, особенно по математике, музыке и физике. Конечно же, добился больших успехов в спорте — сыграли роль отцовские гены.

После того как семья перебралась в пригород, Грег стал играть в школьной футбольной команде. Он был защитником. Благодаря футболу в нем возникло особое чувство товарищества, объединившее его с другими учениками. Но в одном отношении он никак не мог привыкнуть к Америке. «Грег всегда был не в ладах со временем, — вспоминает мать. — Даже в детстве он всегда жил в том часовом поясе, в котором находится Танзания».

Работа Демпси и Джерены в Африке была интересной и увлекательной, но денег им она не принесла. После окончания Грегом школы они не смогли бы оплачивать его учебу в колледже. Поэтому Грег накануне выпускного вечера спросил у отца, что ему делать. «Я поступил в колледж только после армии, — сказал Демпси. — Ты можешь сделать то же самое». Грег посетил вербовочный пункт американской армии в Сент-Поле

[1] Сент-Пол — столица штата Миннесота.

и заключил контракт на два года. «Это был очень странный поступок сразу после вьетнамских событий, — вспоминает Грег. — Ребята в моей школе были удивлены тем, что я решил служить в армии. Но у нас с родителями не было другого выхода».

ОПЛАЧИВАТЬ УЧЕБУ ГРЕГА В КОЛЛЕДЖЕ БЫЛО ДЛЯ ЕГО РОДИТЕЛЕЙ НЕМЫСЛИМО, ПОЭТОМУ ОН ПОСЛЕ ОКОНЧАНИЯ ШКОЛЫ ПОШЕЛ СЛУЖИТЬ В АРМИЮ.

Через четыре дня после выпускного вечера Мортенсон прибыл в тренировочный лагерь в Форт-Леонард-Вуд в штате Миссури. Там под крики сурового сержанта-инструктора Паркса ему приходилось вскакивать с постели в пять утра. Делать это Грегу не всегда удавалось быстро и четко, так, как требовал Паркс.

«Я решил, что не позволю этому парню запугать меня», — вспоминает Мортенсон. Однажды утром он встретил сержанта во всеоружии: полностью одетый, лежа на идеально заправленной койке. «Он грубо обругал меня за то, что я не спал, как положено, восемь часов, заставил сделать сорок отжиманий, а потом отправил в штаб, выдал мне нашивку и вернул обратно в казарму. «Это Мортенсон, ваш новый взводный, — сказал сержант. — Он здесь главный, так что делайте все, что он скажет».

Грег был слишком мягким человеком, чтобы стать настоящим командиром. Но в армии он преуспел. Благодаря футболу был в отличной физической форме, так что армейские тренировки были для него не столь мучительны, как для других. Больше всего его угнетала моральная обстановка, сложившаяся в американской армии после Вьетнама. «Вступая в армейские ряды, я был очень наивным, — вспоминает Мортенсон, — но здесь меня быстро лишили иллюзий. Множество парней после Вьетнама стали наркоманами. Они умирали от передоза». Навсегда запомнилось зимнее утро, когда пришлось вытаскивать труп сержанта, которого избили и оставили умирать в канаве: солдаты узнали о том, что он был геем.

БОЛЬШЕ ВСЕГО ЕГО УГНЕТАЛА МОРАЛЬНАЯ ОБСТАНОВКА, СЛОЖИВШАЯСЯ В АМЕРИКАНСКОЙ АРМИИ ПОСЛЕ ВЬЕТНАМА.

Грег изучал артиллерию и тактику, а потом переключился на медицину. После начальной медицинской подготовки его в составе 33-й танковой дивизии отправили в Германию.

Мортенсон служил в Бамберге, рядом с восточногерманской границей. Здесь он обрел исключительно полезный навык, который пригодился ему в дальнейшей жизни: научился спать в любое время, когда выдается возможность. Он был образцовым солдатом. «Я никогда ни в кого не стрелял, — вспоминает Мортенсон, — но в армии служил до падения Берлинской стены. Поэтому большую часть времени мы проводили, глядя в прорезь прицелов на восточногерманских пограничников». Заступая в караул, он получал приказ убивать «коммунистических снайперов», если те будут стрелять в гражданских лиц, пытающихся перебежать на Запад. «Такое иногда случалось, но, слава богу, не в мое дежурство», — говорит Мортенсон.

Большинство белых солдат, с которыми он служил в Германии, выходные проводили одинаково: кадрили девушек, пьянствовали или стреляли по мишеням. Мортенсон вместе с черными солдатами предпочитал совершать военные перелеты — в Рим, Лондон или Амстердам. Впервые он путешествовал самостоятельно, и это ему очень нравилось. «В армии моими лучшими друзьями были черные, — вспоминает он. — В Миннесоте это выглядело бы странно, но на службе о расе не думаешь. В Германии я нашел настоящих друзей, и впервые после Танзании не чувствовал себя одиноким».

За эвакуацию раненых во время учений Мортенсон получил Благодарственную медаль. После двух лет службы он демобилизовался. Грег был рад тому, что прошел армейскую школу. Здесь у него сложилась еще одна полезная привычка: после демобилизации он никогда не заезжал на парковочное место передом. До сих пор он всегда паркуется задом — будь то Балтистан или соседний супермаркет. В армии его приучили к тому, что машина должна стоять таким образом, чтобы в случае опасности можно было мгновенно сорваться с места.

ЗА ЭВАКУАЦИЮ РАНЕНЫХ ВО ВРЕМЯ УЧЕНИЙ МОРТЕНСОН ПОЛУЧИЛ БЛАГОДАРСТВЕННУЮ МЕДАЛЬ.

На футбольную стипендию Грег поступил в маленький колледж Конкордия в Мурхеде, штат Миннесота. В 1978 году его команда выиграла национальный чемпионат. Но Мортенсону быстро наскучила студенческая жизнь в маленьком замкнутом кампусе, поэтому он перевелся в более крупный университет Южной Дакоты в Вермильоне, воспользовавшись своими армейскими привилегиями.

Джерена училась. Она хотела получить степень и заняться преподавательской деятельностью. Демпси же приходилось заниматься неинтересной и плохо оплачиваемой работой. Долгие часы он проводил, разбираясь в кредитном законодательстве. Денег у Мортенсонов стало еще меньше, чем раньше. Во время учебы в колледже Грег работал — мыл посуду в университетском кафетерии, а по ночам дежурил в местной больнице. Каждый месяц он посылал деньги отцу.

В апреле 1981 года, когда Грег учился на втором курсе университета, отцу поставили диагноз: рак. Ему было всего сорок восемь лет. Грег изучал химию и медицину, и поэтому, узнав про метастазы в лимфоузлах и печени, понял, что дни отца сочтены. Забывая об учебе и работе, он раз в две недели по шесть часов проводил за рулем, чтобы добраться до Миннесоты и провести время с отцом. И каждый раз поражался тому, как быстро сдает Демпси.

В АПРЕЛЕ 1981 ГОДА, КОГДА ГРЕГ УЧИЛСЯ НА ВТОРОМ КУРСЕ УНИВЕРСИТЕТА, ОТЦУ ПОСТАВИЛИ ДИАГНОЗ: РАК.

Мортенсону хватило познаний в медицине, чтобы убедить врачей не проводить отцу курс лучевой терапии. Он знал, что Демпси умирает, и хотел, чтобы последние месяцы жизни он провел максимально комфортно. Грег собирался бросить университет и ухаживать за отцом, но Демпси категорически отказался. Поэтому поездки раз в две недели продолжались. Когда позволяла погода, Грег выносил отца во двор, чтобы тот мог посидеть на солнышке в шезлонге. Демпси был одержим своим садом — эта привычка сложилась у него еще в Африке. И на каждой прогулке требовал от сына, чтобы на лужайке не было сорняков...

Как-то ночью Грег проснулся от стрекота пишущей машинки. Демпси печатал сценарий собственных похорон. Джерена поднялась с дивана и ждала, когда машинка умолкнет, чтобы проводить мужа в постель...

В сентябре Грег приехал к отцу в последний раз. К этому времени Демпси лежал в больнице в Сент-Поле. «На следующее утро у меня был экзамен. Я не хотел возвращаться посреди ночи, но не мог оставить отца, —вспоминает Мортенсон. — Он был не слишком сентиментален, но все время, пока я был с ним, держал руку у меня на плече. Наконец настало время уходить. Он сказал: «Все кончено. Все нормально. Обо всем позаботятся». Удивительно, но он совершенно не боялся смерти».

В свое время в Моши Демпси тщательно расписал сценарий приема в честь успешного завершения строительства больницы. Теперь он точно так же детально расписал церемонию собственных похорон — вплоть до последнего гимна, который прозвучал на следующее утро.

Все пришедшие в лютеранскую церковь в Роузвилле получили программу, которую Демпси назвал «Радость возвращения домой». Грег произнес прощальную речь на суахили. Он называл отца «баба», «кака», «ндугу» — отцом, братом, другом. Демпси всегда гордился своей военной службой — его похоронили на национальном кладбище в Форт-Снеллинге.

После смерти отца Мортенсон чувствовал необычную пустоту в душе. Он поступил на медицинский факультет университета Кейз Вестерн, но вскоре понял, что не может прожить без заработка. Учебу пришлось оставить. Теперь Грега стал мучить страх того, что он может потерять Кристу: ее приступы заметно участились. Поэтому он на целый год вернулся домой, чтобы провести время с младшей сестрой. Он помог ей найти работу на фармацевтическом заводе; много раз ездил с Кристой в городском автобусе, чтобы научить ее пользоваться общественным транспортом самостоятельно. Девочка очень интересовалась подружками брата. Она расспрашивала его о сексе, потому что стеснялась разговаривать об этом с матерью. Узнав, что сестра встречается с молодым человеком, Грег прочел ей целую лекцию о сексуальных отношениях.

ПОСЛЕ СМЕРТИ ОТЦА ГРЕГА СТАЛ МУЧИТЬ СТРАХ ТОГО, ЧТО ОН МОЖЕТ ПОТЕРЯТЬ КРИСТУ: ЕЕ ПРИСТУПЫ ЗАМЕТНО УЧАСТИЛИСЬ.

В 1986 году Мортенсон начал изучать нейрофизиологию в университете Индианы. Он мечтал найти лекарство для младшей сестры. Но, на взгляд нетерпеливого двадцативосьмилетнего мужчины, медицина развивалась слишком медленно. Чем больше он узнавал об эпилепсии, тем слабее становилась надежда найти средство от этой болезни...

Сидя в лабораториях и библиотеках за толстыми томами, Грег стал понимать: ему хотелось изменить свою жизнь, больше времени проводить на природе, как это было в Танзании. Все чаще он вспоминал о гранитных скалах Черных холмов Южной Дакоты — годом раньше вместе с двумя приятелями по колледжу Грег постигал там основы скалолазания. Захотелось немедленно отправиться в горы.

У Грега был старый бабушкин «бьюик» цвета красного вина, он прозвал его «Ла Бамба». А еще он за последние годы успел скопить несколько тысяч долларов. Поэтому в один прекрасный день Грег решительно снарядил «Ла Бамбу» и отправился на Запад, в Калифорнию.

Как многое в жизни Грега Мортенсона, обучение альпинизму далось нелегко. Этот путь был таким же крутым, как скалы, которые он вскоре начал штурмовать. Его рассказы о первых годах в Калифорнии и дальнейшем пути создают впечатление, что между недельным тренировочным курсом на скалах Сьюсайд в Южной Калифорнии и штурмом непальских семитысячников практически не было перерыва. После сурового детства в доме матери, армии, колледжа и университета ощущение полной свободы и работы лишь ради того, чтобы можно было заниматься альпинизмом, было для Грега пьяняще новым. Мортенсон начал работать медбратом в отделении

«Скорой помощи». Он работал только по ночам и выходным дням — то есть брал те смены, которые не хотел брать никто другой. И это давало ему возможность уходить в горы, когда захочется.

Увлечение альпинизмом захватило с головой. Ему нравилось заниматься в спортивном зале, на скалах, на стене старого склада в Эмеривилле. Он часами оттачивал альпинистскую технику, начал бегать марафон. Между экспедициями Грег не прерывал тренировок, и это позволило ему штурмовать северный склон горы Бейкер, Аннапурну IV, Барунтсе и еще несколько гималайских пиков. «С 1989 по 1992 годы моя жизнь была целиком посвящена альпинизму», — вспоминает Мортенсон. Альпинизм стал страстью его жизни — он уже не мог жить без борьбы с очередной неприступной скалой. Грег частенько захаживал в букинистические магазины в поисках книг альпинистов XIX века. «Моей подушкой в то время была библия альпинизма — «Свобода гор», — вспоминает он.

УВЛЕЧЕНИЕ АЛЬПИНИЗМОМ ЗАХВАТИЛО ГРЕГА С ГОЛОВОЙ. ЕМУ НРАВИЛОСЬ ЗАНИМАТЬСЯ В СПОРТИВНОМ ЗАЛЕ, НА СКАЛАХ, НА СТЕНЕ СТАРОГО СКЛАДА В ЭМЕРИВИЛЛЕ.

Каждый год к брату приезжала Криста. Он пытался объяснить ей свою любовь к горам. Они вместе ездили в Йосемит. Во время прогулок Грег на карте показывал сестре пройденные им маршруты.

23 июля 1992 года Мортенсон со своей подругой рейнджером Анной Лопес находился на горе Силл, в горной системе Сьерра-Невада. В половине пятого утра они спускались с ледника, где провели ночь после штурма вершины. Грег сорвался, перевернулся в воздухе и заскользил по крутому склону. Он летел по леднику, на каждом выступе подскакивая в воздух на полтора метра и снова падая на жесткий снег и лед. Тяжелый рюкзак рванул его назад, вырвав левую руку из сустава. Кроме вывиха Грег получил множество переломов. Он пролетел почти триста метров, прежде чем сумел здоровой рукой остановить падение, впившись ледорубом в лед.

Почти сутки Мортенсон в полузабытьи полз вниз с горы и выбирался на тропу. Анна доставила его в ближайшую больницу в городе Бишоп. Из больницы Грег позвонил матери и сказал, что с ним все в порядке. Но слова матери буквально убили его. В ту минуту, когда Грег летел вниз с горы Силл, Джерена открыла дверь спальни Кристы, чтобы разбудить ее. В честь двадцать первого дня рождения девушки они решили съездить на Поле Мечты в Дайерсвилль, штат Айова, где снимался любимый фильм Кристы. «Я вошла, чтобы разбудить ее, но увидела: Криста неподвижно стояла возле расстеленной кровати на четвереньках, голова упиралась в пол. Наверное, она пыталась лечь в постель, но ей стало плохо, — вспоминает Джерена. — Она была абсолютно синей. Единственное, чему я могу радоваться, это то, что она умерла быстро: сильнейший приступ убил ее мгновенно».

Мортенсон с загипсованной рукой приехал в Миннесоту на похороны Кристы. Службу проводил брат Джерены, пастор Лейн Дерринг. В своей речи он упомянул любимый фильм

Кристы, который снимался в Айове. «Наша Криста проснется и спросит: «Это Айова?» А ей ответят: «Нет, это небеса». Отпевание Кристы проходило в той же церкви, где не так давно прощались с Демпси.

МОРТЕНСОН С ЗАГИПСОВАННОЙ РУКОЙ ПРИЕХАЛ В МИННЕСОТУ НА ПОХОРОНЫ КРИСТЫ.

Жизнь в Калифорнии стала казаться Мортенсону еще более бессмысленной, чем раньше. Звонок от известного альпиниста Дэна Мазура, которого Мортенсон хорошо знал, стал благословением небес. Мазур собирался штурмовать К2, самую сложную гору мира. Ему нужен был альпинист-медик. Не хочет ли Мортенсон принять участие в экспедиции? Это был шанс. Мортенсон получал возможность обрести смысл жизни и достойным образом почтить память сестры. Он мог подняться на самую знаменитую вершину мира и посвятить это восхождение Кристе.

Он нашел способ вернуться к настоящей жизни после тяжелейшей утраты...

* * *

Мортенсон медленно опустил плюшевую обезьянку на фотоальбом. По шоссе проехал тяжелый грузовик, и все в маленькой комнате затряслось. Грег вышел из камеры хранения, достал из багажника «Ла Бамбы» альпинистское снаряжение, вернулся в комнату и развесил ремни, веревки, кошки и карабины на крюках. За последние пять лет альпинистскому снаряжению не приходилось надолго задерживаться в этой комнате. Все эти вещи путешествовали вместе с Грегом с континента на континент и поднимались на такие вершины, которые раньше казались людям абсолютно недоступными....

Неожиданно ход его мыслей резко изменился. Что потребуется для того, чтобы найти деньги для жителей Корфе? Как убедить американцев позаботиться о детях с другого конца света, о детях, которые сидят на пронизывающем ветру и решают школьные примеры, выводя цифры палочками на песке? Грег потянул за выключатель, последний раз окинул взглядом камеру хранения. Луч калифорнийского солнца блеснул в пластиковых глазах плюшевой обезьянки. Мортенсон вышел и закрыл за собой дверь.

Глава 5

580 писем, один ответ

Пусть скорбь и тоска живут в твоем сердце.
Никогда не сдавайся, не теряй надежды.
Аллах говорит: «Благословенны плачущие».
Сокруши свое сердце. Плачь.

Шейх Абу Саид Абил Хейр,
«Никто — Сын Никого»

Пишущая машинка была слишком мала для Мортенсона. Он постоянно ударял сразу по двум клавишам, вытаскивал испорченный лист и начинал все сначала. Его расходы росли. Доллар в час за прокат старой пишущей машинки показался ему вполне приемлемой платой, однако за пять часов, проведенных в центре копирования в Беркли, ему удалось написать всего четыре письма.

Проблема заключалась не только в неудобной машинке. Мортенсон не знал, что именно написать. Он приступил к пятому письму. «Дорогая миссис Уинфри, — выстукивал он, стараясь касаться клавиш только кончиками пальцев. — Я большой поклонник вашей программы. Мне кажется, что вам не безразличны люди и вы хотите нести им добро. Я хочу рассказать о маленькой пакистанской деревне Корфе и о школе, которую хочу там построить. Знаете ли вы, что многие дети, живущие в красивейших горах мира, Гималаях, вообще не ходят в школы?»

Но на этом все застопорилось. Он не знал, следует ли сразу переходить к деньгам или нужно просто попросить о помощи. А если просить денег, то прилично ли называть конкретную сумму? «Я хочу построить школу на пять классов, где могли бы учиться 100 детей, — писал Мортенсон. — Я был в Пакистане и пытался подняться на вторую вершину мира К2 (мне это не удалось). Там я советовался со специалистами. Используя местные материалы и труд строителей, я смогу построить школу, затратив всего 12 тысяч долларов».

«Я ХОЧУ ПОСТРОИТЬ ШКОЛУ НА ПЯТЬ КЛАССОВ, ГДЕ МОГЛИ БЫ УЧИТЬСЯ 100 ДЕТЕЙ», — ПИСАЛ МОРТЕНСОН.

И вот тут-то начиналось самое сложное. Следует ли просить всю сумму? «Любое ваше пожертвование было бы для нас настоящим подарком», — решил написать Мортенсон. В последнюю минуту рука дрогнула, и на листе появилась очередная опечатка. Лист отправился в корзину, и он начал сначала.

К тому времени, когда пришла пора возвращаться в Сан-Франциско и заступать в ночную смену в медицинском центре, Мортенсон написал шесть писем. Он вложил их в конверты, запечатал и наклеил марки. Одно было адресовано Опре Уинфри[1]. Другие послания были адресованы известным телеведущим, в том числе Бернарду Шоу с CNN. Одно письмо Грег решил написать актрисе Сьюзен Сарандон: она всегда казалась ему внимательной и доброй женщиной.

[1]Опра Гэйл Уинфри — известная американская актриса и ведущая. В Америке ее называют самой влиятельной знаменитостью в шоу-бизнесе.

Результат целого дня работы оказался довольно скромным, но начало было положено. «Дальше дело пойдет быстрее, — пообещал себе Грег. — Иначе и быть не может — ведь надо разослать пятьсот писем!» Он чувствовал легкое головокружение — словно поджег бикфордов шнур и вот-вот грянет взрыв. Взрыв добрых, как он надеялся, вестей.

В отделении «Скорой помощи» он быстро забыл о своих планах. Ножевые ранения и кровоточащие нарывы поглотили все его внимание. Ближе к утру работы стало поменьше, и удалось немного передохнуть. В такие минуты Мортенсон либо дремал на каталках, либо беседовал с врачами, чаще всего — с Томом Воганом. Высокий, худощавый Воган был пульмонологом и увлекался альпинизмом. Он поднялся на самую высокую гору за пределами Азии — Аконкагуа в Андах и на самую высокую гору Индии — Нанда Деви. В 1982 году Воган пытался штурмовать Гашербрум II — самый простой восьмитысячник, но в тот раз ни одному члену экспедиции не удалось добраться до вершины, а один из них попал под лавину, и его не удалось найти. Воган отлично понимал, насколько тяжело было Грегу дойти почти до вершины такой опасной горы, как К2. «С Гашербрума II видна К2, — говорил Воган Мортенсону. — Эта гора непередаваемо красива, но страшна. Ты молодец!»

В свободное время приятели говорили о величии и сложностях Балторо. Оба считали это место самым красивым на Земле. Мортенсон подробно расспрашивал Вогана о том, как бороться с отеком легких, который возникает на больших высотах и губит многих альпинистов.

«Грег был стремительным, спокойным и очень квалифицированным. Он идеально подходил для работы в «Скорой помощи, — вспоминает Воган. — Но о медицине ему говорить было не очень интересно. Мне казалось, что он готовится к очередному возвращению в Пакистан».

Мортенсон не переставал думать о горной деревне в девятнадцати тысячах километров от Калифорнии. Но в то же время он не мог оторвать взгляда от девушки из отделения анестезиологии — доктора Марины Виллард. «Марина была настоящей красавицей, — вспоминает Мортенсон. — Она увлекалась альпинизмом. Я с ума сходил, когда приходилось работать вместе с ней. У нее были темные волосы и полные, яркие губы, от которых трудно было оторвать взгляд. Я не знал, можно ли пригласить ее на свидание или лучше держаться подальше».

МОРТЕНСОН НЕ МОГ ОТОРВАТЬ ВЗГЛЯДА ОТ ДЕВУШКИ ИЗ ОТДЕЛЕНИЯ АНЕСТЕЗИОЛОГИИ – ДОКТОРА МАРИНЫ ВИЛЛАРД.

Чтобы экономить деньги в процессе сбора средств на школу в Корфе, Мортенсон решил не снимать квартиру. У него была комната в камере хранения, а заднее сиденье «бьюика» вполне могло послужить диваном. В сравнении с тесной палаткой на Балторо машина казалась вполне комфортным местом для сна. От членства в клубе «Сити Рок» он не отказался — там был душ и можно было тренироваться, чтобы оставаться в форме. Каждый вечер Мортенсон отправлялся в район складов у залива и находил тихое, спокойное место, где можно было выспаться. Залезал в спальный мешок, устраивался на заднем сиденье «бьюика» и засыпал, думая о Марине.

Днем Мортенсон печатал сотни писем. Он обратился ко всем сенаторам США. Записался в местную библиотеку и стал просматривать все журналы, посвященные поп-культуре, которых никогда не читал. Из журналов выписывал имена кинозвезд и поп-идолов. Список постоянно рос. Он брал адреса из книги о ста самых богатых людях Америки. «Я не представлял, что нужно делать, — вспоминает Мортенсон. — Просто составлял список влиятельных и популярных людей и писал им письма. Мне было тридцать шесть лет, и я не умел пользоваться компьютером. Вот насколько неопытен я был».

МОРТЕНСОН ПЕЧАТАЛ СОТНИ ПИСЕМ САМЫМ ВЛИЯТЕЛЬНЫМ И ПОПУЛЯРНЫМ ЛЮДЯМ АМЕРИКИ.

Однажды Мортенсон пришел в центр копирования и обнаружил его закрытым. Тогда он обратился в соседний магазин с просьбой дать напрокат пишущую машинку.

«Я сказал ему, что у нас нет пишущих машинок, — вспоминает владелец магазина Кишвар Сайед. — На дворе 1993 год, почему бы не арендовать компьютер? Но он сказал, что не умеет им пользоваться».

Скоро Мортенсон узнал, что Сайед — пакистанец из маленькой деревни Бахавал-Пуй в Центральном Пенджабе. Когда Сайед узнал о планах Грега, он бесплатно научил его пользоваться компьютером «Макинтош».

«В нашей деревне в Пакистане не было школы, поэтому я прекрасно понимал важность того, что пытается сделать Грег, — вспоминает Сайед. — Его миссия была настолько велика, что помочь ему стало для меня делом чести».

Возможности компьютера поразили Мортенсона. Он понял, что может написать триста писем за один день: на машинке он писал бы их месяц. Он запасся кофе, пришел к Сайеду и за выходные дни распечатал целых пятьсот писем. Потом Грег и Сайед составили новый список знаменитостей. Скоро количество писем дошло до 580. «Забавно! — вспоминает Мортенсон. — Пакистанец обучал меня компьютерной грамотности, чтобы я помог стать грамотными пакистанским детям».

Отправив письма, Мортенсон возвращался в магазин Сайеда, чтобы овладеть новыми компьютерными премудростями. Он написал шестнадцать просьб о выделении гранта на строительство школы в деревне Корфе.

В свободное время Мортенсон и Сайед говорили о женщинах. «Мы оба переживали очень печальный и прекрасный период в жизни, — вспоминает Сайед. — Часто беседовали об одиночестве и о любви». Сайед был обручен с женщиной, которую в Карачи[1] нашла ему мать. И он зарабатывал деньги на свадьбу, чтобы привезти жену в Америку.

Мортенсон рассказал Сайеду о Марине, и новый друг стал предлагать разные способы знакомства с ней. «Послушай, — говорил он, — ты стареешь, и тебе нужна семья. Чего ты ждешь?»

---

[1] Кара́чи — крупнейший портовый город и главный экономический центр Пакистана.

Но Мортенсон никак не мог справиться с волнением и подойти к Марине. Однажды во время дежурства в медицинском центре он начал рассказывать ей о Каракоруме и о своих планах постройки школы в Корфе. Стараясь не потерять головы, целиком погрузился в воспоминания. Он рассказывал о спасении Этьена, о том, как заблудился на Балторо, о времени, проведенном в Корфе в доме Хаджи Али. Он видел, что глаза Марины сияют. Такие разговоры продолжались два месяца. Наконец женщина сама пригласила Грега на свидание.

МОРТЕНСОН НИКАК НЕ МОГ СПРАВИТЬСЯ С ВОЛНЕНИЕМ И ПОДОЙТИ К МАРИНЕ. НАКОНЕЦ ОНА САМА ПРИГЛАСИЛА ГРЕГА НА СВИДАНИЕ.

После возвращения из Пакистана Мортенсон вел самую скромную жизнь. Чаще всего он завтракал в камбоджийской кофейне за 99 центов: чашка кофе и пончик. После этого он часто не ел до самого вечера. А на ужин покупал себе трехдолларовый буррито[1] в какой-нибудь закусочной в Беркли.

Для первого свидания Мортенсон выбрал рыбный ресторан в Сосалито[2] и заказал бутылку белого вина, хотя, на его

[1] Бурри́то — мексиканское блюдо. Представляет собой мягкую пшеничную лепёшку, в которую завернута овоще-сырно-мясная начинка. В начинку добавляют сметану или томатный соус.

[2] Сосалито — город в штате Калифорния.

взгляд, она стоила целое состояние. Свидание прошло чудесно. Грег и Марина стали встречаться.

От первого брака у Марины остались две дочки — пятилетняя Блейз и трехлетняя Дана. Грег сразу полюбил девочек так же, как их мать.

Когда дочки на выходные уезжали к отцу, Грег с Мариной отправлялись в Йосемит, ночевали в машине и целыми днями лазали по скалам. Когда девочки были дома, Мортенсон возил их на Индейскую скалу. В этом красивом месте он учил их основам альпинизма. «Мне казалось, что у меня неожиданно появилась собственная семья, — вспоминает Мортенсон. — Я понял, о чем всегда мечтал. Если бы сбор средств на школу шел лучше, я был бы абсолютно счастлив».

Джерена Мортенсон перебралась в новый дом. Она поселилась в городке Ривер-Фоллз в Висконсине. Оттуда она с тревогой следила за одиссеей сына. Получив степень, Джерена стала директором начальной школы. Она убедила сына приехать к ней и выступить перед детьми с рассказом о горах. «Мне было очень сложно объяснить взрослым, почему я хочу помочь пакистанским школьникам, — вспоминает Мортенсон. — Но дети сразу все поняли. Когда они увидели фотографии, то не могли поверить в то, что есть такие места на свете, где детям приходится учиться на холоде и без учителей. Они решили чем-нибудь помочь».

Через месяц после возвращения в Беркли Мортенсон получил письмо от матери. Она рассказала, что ее ученики начали кампанию «Пенни для Пакистана». Заполнив две 40-галлонные канистры, они собрали 62 345 пенни. К письму прилагался чек на 623 доллара 45 пенсов. Мортенсону показалось, что судьба наконец стала к нему благосклонна. «Дети сделали первый шаг к строительству школы, — вспоминает он. — За океаном собранные ими пенни могли сдвинуть горы».

УЧЕНИКИ МАТЕРИ ГРЕГА СОБРАЛИ ДЛЯ ПАКИСТАНА 62 345 ПЕННИ, СДЕЛАВ ПЕРВЫЙ ШАГ К СТРОИТЕЛЬСТВУ ШКОЛЫ.

Но все-таки дело помощи детям Корфе двигалось очень медленно. Прошло полгода с того дня, когда Грег отправил первое письмо. За это время он получил единственный ответ. Том Брокоу, как и Мортенсон, учился в университете Южной Дакоты. Оба были футболистами и тренировались в одной команде, о чем Мортенсон напомнил Тому в своем письме. Брокоу прислал чек на сто долларов и письмо с пожеланием удачи. А потом пришли ответы из разных фондов — и стали гвоздями, вогнанными в крышку гроба: все шестнадцать прошений о грантах были отклонены.

Письмо Брокоу Мортенсон показал Тому Вогану. Воган участвовал в работе Американского гималайского фонда. Он решил обратиться в эту организацию за помощью и написал короткую статью об экспедиции на К2 и о желании Мортенсона построить школу в Корфе. Статья была опубликована в газете фонда. Воган напомнил членам фонда, многие из которых являлись выдающимися альпинистами, о работе новозеландца сэра Эдмунда Хиллари в Непале.

В 1954 году Хиллари с Тенцингом Норгеем покорил Эверест. После этого он часто возвращался в Непал, долину Хумбу, из которой начинал свое знаменитое восхождение. Он поставил перед собой задачу более сложную, чем покорение высочайшей вершины мира. Хиллари стал строить школы в бедных деревнях шерпов — ведь только благодаря этим людям восхождения становились возможными.

ХИЛЛАРИ ПОСТАВИЛ ПЕРЕД СОБОЙ ЗАДАЧУ БОЛЕЕ СЛОЖНУЮ, ЧЕМ ПОКОРЕНИЕ ВЫСОЧАЙШЕЙ ВЕРШИНЫ МИРА. ОН СТАЛ СТРОИТЬ ШКОЛЫ В БЕДНЫХ ДЕРЕВНЯХ ШЕРПОВ.

В 1964 году Хиллари написал книгу «Школа в облаках», в которой откровенно говорил о необходимости помощи беднейшим и самым удаленным регионам мира. Таким, как Хумбу и Корфе. «Медленно и болезненно мы начинаем осознавать тот факт, что богатые и технологически развитые страны обязаны помогать менее развитым, — писал он. — Это не просто благотворительность, но единственный путь к постоянному покою и безопасности для всех нас».

Впрочем, путь Хиллари был гораздо проще, чем донкихотская одиссея Мортенсона. Покорив высочайшую вершину планеты, он стал одним из самых знаменитых людей мира. Когда он обращался за помощью в строительстве школ, жертвователи буквально выстраивались в очередь, чтобы поддержать его «Гималайскую школьную экспедицию». Главным спонсором стала Всемирная энциклопедия, которая выделила Хиллари 52 тысячи долларов. Сирс Робак, продающий фирменные палатки и спальные мешки от сэра Эдмунда Хиллари, снарядил экспедицию и отправил вместе с альпинистом съемочную группу. Дополнительные средства поступили от проката фильма в Европе и от продажи авторских прав на книги. Аванс за книгу об экспедиции был получен еще до отправления Хиллари в Непал.

Мортенсон же не просто не сумел подняться на К2, но еще и вернулся домой совершенно разбитым. Он боялся причинять беспокойство Марине, поэтому чаще всего ночевал в машине. О нем узнали полицейские. Однажды они разбудили его среди ночи и заставили отогнать автомобиль с глаз долой. Сонный, он колесил по Беркли, разыскивая место для парковки, где его не нашли бы до утра.

НАПРЯЖЕННОСТЬ В ОТНОШЕНИЯХ ГРЕГА И МАРИНЫ НАРАСТАЛА.

Кроме того, Грег не мог разговаривать с Мариной о деньгах. А она не замечала, насколько сильно он стеснен в средствах. Ей явно не нравилось ночевать в «бьюике» во время альпинистских вылазок в выходные дни. Однажды по дороге в Йосемит она предложила провести ночь в историческом отеле «Ауани» — истинном шедевре западной архитектуры. Выходные в этом отеле обошлись бы Мортенсону ровно в ту сумму, какую ему удалось собрать на школу. Грег решительно отказался. Выходные они провели в холодной машине; напряженность в отношениях нарастала.

Однажды холодным туманным днем Мортенсон приехал на работу. Том Воган протянул ему листок, вырванный из блокнота. «Этот парень прочитал мою статью и позвонил, — сказал Воган. — Он альпинист и ученый; очень серьезно относится к деньгам. Он спрашивал, не наркоман ли ты и не пропадут ли его деньги. Думаю, он богатый человек. Ты должен позвонить». Мортенсон взглянул на листок. Там было написано: «Доктор Жан Эрни» и номер телефона в Сиэтле. Грег поблагодарил Вогана, сунул листок в карман и приступил к работе.

На следующий день он отправился в библиотеку, чтобы узнать, кто такой доктор Жан Эрни. К своему удивлению, он обнаружил сотни упоминаний о нем, преимущественно в статьях, посвященных полупроводникам.

Эрни родился в Швейцарии, получил ученую степень по физике в Кембридже. Вместе с группой ученых из Калифорнии (которых после того, как они покинули лабораторию нобелевского лауреата Уильяма Шокли[1], прозвали «предательской восьмеркой») он изобрел интегральную схему, которая стала основой для создания кремниевого чипа.

Яркий талант Эрни уживался в нем с раздражительностью и вспыльчивостью. Каждые несколько лет он менял работу, насмерть ссорясь с деловыми партнерами. За свою жизнь он основал десяток компаний, которые после его ухода превращались в настоящих гигантов — к примеру, Fairchild

[1]Шокли Уильям Брэдфорд — американский физик. Известный научный исследователь в области физики твердого тела и полупроводников.

Semiconductors, Teledyne и Intel. К тому времени, когда Эрни позвонил Тому Вогану с расспросами о Мортенсоне, ученому было уже за семьдесят, а его личное состояние исчислялось сотнями миллионов долларов.

Эрни когда-то был альпинистом. В молодости он пытался взойти на Эверест и покорил многие горы. Он был крепок и физически, и психологически. Однажды ему пришлось заночевать на большой высоте, набив спальный мешок газетами. После этого он написал письмо редактору Wall Street Journal, сообщив тому, что его издание выходит на «самой теплой бумаге мира».

Эрни питал особую любовь к Каракоруму, где не раз путешествовал. Он говорил друзьям, что его убивает разительный контраст между потрясающей красотой гор и ужасающей бедностью проводников балти.

Мортенсон разменял десять долларов и позвонил Эрни в Сиэтл с платного телефона в библиотеке. Прошло несколько драгоценных минут, и Эрни снял трубку.

«Здравствуйте, — сказал Грег. — Это Грег Мортенсон. Ваш телефон дал мне Том Воган, и я звоню, потому что...».

«Я знаю, зачем вы звоните, — прервал его резкий голос с французским акцентом. — Если я дам вам деньги на школу, вы не потратите их на каком-нибудь мексиканском пляже на травку и девочек?»

«Я...» — замялся Мортенсон.

«Что вы сказали?» — переспросил собеседник.

«Нет, сэр, конечно, нет! — быстро заговорил Грег. — Я просто хочу, чтобы дети учились! Детям в Каракоруме действительно нужна наша помощь. У них очень тяжелая жизнь».

«Я знаю, — ответил Эрни. — Я был там в 74-м году. По пути на Балторо...»

«Вы совершали там восхождение? Или...»

«Да, — оборвал его Эрни. — Так сколько будет стоить ваша школа?»

Мортенсон бросил еще несколько монеток в телефон.

«Я беседовал с архитектором и подрядчиком в Скарду и оценил все материалы, — сказал он. — Я хочу построить школу из пяти комнат: четыре для занятий и пятая общая для...»

«Сколько!!!» — рявкнул Эрни.

«Двенадцать тысяч долларов, — нервно ответил Мортенсон. — Но я буду рад любому вкладу, который...»

«И это все? — недоверчиво переспросил Эрни. — Вы не обманываете? Вы действительно сможете построить школу за двенадцать тысяч?»

«Да, сэр, — ответил Мортенсон, слыша, как кровь стучит в ушах. — Я уверен в этом».

«Диктуйте свой адрес», — сказал Эрни.

«А вот это интересный вопрос...»

«Я ПРОСТО ХОЧУ, ЧТОБЫ ДЕТИ УЧИЛИСЬ. ДЕТЯМ В КАРАКОРУМЕ ДЕЙСТВИТЕЛЬНО НУЖНА НАША ПОМОЩЬ. У НИХ ОЧЕНЬ ТЯЖЕЛАЯ ЖИЗНЬ».

Через неделю Мортенсон открывал конверт, адресованный лично ему. Внутри лежал чек на двенадцать тысяч долларов.

Жан Эрни отправил его в Американский гималайский фонд на имя Грега Мортенсона. К чеку прилагалась короткая записка: «Не облажайся! С уважением, Ж.Э.».

* * *

Мортенсон остановил «бьюик» возле местного букинистического магазина «Блэк Оук Букс». Долгие годы он был здесь постоянным покупателем. Особенно любил он бывать в задней комнате, где ему когда-то удалось найти сотни исторических книг об альпинизме. Из машины он выгрузил шесть коробок с книгами — теми редкими книгами, которые отец привез из Танзании. Их продажа через прилавок «Блэк Оук Букс» принесла Грегу шестьсот долларов.

Дожидаясь обналички чека Эрни, Мортенсон продал все, что у него было, чтобы купить билет на самолет и собрать средства на жизнь в Пакистане. Он сказал Марине, что собирается реализовать мечту своей жизни. Он не вернется, пока не исполнит обещания, данного детям Корфе. А потом все пойдет по-другому: он найдет постоянную работу, хорошую квартиру и будет вести нормальный образ жизни.

МОРТЕНСОН СКАЗАЛ МАРИНЕ, ЧТО СОБИРАЕТСЯ РЕАЛИЗОВАТЬ МЕЧТУ СВОЕЙ ЖИЗНИ. ОН НЕ ВЕРНЕТСЯ, ПОКА НЕ ИСПОЛНИТ ОБЕЩАНИЯ, ДАННОГО ДЕТЯМ КОРФЕ.

Альпинистское снаряжение он сдал в специальный магазин на Сан-Пабло авеню. Путь от камеры хранения до магазина занял всего четыре минуты, но для Грега он тянулся вечно. «Мне казалось, что я отказываюсь от жизни, которую вел с момента переезда в Калифорнию», — вспоминает он. Зато тогда Грег стал на полторы тысячи долларов богаче.

Утром накануне вылета Мортенсон отвез Марину на работу, а затем совершил самый трудный поступок в своей жизни. Он отогнал «Ла Бамбу» торговцу подержанными автомобилями в Окленде и получил за нее пятьсот долларов. Однажды «бьюик» доставил его со Среднего Запада в Калифорнию, где он стал альпинистом. Потом машина была его домом целый год, пока он безуспешно пытался собрать деньги. Теперь же она помогала ему добраться до другого конца планеты. Он погладил темно-красное крыло автомобиля, убрал деньги в карман и погрузил чемодан в поджидавшее такси.

Грег Мортенсон начинал новую главу своей жизни.

Глава 6

Крыши Равалпинди на закате

Молиться лучше, чем спать.

Призыв к молитве

Он проснулся и в холодном поту стал искать на себе деньги. Вот они! Двенадцать тысяч восемьсот долларов потрепанными сотнями в зеленом нейлоновом мешочке, который висит на груди. Комната гостиницы в Равалпинди была настолько скромной, что спрятать купюры, кроме как на собственном теле, было негде. Он рефлексивно сжал мешочек с деньгами, — как делал это постоянно с момента вылета из Сан-Франциско, — затем спустил ноги с койки и ступил на влажный цементный пол.

Двенадцать тысяч на школу. Восемьсот — на жизнь в течение нескольких месяцев...

Грег отдернул штору, и его глазам открылось чистое небо и покрытый зеленой плиткой минарет мечети. Небо отливало фиолетовым, значит, был рассвет. Или закат. Мортенсон встряхнулся. Точно, закат. Он прибыл в Исламабад на рассвете, добрался до гостиницы в Равалпинди и, судя по всему, проспал весь день.

За 56 часов Грег обогнул половину земного шара. Билеты он купил с хорошей скидкой. Из Сан-Франциско его доставили в Атланту, потом во Франкфурт, Абу-Даби, Дубай и, наконец, в жаркий и душный аэропорт Исламабада. Затем он оказался в соседнем Равалпинди. Управляющий отелем «Хьябан» заверил его, что дешевле комнаты не найти нигде.

Каждая рупия была у Грега на счету. Любой потраченный доллар — это кирпич или учебник, которого не хватит школе. За восемьдесят рупий (около двух долларов) Мортенсон поселился в комнате-постройке размерами три на три метра на крыше отеля. Комната больше напоминала садовую хижину, чем гостиничный номер. Он натянул брюки и рубашку и открыл дверь. Вечерний воздух не стал прохладнее, но хотя бы подул легкий ветерок.

Местный портье Абдул Шах в небесно-голубом наряде поднял на него глаза. «Салям алейкум, сахиб[1], Грег-сахиб», — сказал он, словно целый день ждал, когда Мортенсон проснется, чтобы напоить его чаем.

Грег устроился на ржавом складном стуле. Он взял надколотый фарфоровый чайник со сладким чаем с молоком и попытался разобраться в собственных мыслях, чтобы составить план.

В прошлом году он останавливался здесь как член прекрасно подготовленной экспедиции. Каждая минута была расписана — приобретение запасов, сортировка, получение разрешения и покупка билетов на самолет, наем проводников и мулов...

«Мистер Грег-сахиб, — прервал ход его мыслей Абдул, — могу я спросить, почему вы вернулись?»

---

[1] Сахиб — почтительное обращение пакистанцев к европейцам.

«Я приехал строить школу, иншалла[1]», — ответил Мортенсон.

«Здесь, в Равалпинди, Грег-сахиб?!»

«Нет, в Корфе».

За чаем Мортенсон рассказал Абдулу о неудачном восхождении на К2, о путешествии по леднику и о том, как жители Корфе отнеслись к иностранцу, который случайно оказался в их деревне.

**«МИСТЕР ГРЕГ-САХИБ, МОГУ Я СПРОСИТЬ, ПОЧЕМУ ВЫ ВЕРНУЛИСЬ?»
«Я ПРИЕХАЛ СТРОИТЬ ШКОЛУ».**

Сидя на корточках, Абдул погладил себя по объемистому животу, обдумывая услышанное. «Вы богатый человек?» — спросил он, с сомнением глядя на потрепанные ботинки и грязные штаны Мортенсона.

«Нет, — ответил Грег. — Но я целый год искал способ исполнить свою мечту. И многие люди в Америке дали мне деньги на эту школу, даже дети. — Он достал зеленый нейлоновый мешочек из-под рубашки и показал Абдулу. — Этого хватит на одну школу, если я буду экономен».

Абдул поднялся. «По милостивой воле Аллаха всемогущего, завтра мы договоримся о скидке. Мы дадим вам хорошую скидку», — сказал он, забирая чайник и уходя.

---

[1] Иншалла — молитвенная ритуальная формула у мусульман. В переводе с арабского означает «если на то будет воля Аллаха», «на все воля Аллаха».

Мортенсон вышел на крышу отеля и уселся на складной стул. Со стороны мечети донесся призыв к вечерней молитве. Мортенсон увидел, как стая воробьев поднялась с тамариндового дерева в саду отеля и понеслась на крыши домов...

По всему Равалпинди раздавались призывы муэдзинов с десятка мечетей. Год назад Мортенсон уже сидел на этой крыше. Тогда закат в Равалпинди казался ему романтичным и экзотическим. Но сегодня ему казалось, что муэдзины обращаются прямо к нему. Их надтреснутые голоса, веками призывавшие к вере и исполнению долга, казались призывом в действию. Он отбросил сомнения, которые терзали его весь последний год, так же решительно, как Абдул убирал чайные принадлежности. Завтра нужно было начинать.

* * *

Абдул постучался в дверь комнаты Грега одновременно с утренним призывом муэдзина. Правоверных Равалпинди призывали на молитву в половине пятого утра. Мортенсон открыл дверь и увидел, что портье с решительным видом протягивает ему поднос с чайными принадлежностями.

«Вас ждет такси, но сначала чай, Грег-сахиб».

«Такси?» — переспросил Мортенсон, протирая глаза.

«Для цемента, — пояснил Абдул так, словно объяснял элементарные вещи нерадивому студенту. — Как вы собираетесь строить школу без цемента?»

«Да никак, конечно», — улыбнулся Мортенсон, залпом выпил чай и почувствовал, что окончательно проснулся.

На маленьком «судзуки» они двинулись на запад по дороге,

которая некогда соединяла Кабул с Калькуттой, но теперь превратилась в первую национальную трассу, так как границы с Афганистаном и Индией часто были закрыты. Автомобиль, казалось, вообще не имел подвески. Они неслись по ухабам со скоростью километров сто в час. Мортенсон скорчился на заднем сиденье и изо всех сил старался не выбить себе зубы собственными коленями.

В шесть часов они были в Таксиле[1]. В 326 году до нашей эры Александр Македонский привел сюда свою армию. Город стал восточной окраиной его империи. Таксила расположена на пересечении торговых путей, соединяющих Восток и Запад. В этом месте проходил Великий шелковый путь, ведущий из Китая. Здесь был крупнейший торговый центр античного мира. И сегодня Таксила сохранила античные черты. Некогда тут находился третий по величине буддистский монастырь. Отсюда буддизм распространялся на север, в горы. Но если исторические мечети Таксилы тщательно ремонтировали и восстанавливали, то буддистские храмы разваливались прямо на глазах. У подножия Гималаев раскинулся пыльный рабочий городок, почти сливающийся с окружающим пейзажем. Здесь производили устаревшие танки по советским образцам для пакистанской армии. Четыре трубы дымились над четырьмя цементными заводами. Местный цемент — основа строительства в Пакистане.

Абдул привел Мортенсона в чайную и познакомил с тремя пожилыми мужчинами. Мортенсон собрался сразу же говорить с ними о скидках, но Абдул осадил его, как наивного

---

[1] Таксила, или Такшашила — древний город в Пенджабе, расположен в 35 км от Равалпинди.

школьника: «Грег-сахиб, сначала нам нужно выпить чаю и поговорить о цементе».

С трудом устроившись на крохотном стуле, Мортенсон выпил пятую за день чашку зеленого чая и попытался вникнуть в суть разговора Абдула с новыми знакомыми. Белые бороды этих людей давно пожелтели от никотина. Разговор шел страстно. Мортенсон никак не мог понять, как он связан с цементом.

Оставив несколько грязных рупий на столе, он спросил: «Ну так что? Какой завод? Фетко? Фауджи? Аскари?»

«Они не смогли сказать, — объяснил Абдул. — Но посоветовали пойти в другую чайную. Двоюродный брат ее владельца занимается цементом».

Они побывали в двух чайных и выпили множество чашек зеленого чая. Ответ удалось получить лишь к обеду. Цемент с завода Фауджи подошел и по цене и по качеству. Он должен был выдержать суровый климат Гималаев. Приобретая сто мешков цемента, Мортенсон думал, что его школа должна быть прочной. Настроившись на скидку, Грег неприятно удивился тому, что Абдул, отправившись в контору, быстро оформил заказ по стандартным расценкам и попросил у него сто долларов задатка.

ОНИ ПОБЫВАЛИ В ДВУХ ЧАЙНЫХ И ВЫПИЛИ МНОЖЕСТВО ЧАШЕК ЗЕЛЕНОГО ЧАЯ. ОТВЕТ УДАЛОСЬ ПОЛУЧИТЬ ЛИШЬ К ОБЕДУ.

«А как же скидки?» — спросил Мортенсон, складывая расписку, в которой говорилось, что сто мешков цемента будут доставлены в отель «Хьябан» в течение недели.

Абдул закурил сигарету «Тандер» и отмахнулся и от дыма, и от вопроса Мортенсона: «Скидки? С цементом это дело не пройдет. Цемент — это... — Абдул задумался, как пояснить все непонятливому американцу. — Цемент — это мафия. Завтра на базаре Раджа будут скидки».

Мортенсон молча забрался в «судзуки», поджал колени, и такси рвануло в сторону Равалпинди.

* * *

В отеле Грег отправился в душ. Снимая через голову запыленную рубашку, услышал, как материя треснула. Он посмотрел на рубашку — та была разорвана почти пополам. Под слабеньким душем Мортенсон смыл дорожную пыль, затем снова влез в свою пыльную и рваную одежду. Она отлично послужила, но теперь нужно было покупать что-то другое.

Абдул встретил Мортенсона, когда тот поднимался в комнату. Оценив плачевный внешний вид гостя, он сочувственно покачал головой и предложил сходить к портному. Грег согласился.

Покинув зеленый оазис отеля, они направились в жилой квартал Равалпинди. На другой стороне дороги стоял десяток конных повозок. Лошади нетерпеливо перебирали ногами на жарком солнце, а пожилой мужчина с выкрашенной хной бородой энергично торговался с возчиком.

Над мастерской портного вывески не было. Она примостилась между маленькими магазинчиками на Хайдер-роуд. Все дома здесь либо разваливались от ветхости, либо пребывали в недостроенном состоянии.

Портной Мансур-хан сидел на корточках за крохотной витриной. Рядом с ним стоял вентилятор и лежали рулоны материи. Этот человеке имел поистине императорское достоинство, а очки в черной оправе и безукоризненно подстриженная белая борода придавали ему вид ученого. Мансур измерил обхват груди Мортенсона, удивился, измерил еще раз и записал цифру в блокнот.

«Сахиб, — сказал Абдул, — Мансур извиняется, но на вашу одежду уйдет шесть метров материи, хотя нам, пакистанцам, хватает и четырех. Поэтому придется заплатить на пятьдесят рупий больше».

Мортенсон спорить не стал и попросил сшить ему два комплекта одежды. Абдул раскрутил перед ним два рулона материи: ярко-голубой и фисташково-зеленой. Вспомнив пыль Балтистана, Мортенсон предпочел третий вариант и выбрал материю грязно-коричневого цвета. «Чтобы пыль не была заметна», — пояснил он разочарованному Абдулу.

«Грег-сахиб! — взмолился Абдул. — Лучше выглядеть чистым! Многие станут уважать тебя».

МОРТЕНСОН ПОПРОСИЛ ПОРТНОГО СШИТЬ ЕМУ ДВА КОМПЛЕКТА ОДЕЖДЫ. ВСПОМНИВ ПЫЛЬ БАЛТИСТАНА, ОН ПРЕДПОЧЕЛ ГРЯЗНО-КОРИЧНЕВЫЙ ЦВЕТ.

Мортенсон представил себе деревню Корфе, жители которой зимуют в подвалах каменных и глинобитных домов вместе с домашним скотом и греются вокруг открытого огня в своей зачуханной одежде.

«Коричневый цвет будет в самый раз», — твердо сказал он.

Мансур взял задаток. Над улицах Равалпинди раздался призыв муэдзина. Портной быстро отложил деньги в сторону, вытащил поблеклый молельный коврик и ловко расстелил его.

«Вы научите меня молиться?» — неожиданно спросил Мортенсон.

«Ты мусульманин?»

«Я уважаю ислам», — ответил Грег, и Абдул одобрительно посмотрел на него.

«Иди сюда», — сказал Мансур. Мортенсон прошел в глубь заваленной тканями и нитками мастерской.

«ТЫ ДОЛЖЕН ПРЕКЛОНИТЬ КОЛЕНИ ПЕРЕД ВСЕМИЛОСТИВЫМ АЛЛАХОМ, ДА БУДЕТ БЛАГОСЛОВЕННО ЕГО ИМЯ».

«Каждый мусульманин перед молитвой должен совершить омовение, — объяснил Мансур. — Я уже сделал это, так что покажу тебе в следующий раз». Он подвинул к своему коврику рулон коричневой ткани, которую выбрал Мортенсон, и велел американцу стать на колени рядом с ним. «Сначала мы должны обратиться лицом к Мекке, где покоится наш святой пророк, мир ему, — сказал Мансур. — Затем ты должен преклонить колени перед всемилостивым Аллахом, да будет благословенно его имя».

Мортенсон встал на колени и при этом случайно задел ногой большой рулон ткани. Тот свалился на него и сильно ударил по спине — на Грега будто опустилась карающая рука божества.

«Нет! — остановил Мансур американца, который собирался поднять рулон. Он сложил его руки в молитвенном жесте. — Мы не можем представать перед Аллахом как люди, ожидающие автобуса. Мы с уважением покоряемся воле Аллаха».

Мортенсон сложил руки и стал слушать, как Мансур негромко произносит исламские молитвы.

«Он говорит, что Аллах добр и велик», — пояснил Абдул.

«Я это понял».

«Kha-mosh! Тихо!» — резко оборвал их Мансур-хан. Он склонился в глубоком поклоне и коснулся лбом молельного коврика.

Мортенсон попытался повторить поклон, но успел наклониться лишь чуть-чуть, как услышал треск рвущейся материи и дуновение вентилятора на голой спине. Он робко взглянул на своего наставника.

«Хорошо?» — спросил он.

Портной пристально посмотрел на Мортенсона. Взгляд его был суровым. «Попробуешь, когда я сошью тебе рубашку, — сказал он, скатывая коврик в тугой рулон. — Может быть, тогда научишься».

* * *

Комната-постройка на крыше отеля «Хьябан» за день буквально раскалилась. Не остыла она и вечером. Целый день Грег слышал звуки, доносившиеся из мясной лавки, расположенной поблизости. Когда он собрался спать, в трубах таинственным образом зажурчала вода, а под потолком загорелась люминесцентная лампа. Мортенсон облазил все вокруг в поисках выключателя, но так его и не нашел. Лишь за несколько часов до рассвета его осенило. Он встал на шаткую постель, с трудом дотянулся до светильника и вытащил лампу-трубку. Заснул уже в полной темноте. Утром его разбудил решительный стук Абдула.

* * *

На утреннем базаре Раджа царил тот организованный хаос, который всегда восхищал Мортенсона. Хотя Абдул видел только левым глазом, он подхватил своего спутника под локоть и уверенно потащил по лабиринту улочек и переулков. Повсюду сновали носильщики с грузом на голове, запряженные ослами повозки развозили блоки льда. На огромной площади торговали всем, что необходимо для строительства. Восемь магазинчиков, расположившихся в ряд, предлагали кувалды. Другие десять торговали только гвоздями. После месяцев, проведенных в бесплодных поисках денег, вид стройматериалов возбуждал Мортенсона. Он думал о том, что гвозди могли стать завершающим штрихом в строительстве школы в Корфе.

Мортенсон не поддался соблазну сразу покупать то, что предлагают. Он напомнил себе, что нужно выбирать товар и торговаться. Он разменял первую тысячу долларов и под мышкой нес коробку с рупиями, полученными у менялы.

Сначала Абдул и Грег зашли к торговцу лесом. Подобных лавок вокруг было множество, но Абдул решительно направился именно сюда. «Этот человек — настоящий мусульманин», — объяснил он.

Мортенсона провели по длинному узкому коридору. К стенам были прислонены большие листы фанеры. Грег уселся на большую груду поблекших ковров рядом с хозяином лавки Али. Чистейшие голубые шаровары Али казались чудом среди пыли и стружки. Хотя Абдул на скорую руку заштопал его рубашку, Мортенсону стало неловко за свою грязную рваную одежду. Хозяин извинился, что чай еще не готов, и послал мальчика принести три бутылки газировки.

Грег решительно приступил к делу. Вчера за две хрустящие стодолларовые купюры архитектор Абдул Рауф, офис которого располагался прямо в вестибюле отеля «Хьябан», начертил план школы, о которой мечтал Мортенсон. Пять классов располагались буквой «Г». Также Рауф составил приблизительный список требуемых строительных материалов. Больше всего предстояло потратить именно на лес. Мортенсон достал список и передал его Абдулу. На требуемый лес он отвел две с половиной тысячи долларов.

Потягивая теплую газировку через хрупкую соломинку, Грег наблюдал за тем, как Абдул вслух читает список, а Али что-то подсчитывает на калькуляторе.

ЗА ДВЕ ХРУСТЯЩИЕ СТОДОЛЛАРОВЫЕ КУПЮРЫ АРХИТЕКТОР АБДУЛ РАУФ НАЧЕРТИЛ ПЛАН ШКОЛЫ, О КОТОРОЙ МЕЧТАЛ МОРТЕНСОН.

Наконец Али поправил белоснежную молельную шапочку, погладил свою длинную бороду и назвал цену. Абдул подпрыгнул, как ужаленый, и хлопнул себя по лбу. Он начал кричать и ругаться. Мортенсон обладал хорошими способностями к языкам и неплохо понимал разговорный урду[1]. Но Абдул использовал столь изощренные и необычные причитания и ругательства, каких Грег никогда не слышал. Абдул спрашивал Али, мусульманин он или неверный пес. Этот джентльмен, указывал он на Грега, оказал Али честь, предложив купить у него лес для святой благотворительной цели. Истинный мусульманин с радостью воспользовался бы возможностью помочь бедным детям, а не старался бы нажиться на них.

Представление, устроенное Абдулом, не произвело на Али никакого впечатления. Он невозмутимо слушал причитания и проклятия, потягивая газировку.

Чай принесли прежде, чем Али успел ответить на патетическое выступление Абдула. Душистый напиток был разлит в изящные фарфоровые чашки. Воцарилось молчание. Трое мужчин размешали сахар и приступили к чаепитию. Какое-то время в комнате слышалось только позвякивание ложечек.

---

[1] Урду — официальный язык Пакистана.

Али сделал несколько глотков, одобрительно кивнул и позвал помощников. Нахмуренный Абдул поставил чашку на пол. В комнату прибежал сын Али. Он принес два бруса и положил на ковер по обе стороны от чашки Мортенсона.

Смакуя чай, как изысканное «бордо», Али начал лекцию. Он указал на брус справа, на поверхности которого виднелись темные узлы и жирные разводы. Поднял его и обратил внимание Мортенсона на многочисленные ходы в древесине, проеденные насекомыми. «Местная обработка», — пояснил он по-английски.

Потом Али взял другой брус: «Английская обработка!» На нем не было ни одного изъяна. Али сунул брус под нос Мортенсону и слегка помахал над деревом рукой. Сразу же почувствовался легкий запах соснового леса: материал недавно доставили из Каганской долины.

Сын Али принес два листа фанеры, положил один из них на брусы, снял сандалии и встал на самодельный помост. Вряд ли подросток весил больше пятидесяти килограммов, но лист под ним прогнулся со зловещим скрипом. Другой же под весом мальчика остался практически ровным. По просьбе Али сын стал прыгать на втором листе, но он так и не деформировался.

«Трехслойная, — сказал Али Мортенсону, с отвращением указывая на первый лист фанеры. Потом ткнул пальцем во второй и с гордостью произнес: «Четырехслойная!»

Он снова перешел на урду, но дословно разбираться в его пояснениях не было необходимости. Али говорил, что лес можно купить и дешевле, но каким будет качество? «Вы получите плохой товар от недобросовестных торговцев. Постройте из него школу — и она простоит лишь год. А потом, когда маленькие дети будут читать Коран, пол под ними треснет и они получат тяжелые травмы из-за того, что вы сейчас сэкономили. Вы хотите, чтобы семилетний мальчик истек кровью только из-за того, что вы поскупились на хороший лес?»

«А ПОТОМ, КОГДА МАЛЕНЬКИЕ ДЕТИ БУДУТ ЧИТАТЬ КОРАН, ПОЛ ПОД НИМИ ТРЕСНЕТ И ОНИ ПОЛУЧАТ ТЯЖЕЛЫЕ ТРАВМЫ ИЗ-ЗА ТОГО, ЧТО ВЫ СЕЙЧАС СЭКОНОМИЛИ».

Мортенсон выпил вторую чашку чая и откинулся на пыльные ковры. Представление продолжалось. Три раза Абдул поднимался и направлялся к двери, словно собираясь уходить, и трижды Али слегка снижал цену. Грег постепенно опустошил чайник. Когда пошел второй час споров, он почувствовал, что его терпению приходит конец. Он поднялся и вслед за Абдулом направился к двери. Чтобы загрузить грузовик и послезавтра отправиться в Балтистан, ему предстояло еще три десятка подобных переговоров. Мортенсон чувствовал, что не способен больше выдержать ни минуты.

«Baith, baith! Садись, садись! — воскликнул Али, удерживая Мортенсона за рукав. — Ты победил. Он уже договорился о цене!»

Грег посмотрел на Абдула. Абдул — испытующе — на торговца лесом. Тот улыбался и быстро кивал головой. «Да, — кивнул Мортенсону его спутник. — Он говорит правду, Грег-сахиб.

Вы заплатите всего восемьдесят семь тысяч рупий». Быстрый подсчет в уме — две тысячи триста долларов. Сумма расхода на лес оказалась даже меньше той, на которую рассчитывал Грег. «Я же говорил вам, что он настоящий мусульманин, — с гордостью произнес Абдул. — А сейчас мы подпишем контракт».

Мортенсон с трудом воздержался от тяжелого вздоха, наблюдая за тем, как Али приказывает принести им еще один чайник.

* * *

К вечеру следующего дня самых разных переговоров, когда у Грега чай буквально лился из ушей, они с Абдулом вернулись в отель на повозке, запряженной небольшой лошадью. В карманах лежали чеки на молотки, пилы, гвозди, кровельное железо и лес для новой школы. Все материалы должны были доставить на следующий день. Абдул и Мортенсон арендовали грузовик. За три дня предстояло отвезти все закупленное в Каракорум.

К ВЕЧЕРУ СЛЕДУЮЩЕГО ДНЯ САМЫХ РАЗНЫХ ПЕРЕГОВОРОВ, КОГДА У ГРЕГА ЧАЙ БУКВАЛЬНО ЛИЛСЯ ИЗ УШЕЙ, ОНИ С АБДУЛОМ ВЕРНУЛИСЬ В ОТЕЛЬ.

Абдул предложил вернуться в отель на такси. Но Мортенсон, испуганный стремительным исчезновением денег, решил экономить. На лошади три километра они преодолевали дольше часа. Повозка медленно пробиралась по улицам, по которым повсюду сновали черные такси «моррис». Эти машины ходили в Равалпинди с колониальных времен, когда город располагался на окраине Британской империи.

В отеле Грег смыл с себя пыль, облившись теплой водой из ведра. После этого он отправился к портному, надеясь получить новую одежду, пока не настало время вечерней пятничной молитвы.

Мансур-хан гладил костюмы Грега тяжелым утюгом на углях и тихонько напевал. Хозяева соседних магазинчиков заканчивали работу. Отовсюду раздавался лязг закрываемых железных ставней.

Мортенсон переоделся в чистую одежду, еще теплую от утюга. Скромно прикрывшись длинными полами рубашки, он натянул новые штаны, завязал широкий матерчатый пояс тугим узлом и повернулся к Мансуру.

«Bohot Kharab! Ужасно!» — воскликнул портной. Он подошел к Мортенсону, схватил его за свисающий кушак и заправил пояс в штаны. «Так носить запрещено», — сказал Мансур. Грег явно ощутил прочность уз, которые теперь связывали его с пакистанской культурой. В этой стране существовали строгие правила поведения, которым нужно было подчиняться безоговорочно. Нужно приложить все усилия, думал он, чтобы случайно не нарушить эти правила.

Мансур протер очки подолом рубашки, продемонстрировав американцу собственные, завязанные правильным образом, штаны, и внимательно осмотрел Мортенсона. «Ты уже наполовину пакистанец, — одобрил он. — Хочешь помолиться со мной?»

Хозяин вывел Грега наружу и запер магазинчик. Тропические сумерки сгущались очень быстро, хотя по-прежнему было довольно жарко. Мансур взял Мортенсона за руку и повел его к минарету соседней мечети. По Кашмир-роуд мимо закрытых и закрывающихся магазинчиков в том же направлении спешили мужчины, по двое и по трое. Во время вечерней молитвы дорожное движение в Пакистане замирает, поэтому на улице было необычно свободно.

«ТЫ УЖЕ НАПОЛОВИНУ ПАКИСТАНЕЦ, — ОДОБРИЛ МАНСУР. — ХОЧЕШЬ ПОМОЛИТЬСЯ СО МНОЙ?»

Мортенсон думал, что они идут прямо в мечеть, но в двух кварталах от ее огромного минарета Мансур свернул на широкую пыльную площадку перед автозаправочной станцией. Здесь более сотни мужчин совершали ритуальное омовение перед молитвой. Под краном Мансур наполнил специальный кувшин и рассказал Мортенсону о том, в каком порядке нужно совершать омовение. Подражая портному, Грег присел на корточки, закатал штаны и рукава рубашки и начал с самых нечистых частей тела. Сначала омыл левую ступню, затем правую. Потом настала очередь левой и правой руки.

После омовения рук Мансур высморкался, прижимая палец к левой, а потом к правой ноздре. Мортенсон проделал то же самое. Вокруг них раздавались сморкания и плевки, а над всей этой какафонией звучали призывы к молитве. По примеру Мансура Грег промыл уши, затем прополоскал рот, который мусульмане считают самой священной частью человеческого тела. Ведь именно изо рта исходят молитвы, которые слышит Аллах.

Мортенсон давно знал, что слово «мусульманин» в буквальном переводе означает «покорный». И подобно многим американцам, исповедующим абсолютный индивидуализм, он считал подобное определение унижающим человеческое достоинство. Сейчас же, стоя на коленях среди сотни незнакомых мужчин, наблюдая за тем, как они смывают не только нечистоту, но и заботы повседневной жизни, он впервые ощутил радость от покорного следования строго определенному ритуалу молитвы.

ГРЕГ ВПЕРВЫЕ В ЖИЗНИ ОЩУТИЛ РАДОСТЬ ОТ ПОКОРНОГО СЛЕДОВАНИЯ СТРОГО ОПРЕДЕЛЕННОМУ РИТУАЛУ МОЛИТВЫ.

Кто-то выключил генератор. Работники заправки накрыли колонки специальными чехлами. Мансур достал из кармана белую молельную шапочку и расправил ее, чтобы надеть на крупную голову Грега. Они вместе со всеми опустились на колени на молельные коврики. Люди стояли лицом к стене, на которой красовалась огромная фиолетово-оранжевая эмблема бензиновой компании. Мортенсон знал, что в той стороне, куда обращаются молящиеся, находится Мекка. Но не мог избавиться от ощущения, что приходится поклоняться мастерству техасских и саудовских нефтяников. Он старался забыть об этой циничной мысли.

Мортенсон стоял на коленях рядом с Мансуром и направлял свои мысли к Аллаху. Никто не обращал на него внимания: все сосредоточились на собственных душах. Прижавшись лбом к теплой земле, Грег понял, что впервые с момента приезда в Пакистан его не воспринимают как чужака. «Аллах Акбар, — произнес он. — Бог велик». И его голос слился с хором других голосов, звучавших в темноте....

Мортенсон испытал истинную радость. Молитва этих людей превратила автозаправку в святое место. И кто знает, какие еще чудеса ожидают его впереди?

Глава 7

Трудный путь домой

Эта суровая и прекрасная земля
С заснеженными горами, чистыми, ледяными реками,
Густыми лесами, где растут кипарисы,
можжевельник и ясень, —
Все это тело мое, как и то, что ты видишь перед собой.
Меня нельзя отделить от всего этого и от тебя.
Наши сердца бьются в унисон.

Воинский гимн царя Гезара

Абдул пришел в комнату Грега еще до рассвета, но Мортенсон не спал уже давно. Он боялся, что сегодня что-то может пойти не так. Грег открыл на стук дверь — перед ним стоял одноглазый портье и показывал безукоризненно начищенную обувь своего гостя.

Это были теннисные туфли Грега. Судя по всему, Абдул не один час потратил на то, чтобы превратить его потрепанные «найки» в нечто более респектабельное, что можно было бы носить с гордостью. Абдул и сам преобразился по такому случаю: его седая борода была выкрашена хной.

Мортенсон выпил чай, умылся холодной водой из стоявшего рядом ведра. (Куску мыла «Снега Тибета», который он выделил на эту неделю, пришел конец.) Сложил свои вещи — чемодан остался полупустым. Грег позволил Абдулу взвалить чемодан на плечо, зная, что если он попытается нести багаж сам, это вызовет взрыв негодования.

Мортенсон чувствовал, что Абдулу нравится его внешний вид. По этому случаю Грег согласился взять такси до базара Раджа. Черный «моррис» быстро понесся по спящим улицам города.

Даже в слабом свете уличных фонарей Абдул и Грег без труда нашли свой грузовик. Как и большинство «бедфордов» в Пакистане, он мало напоминал грузовики 40-х годов, которыми раньше была оснащена пакистанская армия. Большинство запчастей за эти годы меняли в местных мастерских — и не раз. Защитная краска давно скрылась под массой декоративных зеркал и металлической обвески. Каждый квадратный сантиметр не покрытой украшениями поверхности был раскрашен в стиле «диско», столь популярном в автомастерских Равалпинди. Яркие зеленые, золотые и алые разводы и арабески соответствовали духу исламского искусства, в котором запрещено изображать творения Аллаха. Но порой даже правоверный пакистанец не мог устоять перед соблазном изобразить на своей машине национального героя — крикетиста Имран Хана с битой, поднятой, как царский скипетр.

Мортенсон расплатился с таксистом и направился к гигантскому грузовику в поисках водителя. Ему не терпелось приступить к работе. Из-под грузовика раздавался могучий храп. Мортенсон опустился на колени и увидел, что под днищем подвешены гамаки, в которых спят трое мужчин.

Прежде чем Грег успел их разбудить, с минарета на дальней стороне рыночной площади раздался призыв к утренней молитве, да такой громкий, что поднял бы и мертвого. Водители проснулись, выбрались из гамаков, потянулись и закурили. Мортенсон с Абдулом опустились на колени и приготовились к ритуалу. Хотя у них не было воды, Абдул все же закатал штаны и выполнил символическое омовение. Грег последовал его примеру, потом сложил руки и склонился в утренней молитве. Абдул критически взглянул на него, но все же одобрительно кивнул. «Ну, — спросил Мортенсон, — похож я на пакистанца?»

Абдул стряхнул пыль с его лба. «Не на пакистанца, — ответил он. — Но если бы сказали, что ты босниец, я бы поверил».

* * *

Али с грузом леса приехал на встречу в безукоризненно чистых шароварах. Мортенсон поздоровался, открыл недавно купленный маленький черный блокнот и погрузился в вычисления. Оказалось, что он потратил больше двух третей имевшейся суммы. Осталось всего три тысячи на то, чтобы заплатить строителям, нанять джипы для перевозки стройматериалов в Корфе и жить самому, пока будет идти строительство.

ОСТАЛОСЬ ВСЕГО ТРИ ТЫСЯЧИ ДОЛЛАРОВ НА ТО, ЧТОБЫ ЗАПЛАТИТЬ СТРОИТЕЛЯМ, НАНЯТЬ ДЖИПЫ ДЛЯ ПЕРЕВОЗКИ СТРОЙМАТЕРИАЛОВ В КОРФЕ И ЖИТЬ САМОМУ, ПОКА БУДЕТ ИДТИ СТРОИТЕЛЬСТВО.

Полдюжины родственников Али быстро грузили пиломатериалы. Водители наблюдали за погрузкой. Мортенсон считал листы фанеры и проверял, чтобы они действительно были четырехслойными. На фанеру погрузили брус.

Ко времени, когда рыночную площадь осветило солнце, температура поднялась почти до 38°С. Торговцы с лязгом открывали металлические ставни и ворота своих магазинов. Среди толпы сновали носильщики, переносившие грузы на головах, и рикши. Появились мотоциклы, повозки, запряженные ослами. Прибыл грузовик, груженный мешками с цементом.

Погрузка шла полным ходом. Процессом руководил Абдул. Он громко называл каждый предмет, и Мортенсон вычеркивал строчки из своего списка. Грег с чувством удовлетворения наблюдал за тем, как уменьшается число незачеркнутых строчек. Вот уже загружены топоры и инструменты каменщиков, рядом лежит связка лопат...

К обеду вокруг их грузовика собралась толпа. По рынку разнесся слух о том, что неверный в коричневой одежде собирает стройматериалы, чтобы построить школу для мусульманских детей. Носильщикам приходилось пробираться между зеваками. Немалый рост Мортенсона и его огромные ноги вызывали всеобщее оживление и становились предметами соленых шуточек. Зрители спорили, откуда он вообще взялся. Чаще всего называли Боснию и Чечню — где же еще живут такие крупные мужчины? Грег уже достаточно хорошо владел урду, чтобы объяснить, что он — американец. Но местные жители, оценив его пропотевшую грязную одежду и смуглую кожу, не поверили в это.

Не хватало самых ценных предметов — плотницкого уровня и тяжелого отвеса. Мортенсон был уверен, что их доставили, но не мог найти в грузовике. Абдул энергично принялся за поиски. Он перекладывал в кузове мешки с цементом до тех пор, пока отвес и уровень не нашлись. Абдул завернул ценные предметы в тряпку и велел водителю всю дорогу до Скарду хранить их в кабине.

К вечеру погрузка была закончена. Мортенсон еще раз все тщательно проверил. Гора стройматериалов достигла высоты в несколько метров. Водители спешили закончить работу до темноты. Они накрыли кузов грузовика брезентом и надежно закрепили его толстыми веревками.

Мортенсон вылез из кузова, чтобы попрощаться с Абдулом. Толпа обступила Грега. Ему предлагали сигареты и мятые рупии для его школы. Водителю не терпелось уехать, он уже завел двигатель. Толпу окутал черный дизельный дым. Несмотря на шум и суету, Абдул оставался абсолютно спокойным. Он стоял и молился о благополучном путешествии, закрыв глаза и приложив руки к лицу. Он просил о том, чтобы Мортенсон благополучно добрался до места назначения. Его молитву прервал густой гудок грузовика.

«НЕТ, ТЫ НЕ БОСНИЕЦ, ГРЕГ-САХИБ, – УЛЫБНУЛСЯ АБДУЛ, ХЛОПНУВ МОРТЕНСОНА ПО СПИНЕ. – ТЕПЕРЬ ТЫ НАСТОЯЩИЙ ПАКИСТАНЕЦ».

Абдул открыл глаза и сжал большую ладонь Мортенсона обеими руками. Осмотрел своего нового друга с ног до головы. Сверкающие кроссовки к вечеру покрылись грязью и пылью. Печально выглядели и новые штаны. «Нет, ты не босниец, Грег-сахиб, — улыбнулся Абдул, хлопнув Мортенсона по спине. — Теперь ты настоящий пакистанец».

Мортенсон забрался в грузовик. Измученный Абдул стоял чуть поодаль. Грег помахал ему. Водитель тронулся. «Аллах Акбар! — закричали провожавшие. — Аллах Акбар!» Мортенсон поднял обе руки и махал до тех пор, пока ярко-рыжая борода друга не скрылась из глаз.

* * *

В кузове «бедфорда» Мортенсон несся на запад от Равалпинди. Водитель Мохаммед предложил ему сесть в душную кабину и подремать, но Грег не хотел упустить ни одной минуты своего путешествия. Он удобно расположился на мешках с цементом, устроив себе сиденье из брезента и охапок сена. Компанию ему составили белоснежные курицы, которых Мохаммед купил, чтобы продать в горах. Из открытых окон кабины грузовика доносилась резкая пенджабская музыка.

За окраиной города потянулась выжженная темная земля с редкими оазисами зелени. Вдали виднелись подножия Гималаев, таявшие в горячей дымке. Небольшие машины уступали дорогу могучему грузовику. При каждом гудке «бедфорда» они буквально шарахались на обочину. Увидев на дверце его кабины портрет Имран Хана с крикетной битой, водители радостно приветствовали Мохаммеда.

Мортенсон наконец успокоился. Грузовик ехал между табачными полями, мерцавшими зеленым светом, словно волнующееся под ветром тропическое море. После напряженной недели, проведенной в торговле и за подсчетом каждой рупии, Грег расслабился.

«Наверху было холодно и ветрено, — вспоминает Мортенсон. — Но мне не было холодно с самого приезда в Равалпинди. Я чувствовал себя царем на троне. Я понимал, что добился успеха. Я сидел на собственной школе. Я купил все необходимое и уложился в имеющуюся сумму. Даже Жан Эрни не смог бы меня ни в чем упрекнуть. Я думал, что через несколько недель школа будет построена, я смогу вернуться домой и решить, чем заняться дальше. Не помню, чтобы когда-нибудь испытывал подобное удовлетворение».

«Я ЧУВСТВОВАЛ СЕБЯ ЦАРЕМ НА ТРОНЕ. Я ПОНИМАЛ, ЧТО ДОБИЛСЯ УСПЕХА. Я СИДЕЛ НА СОБСТВЕННОЙ ШКОЛЕ».

Мохаммед резко нажал на тормоза и съехал с дороги. Мортенсон с трудом удержал клетки с курами, чтобы те не свалились с грузовика. Он перегнулся через борт и на урду спросил, в чем дело. Мохаммед указал на небольшой белый минарет на краю табачного поля. Мужчины направились к мечети. В наступившей тишине Мортенсон отчетливо услышал призыв муэдзина, разносившийся в вечернем воздухе. Он и представить себе не мог, что водитель, недавно спешивший быстрее отправиться в путь, окажется настолько правоверным, чтобы остановиться ради вечерней молитвы. Но стало ясно, что он еще многого не понимает в жизни этой страны. Зато сейчас ему предоставлялась возможность преклонить колени и снова помолиться с новыми друзьями.

* * *

В тридцати километрах западнее Равалпинди, в Таксиле, они свернули с главной дороги к горам. Сотни лет назад Таксила стала местом столкновения буддизма и ислама. Но для Мортенсона куда важнее было столкновение тектонических плит, произошедшее в этом регионе миллионы лет назад. Здесь заканчивались долины и начинались горы. Этот участок древнего Шелкового пути становился непредсказуемым.

Неутомимая исследовательница Изабелла Берд (а столь отважная и упорная женщина могла появиться на свет только в викторианской Англии) поведала в своих книгах миру о трудностях путешествия из Индостана в Балтистан. Она совершила его в 1876 году. «Путешественник, который хочет добраться до гор, не сможет сделать этого в экипаже или повозке, — писала она. — Большую часть пути придется проделать пешком. Если путешественнику дорога его лошадь, то все крутые подъемы и спуски, которых немало на пути, он пройдет ногами. «Дороги» строятся с огромным трудом, поскольку природа заставляет строителей следовать за собой и преодолевать узкие долины, овраги, ущелья и расщелины, уготовленные на пути. На протяжении многих километров такая «дорога»... представляет собой узкий карниз над ревущим потоком. Когда встречаются два каравана, один должен уступать другому и прижиматься к скалам. Такие ситуации очень опасны. Во время путешествия с караваном... груженый мул столкнул лошадь моего слуги в пропасть, и она утонула».

СТРОИТЕЛЬСТВО КАРАКОРУМСКОГО ШОССЕ (ККШ) СТОИЛО ЖИЗНИ МНОГИМ РАБОЧИМ.

Каракорумское шоссе (ККШ), по которому с грозным ревом несся «бедфорд» Мортенсона, не шло ни в какое сравнение с теми «дорогами», по которым путешествовала экспедиция Берд. Шоссе начали прокладывать в 1958 году. Правительство независимого Пакистана хотело наладить транспортную связь с Китаем, своим союзником в борьбе с Индией. С тех пор строительство не прекращалось. Оно представляло одну из самых сложных инженерных задач, когда-либо стоявших перед людьми. Тянущееся по скалистому ущелью Инда ККШ стоило жизни многим рабочим: в среднем на каждые четыреста километров погибал один человек. Шоссе проложено в совершенно недоступной местности, поэтому пакистанским инженерам приходилось разбирать бульдозеры и перевозить их по частям на мулах, а потом собирать на месте. Пакистанская армия попыталась перевезти бульдозеры на тяжелом советском вертолете «МИ-17», но из-за сильного ветра машина в узком ущелье врезалась в скалу и упала в Инд. Все девять человек, находившиеся на борту, погибли.

Китайцы также были заинтересованы в строительстве ККШ. Они хотели получить дорогу к новому рынку сбыта в Центральной Азии, ослабить там советское влияние, а заодно и скрепить с Пакистаном стратегический союз против Индии. Поэтому в 1968 году они предложили профинансировать завершение 1300-километрового отрезка от Кашгара[1] на юго-западе Китая до Исламабада. Строительство «Дороги дружбы» продолжалось более десяти лет и завершилось в 1978 году, что стало неприятным сюрпризом для Индии.

* * *

Чем выше грузовик поднимался в горы, тем холоднее становилось. Мортенсон с головой закутался в шерстяное одеяло. Впервые он задумался над тем, успеет ли построить школу до морозов, но отогнал эту мысль. Улегся на охапку сена и заснул под мерный рокот двигателя грузовика.

При первом луче солнца его разбудил петух, сидевший в клетке над головой. За ночь Грег совсем окоченел. Кроме того, ему срочно нужно было в туалет. Он наклонился через борт, чтобы попросить водителя остановиться. «Мохаммед!» — крикнул он. И увидел, что они едут по краю глубокого

[1] Кашгар – город в Китае, расположен у подножия Памирских гор.

скалистого ущелья, на дне которого стремительно неслась мутная река. Мортенсон огляделся. Они медленно двигались вдоль гранитной стены, отвесно поднимавшейся к небу. Грузовик въезжал на крутой подъем. На его вершине они чуть было не покатились назад, но Мохаммед вовремя переключил передачу и сумел удержать машину. Грег снова склонился за борт и увидел, что задние колеса грузовика остановились в сантиметрах тридцати от края обрыва. Мелкие камешки с шорохом срывались в бездну, пока Мохаммед управлялся с двигателем.

НА ВЕРШИНЕ ОНИ ЧУТЬ БЫЛО НЕ ПОКАТИЛИСЬ НАЗАД. ГРЕГ СКЛОНИЛСЯ ЗА БОРТ И УВИДЕЛ, ЧТО ЗАДНИЕ КОЛЕСА ГРУЗОВИКА ОСТАНОВИЛИСЬ В САНТИМЕТРАХ ТРИДЦАТИ ОТ КРАЯ ОБРЫВА.

Мортенсон перекатился на прежнее место, чтобы не мешать водителю. Собираясь штурмовать К2, он был слишком поглощен своей целью, чтобы обращать внимание на дорогу вдоль Инда. А собравшись домой, с головой ушел в обдумывание планов сбора средств для школы. Теперь же, увидев неприступные горы и наблюдая за тем, как «бедфорд» пробирается по шоссе со скоростью 25 километров в час, понял, насколько надежно горы и ущелья отделяют Балтистан от остального мира.

Когда ущелье расширилось, они увидели деревню. В ней и остановились, чтобы позавтракать традиционными лепешками чапатти и черным сладким чаем с молоком и сахаром. После завтрака Мохаммед более настойчиво предложил Мортенсону перебраться в кабину, и Грег согласился.

В деревне водитель взял себе двух помощников. Грег уселся между ними и Мохаммедом. Невысокий Мохаммед с трудом доставал ногами до педалей. Его помощник, тот, что постарше, курил одну самокрутку с гашишем за другой, выдыхая дым прямо в лицо товарищу — молоденькому парнишке, у которого еще только пробивались усы.

Грузовик был разукрашен не только снаружи, но и внутри кабины. В ней повсюду посверкивали красные лампочки, висели резные кашмирские фигурки, фотографии кинозвезд Голливуда, десяток блестящих металлических колокольчиков. Тут же стоял букет пластмассовых цветов, в который Грег постоянно утыкался лицом при слишком резком торможении. «Мне казалось, что я попал в бордель на колесах, — вспоминает Мортенсон. — А тащились мы со скоростью гусеницы».

На самых крутых участках помощники Мохаммеда вылезали из грузовика и подкладывали большие камни под задние колеса. «Бедфорд» немного продвигался — камни перетаскивали следом. Этот «сизифов труд» продолжался до тех пор, пока дорога не становилась более пологой. Иногда на подъемах их обгоняли частные джипы. Один раз проехал автобус. Женщины-пассажирки замерли под пристальными мужскими взглядами.

За высокими горами, окружавшими долину, солнце скрывалось рано. К вечеру на дне ущелья становилось совсем темно. Огибая очередной поворот, Мохаммед резко нажал на тормоза: они чуть было не врезались в пассажирский автобус. Впереди образовалась настоящая пробка. Сотни джипов, автобусов и грузовиков стояли перед въездом на бетонный мост. Мохаммед и Мортенсон вылезли посмотреть, в чем дело.

Подойдя к мосту, поняли, что задержка связана вовсе не со столь характерными для ККШ камнепадами или лавинами. У моста стояли два десятка сурового вида бородатых мужчин в черных тюрбанах. Их гранатометы и «калашниковы» были направлены в сторону небольшой группы пакистанских солдат. Солдаты оружие не доставали. «Плохо», — тихо сказал Мохаммед по-английски.

Один из бородатых мужчин опустил свой гранатомет и поманил к себе Мортенсона. Пропылившийся после двух дней пути американец, закутанный в шерстяное одеяло, был уверен в том, что выглядит точно так же, как обычный пакистанец.

В СВЕТЕ ФОНАРЯ ГРЕГ УВИДЕЛ, ЧТО ГЛАЗА У БОЕВИКА АБСОЛЮТНО СИНИЕ И ПОДВЕДЕНЫ СУРЬМОЙ. ЭТОТ ЧЕРНЫЙ КРАСИТЕЛЬ ИСПОЛЬЗУЮТ НАСТОЯЩИЕ ФАНАТИКИ, ВЫПУСКНИКИ ФУНДАМЕНТАЛИСТСКИХ МЕДРЕСЕ.

«Откуда? — спросил вооруженный человек. — Америка?» Он поднял газовый фонарь повыше и всмотрелся в лицо Мортенсона. В свете фонаря Грег увидел, что глаза у боевика абсолютно синие и подведены сурьмой. Этот черный краситель используют настоящие фанатики, выпускники фундаменталистских медресе. Судя по всему, у моста Грег столкнулся с солдатами движения Талибан, которое уже давно контролировало Афганистан.

«Да, Америка», — осторожно ответил Мортенсон.

«Америка — номер один!» — сказал боевик, опустил гранатомет, закурил и предложил сигарету Грегу. Тот не курил, но решил, что в этом случае отказываться не стоит. Не глядя в глаза боевиков и постоянно извиняясь, Мохаммед потянул Мортенсона в сторону и назад, к грузовику.

Они развели небольшой костер, под внимательным взглядом Имран Хана заварили чай и приготовились ночевать. Мохаммед пошел поговорить с другими водителями, застрявшими перед мостом. Боевики блокировали мост целый день. С военной базы за 35 километров отсюда прислали взвод солдат, чтобы разобраться, в чем дело.

Познания Мортенсона в урду были довольно ограниченными, и ему никак не удавалось правильно разобраться в ситуации. Но Грег понял, что они находятся возле деревни Дасу в регионе Когистан, самой неспокойной приграничной провинции Пакистана. Когистан был печально известен бандитскими вылазками. Правительству Исламабада никак не удавалось установить здесь реальный контроль. После событий 11 сентября Америка объявила настоящую войну движению Талибан. Банды боевиков и бойцы Аль-Каеды укрылись в удаленных скалистых долинах Когистана. Затеряться в этой неприступной глуши было легче легкого.

Боевики, блокировавшие мост, пришли из соседней долины. Они заявили, что правительство в Исламабаде отправило сюда подрядчика с миллионами рупий, предназначенных для строительства дорог в этом регионе, чтобы местные жители могли торговать лесом. Но подрядчик украл деньги и скрылся, ничего не сделав. Они будут блокировать Каракорумское шоссе до тех пор, пока он не вернется, чтобы повесить его прямо на этом мосту.

После чая с крекерами Грег и Мохаммед решили поспать. Несмотря на то что водитель предлагал ночевать в кабине, Мортенсон забрался на прежнее место в кузов. Окруженный спящими курами, он смотрел на суровых боевиков-пуштунов[1] на мосту, освещенном фонарями. Пакистанцы, прибывшие для переговоров, говорили на урду. Они казались представителями совершенно другого народа — изящные, стройные, в синих беретах, с туго затянутыми ремнями на тонких талиях. Не в первый раз Грег подумал о том, что Пакистан — это скорее идея, чем страна.

Он прилег на сено, уверенный в том, что не сможет заснуть, и открыл глаза уже днем. Его разбудила стрельба. Мортенсон вскочил и увидел красные, бессмысленные глаза кур. Пуштуны на мосту стреляли в воздух.

Затем он услышал рев двигателя «бедфорда» — из труб грузовика вырывался черный дым. Он наклонился к окну водителя. «Хорошо! — улыбаясь, крикнул ему Мохаммед. — Стреляют от радости, иншалла!» Он включил передачу.

Грузовик направился к мосту в длинной, пыльной череде ожидавших отправления машин. Мортенсон увидел пуштуна, который ночью угостил его сигаретой. Он и его друзья отча-

[1] ПУШТУНЫ — народ иранского происхождения, потомки восточно-иранских кочевников. Живут на юге Афганистана и северо-западе Пакистана.

янно палили в небо из автоматов и размахивали кулаками. Даже в армии Мортенсон не слышал такой стрельбы. Он не увидел повешенного подрядчика и предположил, что пуштуны получили какие-то обещания от солдат.

ДАЖЕ В АРМИИ МОРТЕНСОН НЕ СЛЫШАЛ ТАКОЙ СТРЕЛЬБЫ.

За мостом по мере продвижения грузовика по шоссе стены ущелья становились все выше. В конце концов над головой Грега осталась лишь узкая полоска неба, побелевшего от жары. Они продвигались по западным предгорьям пика Нанга Парбат. Высота этой горы составляет 7816 метров; по высоте среди величайших вершин мира она занимает девятое место и находится в западной части Гималаев. Мортенсон внимательно вглядеся в воды Инда. Ледниковые потоки с Нанга Парбат промыли узкие овраги и притащили в Инд покрытые лишайниками валуны. В грязно-коричневой реке альпийские воды выделялись яркой синевой.

Не доезжая самого населенного города Северного Пакистана, Гилгита, они свернули с Каракорумского шоссе. Дальше оно уходило в сторону Китая, к перевалу Хунджераб, расположенному на высоте 4730 метров. Грузовик Мортенсона направился вдоль Инда на восток к Скарду. Хотя становилось все холоднее, Мортенсона грели воспоминания о домашних очагах Корфе. Узкое ущелье, окруженное семитысячниками, которых было так много, что некоторые не имели названий, вело его в Балтистан. В этом затерянном мире Мортенсон чувствовал себя дома. Мутная река, текущая на дне ущелья, и безжалостное высокогорное солнце, освещавшее вершины гор, казались ему более родными и знакомыми, чем аккуратные бунгало Беркли. Американская одиссея, сложные отношения с Мариной, борьба за деньги, бессонные ночи в больнице — все это казалось Грегу пустым сном. Его место было здесь, среди ущелий и скал.

АМЕРИКАНСКАЯ ОДИССЕЯ, СЛОЖНЫЕ ОТНОШЕНИЯ С МАРИНОЙ, БОРЬБА ЗА ДЕНЬГИ, БЕССОННЫЕ НОЧИ В БОЛЬНИЦЕ — ВСЕ ЭТО КАЗАЛОСЬ ГРЕГУ ПУСТЫМ СНОМ. ЕГО МЕСТО БЫЛО ЗДЕСЬ, СРЕДИ УЩЕЛИЙ И СКАЛ.

Двадцать лет назад то же ощущение охватило ирландскую медсестру Дервлу Мерфи. Такая же отчаянная путешественница, как Изабелла Берд, она пренебрегла советами более опытных людей, которые утверждали, что зимой Балтистан неприступен, и пересекла Каракорум верхом на лошади. С ней была пятилетняя дочь.

В своей книге «Там, где начинается Инд» многословная Мерфи теряется, пытаясь описать свое путешествие по ущелью, которым ехал Грег Мортенсон. Она просто не находит достойных слов.

«Ни одно из прилагательных, которыми обычно описывают горные ландшафты, здесь не подходит. Даже слово «живописный» кажется комичным и бессмысленным. «Роскошный», «величественный» — и эти слова не передают атмосферу чудовищного ущелья, которое километр за километром становится все извилистее, уже, темнее и глубже. Здесь нет ни травинки, ни кустика — ничего, что напоминало бы о существовании растительного мира. Только нефритово-зеленый Инд, порой скрывающийся под шапкой белой пены, смягчает серо-коричневую гамму скал, утесов и крутых склонов».

Продвигаясь по южному берегу Инда на лошади, Мерфи представляла себе, как страшно будет ехать по этой козьей тропе на грузовике. «Водитель должен быть фаталистом, — писала она, — «иначе ему никогда не набраться смелости, чтобы часами вести перегруженный, плохо сбалансированный и технически несовершенный джип по дороге, где одно неверное движение может закончиться головокружительным падением в Инд. Река нашла себе путь среди этих суровых и величественных гор, поэтому и у человека нет другого пути. Не пройдя по ущелью Инда, никогда не поймешь этого края. Единственный безопасный способ преодолеть ущелье — пешком».

Сидя в кузове перегруженного, плохо сбалансированного, но технически надежного «бедфорда», Мортенсон покачивался вместе с горой стройматериалов в опасной близости к краю пропасти. Грузовик медленно, но верно продвигался к своей цели. В тридцати метрах внизу показался проржавевший остов рухнувшего в пропасть автобуса. С завидной регулярностью попадались белые памятники «мученикам» — рабочим, погибшим на строительстве дороги. Благодаря тысячам пакистанских солдат дорога до Скарду со времен Мерфи заметно улучшилась. Это было необходимо для того, чтобы снабжать армию, ведущую войну с Индией. Но из-за камнепадов и лавин, из-за постоянно ухудшающегося качества дорожного покрытия и узости трассы здесь каждый год разбивались десятки машин.

СИДЯ В КУЗОВЕ ПЕРЕГРУЖЕННОГО «БЕДФОРДА», МОРТЕНСОН ПОКАЧИВАЛСЯ ВМЕСТЕ С ГОРОЙ СТРОЙМАТЕРИАЛОВ В ОПАСНОЙ БЛИЗОСТИ К КРАЮ ПРОПАСТИ.

Спустя десять лет, уже после событий 11 сентября, американцы часто спрашивали Мортенсона о тех опасностях, которые поджидали его в рассаднике терроризма. «Если бы я погиб в Пакистане, это случилось бы в дорожном происшествии, а не от бомбы или пули, — всегда отвечал он. — Главная опасность в этой стране поджидает на дорогах».

Мортенсон заметил, что, хотя уже спускался вечер, стало светлее. Узкое ущелье неожиданно расширилось, затем стены вообще исчезли. Впереди показались заснеженные горы, окружавшие долину Скарду. Стало ясно, что ущелье осталось позади. Оказавшись на просторе, Мохаммед прибавил скорость. Инд расслабился и превратился в мутную, широкую и спокойную реку. Бурые песчаные дюны вдоль его берегов грелись на вечернем солнце. Если бы не белоснежные пики, высившиеся вдали, можно было бы подумать, что находишься где-то в Саудовской Аравии.

На окраинах Скарду начинались абрикосовые сады и плантации грецкого ореха. Счастливый Мортенсон приветствовал мужчин в характерных белых шерстяных шапочках; те, улыбаясь, махали рукой в ответ. Дети бежали за грузовиком, довольные, что видят Имран Хана и необычного иностранца.

Именно о таком триумфальном возвращении Грег мечтал, когда садился писать первое из своих 580 писем. Он был уверен, что удача поджидает его за следующим поворотом.

Глава 8

Побежден в Бралду

Верь Аллаху, но верблюда все же привязывай.

Надпись над входом
на военно-воздушную базу, Скарду

Первая же ветка тополя хлестнула Мортенсона по лицу. Он не успел увернуться. Вторая сорвала с головы одеяло. Мортенсон распластался на крыше кабины и наблюдал за тем, как за деревьями, стволы которых были укутаны тканью (защита от прожорливых коз), появляется долина Скарду.

У основания 250-метровой скалы Карпочо грузовик притормозил, пропуская отару овец, переходивших дорогу. На скале виднелись развалины старинной крепости.

Долина Скарду довольно плодородна — там, где почва не засыпана песком. Это лучшее место для отдыха путешественников после прохождения ими суровых ущелий. Тут всегда останавливались торговые караваны, шедшие из Каргила[1] в Центральную Азию. В британские колониальные времена здесь возник стратегический военный пост, который разросся до размеров города. Его назвали Скарду. После отделения Пакистана и закрытия границы процветанию города пришел

---

[1]Каргил — административный центр одноименного округа в индийском штате Джамму и Кашмир.

конец: он превратился в захолустное окраинное местечко. И так было до тех пор, пока сюда не хлынули альпинисты, направлявшиеся на штурм ледяных гигантов Каракорума.

Вдоль оживленной улицы Скарду, заполненной автомобилями, стояли прилавки, с которых торговали футбольными мячами и дешевыми китайскими свитерами. Мохаммед прижался к обочине, но места для проезжавших мимо джипов все равно не хватало. Он высунулся из окна, чтобы спросить у Мортенсона, куда ехать дальше. Возмущенные водители отчаянно сигналили. Мортенсон спустился со своего шаткого трона в кузове и пересел в кабину.

Куда ехать? По договоренности Мохаммед доставлял его груз только до Скарду. Но до Корфе отсюда нужно было добираться на джипе еще восемь часов. Пожалуй, доставку стройматериалов в долину Бралду мог бы осуществить местный туристический бог — Чангази, который организовывал их восхождение на К2... Грузовик остановился перед белоснежным домом Мохаммеда Али Чангази. Мортенсон постучал в зеленую деревянную дверь.

Ему открыл сам хозяин. На нем был безукоризненно белый накрахмаленный костюм. Пыль и суета внешнего мира его не касались. Для балти он был довольно высоким. Ухоженная борода, благородный нос, яркие карие глаза, подведенные синим, — этот человек умел произвести впечатление. Имя «Чангази» означает «из рода Чингисхана». На сленге языка балти так называют жестоких и безжалостных людей. «Чангази — делец в полном смысле слова, — вспоминает Мортенсон. — Конечно, тогда я этого не знал».

«Доктор Грег! — воскликнул Чангази, сердечно обнимая Мортенсона. — Что вы здесь делаете? Сезон восхождений закончился».

«Я привез школу!» — восторженно воскликнул Грег, ожидая поздравлений. После К2 он обсуждал свои планы с Чангази. Тот даже помог ему составить смету. Но, похоже, Чангази не понимал, о чем идет речь. «Я купил все необходимое для строительства школы, — пояснил Мортенсон, — и привез сюда из Равалпинди».

«Я ПРИВЕЗ ШКОЛУ!» — ВОСТОРЖЕННО ВОСКЛИКНУЛ ГРЕГ, ОЖИДАЯ ПОЗДРАВЛЕНИЙ.

Чангази был удивлен. «Слишком поздно что-то строить, — сказал он. — И почему вы не купили все здесь, в Скарду?» Мортенсон и понятия не имел, что можно было так поступить. Он замешкался с ответом, и тут раздались гудки «бедфорда»: Мохаммед хотел как можно быстрее разгрузиться и отправиться в Равалпинди. Его помощники уже сняли с груза брезент. Чангази восхищенно смотрел на груду бесценных стройматериалов.

«Вы можете все оставить здесь, в моем офисе, — предложил он. — А потом мы выпьем чаю и решим, что делать с вашей школой». Потом осмотрел Мортенсона с ног до головы и недовольно поморщился при виде его грязной одежды и засаленных волос. «Впрочем, почему бы вам сначала не помыться?» — предложил он.

Разгрузка стройматериалов закончилась. Мешки с цементом, кровельное железо и листы фанеры громоздились на земле рядом с грузовиком. Водитель протянул Мортенсону отвес и уровень, тщательно завернутый в ткань. Грег сердечно простился с Мохаммедом и его помощниками.

«ВЫ МОЖЕТЕ ВСЕ ОСТАВИТЬ ЗДЕСЬ, В МОЕМ ОФИСЕ, — ПРЕДЛОЖИЛ ЧАНГАЗИ. — А ПОТОМ МЫ ВЫПЬЕМ ЧАЮ И РЕШИМ, ЧТО ДЕЛАТЬ С ВАШЕЙ ШКОЛОЙ».

В доме Чангази Грег достал новый кусок мыла «Снега Тибета», подаренный ему Абдулом. Слуга хозяина, Якуб, нагрел ему воды на походной печке, оставшейся от какой-то экспедиции. Смывать грязь после четырех дней пути пришлось долго.

Неожиданно Мортенсон заволновался. Он решил составить список стройматериалов, но Чангази сказал, что у них еще будет на это время. Под крики муэдзинов хозяин провел Мортенсона в свой офис, где слуги уже раскатали новый мягкий спальный мешок между столом и огромной картой мира, висевшей на стене. «Отдыхайте, — непререкаемым тоном сказал Чангази. — Поговорим после вечерней молитвы».

* * *

Грега разбудили возбужденные голоса в соседней комнате. Он поднялся, подошел к окну и понял, что проспал до утра. В соседней комнате, скрестив ноги, сидел маленький, но крепко сложенный балти. Это был Ахмалу, повар, который сопровождал экспедицию Грега на К2. Ахмалу поднялся и плюнул под ноги Чангази — величайшее оскорбление в Пакистане. Чангази остался невозмутим. Ахмалу заметил стоявшего в дверях Мортенсона.

«Доктор Гирек!» — воскликнул он, и лицо его изменилось так же быстро, как меняется горная вершина, освещенная солнцем. Он подбежал к Мортенсону и крепко обнял его по обычаю балти. Чангази с бесстрастным видом вышел и вернулся с шестью ломтиками поджаренного белого хлеба и банкой австрийского брусничного джема, каким-то чудом оказавшейся в этом забытом богом месте. Из беседы за трапезой Грег не узнал о причинах конфликта Чангази и Ахмалу, зато понял: новости о его приезде со стройматериалами разнеслись по всему Скарду; Ахмалу пришел звать Грега в гости ...

«Доктор Гирек, — сказал балти, — ты обещал побывать в моей деревне». Да, он действительно обещал... «У меня есть джип, который отвезет нас в Хане. Мы ехать сейчас».

«Может быть, завтра или послезавтра», — неуверенно пробормотал Мортенсон, не зная, что делать. Внезапно его охватила тревога, и он быстро вышел во двор дома Чангази. Стройматериалов возле дома не было. Целый грузовик цемента, леса, гвоздей и инструментов, стоивших больше семи тысяч долларов, прибыл вчера вечером, а сегодня он не видел даже молотка!

МОРТЕНСОН ОСМОТРЕЛСЯ. ЦЕЛЫЙ ГРУЗОВИК СТРОЙМАТЕРИАЛОВ, СТОИВШИХ БОЛЬШЕ СЕМИ ТЫСЯЧ ДОЛЛАРОВ, ПРИБЫЛ ВЧЕРА ВЕЧЕРОМ, А СЕГОДНЯ ОН НЕ ВИДЕЛ ДАЖЕ МОЛОТКА!

Мортенсон вбежал в дом. «Где мои стройматериалы?!» — закричал он на Чангази. «Доктор Грег, не волнуйтесь, — спокойно ответил тот. — Они в надежном месте. Оттуда их никто не похитит, поверьте мне».

Грег верил Чангази и поэтому сразу успокоился. «В моей деревне Хане ждут тебя, сэр, — снова приступил к нему улыбающийся Ахмалу. — Мы уже приготовили особый ужин».

Мортенсон слишком хорошо знал, что такое для балти «особый ужин». Он не мог выдержать чувства вины перед целой деревней, которая явно пошла ради него на большие расходы. И прежде, чем дал согласие на поездку, позволил Чангази проводить себя к джипу Ахмалу и уселся рядом с ним на переднее сиденье...

* * *

Дорога вела на восток от Скарду. Грег почти физически ощущал напряженность в отношениях между своими спутниками, но старался об этом не думать. «Далеко ли Хане?» — спросил он, когда ржаво-красный «лендкрузер» начал пробираться между валунов размером с колесо по узкому карнизу над Индом.

«Очень далеко», — хмуро ответил Чангази.

«Очень близко, — откликнулся Ахмалу. — Всего три или семь часов».

Мортенсон откинулся на спинку сиденья и расхохотался. Не следовало спрашивать о времени пути в Балтистане.

Через покрытое трещинами лобовое стекло он видел величественную панораму предгорий Каракорума на фоне ярко-голубого неба. И вид этих суровых коричневых скал делал его счастливым.

Несколько часов они ехали вдоль притока Инда, а потом свернули на юг, в направлении Индии. Вскоре они оказались в долине Хуше, по которой протекала река Шьок. Синие ледниковые воды реки безжалостно ворочали валуны. По обе стороны узкой долины высились изъеденные эрозией скалы. Дорога становилась все хуже. Открытка с изображением Каабы[1] в Мекке, подвешенная на зеркале заднего вида, то и дело хлопала по лобовому стеклу. Считается, что аль-хаджар аль-асвад — огромный черный камень, который находится внутри Каабы, — метеорит. Многие мусульмане верят в то, что он упал на Землю еще во времена Адама. Это был дар от Аллаха. Черный цвет камня говорит о его способности поглощать грехи правоверных, которым посчастливится коснуться некогда белой поверхности. (По преданию, Черный камень был белым, но, впитывая в себя человеческие грехи, постепенно по-

[1] Кáаба — мусульманская святыня. Представляет собой кубическую постройку, которая стоит во внутреннем дворе Запретной мечети в Мекке.

чернел.) Глядя на нагромождения валунов вдоль дороги, Мортенсон искренне надеялся, что горным камням нет дела до его грехов и они выберут для падения на землю другое время.

По террасам горных склонов были разбросаны картофельные и пшеничные поля. Они поднимались к коричневым потрескавшимся скалам. Те напоминали гигантские замки, равных которым не могли построить люди. К вечеру спустился туман. Долина Хуше сузилась еще больше. Но Мортенсон, который за время, проведенное в базовом лагере К2, успел изучить карты Каракорума, знал, что впереди находится одна из самых потрясающих гор мира — Машербрум (7821 метров), или К1.

В отличие от других гор центрального Каракорума Машербрум хорошо видна с юга. Некогда она считалась жемчужиной Британской Индии, точнее, Кашмира. В 1856 году британский военный строитель Т. Дж. Монтгомери назвал эту высокую серую стену над снегами К1, то есть Каракорум-1. Это была первая огромная гора, которую он увидел. Более высокая и плохо различимая ее соседка, расположенная в двадцати километрах к северо-востоку, естественно, получила название К2, поскольку была обнаружена позже. Мортенсон смотрел на заснеженную гору, которую в 1960 году покорили американцы Джордж Белл, Уилли Ансолд и Ник Клинч вместе со своим пакистанским партнером, капитаном Джаведом Актаром, и мечтал, чтобы из облаков показалась ее острая вершина. Но К1 была окутана плотной белой пеленой. Солнечный свет, отражавшийся от гигантских ледников, подсвечивал эту пелену изнутри.

Джип остановился возле веревочного моста через Шьок. Мортенсон вылез из машины. Он так и не научился уверенно чувствовать себя на подобных мостах — ведь они были рассчитаны на балти, а самый высокий балти весил вполовину меньше, чем он. Грег ухватился за веревочные поручни и заскользил огромными ступнями по скользкой веревке на 15-метровой высоте над горной рекой. За ним следом шли Ахмалу и Чангази. Мост отчаянно раскачивался. Мокрая веревка была очень скользкой. Опасная переправа настолько поглотила внимание Мортенсона, что он не видел собравшейся на другом берегу толпы. Ступив на твердую землю, он некоторое время смотрел невидящим взглядом на ожидавших его людей.

ГРЕГ УХВАТИЛСЯ ЗА ВЕРЕВОЧНЫЕ ПОРУЧНИ И ЗАСКОЛЬЗИЛ ОГРОМНЫМИ СТУПНЯМИ ПО СКОЛЬЗКОЙ ВЕРЕВКЕ НА 15-МЕТРОВОЙ ВЫСОТЕ НАД ГОРНОЙ РЕКОЙ.

Маленький бородатый балти в черных альпинистских штанах и оранжевой футболке с девизом «Альпинисты поднимаются выше» подошел к нему и сказал: «Вы в деревне Хане». Грег узнал его. Это был Джанджунгпа. Когда Мортенсон находился на К2, этот балти работал с голландской экспедицией. Джанджунгпа обладал удивительной способностью: ухитрялся спускаться в базовый лагерь как раз в то время, когда его приятель Ахмалу подавал обед. Но Мортенсону нравилось общество и смелость этого человека. Он был готов бесконечно слушать его рассказы о десятках экспедиций, проведенных им по Балторо. Джанджунгпа протянул ему руку, не вспомнив при этом Аллаха, и повел по узким улочкам Хане. Когда переходили через оросительные каналы, он поддерживал американца под локоть.

Следом за ними шли два десятка мужчин и два бурых козла. Мужчины свернули к аккуратному белому домику. По приставной лестнице все поднялись в дом, откуда распространялся соблазнительный запах жареной курицы.

Мортенсона усадили на подушки (перед этим гостеприимный хозяин дома аккуратно выбил из них пыль) в маленькой комнатке. Мужчины Хане кружком расселись на поблекшем ковре с цветочным рисунком. Из окна открывался прекрасный вид на соседние дома и на каменный каньон с крутыми стенами над рекой.

Сыновья Джанджунгпы раскатали на полу розовую пластиковую скатерть и расставили тарелки с жареной курицей и салатом из турнепса. Блюдо с тушеной бараньей печенью и мозгами поставили возле почетного гостя. Хозяин терпеливо ждал, когда Мортенсон съест первый кусок курицы. «Я хочу поблагодарить мистера Грика Мортенсона за то, что он оказал нам честь и приехал, чтобы построить школу в деревне Хане», — торжественно произнес Джанджунгпа.

«Школу в Хане?!» — поперхнулся Грег.

«Да, школу, как вы и обещали, — сказал Джанджунгпа, обводя взглядом собравшихся мужчин, словно призывая их в свидетели. — Альпинистскую школу!»

Мортенсон огляделся, надеясь увидеть признаки того, что хозяин пошутил. Но лица мужчин Хане оставались такими же бесстрастными, как скалы за окном, освещенные закатным солнцем. Грег стал вспоминать месяцы, проведенные на К2. Они с Джанджунгпой обсуждали необходимость обучения носильщиков балти основам альпинизма. Очень часто эти люди не владели простейшими горноспасательными приемами. Джанджунгпа жаловался на то, что из-за этого носильщики часто получают травмы, а оплата их труда явно мала. Мортенсон вспомнил, как балти рассказывал о своей деревне Хане и приглашал побывать у него. Но он был абсолютно уверен в том, что о школе они ни разу не говорили. И обещаний он никаких не давал.

«Гирек-сахиб, не слушай Джанджунгпа, — сказал Ахмалу, отчаянно тряся головой, и Мортенсон вздохнул с облегчением. — Он безумец. Он говорит об альпинистской школе, а Хане нужна обычная школа, школа для детей. Вот что ты должен сделать».

Облегчение исчезло так же стремительно, как появилось.

Мортенсон заметил, как Чангази, облокотившись на пышную подушку, аккуратно снимает с куриной ножки кусочки мяса и улыбается. Грег попытался поймать его взгляд, надеясь, что хотя бы его спутник сможет положить конец этому безумию. Но собравшиеся мужчины уже о чем-то ожесточенно спорили на балти. И у Ахмалу, и у Джанджунгпы появились свои сторонники. На соседние крыши поднялись женщины.

Они прислушивались к спору, закрываясь от холодного ветра с Машербрума плотными платками.

«Я никогда ничего не обещал», — сказал по-английски Мортенсон. Его никто не услышал, и тогда он повторил то же самое на балти. Впрочем, и это не возымело действия. Самый большой человек в комнате словно превратился в невидимку. Грег попытался разобраться в споре в силу своих познаний в языке. Он слышал, как Ахмалу обвиняет Джанджунгпу в алчности. Тот парировал каждый выпад в свой адрес, утверждая, что Мортенсон дал ему обещание.

Примерно через час Ахмалу неожиданно поднялся и потянул Грега за собой. Ему показалось, что если он приведет американца в свой дом, результат встречи окажется иным. Длинная вереница громко ругающихся мужчин потянулась по лестнице вниз и дальше по грязным улочкам Хане. Когда все расположились в доме Ахмалу, сын хозяина, который был поваренком в экспедиции Мортенсона, принес еду и расставил тарелки у ног гостя. Полевые цветы украшали блюдо с салатом из турнепса. На тарелке с тушеными бараньими потрохами красовались блестящие почки. В целом трапеза почти ничем не отличалась от той, что была в доме у Джанджунгпа.

Сын Ахмалу выловил сочную почку, положил ее в миску с рисом и с улыбкой подал Мортенсону. Только после этого он стал передавать тарелки другим гостям. Грег отодвинул почку и начал есть рис, который буквально плавал в жирной подливе. Впрочем, на него никто не обращал внимания. Он снова стал невидимкой. Мужчины Хане ели так же ожесточенно, как и спорили. Казалось, что предыдущего разговора не было.

Когда спор шел уже четвертый час, у Мортенсона закружилась голова. Он поднялся на крышу и сел спиной к снопу только что убранной гречихи, чтобы укрыться от ветра. Поднявшаяся луна осветила Машербрум. Грег долго смотрел на острые зубцы, сверкающие в лунном свете. Он знал, что вдали, за этой горой, высится К2. Как просто было приехать в Балтистан альпинистом, думал он. Дорога была ясна. Сосредоточься на горе, организуй экспедицию, собери припасы и двигайся к вершине. Или с полпути вернись назад.

КОГДА СПОР ШЕЛ УЖЕ ЧЕТВЕРТЫЙ ЧАС, У МОРТЕНСОНА ЗАКРУЖИЛАСЬ ГОЛОВА.

Из большого квадратного отверстия в крыше поднимался сигаретный дым, смешиваясь с дымом очага. Мортегсон закашлялся. Крики споривших еще больше испортили ему настроение. Он вытащил из рюкзака тонкую куртку, лег на гречиху и укрылся курткой, как одеялом. Полная луна освещала зубчатые горные пики; она балансировала на гребне, словно большой белый валун, который вот-вот упадет и раздавит деревню Хане.

«Падай же», — подумал Грег и заснул.

* * *

Утром южный склон Машербрума снова был укрыт облаками. Мортенсон на негнущихся ногах спустился в комнату. Там сидел Чангази и пил чай с молоком. Грег потребовал, чтобы Чангази немедленно отвез его обратно в Скарду, пока не начались бесконечные трапезы и споры. Джанджунгпа и Ахмалу поехали вместе с ними.

Всю дорогу до Скарду на лице Чангази играла загадочная улыбка. Мортенсон проклинал себя за то, что потерял столько времени. Когда вернулись в Скарду, стало очень холодно и ветрено; подходящая для строительства погода осталась в прошлом. Горные вершины укрылись низкими облаками, заморосил мелкий дождь, который мог идти бесконечно.

ВСЮ ДОРОГУ ДО СКАРДУ НА ЛИЦЕ ЧАНГАЗИ ИГРАЛА ЗАГАДОЧНАЯ УЛЫБКА...

Несмотря на то что окна джипа были затянуты пленкой, к моменту возвращения в дом Чангази Грег промок до нитки. Неодобрительно глядя на заляпанную грязью одежду американца, хозяин сказал: «Проходите. Я скажу, чтобы Якуб согрел вам воды».

«Слушайте! — взорвался Мортенсон. — Прежде чем заниматься чем-то другим, давайте все проясним! Сначала скажите, где привезенные мной стройматериалы!»

Чангази хранил спокойствие.

«Я перевез их в другой офис. В более безопасное место», — лениво ответил он с видом человека, которому приходится разъяснять очевидное.

«А чем было плохо здесь?»

«Слишком много бандитов», — пояснил пакистанец.

«Я хочу увидеть весь мой груз прямо сейчас!» — заявил Грег, выпрямляясь во весь рост. Мохаммед Али Чангази утомленно смежил веки, сложил руки на животе и покрутил большими пальцами. Потом открыл глаза с таким выражением на лице, словно надеялся, что Мортенсон исчезнет. «Уже поздно, мой помощник ушел домой с ключами, — сказал он. — Нужно помыться и подготовиться к вечерней молитве. Но я обещаю, что завтра вы будете полностью удовлетворены. И мы сможем начать работу по строительству вашей школы».

* * *

Мортенсон проснулся с первыми лучами солнца. Накинув на плечи спальный мешок, вышел на улицу, мокрую от дождя. Вершины семитысячников, окружавших город, по-прежнему скрывались в низких тучах. Без величественного горного обрамления Скарду — с его замусоренными улицами, шумным базаром и убогими домишками — казался неприглядным. В Калифорнии этот город представлялся Грегу золотой столицей сказочного царства гор, а народ балти — чистым и справедливым. Но теперь, стоя под мелким моросящим дождем, он понял, что сам придумал себе такой Балтистан. Может быть, он был так счастлив тем, что ему удалось выжить после К2, что стал идеализировать и это место, и этот народ?

Грег сильно потряс головой, чтобы избавиться от сомнений, но безрезультатно. Корфе находилась всего в 112 километрах к северу, но от деревни его отделял целый мир. Нужно найти стройматериалы, а потом во что бы то ни стало двигаться к цели. Он доберется до Корфе прежде, чем окончательно потеряет надежду.

КОРФЕ НАХОДИЛАСЬ ВСЕГО В 112 КИЛОМЕТРАХ К СЕВЕРУ, НО ОТ ДЕРЕВНИ ЕГО ОТДЕЛЯЛ ЦЕЛЫЙ МИР.

За завтраком Чангази казался необычно приветливым. Он сам подливал Мортенсону чаю, постоянно твердил, что они поедут, как только прибудет водитель на джипе. Когда к дому подъехал зеленый «лендкрузер», из гостиницы пришли Джанджунгпа и Ахмалу.

Джип рванул на запад по песчаным дюнам. Там, где песок кончался, на границе полей стояли брезентовые мешки с выкопанной картошкой. Они были огромны, и Мортенсон принял их за людей, неподвижно замерших в тумане. Ветер усилился и слегка разогнал тучи. Заснеженные вершины мелькнули в высоте, как надежда. Грег почувствовал, что настроение начинает улучшаться.

Через полтора часа они свернули с главной дороги на проселок и покатили к группе небольших симпатичных строений под плакучими ивами. Это была родная деревня Чангази — Куарду. Через хлев поднялись на второй этаж самого большого дома.

В центральной комнате их усадили не на привычные пыльные подушки с цветочным узором, а на фиолетово-зеленые походные коврики. Стены украшали десятки фотографий Чангази в белоснежной одежде рядом с членами французских, японских, итальянских и американских экспедиций. Мортенсон увидел и себя. Перед штурмом К2 он сфотографировался с Чангази, дружески положив ему руку на плечо. Не верилось, что с того момента прошло меньше года: казалось, что на фотографии вместо себя он видит незнакомца, который моложе Грега лет на десять.

Чангази вышел в другую комнату и вернулся в сером кашемировом свитере. За ним вошли пятеро стариков с растрепанными бородами. На них были коричневые шерстяные шапочки. Мужчины энергично пожали руку Мортенсону и уселись на свободные коврики. Затем пришли еще человек пятьдесят; все устроились вокруг пластиковой скатерти.

Чангази руководил слугами, которые расставили столько блюд, что Мортенсону пришлось поджать ноги. Несли все новые и новые яства: полдесятка жареных цыплят; редис и турнепс, вырезанный в виде цветов; гора риса с орехами и изюмом; цветная капуста, жаренная в ароматическом масле, и лучшая часть туши яка, тушенная с перцем чили и картошкой. Грег никогда не видел в Балтистане столько еды. У него началась изжога, справиться с которой так и не удалось.

«Что мы здесь делаем, Чангази? — спросил он. — Где мои стройматериалы?»

Прежде чем ответить, Чангази положил мясо яка на душистый рис и протянул тарелку Мортенсону. «Это старейшины моей деревни, — сказал он. — В Куарду мы не будем спорить, обещаю. Они уже согласны построить вашу школу в нашей деревне до зимы».

И здесь у Грега открылись глаза. Он понял, почему вчера утром разругались Чангази и Ахмалу. Каждый из них отстаивал перед другим право заполучить Грега с его стройматериалами в свою деревню! Эти люди и не собирались помочь ему добраться до Корфе!

Не говоря ни слова, Грег поднялся, перешагнул через тарелки и вышел из комнаты. Он знал, насколько груб его поступок; понимал, что повернуться спиной к старейшинам и переступить через еду нечистыми ногами — непростительное оскорбление. Но больше он не мог там оставаться.

Задыхаясь, Грег бежал по крутой козьей тропе, пока Куарду не остался позади. Он чувствовал, как разрывается его грудь, но продолжал бежать, пока не начала кружиться голова. Он упал, хватая ртом воздух. Мортенсон не плакал со дня смерти Кристы. Но здесь, на пустом выгоне для коз, он закрыл лицо руками и разрыдался.

ОН УПАЛ, ХВАТАЯ РТОМ ВОЗДУХ. МОРТЕНСОН НЕ ПЛАКАЛ СО ДНЯ СМЕРТИ КРИСТЫ. НО ЗДЕСЬ, НА ПУСТОМ ВЫГОНЕ ДЛЯ КОЗ, ОН ЗАКРЫЛ ЛИЦО РУКАМИ И РАЗРЫДАЛСЯ.

Успокоившись, увидел, что из-под большой шелковицы на него смотрят местные дети. Они пасли поблизости коз. Плачущий иностранец представлял собой настолько диковинное зрелище, что они забыли о своих козах, которые разбрелись по всему склону. Мортенсон поднялся, отряхнулся и подошел к детям.

Он опустился на колени возле старшего мальчика лет одиннадцати. «Ты кто?» — застенчиво спросил ребенок на балти, протягивая руку. Маленькая ладошка утонула в огромной ладони Мортенсона. «Я Грег, — сказал он по-английски. — Я хороший».

«Я Грег! Я хороший!» — хором повторили дети.

«Нет, это я Грег. А как тебя зовут?» — вновь спросил Мортенсон.

«Нет, это я Грег! А как тебя зовут?», — хихикая, вторили дети.

Мортенсон перешел на балти: «Min takpo Greg. Nga America in. (Меня зовут Грег. Я приехал из Америки.) Kiri min takpo in? (Как тебя зовут?)»

Дети в восторге захлопали в ладоши.

Грег пожал руку каждому, а дети называли ему свои имена. Девочки осмотрительно оборачивали ладошки платками, прежде чем пожать руку неверному. Потом Мортенсон поднялся и, прислонился спиной к шелковице. «Angrezi, — произнес он, указывая на себя. — Иностранец».

«Иностранец», — хором повторили дети. Потом Грег указывал на свой нос, волосы, уши, глаза и рот и называл их. Каждое незнакомое слово ребята повторяли хором, а потом начинали хохотать.

Чангази нашел своего гостя через полчаса. Мортенсон стоял на коленях в окружении детей и палочкой писал в пыли таблицу умножения.

«Доктор Грег! — сказал Чангази. — Вернитесь в дом! Выпейте чаю. Нам нужно многое обсудить».

«Нам нечего обсуждать, пока вы не доставите меня в Корфе», — ответил Мортенсон, не отрывая взгляда от детей.

«Корфе очень далеко. Дорога плохая. Вам же понравились эти дети. Почему бы не построить школу здесь?»

«КОРФЕ ОЧЕНЬ ДАЛЕКО. ДОРОГА ПЛОХАЯ. ВАМ ЖЕ ПОНРАВИЛИСЬ ЭТИ ДЕТИ. ПОЧЕМУ БЫ НЕ ПОСТРОИТЬ ШКОЛУ ЗДЕСЬ?»

«Нет, — произнес Грег, стирая неправильный ответ девятилетней девочки. — Шестью шесть будет тридцать шесть».

«Грег-сахиб, пожалуйста...»

«Корфе, — отрезал Мортенсон. — Мне нечего больше сказать».

* * *

Бралду текла справа. Она ворочала валуны размером с дом. «Лендкрузер» рычал и захлебывался, словно пытался преодолеть именно реку, а не дорогу, проходившую по северному берегу Бралду.

Дорога до Корфе должна была занять восемь часов. Через час пути Ахмалу и Джанджунгпа мрачно распрощались и пересели на встречный джип, который направлялся в Скарду. Ехать с Мортенсоном в долину реки Бралду они не собирались. Чангази привалился к мешку риса, лежавшему на заднем сиденье, надвинул на глаза белую шапочку и заснул — или, по крайней мере, притворился спящим.

Мортенсону было жаль Ахмалу и Чангази. Каждый из них всего лишь хотел, чтобы и в его деревне появилась школа, которую не могло построить правительство. Но их поведение, их нечестность и коварство разозлили Грега не на шутку. И эта злость перевесила чувство благодарности и к Ахмалу за его отличную работу в базовом лагере на К2, и к Чангази за его гостеприимство.

Может быть, он слишком суров к ним? Экономическое неравенство было слишком велико. Ведь даже обычный американец, не имеющий постоянной работы и хранящий свое скудное имущество в камере хранения, казался людям одной из самых бедных стран мира настоящим миллионером. Мортенсон решил, что даже если жители Корфе начнут свару из-за его «богатства», нужно будет запастись терпением. Он всех выслушает, все проглотит и лишь потом заявит, что школа нужна всем, а не только Хаджи Али или кому-то еще.

ДАЖЕ ОБЫЧНЫЙ АМЕРИКАНЕЦ, НЕ ИМЕЮЩИЙ ПОСТОЯННОЙ РАБОТЫ И ХРАНЯЩИЙ СВОЕ СКУДНОЕ ИМУЩЕСТВО В КАМЕРЕ ХРАНЕНИЯ, КАЗАЛСЯ ЛЮДЯМ ОДНОЙ ИЗ САМЫХ БЕДНЫХ СТРАН МИРА НАСТОЯЩИМ МИЛЛИОНЕРОМ.

Когда они оказались рядом с Корфе, уже давно стемнело. Мортенсон выпрыгнул из джипа и стал всматриваться в противоположный берег, но там никого не было. По совету Чангази водитель несколько раз прогудел и моргнул фарами. Грег встал так, чтобы фары освещали его, и замахал руками. С южного берега донесся крик. Он увидел маленького человека, который переправлялся через ущелье.

Сына Хаджи Али, Туаа, Мортенсон узнал еще до того, как тот ступил на землю и бросился к нему. Туаа обхватил Грега и прижался головой к его груди. От него пахло дымом и потом. Ослабив хватку, юноша рассмеялся: «Мой отец, Хаджи Али, говорил, что Аллах вернет тебя! Хаджи Али знает все, сэр!»

Туаа помог Грегу забраться на недавно сооруженную канатную дорогу. «Это был обычный деревянный ящик, — вспоминает Мортенсон. — Нечто вроде большой тары из-под фруктов, сколоченной несколькими гвоздями. Нужно было забраться в этот ящик и тянуть за канат, стараясь не думать о страшном скрипе и скрежете. Нужно было не думать и о том, что, если трос оборвется, ты сорвешься. А если сорвешься — погибнешь».

Мортенсон медленно продвигался по стометровому канату. Ящик раскачивался на ледяном ветру. В лицо били водяные брызги. В тридцати метрах под ним река Бралду ворочала огромные камни — он этого не видел, но отлично слышал. И вдруг Грег увидел сотни людей на другом берегу. Казалось, вся деревня вышла его встречать. На самой высокой точке скалы показался знакомый силуэт: бородатая голова, словно огромный валун, сидела на широких плечах. Хаджи Али с тревогой наблюдал за тем, как Мортенсон неуклюже перебирается через реку.

Внучка Хаджи Али, Джахан, хорошо запомнила тот вечер. «Многие альпинисты давали обещания народу Бралду, но, вернувшись домой, тут же забывали о них. Дед много раз говорил мне, что доктор Грег — не такой. Он обязательно вернется. Но мы не ожидали, что это произойдет так скоро. Я была поражена, снова увидев этого высокого человека. Он не был похож ни на кого. Он был... удивительным».

Когда жители Корфе окружили шумной толпой ступившего на берег Мортенсона, Хаджи Али громко произнес благодарность Аллаху за то, что его гость вернулся благополучно.

Они обнялись. Грег вспомнил, что человек, издалека казавшийся ему таким большим, достает ему лишь до груди.

«МНОГИЕ АЛЬПИНИСТЫ ДАВАЛИ ОБЕЩАНИЯ НАРОДУ БРАЛДУ, НО, ВЕРНУВШИСЬ ДОМОЙ, ТУТ ЖЕ ЗАБЫВАЛИ О НИХ».

Усевшись около очага в доме Хаджи Али — там же, где, обессиленный и измотанный, он сидел в прошлом году, — Мортенсон почувствовал себя как дома. Его окружали люди, о которых он думал все время, пока рассылал заявки на гранты и письма-просьбы к знаменитостям. Сюда он мечтал вернуться, чтобы выполнить свое обещание. Ему хотелось сразу же все рассказать Хаджи Али, но нужно было уважать законы гостеприимства.

Сакина подала Мортенсону поднос с печеньем и чаем с маслом. Грег разломал печенье на кусочки, взял один и передал поднос дальше, чтобы все жители Корфе могли принять участие в трапезе.

Хаджи Али дождался, пока Мортенсон сделает первый глоток, затем, улыбаясь, хлопнул его по колену. «Cheezaley? — воскликнул он, как в прошлом году. — Какого черта?» Но на этот раз Мортенсон не растерялся: он не был ни болен, ни обессилен; он целый год трудился, чтобы вернуться сюда с хорошими новостями — и сумел это сделать!

«Я купил все необходимое для постройки школы, — произнес он давно отрепетированную фразу на балти. — Лес, цемент, инструменты. Все уже в Скарду». Он посмотрел на сидящего рядом с ним Чангази, хранителя бесценного груза — пакистанец невозмутимо макал печенье в чай. В этот момент Грег испытывал теплые чувства даже по отношению к нему. В конце концов, Чангази все-таки доставил его в Корфе. «Я вернулся, чтобы выполнить свое обещание, — сказал Мортенсон, глядя Хаджи Али прямо в глаза. — Надеюсь, мы скоро начнем строительство, иншалла».

НА ЭТОТ РАЗ МОРТЕНСОН НЕ БЫЛ НИ БОЛЕН, НИ ОБЕССИЛЕН. ОН ЦЕЛЫЙ ГОД ТРУДИЛСЯ, ЧТОБЫ ВЕРНУТЬСЯ СЮДА С ХОРОШИМИ НОВОСТЯМИ — И СУМЕЛ ЭТО СДЕЛАТЬ!

Хаджи Али сунул руку в карман жилета и принялся рассеянно перебирать табак. «Доктор Грег, — сказал он на балти. — Милостью Аллаха ты вернулся в Корфе. Я верил, что ты приедешь, и говорил об этом так же часто, как с гор дул ветер. Вот почему мы каждый день обсуждали нашу школу, пока ты был в Америке. Мы очень хотим, чтобы в Корфе была школа. — Хаджи Али поднял глаза на Мортенсона. — Но мы приняли такое решение. Прежде чем горный козел сможет подняться на К2, он должен научиться переправляться через реку. Прежде чем строить школу, мы должны построить мост. Это необходимо Корфе».

«Zamba? — переспросил Мортенсон, надеясь, что ослышался. — Мост?»

«Да, большой каменный мост, — подтвердил Туаа. — Чтобы мы могли привезти школу в Корфе».

Мортенсон сделал большой глоток чая, обдумывая эти слова...

Глава 9

Время перемен

Друзья мои, почему не наложен запрет
на прекрасные глаза прекрасных женщин?
Они разят мужчин, как пули. Они смертельны,
как острый меч.

Граффити на старейшем в мире буддистском
изваянии, долина Сатпара, Балтистан

Международный аэропорт Сан-Франциско был заполнен женщинами, которые волокли за собой ребятишек. Приближалось Рождество, и тысячи людей спешили на рейсы, чтобы успеть попасть к родственникам вовремя. В воздухе почти физически ощущалась паника. Неразборчивый голос диктора объявлял задержку одного рейса за другим.

Мортенсон подошел к багажному конвейеру и стал дожидаться, когда к нему подплывет его полупустой армейский вещмешок. Он то и дело оглядывался на встречающих, надеясь увидеть Марину. Он выискивал ее глазами в толпе с того самого момента, как сошел с самолета, прилетевшего из Бангкока. На его лице блуждала легкая полуулыбка, как у всех возвращающихся. Но он никак не мог найти свою женщину среди сотен встречающих.

За четыре дня до этого он позвонил Марине из Равалпинди, правда, связь была очень плохой. Мортенсон был уверен в том, что она собиралась встретить его в аэропорту. Но заказанные им шесть минут закончились прежде, чем он успел повторить номер рейса. А денег на повторный звонок не было. В аэропорту он подошел к автомату, набрал номер и услышал голос автоответчика. «Привет, дорогая, — сказал он, удивившись напряженности собственного голоса. — Это Грег. С Рождеством! Как ты? Я скучаю по тебе. Добрался до Сан-Франциско и решил позвонить...»

В этот момент Марина подняла трубку.

«Грег, — сказала она, — привет».

«Привет, — ответил он. — У тебя все в порядке? Твой голос...»

«Послушай, — сказала Марина. — Нам нужно поговорить. После твоего отъезда кое-что произошло. Мы можем пообщаться?»

«Конечно, — согласился Мортенсон и почувствовал, как взмокла рубашка на спине. Вспомнил, что уже три дня не мылся. — Я еду к тебе». Повесил трубку и вышел из кабины.

Ему было тяжело возвращаться домой: школа в Корфе не построена. Но мысли о Марине, ее дочерях Блейз и Дане скрасили долгий перелет. В конце концов он возвращается к любимым людям, а не бежит от неудач...

ПО ДОРОГЕ ОН ОБДУМЫВАЛ СЛОВА МАРИНЫ, ПЫТАЯСЬ НАЙТИ В НИХ КАКОЙ-ТО ДРУГОЙ СМЫСЛ, КРОМЕ ОЧЕВИДНОГО: ОНА ЕГО БРОСИЛА.

На автобусе он добрался до ближайшей электрички, дождался поезда и оказался в Сан-Франциско. По дороге он обдумывал слова Марины, пытаясь найти в них какой-то другой смысл, кроме очевидного: она его бросила. Он несколько месяцев ей не звонил, это правда. Но она должна понять, что у него просто не было денег на международные звонки! Он все объяснит. И они вместе уедут куда-нибудь, ведь на банковском счету у него еще остались деньги.

От аэропорта до Марининого дома он добрался за два часа. Солнце уже село. Все дома были украшены к Рождеству. Дул легкий морской бриз. Мортенсон поднялся по ступенькам дома

Она открыла дверь, легонько обняла его и остановилась на пороге, не приглашая войти.

«Я хочу тебе кое-что сказать... — тихо произнесла она. Мортенсон молча ждал продолжения. — Я снова встречаюсь с Марио».

«Марио?» — переспросил Грег.

«Я ХОЧУ ТЕБЕ КОЕ-ЧТО СКАЗАТЬ, – ПРОИЗНЕСЛА ОНА. МОРТЕНСОН МОЛЧА ЖДАЛ ПРОДОЛЖЕНИЯ. – Я СНОВА ВСТРЕЧАЮСЬ С МАРИО».

«Ну, ты его знаешь. Марио, анестезиолог».

Мортенсон смотрел на нее.

«Мой старый приятель. Помнишь, я рассказывала тебе...»

Марина продолжала говорить. Наверное, она действительно упоминала о Марио в те вечера, что они вместе проводили в отделении «Скорой помощи», но это имя ничего для него не значило. Он смотрел на ее губы, ее сочные красивые губы, самые красивые на свете.... Он никак не мог сосредоточиться...

«Я заказала тебе комнату в мотеле».

Она все еще говорила, но Мортенсон повернулся и пошел прочь. На улице совершенно стемнело. Легкий вещмешок, веса которого он раньше почти не замечал, неожиданно стал давить на плечи тяжелым грузом. Он еле передвигал ноги. К счастью, за углом оказалась вывеска мотеля.

В пропахшей табаком жалкой комнатушке, которую он снял на последние деньги, Грег принял душ, потом принялся рыться в вещмешке в поисках чистой футболки. Выбрав подходящую, он заснул, даже не выключив свет и телевизор.

Он буквально провалился в сон, но через час его разбудил стук в дверь. Мортенсон вскочил с постели, не понимая, где находится и что происходит. Ему показалось, что он все еще в Пакистане. Но по телевизору по-английски говорили о каком-то человеке по имени Ньют Гингрич[1]. Мелькали предвыборные плакаты, которые казались чем-то удивительным и чужим.

Покачиваясь от усталости, Грег подошел к двери и открыл ее. На пороге стояла Марина в его любимой желтой куртке. «Прости, — сказала она, запахивая куртку на груди. — Я не так себе это представляла. С тобой все в порядке?»

«Со мной? Нет, мне кажется...» — ответил Мортенсон.

«Ты спал?»

«Да».

---

[1] Ньют Гингрич — американский политик. Бывший спикер Палаты Представителей Конгресса США.

«Послушай, я не хотела, чтобы все так вышло. Но я не могла связаться с тобой в Пакистане».

Из открытой двери тянуло холодом, и Мортенсон весь продрог.

«Я посылал тебе открытки», — сказал он.

«С сообщениями о ценах на стройматериалы и о том, во сколько обойдется грузовик до Скарду. Очень романтично! Ты ни слова не написал о нас — только сообщил дату возвращения».

«Когда ты начала встречаться с Марио?» — перебил он, с трудом заставив себя оторвать взгляд от губ Марины и посмотреть ей в глаза.

«Это неважно, — быстро ответила она. — Из твоих открыток я поняла, что перестала для тебя существовать».

«Это неправда», — сказал Грег.

«Я не хочу, чтобы ты меня возненавидел. Ты же не ненавидишь меня, правда?»

«Пока нет».

Марина вздохнула. В правой руке она держала бутылку ликера «Бэйлис». Протянула ее Мортенсону, он взял. Бутылка была наполовину пуста.

«Ты отличный парень, Грег, — сказала Марина. — Прощай».

«Прощай», — ответил Мортенсон и закрыл дверь, чтобы не сказать чего-то такого, о чем бы впоследствии пожалел.

Он стоял в комнате, глядя на ополовиненную бутылку. Мортенсон пил редко, никогда не делал этого в одиночку — и уж точно не стал бы пить такой сладкий ликер. Он думал о том, что Марина достаточно хорошо это знала...

Из телевизора доносился напористый уверенный голос: «Мы собираемся осуществить вторую американскую революцию, и я торжественно клянусь, что с новым республиканским большинством в Конгрессе жизнь американцев радикально изменится. Люди говорят...»

«ТЫ ОТЛИЧНЫЙ ПАРЕНЬ, ГРЕГ, — СКАЗАЛА МАРИНА. — ПРОЩАЙ».

Мортенсон подошел к мусорной корзине и разжал пальцы, сжимавшие горлышко бутылки. Она упала на дно корзины, раздался громкий стук — будто захлопнулась тяжелая дверь. Он рухнул на постель.

* * *

Ему приходилось постоянно думать о деньгах. После праздников он хотел снять со своего счета двести долларов, но в банке ему сказали, что у него всего 83 доллара.

Грег позвонил в больницу, надеясь получить работу до того, как положение с финансами станет критическим. «Ты сказал, что вернешься ко Дню благодарения, — ответили ему. — А сам пропустил даже Рождество. Ты один из лучших наших работников, но в такой ситуации ты для нас бесполезен. Ты уволен».

«ТЫ СКАЗАЛ, ЧТО ВЕРНЕШЬСЯ КО ДНЮ БЛАГОДАРЕНИЯ, – ОТВЕТИЛИ ЕМУ. – А САМ ПРОПУСТИЛ ДАЖЕ РОЖДЕСТВО. ТЫ УВОЛЕН».

Мортенсон обзвонил с десяток знакомых альпинистов. Ему удалось найти место в альпинистском общежитии, где можно было собраться с мыслями. Его устроили в коридоре ветхого викторианского особняка на Лорина-стрит. Здесь Грег целый месяц спал на полу. В этом доме останавливались студенты и альпинисты, направлявшиеся в Йосемит или возвращавшиеся оттуда. По ночам в комнатах устраивались веселые вечеринки. Завернувшись в спальный мешок, он старался не слышать, что совсем рядом люди смеются и занимаются жарким сексом, но через тонкие стены доносился каждый звук. Он лежал на полу, а те, кто шел в ванную комнату, переступали через него...

Квалифицированный медработник редко остается без работы. Вопрос лишь в его мотивации. Несколько дней Мортенсон ездил по собеседованиям. В дождливую погоду он остро чувствовал, как ему не хватает «Ла Бамбы». В конце концов его приняли на работу сразу в два места: в центр травматологии и ожоговый центр. Как всегда, предложили самые невостребованные ночные смены.

Вскоре Мортенсон сумел собрать деньги, чтобы снять комнату на захолустной Уилер-стрит. Комната находилась на третьем этаже и принадлежала поляку Витольду Дудзински. Он дымил как паровоз и постоянно пил польскую водку из синих бутылок. Поначалу хозяин частенько приставал к постояльцу с беседами, но Мортенсон быстро понял, что после определенного количества выпитого Дудзински все равно, с кем разговаривать. Грег стал запираться в своей комнате. Душа его болела. Он старался не думать о Марине.

КВАЛИФИЦИРОВАННЫЙ МЕДРАБОТНИК РЕДКО ОСТАЕТСЯ БЕЗ РАБОТЫ. В КОНЦЕ КОНЦОВ ЕГО ПРИНЯЛИ НА РАБОТУ СРАЗУ В ДВА МЕСТА: В ЦЕНТР ТРАВМАТОЛОГИИ И ОЖОГОВЫЙ ЦЕНТР НА САМУЮ НЕВОСТРЕБОВАННУЮ НОЧНУЮ РАБОТУ.

«Меня и раньше бросали подружки, — вспоминает он, — но тут все было по-другому. Мне было по-настоящему больно. И я ничего не мог сделать — только смириться. Я знал, что должно пройти время...»

Случалось, что ему удавалось забыть о душевной боли и повседневных тревогах. Когда в приемный покой привозят пятилетнего малыша с ожогами половины тела, перестаешь себя жалеть. А возможность избавлять людей от страданий в отлично оборудованной западной больнице, где есть все лекарства и аппаратура, приносила Грегу глубокое удовлетворение. Но и тогда он не мог забыть о том, что в Корфе до врача нужно добираться больше восьми часов на джипе...

* * *

Услышав от Хаджи Али о том, что деревне нужен мост, а не школа, Мортенсон судорожно стал искать выход из ситуации. Разум его метался, как загнанный зверь. Но внезапно Грег успокоился. Он подумал, что достиг цели своего пути. Он был в Корфе — а значит, бежать, как он это сделал в Куарду, не имело никакого смысла. Можно сказать, бежать просто было некуда... Мортенсон заметил, что улыбка Чангази стала шире, и понял, что пакистанец считает себя победителем в борьбе за школу для своей деревни

ОН ДОСТИГ ЦЕЛИ СВОЕГО ПУТИ. ОН БЫЛ В КОРФЕ — А ЗНАЧИТ, БЕЖАТЬ, КАК ОН ЭТО СДЕЛАЛ В КУАРДУ, НЕ ИМЕЛО НИКАКОГО СМЫСЛА. МОЖНО СКАЗАТЬ, БЕЖАТЬ ПРОСТО БЫЛО НЕКУДА...

Несмотря на разочарование, Мортенсон не мог сердиться на жителей Корфе. Конечно, им нужен мост. Как он собирался доставлять стройматериалы в деревню? Перетаскивать каждую доску, каждый лист железа через реку по шаткой канатной дороге? Грег разозлился на себя за то, что не сумел всего предусмотреть. И решил остаться в Корфе, пока не поймет, как поступить, чтобы все-таки построить школу. «Расскажи мне об этом мосте, — попросил он Хаджи Али, нарушив молчание, повисшее в комнате, где собрались все взрослые мужчины деревни. — Что нам нужно? С чего начать?»

Он надеялся на то, что строительство моста можно будет осуществить быстро и с небольшими расходами.

«Нам нужен динамит и много камня», — сказал сын Хаджи Али, Туаа. А потом все быстро заспорили на балти о том, стоит ли добывать камень прямо здесь или лучше доставлять его на джипах из долины. Потом начались еще более ожесточенные споры о том, в каких горах гранит лучше. В остальном жители Корфе достигли полного согласия. Стальные тросы и дерево следует купить и доставить из Скарду или Гилгита. На это уйдут тысячи долларов. Не меньше придется заплатить рабочим. Речь шла о таких деньгах, которых у Мортенсона не было.

Грег объяснил, что потратил все деньги на школу. Теперь ему придется вернуться в Америку и попытаться собрать деньги на мост. Он думал, что это известие огорчит жителей Корфе. Но ожидание было для них таким же естественным состоянием, как умение дышать разреженным воздухом на высоте в три тысячи метров. Они по полгода ждали в своих домах, пропахших дымом, когда погода позволит снова выходить на улицу. Охотник балти целыми днями выслеживает горного козла, подбираясь к животному поближе, чтобы не рисковать драгоценной пулей. Женихи здесь годами ждут свадьбы — ведь двенадцатилетние девочки, которых им выбрали родители, должны вырасти, чтобы покинуть свои семьи. Пакистанское правительство десятилетиями обещало народу балти построить школы, и эти люди все еще ждали. Терпения им было не занимать.

«Спасибо большое», — на ломаном английском произнес Хаджи Али в знак глубокого уважения к Мортенсону. Это было больше, чем Грег мог вынести. Его благодарили за работу, с которой он не справился. Он прижал старика к груди, вдохнув запах дыма и мокрой шерстяной ткани. Хаджи Али высвободился и велел Сакине разжечь очаг, чтобы заварить гостю свежего чая.

ТЕПЕРЬ ЕМУ ПРИДЕТСЯ ВЕРНУТЬСЯ В АМЕРИКУ И ПОПЫТАТЬСЯ СОБРАТЬ ДЕНЬГИ НА МОСТ. ОН ДУМАЛ, ЧТО ЭТО ИЗВЕСТИЕ ОГОРЧИТ ЖИТЕЛЕЙ КОРФЕ. НО ОЖИДАНИЕ БЫЛО ДЛЯ НИХ ТАКИМ ЖЕ ЕСТЕСТВЕННЫМ СОСТОЯНИЕМ, КАК УМЕНИЕ ДЫШАТЬ РАЗРЕЖЕННЫМ ВОЗДУХОМ НА ВЫСОТЕ В ТРИ ТЫСЯЧИ МЕТРОВ.

Чем чаще Грега угощали местным чаем, тем больше ему нравился этот напиток...

Мортенсон велел Чангази возвращаться в Скарду без него. Удивление, скользнувшее по лицу пакистанца, доставило Грегу истинное удовольствие. Впрочем, Чангази быстро справился с собой...

Прежде чем возвращаться в Америку, нужно было досконально разобраться в процессе строительства моста. Вместе с Хаджи Али Грег на джипе спустился ниже по течению, чтобы изучить мосты, которые уже были возведены в долине Бралду. Потом он встретился со старейшинами и обсудил с ними, где можно было бы построить школу, когда, иншалла, он вернется из Америки.

Когда ветер с Балторо принес первые снежинки, говорящие о том, что скоро Корфе скроется под слоем снега и настанет время безвылазно сидеть дома, Мортенсон засобирался в Америку. В середине декабря, спустя два месяца после приезда в Пакистан, мешкать уже было нельзя. Побывав в доброй половине домов деревни и выпив бесчисленное количество чашек чая, Грег покатил по южному берегу Бралду в сопровождении одиннадцати мужчин из Корфе, которые решили проводить его до Скарду. Джип набился так плотно, что на каждом ухабе пассажиры сбивались в кучу и цеплялись друг за друга, чтобы не вылететь из машины

* * *

Возвращаясь после ночной смены в свою жалкую комнату в пропахшей табаком квартире Дудзински, Мортенсон страдал от одиночества. В ранние утренние часы город казался абсолютно вымершим. Грег часто думал о чувстве товарищества, которое он испытал в Корфе. Тогда он не чувствовал себя одиноким... Но звонить единственному человеку, который мог профинансировать возвращение в Пакистан, Жану Эрни, он попросту боялся. Всю зиму Мортенсон занимался скалолазанием в альпинистском спортивном зале. Зал располагался в бывшем складе между Беркли и Оклендом. Когда у него была машина, добираться сюда было гораздо проще. Но Грег привык пользоваться автобусом. Когда он готовился к штурму К2 и приводил себя в форму, он стал здешним героем. Но теперь стал полным неудачником: вершину не покорил, женщину потерял, мост и школу не построил.

Однажды Мортенсон возвращался домой очень поздно. На улице к нему пристали четверо мальчишек, которым было не больше четырнадцати лет. Один наставил на Грега пистолет, другой обшарил карманы. «Вот дерьмо! — выругался юный грабитель. — У этого типа всего два доллара! Ну почему нам попался самый большой неудачник во всем Беркли?»

МОРТЕНСОН ТЕПЕРЬ СТАЛ ПОЛНЫМ НЕУДАЧНИКОМ: ВЕРШИНУ НЕ ПОКОРИЛ, ЖЕНЩИНУ ПОТЕРЯЛ, МОСТ И ШКОЛУ НЕ ПОСТРОИЛ.

Неудачник. Неудачник. Неудачник... Весной Мортенсон впал в полную депрессию. Он вспоминал лица жителей Корфе, ту надежду, с какой они провожали его в Исламабад. Эти люди были уверены в том, что он, иншалла, вернется с деньгами. Как они могли так верить в него, когда сам он в себя уже не верил?

Однажды теплым майским днем Грег лежал на своем спальном мешке, думал, что пора бы его постирать, и подсчитывал деньги — хватит ли на прачечную. И тут раздался телефонный звонок. Ему звонил доктор Луис Рейхардт. В 1978 году он и его напарник Джин Виквайр стали первыми американцами, покорившими К2.

Мортенсон беседовал с Рейхардтом перед штурмом вершины, чтобы получить некоторые советы. После этого они еще несколько раз довольно тепло общались. «Жан сказал мне, что ты пытаешься построить школу, — сказал Рейхардт. — Как продвигаются дела?»

Мортенсон все честно рассказал — и о рассылке 580 писем, и о закупке стройматериалов, и необходимости строить мост. Не заметив, он выложил пожилому альпинисту все свои тревоги и беды; поведал, что потерял работу, потерял женщину, потерял свой путь.

«Встряхнись, Грег, — сказал Рейхардт. — Да, ты столкнулся с трудностями. Но то, что ты пытаешься сделать, гораздо сложнее восхождения на К2».

«В устах Лу Рейхардта эти слова многое значили, — вспоминает Мортенсон. — Этот человек всегда был для меня героем».

«ВСТРЯХНИСЬ, ГРЕГ, – СКАЗАЛ РЕЙХАРДТ. – ДА, ТЫ СТОЛКНУЛСЯ С ТРУДНОСТЯМИ. НО ТО, ЧТО ТЫ ПЫТАЕШЬСЯ СДЕЛАТЬ, ГОРАЗДО СЛОЖНЕЕ ВОСХОЖДЕНИЯ НА К2».

В свое время восхождение Рейхардта и Виквайра на К2 стало легендой. Виквайр уже пытался штурмовать вершину в 1975 году, но неудачно. Член его экспедиции, фотограф Гален Роуэлл, написал книгу об этом тяжелейшем высокогорном альпинистском рейде. Спустя три года Рейхардт и Виквайр вернулись и поднялись на высоту 900 метров на опаснейший Западный гребень. Оттуда их снесла лавина. Они не отказались от восхождения, а отправились на К2 по традиционному маршруту, через гребень Абруцци, и сумели достичь вершины. Страдающий от кислородного голодания Рейхардт, естественно, спешил спуститься. Экспедиция быстро собралась в обратный путь. Но Виквайр, наконец-то достигший желанной цели, решил сделать снимки, которые запечатлели бы его величайшее свершение. Он задержался на пике на один день, и это чуть не стоило ему жизни.

Поскольку у Виквайра не было налобного фонарика, он не смог спускаться в темноте, и ему пришлось заночевать на огромной высоте. Кислород быстро кончался. Он обморозился. Когда Виквайр нагнал товарищей, у него начался плеврит, в легких появились опасные закупорки. Рейхардт и остальные члены экспедиции приложили немало сил, чтобы поддерживать в нем жизнь, пока не удалось эвакуировать альпиниста вертолетом. В Сиэтле ему сделали сложнейшую операцию на легких.

Лу Рейхардт многое знал о страданиях и о достижении сложных целей. То, что он назвал дело Мортенсона сложным и достойным уважения, вселяло мужество. Грег перестал считать себя неудачником. Он просто не завершил восхождение. Пока.

«Позвони Жану и расскажи ему все, что рассказал мне, — посоветовал Рейхардт. — Попроси его оплатить мост. Поверь, он может себе это позволить».

Впервые с момента возвращения из Пакистана Мортенсон почувствовал себя уверенно. Он повесил трубку и стал рыться в маленькой сумке, служившей записной книжкой. Нашел листок с именем и телефоном Эрни. «Не облажайся!» — было написано на листке.

«ПОЗВОНИ ЖАНУ И РАССКАЖИ ЕМУ ВСЕ, ЧТО РАССКАЗАЛ МНЕ, – ПОСОВЕТОВАЛ РЕЙХАРДТ. – ПОПРОСИ ЕГО ОПЛАТИТЬ МОСТ. ПОВЕРЬ, ОН МОЖЕТ СЕБЕ ЭТО ПОЗВОЛИТЬ».

Что ж, может быть, он и облажался. А может, и нет. Все зависит от того, кто это говорит.

Он набрал телефонный номер Жана Эрни.

Глава 10

Наведение мостов

Среди бескрайних просторов, на краю существования,
куда человек может прийти, но не может поселиться, жизнь обретает новый смысл... Но
горы ничего не прощают, мы должны простить их жестокость. Безразлично они смотрят на тех, кто борется
на их склонах со снегом, камнями, ветром, холодом.

Джордж Шаллер, «Молчаливые камни»

Голос пакистанца на том конце провода звучал так, словно доносился с другого конца земли, хотя Мортенсон отлично знал, что его собеседник находится на расстоянии не более двухсот километров.

«Повторите!» — кричал пакистанец.

«Салам алейкум! — напряг голосовые связки Мортенсон. — Я хочу купить пять стодвадцатиметровых катушек стального троса тройного плетения. У вас есть такой, сэр?»

«Конечно, — был ответ, и помехи неожиданно пропали. — Восемьсот долларов катушка. Вас устроит?»

«А у меня есть выбор?»

«Нет, — рассмеялся невидимый собеседник. — В Северном Пакистане стальной трос есть только у меня. Могу я узнать ваше имя?»

«Мортенсон. Грег Мортенсон».

«Откуда вы звоните, мистер Грег? Вы уже в Гилгите?»

«Нет, в Скарду».

«И могу я узнать, зачем вам столько тросов?»

«В деревне моих друзей, в долине Бралду, нет моста. Я собираюсь помочь с его постройкой».

«Вы американец?»

«Да, сэр».

«Я слышал о вашем мосте. До вашей деревни можно добраться на джипе?»

«Если не пойдет дождь. Вы сможете доставить трос?»

«Иншалла».

Если захочет Аллах. Это не отказ. Мортенсон вздохнул с облегчением. Более десяти звонков оказались бесплодными. Но последний... Ответить на вопрос о доставке утвердительно в Северном Пакистане можно только так.

Он нашел трос — выполнил самую сложную часть подготовительной работы для строительства моста. Начинался июнь 1995 года. Если не будет никаких проволочек, к началу зимы мост будет возведен, и уже весной можно будет начать строить школу.

Несмотря на опасения Грега, Жан Эрни совершенно спокойно отнесся к просьбе о десяти тысячах долларов. «Знаете, некоторые из моих бывших жен тратили больше за уикэнд», — сказал он. Но все же потребовал: «Стройте школу как можно быстрее. Закончив, пришлите фотографию. Я не молодею».

Мортенсон с радостью пообещал выслать фото сразу же...

«Этот человек продал тебе трос?» — спросил Чангази.

«Да».

«И сколько он запросил?»

«Как ты и говорил: восемьсот долларов за катушку».

«И он доставит трос?»

НЕСМОТРЯ НА ОПАСЕНИЯ ГРЕГА, ЖАН ЭРНИ СОВЕРШЕННО СПОКОЙНО ОТНЕССЯ К ПРОСЬБЕ О ДЕСЯТИ ТЫСЯЧАХ ДОЛЛАРОВ. «ЗНАЕТЕ, НЕКОТОРЫЕ ИЗ МОИХ БЫВШИХ ЖЕН ТРАТИЛИ БОЛЬШЕ ЗА УИКЭНД», — СКАЗАЛ ОН.

«Иншалла», — ответил Мортенсон, возвращая телефон Чангази на стол: Грег находился в офисе старого знакомого. Получив от Эрни деньги и снова обретя смысл жизни, Грег был рад тому, что Чангази снова стал ему помогать. Да, за его услуги приходилось платить, но эта сумма с лихвой компенсировалась теми скидками, какие пакистанец ухитрялся получать благодаря своим связям. Когда-то он был полицейским и теперь знал в городе абсолютно всех. А после того как Чангази выписал Грегу счет за хранение всех стройматериалов, купленных для школы (что само по себе являлось гарантией того, что они целы и находятся в надежном месте), не оставалось причин, чтобы отказываться от его услуг.

Мортенсон жил в офисе Чангази. Пакистанец в эти дни был весел и оживлен. Все лето стояла необычайно хорошая погода, и его бизнес шел хорошо. Он снарядил несколько экспедиций: немцы и японцы собирались штурмовать К2; итальянская группа выбрала для восхождения Гашербрум IV. Неудивительно, что в офисе Чангази повсюду можно было найти протеиновые батончики с немецкими этикетками. Пакистанец, как белка, прятал припасы на зиму. За столом стоял ящик с японским энергетическим напитком и несколько коробок с галетами.

Но превыше всех чужеземных деликатесов Чангази ценил женщин-иностранок. Несмотря на то что у него в Равалпинди была жена и пятеро детей, а вторая жена жила в съемном доме возле полицейского участка в Скарду, в туристический сезон Чангази весьма близко сходился с альпинистками и туристками, которые прибывали в Скарду.

Мортенсон поинтересовался, как же подобный образ жизни сочетается с исламом. Оказалось, что как только очередная Инге, Изабелла или Айко попадала в поле зрения Чангази, он обращался к мулле своей мечети за разрешением на временный брак, muthaa. Такой обычай до сих пор существует у пакистанских шиитов[1]. Женатые мужчины могут вступать во временный брак, если находятся в вынужденной разлуке с женами: на охоте, на войне или в экспедиции. Чангази с началом туристического сезона получал сразу несколько таких разрешений. Он объяснил, что лучше освятить пусть даже краткий союз благословением Аллаха, чем просто заниматься сексом.

Мортенсон поинтересовался, а получают ли подобные разрешения женщины, когда их мужья долго отсутствуют. «Конечно, нет», — удивился наивности американца Чангази и тут же предложил ему галету и чай.

Теперь, когда трос был заказан и ожидал доставки, Мортенсон нанял джип с водителем и отправился в Корфе. Всю доро-

[1] Шииты – приверженцы шиизма, одного из двух (наряду с суннизмом) основных направлений ислама.

гу по долине Шигар он ехал мимо яблоневых и абрикосовых садов. Воздух был настолько прозрачен, что ржаво-охристые семитысячники Каракорума казались совсем близкими: протяни руку — и коснешься. И дорога была вполне приличной, насколько может быть приличной заваленная камнями трасса, проложенная по краю огромной скалы.

ЖЕНАТЫЕ МУЖЧИНЫ МОГУТ ВСТУПАТЬ ВО ВРЕМЕННЫЙ БРАК, ЕСЛИ НАХОДЯТСЯ В ВЫНУЖДЕННОЙ РАЗЛУКЕ С ЖЕНАМИ: НА ОХОТЕ, НА ВОЙНЕ ИЛИ В ЭКСПЕДИЦИИ.

Но стоило свернуть в долину Бралду, сгустились тучи и накрыли джип. Пришел муссон, набравший силу в Индии. Когда Грег прибыл в Асколе, все в джипе промокло и покрылось слоем серой грязи.

На последней остановке у деревни Асколе Мортенсон вышел из машины. Дождь разошелся, и дорога стала совсем непроезжей. До Корфе нужно было добираться еще несколько часов, но водитель категорически отказался ехать в темноте. Грегу пришлось провести ночь на мешках с рисом в доме местного вождя, Хаджи Мехди. Непрестанно он отгонял крыс, которым тоже хотелось забраться туда, где суше.

Утром дождь усилился. Мортенсон решил идти из Асколе в Корфе пешком. К Асколе со времени своего восхождения на

К2 он сохранил теплые чувства. Для всех экспедиций, направлявшихся на северо-восток к леднику Балторо, это местечко было последней возможностью нанять носильщиков или купить припасы, о которых забыли в спешке. Естественно, что многие жители Асколе пользовались этим в своих интересах. Как в любом подобном месте, цены в деревне были заоблачными, но тут никто не торговался.

Пробираясь по узкому, залитому водой переулку между двумя домами, Мортенсон почувствовал, как кто-то схватил его сзади за штаны. Повернулся и увидел грязного мальчишку, протягивавшего руку. Ребенок не знал английского, чтобы попросить у иностранца денег или карандаш, но жест говорил сам за себя. Мортенсон вытащил из рюкзака яблоко и протянул малышу. Тот схватил яблоко и убежал.

МОРТЕНСОН ПОЧУВСТВОВАЛ, КАК КТО-ТО СХВАТИЛ ЕГО СЗАДИ ЗА ШТАНЫ. ПОВЕРНУЛСЯ И УВИДЕЛ ГРЯЗНОГО МАЛЬЧИШКУ, ПРОТЯГИВАВШЕГО РУКУ.

Двигаясь на север от Асколе, Мортенсону приходилось зажимать нос от невыносимого смрада. Десятки экспедиций, направлявшихся на Балторо, превратили это поле в промежуточный лагерь; вонь от отбросов и экскрементов стояла ужасающая.

Мортенсон вспомнил недавно прочитанную книгу Хелены Норберг-Ходж «Древнее будущее». Писательница провела 17 лет чуть южнее этих гор, в Ладакхе[1]. Этот район очень похож на Балтистан, но отделен от Пакистана условной колониальной границей, проходящей по Гималаям. Норберг-Ходж изучала культуру региона и убедилась в том, что образ жизни обитателей Ладакха — а они живут большими семьями и в полной гармонии с природой, — делает этих людей более счастливыми, чем попытки «улучшить» условия существования с помощью достижений цивилизации.

«Раньше я думала, что «движение к прогрессу» является чем-то неизбежным, не подлежащим сомнению, — пишет Норберг-Ходж. — Больше я так не считаю. Когда-то я как само собой разумеющееся воспринимала новую дорогу, проложенную через парк, здание из стекла и бетона на месте 200-летней церкви... и тот факт, что с каждым днем жизнь становится все сложнее и стремительнее. В Ладакхе я поняла, что в будущее ведут разные пути. Мне посчастливилось узнать другой, более разумный образ жизни — существование, основанное на со-эволюции людей и природы».

Норберг-Ходж утверждает, что представители западных стран не должны слепо навязывать древним культурам современные «улучшения». Напротив, развитым странам есть чему поучиться у таких народов, как Ладакх, например, умению строить разумное общество. «Я видела, — пишет она, — что общность людей и тесная связь с землей могут обогатить жизнь

---

[1] Ладакх — историческая и географическая область, в настоящее время входит в состав индийского штата Джамму и Кашмир (север Индии).

человека несравнимо с тем, что дают нам материальное богатство и технические достижения. Я поняла, что можно жить по-другому».

Двигаясь по размокшей дороге к Корфе по левому берегу бурной Бралду, Мортенсон раздумывал над тем, чем станет мост для удаленной и изолированной от остального мира деревни. «Жизнь обитателей Корфе была нелегкой, но они смогли сохранить редкую чистоту, — вспоминает он. — Я знал, что мост поможет им добираться до врача за часы, а не за дни. Станет легче продавать урожай. Но я не мог избавиться от тревожных мыслей о том, что внешний мир сделает с Корфе».

МОСТ ПОМОЖЕТ ЖИТЕЛЯМ ДЕРЕВНИ ДОБИРАТЬСЯ ДО ВРАЧА ЗА ЧАСЫ, А НЕ ЗА ДНИ. СТАНЕТ ЛЕГЧЕ ПРОДАВАТЬ УРОЖАЙ. НО НЕИЗВЕСТНО, ЧТО ВНЕШНИЙ МИР СДЕЛАЕТ С КОРФЕ.

Жители Корфе встретили Грега на берегу реки и переправили по канатной дороге. На обоих берегах, где должны стоять опоры моста, уже виднелись груды грубо обтесанных гранитных блоков, поджидавшие строителей. Вместо того чтобы использовать привозной камень, Хаджи Али убедил Мортенсона добывать гранит прямо на месте, в нескольких сотнях ярдов от места строительства. Других стройматериалов в Корфе не было, зато камня всегда было в избытке.

По промокшим улицам Корфе Грега сопровождала целая процессия. Люди шли в дом Хаджи Али, чтобы обсудить строительство моста. Прямо на дороге между двумя домами стоял огромный черный мохнатый як. Десятилетняя дочка самого образованного жителя деревни Хусейна, Тахира, дергала яка за веревку, привязанную к кольцу в носу животного. Девочка пыталась освободить дорогу, но безуспешно: у яка, очевидно, были другие планы. Но вот на землю шлепнулась горячая лепешка навоза, и як послушно побрел к дому Хусейна. Тахира сразу же принялась за дело: подобрала лепешку и шлепнула ее на каменную стену соседнего дома, чтобы просушить...

В доме Хаджи Али Мортенсона радушно приняла Сакина. Она ласково погладила его по руке. Впервые к Грегу прикоснулась женщина балти. Сакина широко улыбнулась и отошла к «кухне». Так назывался уголок дома, где располагался круглый очаг, висели полки и стояла большая деревянная доска для разделки продуктов. Мортенсон неожиданно осмелел и нарушил негласный кодекс поведения гостя: он прошел за женщиной «в кухню». Возле очага он наклонился, чтобы поздороваться с внучкой Сакины, Джахан. Девочка застенчиво улыбалась, зажав концы своего темно-красного платка в зубах.

Растревоженная неожиданным поступком гостя, Сакина попыталась выпроводить Мортенсона из «кухни», но он просто сказал: «Я помогу!» Грег зачерпнул из медного горшка пригоршню зеленого горного чая tamburok, бросил в закопченный чайник и залил речной водой из огромной канистры.

Потом подбросил несколько щепок в очаг и поставил чайник на огонь.

«Бабушка была поражена, когда доктор Грег прошел в ее кухню, для гостя это было немыслимо, — вспоминает Джахан. — Но она уже давно воспринимала его как собственного сына, поэтому не стала возражать. Потом мое представление о мире изменилось еще больше: она стала поругивать деда за то, что он не помогает ей так, как его американский сын».

Сначала Мортенсон налил чай старейшинам Корфе, а потом уже себе. Он уселся на подушки возле очага. Кизяки наполняли комнату едким дымом.

Когда речь заходила об интересах Корфе, Хаджи Али неизменно был настороже. Он уже знал, что два джипа, которые доставляли тросы для моста, застряли в двадцати восьми километрах от Корфе. Оползень блокировал дорогу. Поскольку разборка завала могла занять несколько недель, а в плохую погоду из Скарду вряд ли отправили бы бульдозеры, Хаджи Али предложил всем работоспособным мужчинам Корфе самим взяться за доставку тросов, чтобы быстрее начать строительство моста.

«Я всегда удивлялся тому, как Хаджи Али ухитряется знать обо всем, что происходит в долине Бралду и за ее пределами. Ведь в деревне не было ни телефона, ни электричества, ни радио», — вспоминает Мортенсон.

На следующий день тридцать пять балти — от подростков до самого Хаджи Али и его седовласых ровесников — отправились в путь под проливным дождем. Доставка тросов в Корфе заняла двенадцать часов. Каждая катушка троса весила 400 килограммов. Сквозь нее продевали крепкий деревянный шест, который несли десять мужчин.

Мортенсон был сантиметров на тридцать выше самого высокого жителя Корфе. Он тоже попытался поучаствовать в переноске троса, но держал шест так высоко, что с ним никто не смог работать. В результате ему пришлось просто наблюдать. Никто не возражал. Большинство мужчин трудились носильщиками в западных экспедициях. Эти люди привыкли носить тяжести по леднику Балторо.

ДОСТАВКА ТРОСОВ В КОРФЕ ЗАНЯЛА ДВЕНАДЦАТЬ ЧАСОВ. КАЖДАЯ КАТУШКА ТРОСА ВЕСИЛА 400 КИЛОГРАММОВ. СКВОЗЬ НЕЕ ПРОДЕВАЛИ КРЕПКИЙ ДЕРЕВЯННЫЙ ШЕСТ, КОТОРЫЙ НЕСЛИ ДЕСЯТЬ МУЖЧИН.

Хаджи Али снабдил всех крепким табаком naswar, запасы которого в карманах его жилета, казалось, были неистощимы. Работа ради улучшения жизни в собственной деревне, а не для иностранных альпинистов доставляла людям удовольствие. Об этом сказал Грегу улыбающийся Туаа.

В Корфе мужчины выкопали для опор глубокие ямы на обоих берегах реки. Но муссон не ослабевал, а под дождем работать с цементом было бессмысленно. И тогда молодежь деревни решила пока отправиться на охоту на горного козла. Туаа пригласил Мортенсона.

У Грега на ногах были только кроссовки. Поэтому ему казалось, что он совершенно не готов к походу в горы. Но остальные шестеро охотников были снаряжены не лучше. Только на ногах Туаа, сына вождя, красовались коричневые кожаные ботинки, подаренные кем-то из альпинистов. Но двое его товарищей отправились на охоту, плотно обмотав ноги кожаными «портянками»; у троих были пластиковые сандалии.

Они двинулись на север от Корфе по гречишным полям, постоянно поскальзываясь на скользкой глине. Под проливным дождем колосья гнулись. Единственное в группе ружье — британскую винтовку-мушкет колониальных времен — с гордостью нес Туаа. Мортенсон не верил в то, что они подстрелят горного козла с помощью этого музейного экспоната.

Через некоторое время охотники миновали мост, который Мортенсон пропустил, возвращаясь с К2. Шаткая веревочная переправа раскачивалась над поверхностью реки. Теперь Грег отлично знал, что дорога вела в Асколе, и порадовался собственной осведомленности. Он уже начал считать Балтистан своим вторым домом. Насколько менее интересной была бы жизнь, если бы когда-то он не заблудился и не попал в Корфе!

Дальше каньон сужался. Теперь они уже мокли не только под дождем — над бурной рекой висела пелена брызг. Тропа резко пошла вверх по головокружительно крутой скалистой стене. Поколения балти укрепляли эту тропу, плотно укладывая плоские камни. Туаа и его товарищи шли по ней уверенно и спокойно, словно по ровной поверхности. Мортенсон же прижимался к стене каньона, вцеплялся в нее пальцами и осторожно передвигал ноги. Он ни на минуту не забывал о том, что в 60 метрах под ним несется река Бралду.

Река была столь же некрасива, сколь прекрасны ледяные вершины Каракорума. Течение с ревом ворочало черные и бурые валуны. Бралду извивалась на дне каньона, словно гигантская змея. Трудно было поверить, что благодаря этой мутной воде в Корфе зреют гречиха и абрикосы.

Когда дошли до ледника Биафо, дождь кончился. Слабый луч солнца пробился сквозь тучи и лимонно-желтым светом озарил пик Бахор Дас. Этот шеститысячник называли местной К2, потому что он в точности повторял форму знаменитой горы. В Корфе Бахор Дас считали своим покровителем и защитником. В таких долинах, как Бралду, исламу так и не удалось полностью вытеснить древние анимистические верования[1]. Увидев Бахор Дас, молодые мужчины Корфе обрадовались, сочтя это хорошим предзнаменованием. Охота обещала быть удачной. Туаа с товарищами произнесли молитву богам Каракорума, обещая, что заберут только одного горного козла.

Чтобы найти добычу, пришлось подняться еще выше. Знаменитый биолог Джордж Шаллер выслеживал горных коз-

---

[1]Анимистические верования — система религиозных представлений. Согласно ей, душа есть не только у человека, но и у животных, растений, предметов.

лов по всем Гималаям. Путешествия по высоким горам стали для него настоящим паломничеством. Ведь высочайшие вершины мира требуют не только физической самоотдачи. В книге «Молчаливые камни» Шаллер признается, что его исследовательский рейд по Каракоруму, «самому гористому региону земли», стал для него не просто научной экспедицией, а настоящей духовной одиссеей. «Эти путешествия были чередой трудностей и разочарований, — пишет Шаллер, — но горы вызывают аппетит. Я хотел Каракорума все больше и больше».

«ЭТИ ПУТЕШЕСТВИЯ БЫЛИ ЧЕРЕДОЙ ТРУДНОСТЕЙ И РАЗОЧАРОВАНИЙ... НО ГОРЫ ВЫЗЫВАЮТ АППЕТИТ. Я ХОТЕЛ КАРАКОРУМА ВСЕ БОЛЬШЕ И БОЛЬШЕ».

По ущелью, которым следовали Грег и его спутники, Шаллер прошел двадцатью годами раньше. Тогда он изучал горных козлов и надеялся, что правительство Пакистана сможет организовать национальный парк в местах обитания этих животных. Шаллер не мог не восхищаться тем, насколько хорошо они приспособились к жизни в столь суровых условиях.

Альпийский козел — это крупное, мощное животное с длинными острыми рогами. Балти ценят его рога не меньше, чем мясо. Шаллер выяснил, что горные козлы могут подниматься гораздо выше, чем другие животные, обитающие в Каракоруме. Они уверенно себя чувствуют даже на высоте в 5000 метров, куда не добираются хищники — волки и снежные леопарды. Они пасутся на самой границе альпийской растительности. Чтобы выжить, им нужно кормиться десять-двенадцать часов в день.

Туаа остановился у длинного ледяного языка — границы ледника Биафо. Из кармана красной непромокаемой куртки, которую Грег подарил ему во время первого пребывания в Корфе, он достал маленький плоский и круглый предмет. Это был tomar — «знак смелости», талисман, сплетенный из коричневой и красной шерсти. Балти вешают такой знак на шею каждого новорожденного, чтобы защитить его. (Уровень младенческой смертности в горах очень высок, и люди винят во всем злых духов.) Для балти немыслимо пуститься в опасное предприятие, например, переправляться через ледник, не предприняв мистических мер предосторожности. Туаа прикрепил талисман к куртке Мортенсона. Все охотники проверили свои талисманы. Только после этого ступили на ледник.

Охота ради пропитания, а не для развлечения или прилива адреналина заставила Мортенсона взглянуть на горы другими глазами. Неудивительно, что великие пики Гималаев оставались непокоренными до середины XX века. Люди тысячелетиями жили у подножий и на склонах этих гор, но ни разу не поднимались на их вершины. Все силы уходили на то, чтобы обеспечить себя пищей и теплом, без чего невозможно выжить на «крыше мира».

Они двинулись на запад, обходя ледяные торосы и глубокие проталины, заполненные ярко-голубой водой. В расщелинах журчала вода. Тишину нарушали камнепады: становилось теплее, валуны оттаивали и сдвигались с места. К северу от охотников находилась стена Огре. Этот семитысячник в 1977 году покорили британские альпинисты Крис Бонингтон и Даг Скотт. Но Огре не сдалась без боя: в базовый лагерь Скотт вернулся с переломанными ногами.

ОХОТА РАДИ ПРОПИТАНИЯ, А НЕ ДЛЯ РАЗВЛЕЧЕНИЯ ИЛИ ПРИЛИВА АДРЕНАЛИНА ЗАСТАВИЛА МОРТЕНСОНА ВЗГЛЯНУТЬ НА ГОРЫ ДРУГИМИ ГЛАЗАМИ.

Ледник Биафо поднимается до высоты пять тысяч метров. У Снежного озера соединяется с ледником Гиспар, который спускается в долину Хунза. Протяженность ледниковой системы составляет 121 километр — это самое большое ледовое поле на Земле, за исключением полюсов. По ледникам жители долины Хунза двигались на завоевание долины Бралду.

Они шли по льду уже несколько часов. Пару раз Туаа видел следы снежного леопарда и показывал их Мортенсону. Над охотниками с любопытством кружили два орла-бородача.

У Грега начинали замерзать ноги. Когда он собирался на охоту, отец Тахиры, Хусейн, достал из своего рюкзака сено и набил им кроссовки Мортенсона. Поэтому до сих пор холод был терпимым. Пока. Было не понятно, как они будут ночевать без палаток и спальных мешков. Но ведь балти, успокаивал себя Грег, охотились на леднике Биафо задолго до того, как в Каракорум со своим снаряжением пришли европейцы...

БЫЛО НЕ ПОНЯТНО, КАК ОНИ БУДУТ НОЧЕВАТЬ БЕЗ ПАЛАТОК И СПАЛЬНЫХ МЕШКОВ. НО ВЕДЬ БАЛТИ, УСПОКАИВАЛ СЕБЯ ГРЕГ, ОХОТИЛИСЬ НА ЛЕДНИКЕ БИАФО ЗАДОЛГО ДО ТОГО, КАК В КАРАКОРУМ СО СВОИМ СНАРЯЖЕНИЕМ ПРИШЛИ ЕВРОПЕЙЦЫ.

Балти проводили свои охотничьи ночи в пещерах вдоль морены[1]. Они знали эти места точно так же, как бедуины в пустыне — расположение оазисов и колодцев. В каждой пещере имелся запас топлива для костра. Из-под камней охотники доставали мешки с бобами и рисом, принесенные сюда заранее. Они пекли пресный хлеб на раскаленных камнях — и этого вполне хватало для поддержания сил на охоте.

На четвертый день увидели обглоданный скелет горного козла. Он лежал на плоском камне. Орлы-бородачи и леопарды не оставили на костях ни кусочка мяса. Потом Туаа заметил высоко в горах стадо из шестнадцати горных козлов. Их

---

[1] Морена — скопление обломков горных пород, образуемое передвижением ледников.

изящно изогнутые рога четко просматривались на фоне неба, но животные находились слишком высоко. Туаа предположил, что труп козла снесла сюда лавина, поэтому он оказался настолько ниже обычного места обитания этих животных. Балти отделил выбеленный череп с рогами от скелета и положил его в рюкзак Грега. Это был подарок.

Ледник Биафо занимает глубокую расщелину между высокими горами. Эта расщелина глубже Большого каньона[1]. Охотники дошли по ней до длинного северного гребня Латок, который безуспешно пытались штурмовать десятки экспедиций. Дважды они видели стада горных козлов, но животные чуяли их заранее и скрывались. Мортенсон не мог не восхищаться ими: охотникам так и не удалось подобраться к стадам на расстояние выстрела.

На седьмой день перед закатом Туаа заметил на скале в двадцати метрах над ними большого горного козла. Балти засыпал в дуло мушкета порох, положил пулю и утрамбовал шомполом. Мортенсон и остальные охотники притаились за ним, прижавшись к основанию скалы и надеясь, что козел их не заметит. Туаа присел, положил дуло мушкета на большой валун и осторожно взвел курок. Но недостаточно осторожно. Горный козел повернул голову в их сторону. Охотники находились от него так близко, что отчетливо видели его длинную бороду. Грег заметил: губы Туаа шевелятся в молитве. Балти спустил курок.

---

[1] Большой каньон — многокилометровый разлом земной коры глубиной около полутора километров, один из глубочайших каньонов в мире. Находится на плато Колорадо, штат Аризона, США.

Выстрел прозвучал оглушительно. Со скалы посыпались мелкие камешки. Лицо Туаа потемнело от пороха, словно у шахтера от угольной пыли. Козел остался неподвижно стоять на скале. «Промах!» — подумал Мортенсон, но увидел на шее животного кровь. Ноги козла подкосились, а от раны повалил пар. Он повалился на бок. «Аллах Акбар!» — хором воскликнули охотники.

НА СЕДЬМОЙ ДЕНЬ ПЕРЕД ЗАКАТОМ ТУАА ЗАМЕТИЛ НА СКАЛЕ В ДВАДЦАТИ МЕТРАХ НАД НИМИ БОЛЬШОГО ГОРНОГО КОЗЛА.

Тушу разделывали в темноте. Потом перетащили ее части в пещеру и развели костер. Туаа ловко орудовал огромным кривым ножом. Он сосредоточенно хмурился, разрезая приготовленную на огне печень и деля ее между охотниками. Мортенсон был счастлив отведать свежей горячей пищи.

Когда охотники вернулись в Корфе, муссон прекратился. Небо прояснилось. Они входили в деревню, как герои. Во главе процессии шагал Туаа с головой убитого горного козла.

Охотники раздали вырезанный из туши жир детям — они сразу же тянули полученные кусочки в рот, словно конфеты. Несколько десятков килограммов мяса, принесенные в корзинах, поровну разделили между семьями охотников. Мясо сварили, а мозг потушили с картофелем и луком. После обеда

Хаджи Али с гордостью прикрепил добытые сыном рога над входом своего дома. Там уже красовался целый ряд подобных трофеев.

* * *

Мортенсон изготовил эскизы моста, который собирался возводить для Корфе. Их он показал инженеру пакистанской армии в Гилгите. Тот внимательно изучил рисунки, дал несколько советов по повышению прочности и сделал детальный чертеж с указанием точных мест крепления тросов. Предполагалось построить две двадцатиметровые каменные башни, увенчанные бетонными арками, достаточно широкими, чтобы через них могла пройти повозка, запряженная яком. В пролете моста планировалось протянуть подвесной настил длиной 87 метров — на высоте 15 метров над точкой наивысшего подъема воды.

Для строительства башен-опор Мортенсон нанял в Скарду опытных каменщиков. Им помогали жители Корфе. Мужчины деревни поднимали блоки гранита и водружали их на растущие основания башен. Каменщики умело и сноровисто скрепляли блоки цементом. Для детей это было бесплатное развлечение: они криками подбадривали отцов, которые, покраснев от напряжения, укладывали камень на камень. Постепенно на обоих берегах реки выросли могучие опоры.

Погода стояла ясная, и работать было в удовольствие. Каждый вечер Грег с удовлетворением подсчитывал, сколько блоков удалось установить. Весь июль мужчины занимались строительством моста, а женщины убирали урожай.

ВЕСЬ ИЮЛЬ МУЖЧИНЫ ЗАНИМАЛИСЬ СТРОИТЕЛЬСТВОМ МОСТА, А ЖЕНЩИНЫ УБИРАЛИ УРОЖАЙ.

До наступления зимы и периода вынужденного затворничества жители Корфе предпочитали как можно больше времени проводить на улице. Многие семьи даже ели на крышах своих домов. Так было принято и в доме Хаджи Али. Вечерами Грег, запивая на крыше ужин чашкой крепкого зеленого чая, любовался закатом и беседовал с соседями, тоже расположившимися на верхних «этажах» своих домов.

Норберг-Ходж с восхищением приводит слова короля гималайского государства Бутан. Тот говорил, что истинный успех страны измеряется не валовым национальным продуктом, а «валовым национальным счастьем». Глядя на соседей Хаджи Али, Мортенсон был уверен: несмотря на отсутствие удобств и достижений цивилизации, эти люди, пожинавшие плоды собственного труда, вполне счастливы. Сидя на крышах, они лениво переговаривались между собой — так же, как парижане в уличных кафе. Им была доступна естественная радость простой жизни.

По ночам холостяки могли спать прямо на улице; Туаа и Грег устраивались во дворе. К этому времени Мортенсон уже достаточно хорошо овладел языком балти и мог вести с Туаа долгие разговоры. Чаще всего они говорили о женщинах.

Грегу скоро должно было исполниться сорок лет, его другу — тридцать пять.

Туаа говорил о том, как скучает по своей жене, Рокии. Рокия умерла девять лет назад при родах. После нее осталась единственная дочка, Джахан. «Жена была очень красивой, — рассказывал Туаа, когда они лежали, глядя на Млечный Путь, напоминавший белый шарф, брошенный на небо. — У нее было маленькое личико, как у Джахан. Она всегда смеялась и пела, как сурок».

«Ты собираешься жениться снова?» — спросил Мортенсон.

«Это очень просто, — улыбнулся Туаа. — Однажды я стану вождем деревни. У меня уже много земли. Но пока я не полюбил другую женщину... — Туаа заговорщически понизил голос. — Но иногда я... получаю удовольствие».

«Ты можешь делать это вне брака?» — удивился Мортенсон. Этот вопрос интересовал его с момента приезда в Корфе, но он стеснялся спросить.

«Конечно, — ответил Туаа. — С вдовами. В Корфе много вдов».

Мортенсон вспомнил здешние дома, в каждом из которых жили десятки людей. «А где же ты это делаешь?» — спросил он.

«В handhok, конечно, — ответил Туаа. (Мортенсон знал, что handhok — это маленькая, крытая соломой хижина на крыше дома, в которой семьи хранили зерно. Такая постройка была неотъемлемой принадлежностью любого жилища в Корфе.) — Хочешь, я найду тебе вдову? Думаю, многие уже влюблены в доктора Грега!»

«Спасибо, — поблагодарил Мортенсон. — Не думаю, что это хорошая идея».

«У тебя есть подружка в Америке?» — спросил Туаа. Грег вспомнил все свои неудачи на личном фронте и разрыв с Мариной. И неожиданно понял, что сердечные раны почти зарубцевались.

«А-а, она бросила тебя, потому что у тебя нет дома, — понимающе протянул Туаа. — В Балтистане такое случается очень часто. Но теперь ты можешь сказать ей, что в Корфе у тебя есть дом и почти целый мост».

«Это не та женщина, что мне нужна», — ответил Мортенсон и осознал, что сказал чистую правду.

«Тогда тебе нужно найти свою женщину, — посоветовал Туаа. — А то ты станешь слишком старым и толстым».

«ТЕБЕ НУЖНО НАЙТИ СВОЮ ЖЕНЩИНУ, — ПОСОВЕТОВАЛ ТУАА. — А ТО ТЫ СТАНЕШЬ СЛИШКОМ СТАРЫМ И ТОЛСТЫМ».

* * *

Мортенсон сидел на северном берегу Бралду, рассматривая чертежи пакистанского инженера. Он наблюдал, как две группы строителей натягивают тросы с помощью яков. Тросы нужно было затянуть как можно туже, насколько это возможно без специального оборудования. Работа была нелегкой, но балти с ней справлялись.

Пришли носильщики, вернувшиеся с Балторо, и сообщили, что к деревне приближается американская экспедиция. Грег оглянулся. Вдалеке на берегу появился высокий американец в белой бейсболке. Он шел, опираясь на палку. Рядом с ним Мортенсон увидел красивого, хорошо сложенного местного проводника.

Джордж Маккаун вспоминает: «Я подумал: «Что за парень сидит там, на камне?» Не мог понять, кто это. У него длинные волосы. Он одет по местному обычаю. Но было совершенно ясно, что это не пакистанец».

Мортенсон поднялся с камня и протянул американцу руку. «Вы Джордж Маккаун?» — спросил он. Тот пожал протянутую руку и удивленно кивнул. «Тогда с днем рождения!» — улыбаясь, сказал Грег и протянул американцу запечатанный конверт...

Джордж Маккаун был членом совета Американского гималайского фонда, куда входили Лу Рейхардт и сэр Эдмунд Хиллари. Свое шестидесятилетие он отметил походом на К2: хотел посетить базовый лагерь экспедиции, снаряженной на его средства. Поздравительная открытка от совета фонда прибыла в Асколе, а оттуда ее переслали Мортенсону: местные власти решили, что один американец сможет найти другого.

Раньше Маккаун руководил компанией «Бойз Каскад». За шесть лет его капитал увеличился со ста миллионов до шести миллиардов долларов, а потом компания распалась и погибла. Маккаун хорошо усвоил полученный урок. В 80-е годы он основал собственную фирму в Менло-Парк, Калифорния, и начал скупать части других, слишком больших и плохо управляемых компаний. И в этом деле немало преуспел.

Бизнесмен незадолго до похода перенес операцию на колене. Долгий путь по леднику дался ему нелегко. Он уже начал сомневаться в том, что сможет добраться до цивилизации. Знакомство с Мортенсоном его очень обрадовало.

«После целого месяца одиночества я наконец получил возможность поговорить с близким по духу человеком. Окружающая обстановка казалась мне весьма враждебной, — вспоминает Маккаун, — и встреча с Грегом Мортенсоном стала настоящим счастьем».

Мортенсон рассказал Маккауну о том, как собирал средства для строительства моста и школы. Он сказал, что это удалось только после того, как Том Воган написал статью в газету фонда. «Грег — человек, которому сразу веришь, и который с первого взгляда внушает симпатию, — вспоминает Маккаун. — В нем нет вероломства. Он — добрый великан. Наблюдая за строительством моста, я сразу понял, что жители Корфе любят Грега. Он стал одним из них. Я не переставал удивляться, как американцу это удалось».

Мортенсон представился проводнику Маккауна на балти. Тот ответил на урду. Только тогда Грег понял, что это не балти, а вахи[1] из отдаленной долины Чарпурсон, расположенной на границе с Афганистаном. Проводника звали Фейсал Байг.

---

[1]Вахи — один из памирских народов. Вахи – шииты, в Пакистане расселены в Северо-Западной пограничной провинции и в районе Гилгит-Балтистан.

**«НАБЛЮДАЯ ЗА СТРОИТЕЛЬСТВОМ МОСТА,
Я СРАЗУ ПОНЯЛ, ЧТО ЖИТЕЛИ КОРФЕ ЛЮБЯТ ГРЕГА.
ОН СТАЛ ОДНИМ ИЗ НИХ. Я НЕ ПЕРЕСТАВАЛ УДИВЛЯТЬСЯ,
КАК АМЕРИКАНЦУ ЭТО УДАЛОСЬ».**

Мортенсон спросил соотечественника, не сможет ли он оказать ему услугу. «Мне тяжело все делать одному, — сказал он. — Я хотел бы, чтобы эти люди поняли: им помогаю не только я один, но и другие американцы».

«Он протянул мне пачку рупий, — вспоминает Маккаун, — и попросил изобразить большого начальника из Америки. Я согласился. Я ходил среди работающих балти, как настоящий босс, выплачивал всем зарплату, говорил, что доволен ими, подбадривал и требовал, чтобы работа была закончена как можно быстрее».

Маккаун ушел, но навсегда остался другом Грега. В дальнейшем он станет главным и самым влиятельным адвокатом Мортенсона в Америке.

В конце августа, через десять месяцев после начала работ, Грег стоял посередине огромного моста, любуясь бетонными арками, мощными трехъярусными опорами и сетью тросов, соединяющих берега реки. Хаджи Али протянул ему последнюю доску, чтобы он завершил работу по укладке настила. Но Мортенсон отказался, уступив эту честь вождю Корфе. Хаджи Али вскинул руки и возблагодарил всемилостивого Аллаха за то, что тот послал в деревню «этого иностранца». Потом опустился на колени и установил доску. Под ним с ревом несла свои пенистые воды река Бралду. С южного берега раздались радостные крики женщин и детей.

ХАДЖИ АЛИ ВСКИНУЛ РУКИ И ВОЗБЛАГОДАРИЛ ВСЕМИЛОСТИВОГО АЛЛАХА ЗА ТО, ЧТО ТОТ ПОСЛАЛ В ДЕРЕВНЮ «ЭТОГО ИНОСТРАНЦА».

* * *

У Грега закончились личные средства «на жизнь». Он не хотел тратить на себя деньги, предназначенные для строительства школы. Поэтому собирался вернуться в Беркли и за зиму и весну заработать некоторую сумму в Америке. Последнюю ночь в Корфе он провел на крыше в обществе Туаа, Хусейна и Хаджи Али. Все были преисполнены решимости следующим летом приступить к строительству школы.

Хусейн предложил отдать под школу поле, принадлежавшее его жене Хаве. Оттуда открывался прекрасный вид на К2. Мортенсон был уверен, что такой вид будет вдохновлять учеников. Он согласился на предложение. И внимательно посмотрел на Хусейна. Он был единственным жителем Корфе, которому удалось покинуть долину Бралду и учиться в далеком Лахоре[1]. Из него получился бы прекрасный учитель. «Мы примем твое предложение при одном условии, Хусейн, — сказал Грег. — Ты должен стать первым преподавателем местной школы».

Соглашение закрепили сладким чаем и рукопожатиями. Разговоры о школе продолжались чуть ли не до утра.

А над рекой Бралду всю ночь метались отблески фонарей: жители Корфе бродили по мосту.

Барьер, прочно отделявший их от внешнего мира, рухнул.

---

[1] Лахор — второй по величине город Пакистана.

Глава 11

Шесть дней

В твоем сердце есть свеча, которая ждет,
чтобы ее зажгли.
В твоей душе есть пустота, которая ждет,
чтобы ее заполнили.
Ты же заполнишь ее?

Руми

Многочисленные мониторы в ожоговом центре моргали красными и зелеными лампочками. Было четыре часа утра. Мортенсон изо всех сил пытался удобнее устроиться на сестринском посту, но это не удавалось. Он чувствовал: с того момента, как выбросил бутылку «Бэйлис» в мусорную корзину, ему недоставало чего-то очень важного.

Счастья...

Ночью Грег смазывал мазью с антибиотиками руку двенадцатилетнего мальчика. (Пьяный отчим прижал руку подростка к раскаленной плите.) Потом пришлось менять повязки. Физически мальчик чувствовал себя неплохо. В целом ночь выдалась спокойной. Мортенсон подумал, что для того, чтобы быть полезным, вовсе не нужно мчаться на другой край земли. Он нужен и здесь. Но каждая смена и каждый доллар, прибавляющийся на его банковском счете, приближали Грега к тому дню, когда начнется строительство школы в Корфе.

Он снова снял комнату у Витольда Дудзински, поэтому, ночуя в приемном покое, был счастлив, что хотя бы здесь не чувствует запаха дыма и водки. Халат и брюки были удобными, как пижама. Свет не слепил глаза. Если бы не долг дежурного-медбрата, он с удовольствием бы задремал...

Усталой походкой он возвращался домой после ночной смены. Уже начинало светать, когда Грег заглянул в камбоджийскую закусочную выпить кофе с пончиками. И увидел сквозь витрину, что на парковке перед его домом, рядом с пикапом Дудзински, стоит черный «сааб». На водительском сиденье спала доктор Марина Виллард — Мортенсон сразу узнал ее по роскошной гриве черных волос. Он слизнул с пальцев сахарную пудру и направился к автомобилю. Подойдя к машине, открыл дверцу со стороны водителя.

Марина проснулась, увидела Грега и зябко обхватила себя руками. «Ты не отвечал на звонки», — сказала она.

«Я работал».

«Я оставила массу сообщений».

«Что ты тут делаешь?» — спросил Мортенсон.

«Ты не рад меня видеть?» — вопросом на вопрос ответила Марина.

«Конечно, рад, — решил не обострять ситуацию Грег. — Как живешь?»

«Честно говоря, не очень». — Марина опустила козырек, посмотрела на свое отражение в зеркале и аккуратно подкрасила губы.

«А как же Марио?»

«Это была ошибка».

Грег не знал, что делать с руками. Он поставил стаканчик с кофе на крышу «сааба» и засунул их в карманы куртки.

«Я скучаю по тебе, — сказала Марина. — А ты? Ты скучаешь по мне?»

«Я СКУЧАЮ ПО ТЕБЕ, — СКАЗАЛА МАРИНА. — А ТЫ? ТЫ СКУЧАЕШЬ ПО МНЕ?»

Мортенсон чувствовал, что на него действует что-то более сильное, чем кофеин. После бессонных ночей, проведенных в спальном мешке на грязном полу квартиры Дудзински, когда он безуспешно пытался избавиться от мыслей о Марине, о семье, которую он обрел и потерял... Он не мог с собой справиться...

«Дверь закрыта», — сказал он и захлопнул дверцу «сааба».

Он поднялся в квартиру, где привычно пахло сигаретами и водкой. Упал на постель и заснул как убитый.

* * *

Мост через Бралду был построен. Перед отъездом Грега на родину Чангази представил ему точную опись хранимых им стройматериалов для школы. С ними все было в порядке. Теперь Мортенсон не чувствовал, что прячется от жизни. Здесь, в Америке, он просто зарабатывал деньги для того, чтобы вернуться и закончить работу в Пакистане.

Грег был рад любому случаю поговорить с кем-то, кто связан с Каракорумом. Он позвонил Жану Эрни, и тот попросил привезти фотографии моста. «Я пришлю тебе билет на самолет до Сиэтла. Приезжай скорее».

В роскошной квартире ученого-миллионера, из окон которой открывался потрясающий вид на озеро Вашингтон, Грег наконец увидел того, кому когда-то так боялся позвонить. Эрни оказался худощавым человеком с висячими усами и темными глазами. Даже в семьдесят лет он сохранил энергию и напор истинного альпиниста. «Сначала я был очень напряжен в общении с Жаном, — вспоминает Мортенсон. — Его считали жестким, но я в жизни не встречал человека добрее».

Мортенсон распаковал свой вещмешок, и скоро они с Эрни уже сидели за журнальным столиком, рассматривая фотографии, чертежи и карты. Эрни, который дважды бывал в базовом лагере К2, рассказывал Грегу о других деревнях, подобных Корфе. Они были столь малы, что не были даже отмечены на карте. Эрни с огромным удовольствием внес в одну из карт дополнение — черным маркером нарисовал мост через реку Бралду.

«Жану очень нравился Грег, — вспоминает вдова Эрни, Дженнифер Уилсон, которая позднее вошла в совет директоров Института Центральной Азии. — Он понимал, насколько тот наивен и непрактичен. Ему нравилось, что Грег работает по велению сердца. Жан был предпринимателем и всегда уважал тех, кто брался за сложные задачи. Впервые прочитав о Греге в газете Американского гималайского фонда, он сказал мне: «Американцам есть дело до буддистов, но не до мусульман. Этому парню никто денег не даст. Но я помогу ему реализовать свою мечту».

«Жан многого добился в науке, — говорит Уилсон. — Но идея построить школу в Корфе вдохновляла его не меньше, чем научная работа. Он всегда ощущал внутреннюю связь с этим регионом. Когда Грег ушел, Жан сказал мне: «Я думаю, что шансы этого парня на успех — пятьдесят на пятьдесят. И если ему удастся добиться своего, он станет сильнее».

«Я ДУМАЮ, ЧТО ШАНСЫ ЭТОГО ПАРНЯ НА УСПЕХ — ПЯТЬДЕСЯТ НА ПЯТЬДЕСЯТ. И ЕСЛИ ЕМУ УДАСТСЯ ДОБИТЬСЯ СВОЕГО, ОН СТАНЕТ СИЛЬНЕЕ».

Вернувшись в Сан-Франциско, Мортенсон позвонил Джорджу Маккауну. Тот пригласил Грега на заседание Американской гималайской ассоциации, которое должно было состояться в начале сентября в отеле «Фэйрмонт». Планировалось выступление сэра Эдмунда Хиллари. Грег с радостью согласился.

В среду 13 сентября 1995 года Мортенсон в отцовской спортивной шерстяной куртке, брюках цвета хаки и потрепанных кожаных ботинках без носков приехал в отель «Фэйрмонт». Эта шикарная гостиница расположена на вершине холма Ноб-Хилл, где пересекаются все трамвайные маршруты города — там же в тот вечер связались и многие нити жизни Грега.

В 1945 году в отеле «Фэйрмонт» собрались дипломатические представители сорока стран мира, чтобы выработать проект хартии Организации Объединенных Наций. Пятьдесят лет спустя в Золотом венецианском зале гостиницы проходил ежегодный благотворительный обед Американского гималайского фонда, в котором принимали участие представители не меньшего количества стран и народов. Изысканно одетые миллионеры и управляющие фондами соседствовали за столом с обычными альпинистами в непритязательных пиджаках и галстуках. Светские дамы Сан-Франциско в черном бархате чинно беседовали с тибетскими монахами в коричневых одеяниях.

Войдя в зал, Мортенсон остановился. Ему тут же надели на шею белый шелковый молельный шарф — такие были на всех участниках мероприятия. Он слышал сотни оживленных голосов; чувствовалось, что собравшиеся хорошо знают друг друга. Прежде ему не доводилось бывать в подобных местах, и он чувствовал себя неловко. Тут он заметил Джорджа Маккауна, который стоял возле бара и, наклонившись, слушал невысокого человека, в котором Мортенсон сразу же узнал Жана Эрни. Грег направился к бару и сердечно поздоровался с обоими.

«Я только что говорил Джорджу, что он должен вас материально поддержать», — сказал Эрни. Грег отрицательно покачал головой: «Мне хватит средств для постройки школы, если я буду экономить. В Пакистане есть возможность...» — «Деньги не для строительства, — прервал его ученый. — Для вас. На что вы будете жить, пока строится школа?»

«Что скажете насчет двадцати тысяч?» — спросил Маккаун. Мортенсон не знал, что ответить. Он почувствовал, как кровь прилила к щекам.

«Я так понимаю, что вы согласны?» — улыбнулся Маккаун.

«Принеси ему коктейль, — ухмыльнулся Эрни. — Думаю, у Грега закружилась голова».

Во время ужина за столом Мортенсона оказался известный фотожурналист. Голые лодыжки Грега, торчащие из потрепанных ботинок, настолько его поразили, что он сходил в магазин отеля и купил ему носки. Мортенсон еле слышно пролепетал слова благодарности; он был в некоем ступоре —

оттого, что его финансовые проблемы разрешились в мгновение ока.

Выступление героя официального банкета — сэра Эдмунда Хиллари запомнилось ему надолго. Внешне знаменитый альпинист и писатель больше напоминал простого пасечника, чем человека, которого посвятила в рыцари сама английская королева. У Хиллари были ужасные зубы, кустистые брови и легкие, разлетающиеся волосы. В семьдесят пять лет самый известный в Америке гражданин Новой Зеландии имел плотный животик. Трудно было поверить, что он мог покорить Эверест. Но для альпинистов-энтузиастов он был настоящим героем, живой легендой.

У ХИЛЛАРИ БЫЛИ УЖАСНЫЕ ЗУБЫ, КУСТИСТЫЕ БРОВИ И ЛЕГКИЕ, РАЗЛЕТАЮЩИЕСЯ ВОЛОСЫ. В СЕМЬДЕСЯТ ПЯТЬ ОН ИМЕЛ ПЛОТНЫЙ ЖИВОТИК. ТРУДНО БЫЛО ПОВЕРИТЬ, ЧТО ЭТОТ ЧЕЛОВЕК МОГ ПОКОРИТЬ ВОСЬМИТЫСЯЧНИК.

В начале выступления Хиллари показал слайды, сделанные во время экспедиции на Эверест в 1953 году. Старые снимки поражали яркими, неестественными красками. На них Хиллари был молодым, загорелым и стройным. Он вспоминал: многие могли опередить его на пути к высочайшей вершине земного шара. «Я был рядовым альпинистом. Но был готов к тяжелой работе, обладал воображением и настойчивостью. Я ничем не выделялся, это журналисты превратили меня в героя...»

Кроме видов Эвереста, Хиллари показал снимки, сделанные в 60—70-е годы. На них европейцы вместе с шерпами строили школы и больницы в Непале. На фото, сделанном в 1961 году во время реализации одного из первых гуманитарных проектов Хиллари — строительства школы на три класса, — он без рубашки и с молотком в руке балансировал на стропилах крыши. За сорок лет, прошедших с момента покорения Эвереста, он не раз возвращался в Гималаи. Вместе со своим младшим братом Рексом построил двадцать семь школ и двенадцать больниц. А еще — два аэродрома, чтобы было легче доставлять в этот регион продукты, стройматериалы и другие припасы.

Мортенсон был настолько возбужден, что не мог сидеть спокойно. Извинившись, поднялся из-за стола, отошел к дверям и стал ходить взад-вперед. Ему одновременно хотелось и слушать речь великого альпиниста, и немедленно отправляться в Корфе, чтобы продолжить работу.

«Не знаю, хочу ли я, чтобы меня запомнили, — услышал он слова Хиллари. — Восхождение на Эверест порадовало меня. Но главное дело моей жизни — строительство школ и больниц. Это приносит больше удовлетворения, чем покоренные вершины».

Кто-то дотронулся до плеча Мортенсона. Он оглянулся. Рядом стояла красивая рыжеволосая женщина в черном платье. Лицо ее показалось Грегу знакомым, но он не мог вспомнить, где ее видел.

«Я знала, кто такой Грег, — вспоминает Тара Бишоп. — Слышала о его проекте. Кроме того, мне понравилась его улыбка, поэтому решила с ним познакомиться».

КТО-ТО ДОТРОНУЛСЯ ДО ПЛЕЧА МОРТЕНСОНА. ОН ОГЛЯНУЛСЯ. РЯДОМ СТОЯЛА КРАСИВАЯ РЫЖЕВОЛОСАЯ ЖЕНЩИНА В ЧЕРНОМ ПЛАТЬЕ.

Грег и Тара разговорились. Оказалось, что у них много общего. Беседа шла абсолютно свободно. Казалось, они могли проговорить целый день. Они общались шепотом, чтобы не мешать остальным, поэтому приходилось стоять очень близко друг к другу. «Грег клянется, что я буквально положила голову ему на плечо, — вспоминает Тара. — Я этого не помню, но вполне возможно, что так и было. Он мне очень понравился. Помню, что обратила внимание на его руки. Они были такие большие и сильные...»

Отец Тары, Барри Бишоп, фотограф журнала «Нэшнл Джиогрефик», покорил Эверест 22 мая 1963 года в составе американской экспедиции. Маршрут к вершине он проложил по фотографиям своего друга, сэра Эдмунда Хиллари. По поручению журнала Бишоп фотографировал и описывал восхождение. «Что мы сделали, когда наконец достигли вершины и рухнули от усталости? — писал Бишоп. — Заплакали. Да-да! Люди расплакались, как младенцы. Мы испытывали радость от того, что покорили самую высокую гору мира, и одновременно облегчение, потому что мучительное восхождение закончилось».

Во время спуска Бишопу пришлось нелегко. Он страдал от кислородного голодания, упал в расщелину и обморозился настолько сильно, что шерпам пришлось доставлять его в деревню Намче-Базар на себе. Оттуда на вертолете американца доставили в больницу в Катманду. Бишоп потерял кончики мизинцев и все пальцы на ногах. «В тишине больничной палаты я анализировал полученные уроки, — писал он. — Эверест — суровая и враждебная для человека среда. Решив покорить ее, вы объявляете ей войну. Готовиться к этому восхождению нужно так же сосредоточенно и безжалостно, как к военной операции. И когда битва заканчивается, гора остается прежней. В этой войне нет победителей — есть только выжившие».

Барри Бишоп выжил и вернулся домой. Президент Кеннеди встречал альпинистов в розовом саду Белого дома, как героев. В 1968 году Барри с женой, сыном и дочерью отправились в Непал. Два года они жили на западе страны, в Джумле. Все это время Бишоп писал диссертацию о торговых путях Древнего мира. В его доме бывал Джордж Шаллер, который в то время изучал природу Непала.

Затем Бишоп вернулся в Вашингтон и стал председателем Комитета по исследованиям и путешествиям, созданного журналом «Нэшнл Джиогрефик». Тара запомнила, как к ним приезжал друг отца, Эд Хиллари. Несгибаемые альпинисты вечерами сидели у телевизора, пили дешевое пиво, вспоминали Эверест и смотрели старые вестерны, которые оба обожали. В 1994 году Барри вместе с женой переехал в штат Монтана и собрал в своем доме одну из лучших в мире частных библиотек, посвященных Гималаям.

Барри Бишоп погиб в автомобильной катастрофе. За год до знакомства Грега и Тары он вместе с женой направлялся в Сан-Франциско. Его «форд-эксплорер», ехавший со скоростью 130 километров в час, сорвался с дороги, четыре раза перевернулся и рухнул в засыпанную песком канаву. Мать Тары была пристегнута, поэтому отделалась несколькими легкими травмами. Но Барри не пристегнулся. От черепно-мозговой травмы он скончался на месте.

Тара Бишоп говорила, что отец вез ее детские рисунки и дневники; что посторонние люди собрали их на дороге и вернули ей; что они с братом побывали на месте аварии, повесили на придорожном кустарнике молитвенные флажки и вылили на место гибели отца бутылку его любимого бомбейского джина.

Она рассказывала обо всем этом человеку, с которым познакомилась всего несколько минут назад. «Самое удивительное было в том, что все это не казалось мне странным, — вспоминает Тара. — Открыть душу Грегу было совершенно естественно».

В зале зажегся свет, и Тони Беннетт запел свою коронную песню «Я оставил свое сердце в Сан-Франциско». Мортенсон почувствовал, что его сердце навсегда принадлежит только что встреченной им женщине. «На Таре были туфли на высоких каблуках (которые, кстати, никогда на женщинах мне не нравились), — вспоминает он. — К концу вечера у нее так разболелись ноги, что она переобулась в удобные ботинки. Не знаю, почему это меня так тронуло... Я смотрел на эту женщину в маленьком черном платье и ботинках и понимал, что она создана для меня».

Они вместе подошли к Хиллари. Знаменитый альпинист сказал, что сожалеет о гибели отца Тары. «Происходило что-то невероятное, — вспоминает Мортенсон. — Меня больше радовало знакомство с Тарой, чем возможность поговорить с человеком, который много лет был для меня кумиром».

«Я СМОТРЕЛ НА ЭТУ ЖЕНЩИНУ В МАЛЕНЬКОМ ЧЕРНОМ ПЛАТЬЕ И БОТИНКАХ И ПОНИМАЛ, ЧТО ОНА СОЗДАНА ДЛЯ МЕНЯ».

Грег познакомил Тару с Жаном Эрни и Джорджем Маккауном. Потом они направились к выходу. «Тара уже знала, что у меня нет машины, и предложила подвезти меня домой, — вспоминает Мортенсон. — Я уже договорился ехать с друзьями, но сделал вид, что никакой договоренности нет. Я был готов на все, лишь бы побыть с ней».

В отель «Фэйрмонт» Грег приехал в обычном для себя состоянии — несчастным и одиноким. Уезжал — с перспективой получения значительной суммы и под руку с будущей женой.

Серый «вольво» Тары промчался через деловой квартал Сан-Франциско, преодолел пробку на шоссе 101 и выехал на мост. Мортенсон рассказывал о себе. О детстве в Моши. О Демпси. О перечном дереве, больнице, построенной отцом, школе, которую создала мать. О смерти Кристы... Двигаясь к огням Окленд-Хиллз над темными водами залива, Мортенсон строил новый мост, который навсегда соединил его с любимой женщиной.

ГРЕГ ПРИЕХАЛ В ОБЫЧНОМ ДЛЯ СЕБЯ СОСТОЯНИИ — НЕСЧАСТНЫМ И ОДИНОКИМ. УЕЗЖАЛ — С ПЕРСПЕКТИВОЙ ПОЛУЧЕНИЯ ЗНАЧИТЕЛЬНОЙ СУММЫ И ПОД РУКУ С БУДУЩЕЙ ЖЕНОЙ.

Машина остановилась перед домом. «Я бы пригласил вас зайти, — сказал Мортенсон, — но эта квартира — настоящий кошмар». Они просидели в машине еще два часа, раговаривая о Балтистане, о тех препятствиях, с которыми Грег столкнулся в Корфе, о брате Тары, Бренте, который готовился штурмовать Эверест. «Я сидела рядом с ним, и мне в голову пришла очень четкая мысль, — вспоминает Тара Бишоп. — Мы даже не коснулись друг друга, но уже тогда я подумала: «С этим человеком я проведу всю оставшуюся жизнь». Меня охватило теплое, нежное чувство».

«А можно я вас похищу?» — спросила она. Они приехали в ее квартиру в оклендском квартале Рокридж. Тара разлила по бокалам вино и поцеловала своего гостя. Под ногами, отчаянно лая на незнакомца, крутился тибетский терьер Таши.

«Добро пожаловать в мою жизнь», — сказала Тара, глядя Мортенсону в глаза.

«Добро пожаловать в мое сердце», — ответил он, заключая ее в объятия.

На следующее утро они отправились в международный аэропорт. Мортенсон уже забронировал билет на рейс «Бритиш Эйрвейз» в Пакистан. Самолет вылетал в воскресенье.

Вместе они смогли уговорить кассиршу перебронировать билет на следующее воскресенье. Счастливые влюбленные так очаровали ее, что она даже не взяла за это денег.

«ДОБРО ПОЖАЛОВАТЬ В МОЮ ЖИЗНЬ», – СКАЗАЛА ТАРА, ГЛЯДЯ МОРТЕНСОНУ В ГЛАЗА. «ДОБРО ПОЖАЛОВАТЬ В МОЕ СЕРДЦЕ», – ОТВЕТИЛ ОН, ЗАКЛЮЧАЯ ЕЕ В ОБЪЯТИЯ.

В то время Тара заканчивала обучение в Калифорнийской школе профессиональной психологии. После лекций и семинаров она была свободна. А у Мортенсона больше не было дежурств в больнице. Естественно, все свободное время они проводили вместе. На стареньком «вольво» Тары они уехали в Санта-Круз и посвятили целый день общению с матерью и сестрами Мортенсона. «С Грегом было спокойно и комфортно, – вспоминает Тара. – Он без колебаний разделил со мной свою жизнь, ввел в свою семью. До этого мои отношения с мужчинами складывались иначе. Я поняла, что значит найти своего человека».

В воскресенье самолет, на котором должен был находиться Мортенсон, улетел в Пакистан без него. Грег и Тара гуляли по бурым холмам, покрытым зелеными рощами каменного дуба. «Когда мы поженимся?» – спросила Тара Бишоп и повернулась к мужчине, которого встретила всего четырьмя днями раньше.

«Как насчет вторника?» — спросил Грег.

Во вторник 19 сентября Грег Мортенсон в брюках цвета хаки, кремовой шелковой рубашке и вышитом тибетском жилете рука об руку со своей невестой Тарой Бишоп поднимался по ступеням оклендской ратуши. На невесте был льняной блейзер и мини-юбка с цветочным узором. Уступая вкусам мужчины, который скоро должен был стать ее мужем, Тара оставила шпильки дома, а вместо них надела сандалии на низком каблуке.

«Мы думали, что просто подпишем какие-то бумаги, получим лицензию, а с родственниками все отпразднуем, когда Грег вернется из Пакистана», — вспоминает Тара. Но в оклендской ратуше свадьбы регистрировались «по полной программе». За 83 доллара будущих супругов проводили в особый зал и велели стать под аркой из искусственных цветов, прикрепленных к доске объявлений. Свидетелем вызвалась быть мексиканка Маргарита, работавшая в секретариате.

С момента знакомства в отеле «Фэйрмонт» прошло всего шесть дней, а Грег Мортенсон и Тара Бишоп уже успели дать брачные обеты. «Судья произнес «...в богатстве и бедности...», и мы с Грегом расхохотались, — вспоминает Тара. — Когда я увидела его комнату в квартире Дудзински, когда узнала, что он каждый вечер снимает с дивана подушки и ложится на него в спальном мешке, сразу подумала: «Я выхожу замуж за мужчину, у которого нет постели. Но, Господи, как же я его люблю!»

Молодожены позвонили нескольким друзьям и пригласили их в итальянский ресторан, чтобы отметить свершившееся событие. Один из друзей Мортенсона, Джеймс Баллок, работал водителем трамвая. Он уговорил Грега и Тару встретиться на набережной Сан-Франциско у конечной остановки. В час пик Баллок посадил своих друзей в малиново-золотой трамвай и объявил об их свадьбе пассажирам. Трамвай покатил по деловому центру города; все поздравляли молодых и дарили им всякие мелочи. Высадив последнего пассажира, Баллок закрыл двери трамвая и устроил для Грега и Тару экскурсионный тур по Сан-Франциско, оглушительно звоня всю дорогу.

«Я ВЫХОЖУ ЗАМУЖ ЗА МУЖЧИНУ, У КОТОРОГО НЕТ ПОСТЕЛИ. НО, ГОСПОДИ, КАК ЖЕ Я ЕГО ЛЮБЛЮ!»

Трамвай скользил по головокружительно крутым улицам города, с которых открывались удивительно красивые виды. Грег и Тара, держась за руки, смотрели, как солнце садится за мостом Золотые Ворота и окрашивает в нежно-розовый цвет Остров Ангела. С тех пор легкий оттенок розового навсегда связан для Грега Мортенсона с ощущением счастья. Неожиданно для себя он почувствовал усталость в мышцах лица и понял, что последние шесть дней — дни знакомства с Тарой — постоянно улыбался.

«Когда люди узнают, как мы с Тарой поженились, они просто не верят, — говорит Мортенсон. — Но свадьба через шесть дней знакомства вовсе не казалась мне странной. Так поженились мои родители, и их жизнь сложилась счастливо. Удивляло одно — как мне удалось познакомиться с Тарой! Я нашел единственную женщину в мире, которая была предназначена только мне».

В воскресенье Мортенсон собрал вещмешок, положил пачку стодолларовых банкнот в карман пиджака и отправился с Тарой в аэропорт. За рулем «вольво» он молчал, но несколько раз вопросительно и робко смотрел на жену. Тара в ответ только улыбалась: она знала, о чем думает муж, и неотступно думала о том же самом. Ведь вылет Грега можно было и отложить... «Я спрошу, — наконец решительно сказал Грег, когда они припарковались возле аэропорта. — Но сомневаюсь, что это удастся во второй раз».

Ему это удалось...

Мортенсон еще дважды откладывал вылет и каждый раз приезжал в аэропорт с багажом на случай, если поменять билет не удастся. Но насчет этого он мог не волноваться. История Грега и Тары у кассиров «Бритиш Эйрвейз» превратилась в романтическую легенду. Влюбленным с радостью шли навстречу. «Эти две недели были каким-то особым, волшебным временем, — вспоминает Мортенсон. — Никто не знал, что я все еще в городе. Мы заперлись в квартире Тары и пытались компенсировать все те годы, что прожили друг без друга».

«МЫ ЗАПЕРЛИСЬ В КВАРТИРЕ ТАРЫ И ПЫТАЛИСЬ КОМПЕНСИРОВАТЬ ВСЕ ТЕ ГОДЫ, ЧТО ПРОЖИЛИ ДРУГ БЕЗ ДРУГА».

«Наконец я решилась и позвонила матери, — рассказывает Тара. — Она была в Непале и готовилась к походу».

«Тара позвонила мне в Катманду, — вспоминает Лайла Бишоп, — и велела сесть, если я стою. Такие звонки не забываются. Дочь постоянно повторяла «он замечательный, замечательный», но я слышала только одно — «шесть дней».

«Я сказала ей следующее, — рассказывает Тара. — «Мама, я только что вышла замуж за самого замечательного мужчину в мире». Мама была шокирована. Конечно, мое решение не вызвало у нее восторга, но она постаралась взять себя в руки и порадоваться за меня. Она ответила: «Что ж, тебе тридцать один год, и ты перецеловала уже немало лягушек. Если уверена, что он — твой принц, значит, так оно и есть».

Серый «вольво» в четвертый раз за последние несколько недель подъехал к аэропорту. Мортенсон на прощанье поцеловал любимую женщину, подхватил вещмешок и направился к стойке «Бритиш Эйрвейз».

«На этот раз вы точно полетите? — спросила кассирша. — Вы уверены, что поступаете правильно?»

«Конечно, правильно, — ответил Мортенсон и повернулся, чтобы еще раз помахать жене. — Я никогда еще не был ни в чем так уверен».

Глава 12

Урок Хаджи Али

Мысль о том, что «примитивному» народу Гималаев есть чему научить наше развитое общество, может показаться абсурдной. Но поиск путей к счастливому будущему возвращает нас к связи человека и земли, к той взаимосвязи, о которой древние культуры никогда не забывали.

Хелена Норберг-Ходж

У дома Чангази в Скарду дорогу Мортенсону преградил привратник, маленький даже по стандартам балти. Помощник Чангази, Якуб, не носил бороды, а сложением напоминал двенадцатилетнего мальчика, хотя ему было уже хорошо за тридцать.

Мортенсон вытащил из вещмешка небольшую кожаную сумку с ценными документами, порылся в ней и достал список стройматериалов, составленный Чангази. «Я должен это забрать», — сказал Грег, протягивая список Якубу.

«Чангази-сахиб в Равалпинди», — ответил Якуб.

«Когда он вернется в Скарду?»

«Через месяц-два, — сказал Якуб, пытаясь закрыть дверь. — Тогда и приходи».

Мортенсон придержал дверь. «Давай ему позвоним», — сказал он.

«Нельзя, — покачал головой Якуб. — С Равалпинди нет связи».

Грег с трудом сдержался, чтобы не выругаться. Неужели все, кто работает у Чангази, научились у своего хозяина искусству отговорок? Он раздумывал, стоит ли давить на Якуба или лучше вернуться с полицейским. И в этот момент за слугой появился импозантный старик с аккуратными седыми усами. На нем была коричневая шапочка топи из самой качественной шерсти. Чангази нанял бухгалтера Гулям Парви, чтобы тот разобрался в его финансовых документах. Парви окончил одно из лучших учебных заведений Пакистана — университет в Карачи. Подобные достижения — редкость у балти. Кроме того, Парви знали и уважали в Скарду как истинного мусульманина-шиита. Якуб почтительно отступил в сторону. «Могу я вам чем-нибудь помочь, сэр?» — на великолепном английском спросил бухгалтер.

Мортенсон представился, рассказал о своей проблеме и протянул Парви список Чангази. «Очень любопытно, — протянул бухгалтер. — Вы хотите построить школу для детей балти, однако Чангази ни слова мне об этом не сказал. Хотя знал, что я интересуюсь вашим проектом. Очень любопытно...»

Некоторое время Гулям Парви занимал пост директора Ассоциации социального обеспечения Балтистана. Под его руководством на окраинах Скарду были построены две начальные школы, но потом средства, выделяемые правительством Пакистана, иссякли, и пришлось снова вернуться к бухгалтерии. Перед ним стоял иностранец, у которого были деньги на то, чтобы построить в Корфе школу. А перед Мортенсоном стоял самый опытный в подобных делах человек во всем Северном Пакистане, человек, который ставил перед собой такие же цели.

«Я могу еще две недели копаться в бумагах Чангази, и толку от этого не будет, — сказал Парви, обматывая шею верблюжьим шарфом. — Давайте посмотрим, что там с вашими материалами».

ПЕРЕД ГРЕГОМ СТОЯЛ САМЫЙ ОПЫТНЫЙ В ДЕЛЕ СТРОИТЕЛЬСТВА ШКОЛ ЧЕЛОВЕК ВО ВСЕМ СЕВЕРНОМ ПАКИСТАНЕ, ЧЕЛОВЕК, КОТОРЫЙ СТАВИЛ ПЕРЕД СОБОЙ ТАКИЕ ЖЕ ЦЕЛИ, ЧТО И МОРТЕНСОН.

Якуб подогнал «лендкрузер» Чангази и отвез их к большой стройплощадке на берегу Инда в полутора километрах к юго-западу от города. Чангази возводил здесь отель, пока у него не кончились деньги. За трехметровым забором с колючей проволокой стояло низкое здание без крыши в окружении груд строительного мусора. Сквозь оконные проемы Грег увидел свои стройматериалы, накрытые синей пленкой. Он подергал замок на ограде и повернулся к Якубу.

«Ключ есть только у Чангази-сахиба», — сказал слуга, отводя глаза.

Предусмотрительный Парви достал из кармана кусачки. Неожиданно из-за большого валуна поднялся охранник, вооруженный ржавым охотничьим ружьем, которое больше напоминало музейный экспонат, чем оружие. «Вы не можете войти, — сказал он на балти. — Здание продано».

«Этот Чангази носит белые одежды, но душа его черна», — извиняющимся тоном пробормотал Парви Мортенсону.

А вот с охранником он заговорил совершенно по-другому. Гортанная речь балти вообще звучит довольно сурово. Голос Парви резал слух, словно острое зубило. Бухгалтеру удалось сломить волю охранника. Тот отложил ружье и достал из кармана ключ.

В сырых комнатах заброшенного отеля Мортенсон нашел около двух третей своего цемента и леса. Кровельное железо успело проржаветь. Грег не удосужился провести подробную инвентаризацию того, что привез из Равалпинди, но видел: имеющегося вполне хватало для начала строительства. С помощью Парви он договорился о перевозке материалов в Корфе на джипе.

ГРЕГ НЕ УДОСУЖИЛСЯ ПРОВЕСТИ ПОДРОБНУЮ ИНВЕНТАРИЗАЦИЮ ТОГО, ЧТО ПРИВЕЗ ИЗ РАВАЛПИНДИ, НО ВИДЕЛ: ИМЕЮЩЕГОСЯ ВПОЛНЕ ХВАТАЛО ДЛЯ НАЧАЛА СТРОИТЕЛЬСТВА.

«Без этого человека я никогда ничего бы не добился в Пакистане, — вспоминает Мортенсон. — Мой отец смог построить больницу благодаря Джону Моши, умному и деловому танзанийцу. Парви — это мой Джон Моши. Когда я начинал строить первую школу, то просто не понимал, что нужно делать. Парви показал мне, как добиться своей цели».

Прежде чем отправиться в Корфе, Грег крепко пожал руку Гулям Парви и поблагодарил его за помощь. «Дайте мне знать, если я вам понадоблюсь, — сказал балти, слегка склонив голову. — То, что вы делаете для детей Балтистана, заслуживает уважения».

* * *

Мортенсон стоял на площадке высоко над рекой Бралду. Погода была великолепной: вдали ясно виднелась величественная пирамида K2. Но Грегу было не до красот Каракорума. Уезжая из Корфе прошлой зимой, он вбил в замерзшую землю колышки от палатки и натянул между ними красные и синие нейлоновые шнуры, разметив план школы. Он оставил Хаджи Али деньги, чтобы тот нанял рабочих из других деревень, которые могли бы вырыть котлован, помочь жителям Корфе вырубить в скалах каменные блоки для фундамента и доставить их на «школьную» площадку. Грег по приезде рассчитывал увидеть вырытый котлован и заложенные в него блоки. Перед ним же на ровной земле лежали просто грубо вытесанные камни.

Мортенсону с трудом удалось скрыть разочарование. Из-за того что он трижды откладывал вылет, в Корфе он попал лишь в середине октября — на месяц позже обещанного срока. Времени до наступления зимы оставалось совсем мало.

На этой неделе можно было уже возводить стены, думал он — и во всем винил себя. Он не может вечно ездить в Пакистан. У него есть жена, ему нужно строить карьеру. Хотелось как можно быстрее закончить строительство, чтобы заняться собственными делами. А теперь из-за зимы все снова придется отложить. Мортенсон раздраженно пнул ногой камень.

«Что случилось? — на балти спросил его незаметно подошедший Хаджи Али. — Ты похож на разъяренного молодого барана».

Мортенсон сделал глубокий вдох. «Почему вы не начали стройку?» — спросил он.

«Доктор Грег, когда ты уехал, мы обсудили твой план, — сказал Хаджи Али. — И решили, что глупо тратить твои деньги на то, чтобы платить лентяям из Мунджунга или Асколе. Они знают, что школу строит богатый иностранец, поэтому будут работать мало и запросят много денег. Поэтому мы вырубили камни сами. На это ушло все лето, потому что многие мужчины ушли работать носильщиками. Но не беспокойся. Все твои деньги в целости лежат в моем доме».

«Меня беспокоят не деньги, — объяснил Мортенсон. — Я хотел подвести здание под крышу до зимы, чтобы детям было, где учиться».

Хаджи Али положил руку на плечо Грега. «Я благодарю всемилостивого Аллаха за все, что ты сделал, — сказал он, улыбаясь. — Но люди Корфе жили без школы шестьсот лет. Что значит еще одна зима?»

«МЕНЯ БЕСПОКОЯТ НЕ ДЕНЬГИ, – ОБЪЯСНИЛ МОРТЕНСОН. – Я ХОТЕЛ ПОДВЕСТИ ЗДАНИЕ ПОД КРЫШУ ДО ЗИМЫ, ЧТОБЫ ДЕТЯМ БЫЛО, ГДЕ УЧИТЬСЯ».

Возвращаясь в дом Хаджи Али по пшеничному полю, Мортенсон через каждые несколько метров останавливался, чтобы поздороваться с жителями деревни. Женщины, возвращавшиеся с полей, наклонялись, чтобы подобрать колоски, оброненные по дороге. Они выгружали снопы из корзин, а потом снова шли на поле. В их головных уборах что-то ярко поблескивало. Присмотревшись, он понял, что это кусочки его нейлоновых веревок. В Корфе ничто не пропадало даром.

Той ночью, лежа рядом с Туаа на крыше дома Хаджи Али, Мортенсон думал о том, каким одиноким был тогда, когда спал здесь в последний раз. Он подумал о Таре, вспомнил, как она махала ему рукой в аэропорту, и его охватило такое ощущение счастья, что он не смог сдержаться, чтобы не поделиться им с Туаа.

«Ты спишь?» — прошептал Мортенсон.

«Нет, не сплю».

«Мне нужно тебе что-то сказать. Я женился».

Раздался щелчок, затем в лицо ударил луч фонарика, который он подарил Туаа в прошлый свой приезд. Балти сел и внимательно посмотрел на Грега, чтобы убедиться, что он не шутит.

Наконец Туаа понял, что его не разыгрывают. Он радостно вскрикнул и замолотил Мортенсона по плечу. Потом откинулся на солому и удовлетворенно вздохнул. «Хаджи Али говорил, что доктор Грег выглядит по-другому, — засмеялся он. — Он все знает. Могу я узнать ее прекрасное имя?»

«Ее зовут Тара».

«Та...ра, — повторил Туаа. (На урду это слово означает «звезда».) — Она красивая, твоя Тара?»

«Да, — ответил Мортенсон и почувствовал, что краснеет. — Красивая».

«Сколько коз и баранов ты должен отдать ее отцу?»

«Ее отец умер, как и мой. В Америке не платят за невест».

«Она плакала, расставаясь с матерью?»

«Она рассказала матери обо мне, только когда мы поженились».

Туаа какое-то время молчал, обдумывая странные матримониальные обычаи американцев.

За время, проведенное в Пакистане, Мортенсон побывал на десятках свадеб. Брачные обычаи балти разнились от деревни к деревне, но суть всех церемоний оставалась неизменной: невеста рыдала, навсегда расставаясь со своей семьей.

«На свадьбах самый печальный момент — это расставание невесты с матерью, — рассказывает Мортенсон. — Я видел, как мужчины из семьи жениха со всей силой отрывают невесту от матери, а женщины рыдают и кричат. Если девушка из отдаленной деревни, вроде Корфе, она знает, что может никогда больше не увидеть своих родственников... А до свадьбы происходит торг. Отец жениха отдает мешки с мукой и сахаром, обещает пригнать коз и баранов, а отец невесты складывает руки и отворачивается, требуя больше. Когда цена кажется ему приемлемой, он поворачивается и кивает. И тогда начинается веселье».

НА СВАДЬБАХ БАЛТИ САМЫЙ ПЕЧАЛЬНЫЙ МОМЕНТ — ЭТО РАССТАВАНИЕ НЕВЕСТЫ С МАТЕРЬЮ. ЕСЛИ НЕВЕСТА ИЗ ОТДАЛЕННОЙ ДЕРЕВНИ, ВРОДЕ КОРФЕ, ОНА ЗНАЕТ, ЧТО МОЖЕТ НИКОГДА БОЛЬШЕ НЕ УВИДЕТЬ СВОИХ РОДСТВЕННИКОВ.

На следующее утро на своей тарелке Мортенсон увидел вареное яйцо — редчайшее лакомство в Корфе. Сакина с гордостью улыбалась ему из «кухни». Хаджи Али очистил для гостя яйцо и объяснил: «Ты должен быть сильным, чтобы иметь много детей».

Сакина прикрыла лицо шалью и рассмеялась. Хаджи Али терпеливо ждал, пока Мортенсон допьет вторую чашку чая с молоком. А потом расцвел улыбкой. «Пойдем строить школу», — сказал он.

Они поднялись на крышу, и Хаджи Али созвал всех мужчин Корфе собраться на площади у мечети. Мортенсон взвалил на плечо пять лопат, вывезенных из полуразрушенного отеля Чангази, и пошел следом за Хаджи Али. К мечети уже стекались мужчины.

Мечеть Корфе... Письменности у балти нет, поэтому история этого народа сохраняется в устных рассказах, которые передаются из уст в уста. (Каждый балти может перечислить своих предков на протяжении десяти-двадцати поколений.) Все жители Корфе знали историю своей деревянной мечети с глинобитными стенами. Ей уже около пятисот лет. На протяжении веков она приспосабливалась к изменяющейся среде точно так же, как и люди, которые приходили сюда молиться. До того как в Балтистане окончательно утвердился ислам, это был буддистский храм.

Впервые с момента приезда в Корфе Мортенсон вошел внутрь храма. До этого он почтительно держался поодаль и от мечети, и от муллы по имени Шер Такхи. Грег не знал, как мулла относится к тому, что в деревне появился неверный, который к тому же хочет дать образование местным девочкам.

ПИСЬМЕННОСТИ У БАЛТИ НЕТ, ПОЭТОМУ ИСТОРИЯ ЭТОГО НАРОДА СОХРАНЯЕТСЯ В УСТНЫХ РАССКАЗАХ, КОТОРЫЕ ПЕРЕДАЮТСЯ ИЗ УСТ В УСТА.

Шер Такхи улыбнулся и подвел Грега к молельному коврику. Мулла был маленьким и хрупким, в бороде его уже явственно проглядывала проседь. Как и большинство балти, живущих в горах, он выглядел лет на десять старше своего возраста. Он по пять раз в день созывал правоверных мусульман Корфе на молитву, причем без всяких усилителей, потому что обладал очень сильным голосом.

Шер Такхи произнес особую молитву. Он просил Аллаха благословить и направить строителей школы. Мортенсон молился так, как когда-то научил его портной в Равалпинди: сложил руки и поклонился. Но увидел, что мужчины Корфе держали руки по бокам, а в молитве простирались ниц на полу. Грег понял, что портной был суннитом[1], а балти — шииты.

Несколькими месяцами раньше в пакистанских газетах Мортенсон прочел о столкновениях между суннитами и шиитами. Автобус из Скарду шел по ущелью Инда в направлении Каракорумского шоссе. Когда он миновал суннитский район Чилас, дорогу блокировали мужчины в масках, вооруженные автоматами. Они заставили пассажиров выйти из

[1]Сунниты — приверженцы суннизма, одного из двух (наряду с шиизмом) основных направлений ислама.

автобуса, отделили шиитов от суннитов и перерезали горло восемнадцати мужчинам-шиитам на глазах их жен и детей. А сейчас Грег молился по-суннитски в самом сердце шиитского Пакистана. Он знал, что в этой стране убивали и за меньшие проступки.

ДОРОГУ БЛОКИРОВАЛИ МУЖЧИНЫ В МАСКАХ, ВООРУЖЕННЫЕ АВТОМАТАМИ. ОНИ ЗАСТАВИЛИ ПАССАЖИРОВ ВЫЙТИ ИЗ АВТОБУСА, ОТДЕЛИЛИ ШИИТОВ ОТ СУННИТОВ И ПЕРЕРЕЗАЛИ ГОРЛО ВОСЕМНАДЦАТИ МУЖЧИНАМ-ШИИТАМ НА ГЛАЗАХ ИХ ЖЕН И ДЕТЕЙ.

«Я пытался молиться по-шиитски и одновременно рассматривал старинную буддистскую резьбу на стенах», — вспоминает Мортенсон. Его успокаивала мысль о том, что если балти сохранили в своей суровой мечети буддистские знаки и рисунки, то они должны были снисходительно отнестись к неверному, который в начале службы начал молиться так, как его научили в Равалпинди.

Хаджи Али принес на площадку для школы веревки. Отрезал куски необходимой длины и смазал их смесью мела и извести. Потом разметил ими границы строительной площадки. Сделано это было проще некуда: Али и Туаа хлестали веревками по земле, оставляя белые линии там, где должны были стоять стены школы. Мортенсон раздал пять лопат. Пятьдесят мужчин, сменяя друг друга, в течение целого дня копали траншею метр шириной и метр глубиной по периметру будущей школы.

Когда траншея была закончена, Хаджи Али указал на один из огромных камней, вытесанных жителями Корфе летом. Шестеро мужчин подняли его, подтащили к траншее и опустили в угол фундамента со стороны К2. Краеугольный камень в фундамент школы был заложен. Хаджи Али велел совершить жертвоприношение, chogo rabak.

Туаа ушел и вернулся с крупным серым бараном с красивыми изогнутыми рогами. «Обычно барана приходится тащить изо всех сил, чтобы он сдвинулся с места, — вспоминает Мортенсон. — Но это был самый крупный баран в деревне. Он был настолько силен, что сам тащил Туаа к «школьной» площадке. Балти с трудом сдерживал животное, которое буквально мчалось навстречу собственной смерти».

КРАЕУГОЛЬНЫЙ КАМЕНЬ В ФУНДАМЕНТ ШКОЛЫ БЫЛ ЗАЛОЖЕН. ХАДЖИ АЛИ ВЕЛЕЛ СОВЕРШИТЬ ЖЕРТВОПРИНОШЕНИЕ, CHOGO RABAK.

Туаа подвел барана к краеугольному камню и схватил за рога. Он развернул голову животного в сторону Мекки, а Шер Такхи прочитал историю жертвоприношения Авраама. Праведник был готов принести в жертву Аллаху собственного сына, но в последнюю минуту на жертвеннике оказался баран. В Коране эта история изложена так же, как история Авраама и

Исаака в Торе и Библии. «Я изучал ее в воскресной школе, — вспоминает Мортенсон, — и подумал тогда о том, как много общего у различных религий. Понял, что разные традиции имеют общие корни».

Жертвоприношение совершил опытный носильщик Хусейн, телосложением напоминавший борца сумо. Носильщикам на Балторо платят за каждые 25 килограммов веса. Хусейн славился тем, что мог поднять тройной «нормативный вес»: он всегда нес не меньше семидесяти килограммов. Силач достал из-за пояса огромный нож и поднес к горлу барана. Шер Такхи поднял руки ладонями вверх и испросил у Аллаха позволения забрать жизнь животного. Затем кивнул Хусейну.

Одним быстрым движением балти перерезал дыхательное горло барана и яремную вену. Горячая кровь окропила краеугольный камень. Когда сердце животного остановилось и кровь перестала хлестать из горла, Хусейн с трудом перепилил позвоночник барана, и Туаа поднял над собой его голову за рога. Мортенсон посмотрел в глаза животного. Их выражение было таким же, что и до того, как Хусейн взялся за нож. Пока мужчины свежевали тушу, женщины готовили рис.

«В тот день мы больше ничего не делали, — вспоминает Мортенсон. — Тогда, осенью, мы вообще мало что успели. Хаджи Али спешил освятить школу, а не строить ее. Мы просто устроили большой праздник. Для людей, которые едят мясо несколько раз в год, трапеза значила гораздо больше, чем школа».

В пире приняли участие все жители Корфе. Когда последняя кость была разбита и кусочки костного мозга высосаны, Мортенсон присоединился к группе мужчин, которые разводили на «школьной» площадке костер. Над местной К2 взошла луна, и вокруг костра начались танцы. Балти читали Мортенсону заученные с детства стихи из великого гималайского эпоса — Книги царя Гезара — и исполняли бесконечные народные песни. Они пели о жестокости воинов-патанов[1], пришедших из Афганистана; о битвах между вождями балти и европейскими завоевателями, которые пришли с Запада во времена Александра Македонского, а потом вместе с гуркхами[2] — из Британской Индии. Женщины Корфе стояли у костра, их лица сияли, они хлопали в ладоши и пели вместе с мужчинами.

Мортенсон понял, что у этого народа есть история и богатые традиции. Пусть эта история не была записана, но от этого она не становилась менее реальной. Этих людей, собравшихся вокруг костра, не нужно было учить — им надо было помочь. А в школе они могли помочь себе сами.

МОРТЕНСОН ПОНЯЛ, ЧТО У ЭТОГО НАРОДА ЕСТЬ ИСТОРИЯ И БОГАТЫЕ ТРАДИЦИИ. ЭТИХ ЛЮДЕЙ, СОБРАВШИХСЯ ВОКРУГ КОСТРА, НЕ НУЖНО БЫЛО УЧИТЬ — ИМ НАДО БЫЛО ПОМОЧЬ.

Мортенсон осмотрелся вокруг. Строительная площадка была окружена мелкой траншеей, окропленной кровью барана. Может быть, за это время он добился немногого, но теперь,

[1] Патаны — то же, что пуштуны.

[2] Гуркхи — условное название народностей, населяющих центральные и юго-западные районы Непала. Из гуркхов набирались добровольцы в британскую колониальную армию.

у этого ночного костра, школа стала для него реальностью. Он видел построенное здание так же отчетливо, как очертания пика К2 в свете полной луны. Грег снова повернулся к костру.

* * *

Владелец комфортной студии, в которой жила Тара Бишоп, отказался принять под своим кровом супружескую пару, поэтому Мортенсону пришлось перевезти скромное имущество жены в комнату к Витольду Дудзински, а все лишнее отправить в камеру хранения. Книги Тары расположились рядом со статуэтками слонов из черного дерева — коллекцией Демпси...

Отец оставил Таре крошечное наследство. Денег хватило лишь на то, чтобы купить большой ковер, который закрыл почти весь пол в их маленькой спальне. Мортенсон только диву давался, как благотворно брак сказался на его жизни. Впервые с момента переезда в Калифорнию он почивал не в спальном мешке, а в постели. Впервые за эти годы у него появился человек, с которым можно было обсудить свою пакистанскую одиссею.

«Чем больше Грег говорил о своей работе, тем больше я убеждалась в том, что мне повезло, — вспоминает Тара. — Он говорил о Пакистане с настоящей страстью, и эта страсть пронизывала все его поступки».

Жан Эрни разделял восхищение Мортенсона жителями Каракорума. Он пригласил Грега и Тару встретить День благодарения в Сиэтле. Его жена, Дженнифер Уилсон, приготовила праздничный ужин. Эрни хотел знать о делах Мортенсона абсолютно все. Грег рассказывал о своих приключениях: о долгой дороге из Скарду в деревню Хане; о яке, которого Чангази зарезал для него в Куарду; о том, как удалось наконец добраться до Корфе; о закладке фундамента школы; о жертвоприношении над краеугольным камнем; о танцах и песнях вокруг костра.

В тот День благодарения Мортенсону было за что благодарить Всевышнего.

«Послушай, — сказал Эрни, когда они сидели перед камином с бокалами красного вина. — Тебе нравится то, что ты делаешь в Гималаях. Похоже, ты прекрасно справляешься с этим. Почему бы не заняться своей карьерой? Тебя пытались подкупить в других деревнях, но детям этих людей тоже нужны школы. И никто из альпинистов и пальцем не шевелит для того, чтобы помочь мусульманам. Им хватает шерпов и тибетцев, они думают только о буддистах. Что, если я создам собственный фонд и сделаю тебя директором? Ты сможешь каждый год строить по школе. Что скажешь?»

«ЧТО, ЕСЛИ Я СОЗДАМ СОБСТВЕННЫЙ ФОНД И СДЕЛАЮ ТЕБЯ ДИРЕКТОРОМ? ТЫ СМОЖЕШЬ КАЖДЫЙ ГОД СТРОИТЬ ПО ШКОЛЕ. ЧТО СКАЖЕШЬ?» — СПРОСИЛ ЭРНИ.

Мортенсон сжал руку Тары. Идея казалась ему настолько блистательной, что он боялся что-либо сказать. Опасался, что Эрни может передумать. Он опустил глаза и молча допил свой бокал. Затем тихо вымолвил: «Я согласен. Огромное вам спасибо...»

* * *

Той зимой Тара Бишоп забеременела. Пропахшая табаком и водкой квартира Витольда Дудзински не подходила для семьи с ребенком. Мать Тары, Лайла Бишоп, расспросив о Мортенсоне знакомых альпинистов, пригласила дочь с зятем поселиться в ее изящном особняке в историческом центре Боузмен, штат Монтана. Грег сразу же влюбился в тихий городок у подножия гор Галлатен. Он чувствовал, что Беркли остался в прошлом. Лайла Бишоп предложила одолжить им денег на покупку небольшого дома, находившегося по соседству.

В начале весны Мортенсон навсегда закрыл за собой дверь камеры хранения в Беркли и вместе с женой отправился в Монтану. Они поселились в аккуратном доме в двух кварталах от особняка тещи. В просторном, обнесенном оградой дворе было достаточно места для детских игр. Здесь не приходилось опасаться подростковых банд и пьяных домовладельцев.

В мае 1996 года, когда Грег заполнял въездные документы в исламабадском аэропорту, его рука замерла над графой «род занятий». Он всегда писал «альпинист». На этот раз он внес в графу свой новый «титул»: «Директор, Институт Центральной Азии» — так Эрни назвал свой фонд.

Жан Эрни ожидал, что новый фонд будет развиваться так же стремительно, как и его основной бизнес. Скоро можно будет строить школы и осуществлять другие гуманитарные проекты не только в Пакистане, но и в других странах и регионах вдоль Великого шелкового пути. Мортенсон не был в этом так уверен. Слишком трудно ему было строить первую школу, чтобы поверить в грандиозные планы Эрни. Но он получал годовое жалованье в 21 798 долларов — и теперь мог смелее смотреть в будущее.

СКОРО МОЖНО БУДЕТ СТРОИТЬ ШКОЛЫ И ОСУЩЕСТВЛЯТЬ ДРУГИЕ ГУМАНИТАРНЫЕ ПРОЕКТЫ НЕ ТОЛЬКО В ПАКИСТАНЕ, НО И В ДРУГИХ СТРАНАХ.

Из Скарду Мортенсон послал сообщение в деревню Музафара. Он предлагал своему проводнику твердое жалованье, если тот согласится приехать в Корфе и помочь ему со строительством школы. Прежде чем двинуться дальше, он посетил Гуляма Парви. Тот жил в уютном зеленом районе на южных холмах Скарду. Его дом стоял возле богато украшенной мечети, построенной на земле, подаренной городу отцом Гуляма. Грег и Парви пили чай под цветущими яблонями и абрикосами, и Мортенсон рассказывал о своих скромных планах: достроить школу в Корфе и в следующем году возвести еще одну в Балтистане. Он предложил Парви принять участие в этом проекте. С разрешения Эрни он давал Парви небольшое жалованье, которое очень пригодилось бы бухгалтеру.

«Я сумел оценить величие сердца Грега, — вспоминает Парви. — Мы оба хотели счастливого будущего для детей Балтистана. Как я мог отказать такому человеку?»

Парви познакомил Мортенсона с опытным каменщиком

Махмалом. Вместе они приехали в Корфе. Это было в пятницу. Перейдя Бралду по новому мосту, Грег с удивлением увидел десяток женщин Корфе в лучших платках и туфлях, которые надевались только по особым случаям. Женщины почтительно поклонились ему и сказали, что идут к родственникам в соседние деревни.

«Когда, благодаря наличию моста, появилась возможность за один день посетить какую-либо из соседних деревень и успеть вернуться домой, женщины Корфе стали регулярно навещать своих родственников по пятницам, — рассказывает Мортенсон. — Мост укрепил родственные связи, и женщины стали гораздо счастливее. Они больше не чувствовали себя оторванными от родных. Кто мог подумать, что возведение моста будет способствовать улучшению их положения?»

«БЛАГОДАРЯ НАЛИЧИЮ МОСТА ЖЕНЩИНЫ КОРФЕ СТАЛИ РЕГУЛЯРНО НАВЕЩАТЬ СВОИХ РОДСТВЕННИКОВ ИЗ СОСЕДНИХ ДЕРЕВЕНЬ. ОНИ БЫЛИ СЧАСТЛИВЫ».

На дальнем берегу Бралду, как всегда, стоял Хаджи Али с Туаа и Джахан. Приветствуя своего американского сына, он крепко обнял его, а потом приветствовал гостя, которого Грег привез из большого города.

Рядом с Хаджи Али Мортенсон с радостью увидел своего старого друга Музафара. Он обнял проводника — тот приложил руку к сердцу в знак уважения. С момента их последней встречи Музафар заметно постарел и выглядел нездоровым.

«Yong chiina yot? — встревоженно спросил Мортенсон. — Как дела?»

«В тот день все было хорошо, слава Аллаху, — вспоминает Музафар. — Я просто немного устал». За трапезой в доме Хаджи Али Грег узнал, что Музафар только что совершил тридцатикилометровый труднейший переход. Единственную дорогу из Скарду в Корфе блокировал оползень, и Музафар, недавно вернувшийся из двухсоткилометрового похода по Балторо с японской экспедицией, привел в Корфе небольшую группу носильщиков. Им пришлось тридцать километров идти вдоль реки с сорокапятикилограммовыми мешками цемента. Музафару было уже за шестьдесят, и все же он упорно нес тяжелый груз, забывая об отдыхе и еде: он хотел доставить в Корфе цемент к приезду Мортенсона.

«Когда мы познакомились с мистером Грегом на Балторо, — вспоминает Музафар, — он был приветливым, разговорчивым человеком. Он всегда шутил и на равных общался с бедными людьми — носильщиками и проводниками. Когда я потерял его и подумал, что он мог погибнуть на льду, то всю ночь не спал. Я молился, чтобы Аллах позволил мне спасти его. Я пообещал всегда защищать этого человека. Он многое сделал для народа балти. Я беден, поэтому мог дать ему только мои молитвы и мои силы. Во время того перехода с грузом цемента я отдал все, чтобы он смог построить школу. Когда вернулся домой после этой работы, жена посмотрела на мое худое лицо и спросила: «Что случилось? Ты был в тюрьме?»

На следующее утро, еще до рассвета, Грег поднялся на крышу дома Хаджи Али. Теперь он приехал в Корфе как директор организации. Ему приходилось думать не только о школе в одной изолированной деревне. Ответственность за осуществление планов Жана Эрни легла на его широкие плечи тяжелым грузом. Он твердо решил: больше никаких пиров и нескончаемых обсуждений. Строительство нужно закончить — и как можно быстрее.

«Я МОЛИЛСЯ, ЧТОБЫ АЛЛАХ ПОЗВОЛИЛ МНЕ СПАСТИ ЕГО. Я ПООБЕЩАЛ ВСЕГДА ЗАЩИЩАТЬ ЭТОГО ЧЕЛОВЕКА. ОН МНОГОЕ СДЕЛАЛ ДЛЯ НАРОДА БАЛТИ».

Когда жители деревни собрались на строительной площадке, Мортенсон встретил их с отвесом, уровнем и бухгалтерской книгой. «Организация строительства — все равно что дирижирование оркестром, — вспоминает Мортенсон. — Сначала мы с помощью динамита разбивали огромные валуны. Потом десятки людей перетаскивали осколки каменщику Махмалу. Он превращал их в удивительно ровные каменные блоки — и делал это всего несколькими ударами зубила. Женщины носили воду из реки и в ямах замешивали раствор. А потом каменщики принялись выкладывать стены. Дети тоже приняли участие в строительстве. Мелкими осколками камня они заделывали щели между блоками».

ДЕТИ ТОЖЕ ПРИНЯЛИ УЧАСТИЕ В СТРОИТЕЛЬСТВЕ ШКОЛЫ. МЕЛКИМИ ОСКОЛКАМИ КАМНЯ ОНИ ЗАДЕЛЫВАЛИ ЩЕЛИ МЕЖДУ КИРПИЧАМИ.

«Нам очень хотелось помочь, — говорит дочь учителя Хусейна Тахира, которой в то время было десять лет. — Отец сказал мне, что школа должна стать чем-то особенным, но я не представляла себе, что такое школа. Я просто пришла посмотреть на то, о чем все говорили, и помочь в меру сил. Помогали все члены нашей семьи».

«Доктор Грег привез из своей страны книги, — вспоминает внучка Хаджи Али, Джахан. (Во время строительства ей было девять лет. Вместе с Тахирой она пошла в первый класс новой школы.) — И в этих книгах были рисунки школ, поэтому я представляла, что мы строили. Доктор Грег в чистой одежде казался мне очень благородным человеком. И все дети на рисунках тоже были очень чистыми. Помню, как подумала: если я пойду в его школу, то когда-нибудь тоже стану благородной».

В июне стены школы быстро росли, но каждый день половина строителей уходила, чтобы заниматься собственными делами — людям нужно было заботиться об урожае и домашнем скоте. Мортенсону казалось, что строительство идет слишком медленно. «Я пытался быть строгим, но справедливым начальником, — вспоминает он. — Весь день, от рассвета до заката, я проводил на стройплощадке. С помощью уровня и отвеса определял, ровно ли строятся стены. Со мной всегда был блокнот. Я следил за всеми и вел учет каждой рупии. Я не хотел разочаровывать Жана Эрни, поэтому был очень требовательным».

«Я ПЫТАЛСЯ БЫТЬ СТРОГИМ, НО СПРАВЕДЛИВЫМ НАЧАЛЬНИКОМ».

Но вот как-то днем в начале августа Хаджи Али тронул Грега за плечо и попросил пойти вместе с ним. Около часа они шли в гору. Старик оказался выносливее подготовленного альпиниста. Мортенсон подумал, что теряет драгоценное время, и в этот момент Хаджи Али остановился. Они стояли на узкой площадке высоко над деревней. Грег не понимал, чего от него хочет вождь.

Старый балти дождался, пока Мортенсон справится с дыханием, а потом предложил ему посмотреть вокруг. Такой чистый и прозрачный воздух бывает только на высокогорье. За К2 в безоблачное синее небо вонзались острые ледяные пики Каракорума. На горных террасах зеленели ячменные поля Корфе — крохотный островок жизни в окружении безжизненного каменного моря.

Хаджи Али положил руку на плечо Мортенсона. «Эти горы стоят здесь очень давно, — сказал он. — И мы давно живем рядом с ними». Хаджи Али коснулся своей коричневой шерстяной шапочки топи и поправил ее на седых волосах. «Ты не можешь диктовать горам, что им нужно делать, — сказал он веско и уверенно. — Ты должен научиться прислушиваться к ним. А теперь прошу тебя прислушаться ко мне. Милостью всемогущего Аллаха, ты многое сделал для моего народа, и мы ценим это. Но ты должен кое-что сделать и для меня».

«Что угодно», — сразу же согласился Мортенсон.

«Сядь. И закрой рот, — приказал Хаджи Али. — Ты любого сведешь с ума!»

«Он взял мои книги, отвес и уровень и пошел вниз, в Корфе, — вспоминает Мортенсон. — Я шел за ним до самого дома, не понимая, что происходит. Хаджи Али взял ключ, который всегда висел у него на шее на кожаном шнурке, открыл шкаф, украшенный потемневшей от времени буддистской резьбой, и запер там мои инструменты вместе с копченой ногой горного козла, молитвенными четками и старым британским мушкетом. А потом попросил Сакину подать нам чай».

Мортенсон полчаса ждал, пока Сакина заварит чай. Хаджи Али водил пальцем по страницам самой ценной своей книги, Корана. Он перелистывал страницы и шепотом произносил арабские молитвы.

Взяв чашку с чаем, Хаджи Али заговорил. «Если ты хочешь работать в Балтистане, то должен уважать наши обычаи, — сказал он. — Когда ты впервые пьешь чай с балти, ты — чужак. Когда пьешь чай во второй раз, ты — почетный гость. В третий раз ты становишься родственником, а ради родственника мы готовы сделать все что угодно, даже умереть. — Хаджи Али положил ладонь на руку Мортенсона. — Доктор Грег, ты должен найти время для трех чашек чая. Может быть, мы и необразованны. Но не глупы. Мы живем здесь очень давно и многое поняли».

«В тот день Хаджи Али преподал мне самый важный урок в моей жизни, — вспоминает Мортенсон. — Мы, американцы, считаем, что всего нужно добиваться быстро. Америка — страна получасовых обедов и двухминутных фтубольных тренировок. Наши лидеры считали, что кампания «Шок и трепет» может положить конец войне в Ираке еще до ее начала. Хаджи Али научил меня пить три чашки чая. Я понял, что не нужно спешить, что построение отношений так же важно, как строительство школ. Он показал, что мне есть что почерпнуть у тех, с кем работаю. Они могли научить меня намного большему, чем то, чему мог научить их я».

«КОГДА ТЫ ВПЕРВЫЕ ПЬЕШЬ ЧАЙ С БАЛТИ, ТЫ — ЧУЖАК. КОГДА ПЬЕШЬ ЧАЙ ВО ВТОРОЙ РАЗ, ТЫ — ПОЧЕТНЫЙ ГОСТЬ. В ТРЕТИЙ РАЗ ТЫ СТАНОВИШЬСЯ РОДСТВЕННИКОМ, А РАДИ РОДСТВЕННИКА МЫ ГОТОВЫ СДЕЛАТЬ ВСЕ ЧТО УГОДНО, ДАЖЕ УМЕРЕТЬ».

Через три недели, когда Мортенсон из прораба превратился в зрителя, стены школы поднялись выше его роста. Осталось лишь перекрыть крышу. Чангази украл часть материала, поэтому Грегу пришлось вернуться в Скарду. Вместе с Парви они закупили прочные балки, которые выдержали бы тяжесть снега — зимы в Корфе были суровыми и снежными.

Как всегда, джипы, доставлявшие лес в Корфе, не смогли проехать — дорогу опять перекрыл оползень. Лес сгрузили в тридцати километрах от деревни. «На следующее утро, когда мы с Парви обсуждали, что делать, в долине появилось огромное облако пыли, — вспоминает Мортенсон. — О нашей проблеме узнал Хаджи Али. Мужчины Корфе шли всю ночь. И теперь появились — радостные и веселые. Они пели песни. Поразительно — ведь эти люди совершенно не спали. Но случилось еще более удивительное: я увидел, что с ними был Шер Такхи! Мулла тоже принял участие в работе.

Муллы не опускаются до физического труда, — поясняет Мортенсон. — Поэтому Шер Такхи не нес груз, но он вел колонну из тридцати пяти мужчин всю дорогу, все тридцать километров до Корфе. В детстве он перенес полиомиелит и остался хромым. Эта дорога далась ему нелегко. Но он вел своих людей по долине Бралду и улыбался. Так мулла выразил свою поддержку нашему делу. Он хотел, чтобы дети Корфе, в том числе и девочки, могли учиться».

Но не все жители долины Бралду разделяли взгляды Шер Такхи. Через неделю Грег смотрел, как Махмал и его помощники устанавливают стропила. И вдруг с крыш деревни донесся детский крик. Мальчишки предупреждали, что по мосту в Корфе направляются чужаки.

Мортенсон, Хаджи Али и Туаа вышли на берег к мосту. Они увидели пятерых мужчин. Впереди шел главный — худой, нездорового вида старик, опиравшийся на палку. За ним — четверо плотных мужчин, вооруженных дубинками из тополя. Хаджи Али выступил вперед. Старик остановился от него в пятидесяти ярдах, вынудив вождя Корфе самого подойти к нему для приветствия.

«Это Хаджи Мехди, — прошептал на ухо Мортенсону Туаа. — Нехорошо».

Мортенсон уже знал Хаджи Мехди, вождя деревни Асколе. «Он изображал из себя правоверного мусульманина, — вспоминает Мортенсон. — Но экономикой долины Бралду Мехди управлял, как настоящий босс мафии. Он получал процент с каждой проданной овцы, козы и курицы. Обирал альпинистов, устанавливая заоблачные цены на припасы. Если кто-то продавал экспедициям хотя бы яйцо без его ведома, Хаджи Мехди отправлял к нему головорезов с дубинками».

Хаджи Али обнял непрошеного гостя, но вождь Асколе отказался от приглашения в дом. «Я буду говорить открыто, чтобы все меня слышали, — сказал он, обращаясь к толпе, собравшейся на берегу. — Я слышал, что неверный собирается отравлять мусульманских детей, мальчиков и девочек, своей учебой. Аллах запрещает девочкам учиться. Я запрещаю строить эту школу».

«Мы достроим школу, — спокойно ответил Хаджи Али. — Запрещаешь ты или нет».

Мортенсон выступил вперед, надеясь разрядить обстановку. «Почему бы нам не выпить чаю и не обсудить все спокойно?» — предложил он.

«Я знаю, кто ты, kafir, — сказал Мехди, выбрав для неверного самое оскорбительное слово. — И мне нечего обсуждать с тобой.

А ты? — обратился он к Хаджи Али. — Разве ты не мусульманин? Есть только один Бог. Ты поклоняешься Аллаху? Или этому кафиру[1]?»

Хаджи Али положил руку на плечо Мортенсона. «Никто еще не помог моему народу, — сказал он. — Я каждый год плачу тебе деньги, но ты ничего не сделал для нашей деревни. Этот человек — более мусульманин, чем ты. Он заслужил мое уважение».

Головорезы Хаджи Мехди нервно теребили свои дубинки. Мехди поднял руку. «Если ты будешь строить свою школу, тебе придется заплатить, — сказал он, прикрыв глаза. — Я требую двенадцать самых больших твоих баранов».

«Как скажешь, — кивнул Хаджи Али, поворачиваясь спиной к Мехди, чтобы подчеркнуть свое отвращение. — Приведите баранов!»

«Я КАЖДЫЙ ГОД ПЛАЧУ ТЕБЕ ДЕНЬГИ, НО ТЫ НИЧЕГО НЕ СДЕЛАЛ ДЛЯ НАШЕЙ ДЕРЕВНИ. ЭТОТ ЧЕЛОВЕК — БОЛЕЕ МУСУЛЬМАНИН, ЧЕМ ТЫ. ОН ЗАСЛУЖИЛ МОЕ УВАЖЕНИЕ».

«Нужно понимать, что в деревнях Балтистана баран — это член семьи и семейный любимец, — рассказывает Мортенсон. — Священная обязанность старшего сына в любой семье — заботиться о баранах. Лишиться двенадцати живот-

[1] Кафир — то же, что «неверный». Понятие в мусульманстве, которое обозначает человека, не верующего в Аллаха и пророческую миссию Мухаммада (Мухаммеда, Магомета).

ных — ужасная потеря для деревни. Но Хаджи Али и жители Корфе пошли на это».

Хаджи Али стоял спиной к непрошеным гостям, пока мальчишки не притащили крупных, красивых баранов. Вождь перехватил веревки и связал их. Мальчишки плакали, расставаясь со своими любимцами. Хаджи Али подвел баранов к Хаджи Мехди. Потом, не говоря ни слова, отвернулся и повел своих людей к стройплощадке.

«Это был незабываемый момент, — вспоминает Мортенсон. — Хаджи Али только что отдал половину богатства деревни этому вымогателю, но продолжал улыбаться, словно только что выиграл в лотерею».

Хаджи Али остановился перед зданием, которое возводили всей деревней, и требовательно осмотрел его. Прочные каменные стены, оштукатуренные и выкрашенные желтой краской, и толстые деревянные перекрытия надежно защитят деревенских детей от непогоды. Больше детям Корфе не придется учить уроки, стоя на коленях на мерзлой земле.

«ЭТИХ БАРАНОВ ЗАБЬЮТ И СЪЕДЯТ, А НАША ШКОЛА БУДЕТ СТОЯТЬ. ХАДЖИ МЕХДИ ПОЛУЧИТ ПИЩУ СЕГОДНЯ. НАШИ ДЕТИ ПОЛУЧАТ ОБРАЗОВАНИЕ НАВСЕГДА».

«Не грустите, — сказал Хаджи Али, обращаясь к односельчанам. — Этих баранов забьют и съедят, а наша школа будет стоять. Хаджи Мехди получит пищу сегодня. Наши дети получат образование навсегда».

Когда стемнело, Хаджи Али позвал Мортенсона посидеть с ним возле огня. Старик держал на коленях свой драгоценный старый Коран. «Видишь, насколько прекрасен этот Коран?» — спросил он.

«Да», — ответил Мортенсон.

«Я не могу читать его, — с грустью произнес старик. — Я вообще не умею читать. И это величайшая беда моей жизни. Я сделаю все что угодно, лишь бы дети из моей деревни никогда не испытали этого чувства. Заплачу любую цену, лишь бы они получили образование. Они это заслужили».

«Сидя рядом с ним, — вспоминает Мортенсон, — я понял, что все трудности, через которые я прошел, дав обещание построить школу, вся моя борьба не идут ни в какое сравнение с той жертвой, которую готов был принести ради своего народа этот человек. Он был неграмотным, никогда не покидал своей маленькой деревни в Каракоруме. Но это был самый мудрый человек, какого я встречал в жизни».

Глава 13

В заточении

Вазири — самое большое племя приграничной полосы, но степень их цивилизованности крайне низка. Это раса грабителей и убийц. Этого народа боятся даже соседние магометанские племена. Их считают свободолюбивыми и жестокими, горячими и легкомысленными, исполненными чувства собственного достоинства, но суетными. Магометане из оседлых районов часто называют их настоящими варварами.

Британская энциклопедия, издание 1911 года

Из номера своего ветхого двухэтажного отеля Мортенсон наблюдал за тем, как по оживленному Хайбер-базару на деревянной тележке передвигается безногий мальчик. Ему было не больше десяти лет. Судя по шрамам на культях, ребенок стал жертвой противопехотной мины. Мальчик мучительно продвигался вперед, туда, где торговец в тюрбане помешивал в большом котле чай с кардамоном. Голова мальчишки находилась на уровне выхлопных труб проезжавших мимо грузовиков. Он не мог видеть, а Мортенсон заметил, как водитель сел за руль большого пикапа, груженного протезами, и завел двигатель.

Грег подумал: ребенку-инвалиду очень нужны эти протезы, сваленные в кузов машины, как дрова. Но вряд ли он их когда-нибудь получит, потому что какой-то местный Чангази уже успел украсть их у благотворительной организации. Он заметил, что грузовик движется прямо на мальчика. На самом распространенном в этом регионе языке пушту Мортенсон не говорил. «Осторожно!» — закричал он на урду, надеясь, что мальчик его поймет. Но можно было не беспокоиться. Ребенок умел выживать на улицах Пешавара[1]. Он мгновенно почувствовал опасность и ловко поднялся на тротуар.

Пешавар — столица пакистанского «Дикого запада». Когда строительство школы в Корфе завершилось, Мортенсон приехал в этот пограничный город в новом качестве — как директор Института Центральной Азии.

По крайней мере, он так думал...

Пешавар — это ворота к Хайберскому перевалу, исторически связывающему Пакистан и Афганистан. Студенты пешаварских медресе меняли книги на автоматы и отправлялись через перевал, чтобы присоединиться к движению, стремившемуся свергнуть правителей соседнего Афганистана.

КОГДА МОРТЕНСОН ПРИЕХАЛ В ПЕШАВАР, АРМИЯ СТУДЕНТОВ-ИСЛАМИСТОВ ПЕРЕШЛА В НАСТУПЛЕНИЕ И ЗАХВАТИЛА КРУПНЫЙ АФГАНСКИЙ ГОРОД ДЖЕЛАЛАБАД.

В августе 1996 года (именно тогда Мортенсон приехал в Пешавар) армия студентов-исламистов перешла в наступление и захватила крупный афганский город Джелалабад. К движению Талибан присоединялись тысячи пакистанцев. Пограничники беспрепятственно пропускали через пере-

[1] Пешавар — административный центр северо-западного приграничья Пакистана.

вал тысячи бородатых юношей в тюрбанах, с подведенными сурьмой глазами. Студенты ехали на грузовиках и пикапах. С собой они везли автоматы и тома Корана. Навстречу им тек поток измученных беженцев, пытавшихся укрыться от войны. Эти люди селились в лагерях на окраинах Пешавара.

Мортенсон собирался уехать еще два дня назад. Ему нужно было определить места строительства новых школ, но обстановка стала настолько напряженной, что он решил задержаться в Пешаваре. В чайных только и говорили, что о стремительных победах талибов. Слухи распространялись со скоростью света. В городе то и дело начиналась стрельба — сторонники движения Талибан палили в воздух из автоматов. Говорили, что батальоны Талибан уже вышли на окраины Кабула, а то и захватили афганскую столицу, что президент Наджибулла, лидер коррумпированного постсоветского режима, бежал во Францию или был казнен на футбольном стадионе.

* * *

Несмотря на непогоду, семнадцатый сын богатого саудита[1] Усама бен Ладен зафрахтовал самолет компании «Ариана Эйрлайнз» и вылетел в Афганистан. Самолет приземлился на заброшенной авиабазе на окраине Джелалабада. Саудит вез с собой дипломаты, набитые потрепанными стодолларовыми

---

[1] Саудиты — правящая королевская династия в Саудовской Аравии. Порой в СМИ «саудитами» называют любых жителей этой страны. В данном случае автор применил именно такую трактовку данного понятия. *(Прим. ред.)*

банкнотами. Его сопровождали боевики, которые уже прошли хорошую школу войны с Советским Союзом. Усама был в плохом настроении. Из-за давления со стороны Соединенных Штатов и Египта ему пришлось отказаться от вполне комфортного существования в Судане и перебраться в Афганистан. Хаос, царивший в этой стране, его более чем устраивал. А вот отсутствие удобств угнетало. Талибы не могли обеспечить достаточный уровень комфорта, поэтому бен Ладен обрушил свою ярость на тех, кто заставил его отправиться в изгнание — на американцев.

Когда Грег Мортенсон прибыл в Пешавар, Бен Ладен впервые призвал к вооруженной борьбе против американцев. Он издал «Декларацию открытого джихада против американцев, оккупировавших страну двух святынь». Под «страной двух святынь» имелась в виду Саудовская Аравия, где базировались пять тысяч американских солдат. Бен-Ладен призвал своих последователей повсюду нападать на американцев и «причинять им как можно больше вреда».

УСАМА БЕН ЛАДЕН ПРИЗВАЛ СВОИХ ПОСЛЕДОВАТЕЛЕЙ ПОВСЮДУ НАПАДАТЬ НА АМЕРИКАНЦЕВ И «ПРИЧИНЯТЬ ИМ КАК МОЖНО БОЛЬШЕ ВРЕДА».

Подобно большинству граждан США, Мортенсон в то время еще не слышал о бен Ладене. Он чувствовал, что находится в эпицентре исторических событий, и не хотел покидать город. Кроме того, было трудно найти подходящее сопровождение. Перед отъездом из Корфе Грег обсуждал свои планы с Хаджи Али. «Пообещай мне одну вещь, — сказал старый балти. — Никогда никуда не езди в одиночку. Найди человека, которому сможешь доверять, лучше всего вождя деревни, и жди, пока он не пригласит тебя в свой дом выпить чаю. Потом попроси его об охране. Только это обеспечит тебе безопасность».

* * *

Найти в Пешаваре человека, заслуживающего доверия, оказалось труднее, чем думал Мортенсон. Город издавна был главным черным рынком Пакистана, он буквально кишел подозрительными личностями; тут торговали опиумом и оружием. В дешевом отеле, где поселился Грег, постоянно встречались какие-то странные люди. Ветхий дом, в котором Мортенсон провел пять ночей, некогда был особняком богатого торговца. Его комната располагалась на женской половине. Окна, закрытые причудливой каменной резьбой, выходили на улицу. Отсюда женщины могли наблюдать за происходящим на базаре, сами оставаясь невидимыми для посторонних, как того и требовали исламские законы.

В пятницу утром швейцар отеля предупредил его, что иностранцу лучше не показываться на глаза местным жителям. В этот день в мечетях, заполненных возбужденной молодежью, муллы произносили самые подстрекательские и яростные проповеди. Пятничное возбуждение толпы, взбудораженной известиями из Афганистана, — реальная угроза для любого иностранца, тем более для американца.

Мортенсон услышал стук в дверь. В комнату с чайником на подносе и свертком под мышкой вошел Бадам Гуль. На его нижней губе висела сигарета. Мортенсон познакомился с этим человеком накануне вечером. Бадам Гуль тоже жил в отеле. Вместе они слушали по радио, что стояло в вестибюле гостиницы, сообщение Би-би-си о ракетных обстрелах Кабула.

ПЯТНИЧНОЕ ВОЗБУЖДЕНИЕ ТОЛПЫ, ВЗБУДОРАЖЕННОЙ ИЗВЕСТИЯМИ ИЗ АФГАНИСТАНА, — РЕАЛЬНАЯ УГРОЗА ДЛЯ ЛЮБОГО ИНОСТРАНЦА, ТЕМ БОЛЕЕ ДЛЯ АМЕРИКАНЦА.

Гуль рассказал, что он — выходец из Вазиристана. Занимался тем, что ловил по всей Центральной Азии редких бабочек и продавал их европейским музеям. Мортенсон подумал, что через границы региона он перевозил не только бабочек, но выяснять подробности не стал. Узнав о том, что Мортенсон собирается посетить Вазиристан, Гуль предложил проводить его в свою деревню Ладху. Хаджи Али подобный план не одобрил бы. Но Тара была беременна, должна была через месяц родить, и у Грега не было времени на поиски надежного сопровождающего.

Гуль разлил чай и развернул сверток. В газету с изображениями бородатых вооруженных мужчин был завернут белый традиционный костюм. Рубашка без ворота была расшита на груди серебром. К костюму прилагался серый жилет. «Так одеваются мужчины Вазиристана, — сказал Гуль, прикуривая вторую сигарету от первой. — Я выбрал самый большой размер. Можешь заплатить сразу?»

Прежде чем убрать деньги в карман, Гуль тщательно их пересчитал. Они договорились отправиться на рассвете. Мортенсон заказал трехминутный международный разговор. Он сообщил Таре, что направляется в такую местность, откуда не сможет звонить ей несколько дней. Он пообещал вернуться в Америку ко времени ее родов.

На рассвете Мортенсон осторожно спустился в вестибюль. Его уже поджидала серая «тойота». Несмотря на то что Гуль выбрал для него самый большой размер костюма, рубашка туго обтянула плечи, а брюки доставали лишь до середины икр. Улыбаясь, Гуль сообщил, что его неожиданно вызвали в Афганистан по делам. Но водитель Хан родился в небольшой деревне рядом с Ладхой. Он согласен доставить пассажира по назначению. Грег хотел отказаться, но все же решился ехать.

Машина мчалась на юг. Мортенсон слегка отодвинул белую кружевную занавеску, которая защищала заднее сиденье от любопытных глаз. Огромные укрепления крепости Бала-Гисар пылали в лучах восходящего солнца, как вулкан накануне пробуждения.

Проехав сто километров к югу, они оказались в Вазиристане — самой непокорной приграничной провинции Пакистана, буферной зоне между Пакистаном и Афганистаном. Издавна племя вазири оказалось разделенным между двумя государствами.

ПРОЕХАВ СТО КИЛОМЕТРОВ К ЮГУ, ОНИ ОКАЗАЛИСЬ В ВАЗИРИСТАНЕ – САМОЙ НЕПОКОРНОЙ ПРИГРАНИЧНОЙ ПРОВИНЦИИ ПАКИСТАНА.

Когда Жан Эрни назначил Мортенсона директором Института Центральной Азии, Грег поклялся себе, что станет настоящим специалистом. Всю зиму между поездками в больницу с Тарой и ремонтом спальни на верхнем этаже, которую супруги решили превратить в детскую, Грег читал книги о Пакистане и соседствующих с ним государствах.

Больше всего его заинтересовал Вазиристан. Эта территория была заселена пуштунами, которые не считали себя ни пакистанцами, ни афганцами. Интересы племени были для них превыше всего. Со времен Александра Македонского завоеватели наталкивались в этом регионе на ожесточенный отпор. После каждого поражения в Вазиристан отправлялись новые, лучше вооруженные армии. Печальная для захватчиков слава Вазиристана росла. Потеряв тысячи солдат, Александр приказал отступить и покинуть земли «пустынных дьяволов». Британцам повезло не больше. Они потерпели от пуштунов поражение в двух войнах в Вазиристане.

В 1893 году обессиленные британские войска отступили из Вазиристана к линии Дюрана — границе между Британской Индией и Афганистаном. Линия Дюрана проходила по территориям пуштунов — она была воплощением принципа, которым всегда руководствовались англичане: «разделяй и властвуй». Но никому так и не удалось покорить вазири. Хотя с 1947 года Вазиристан номинально являлся частью Пакистана, Исламабад практически не влиял на ситуацию в регионе. Единственным средством воздействия на пуштунов были взятки вождям племен. Армейские гарнизоны располагались в настоящих крепостях, но контролировали лишь территории, границы которых проходили на расстоянии ружейного выстрела от стен фортов.

ВАЗИРИСТАН БЫЛ ЗАСЕЛЕН ПУШТУНАМИ, КОТОРЫЕ НЕ СЧИТАЛИ СЕБЯ НИ ПАКИСТАНЦАМИ, НИ АФГАНЦАМИ.

Отважные вазири, люди, так отчаянно сопротивлявшиеся великим мировым державам, вызывали искреннее восхищение Мортенсона. Примерно то же самое он читал о балти, готовясь к восхождению на К2. Ему казалось, что мир не понимает ни тех, ни других. У этих народов была одна жестокая судьба. Грег, как мог, помогал балти. И теперь направлялся в Вазиристан, чтобы помогать вазири.

«Тойота» проехала через шесть блокпостов. Мортенсон был уверен, что на одном из них его остановят и завернут назад. Но этого не случилось. На каждом посту военные заглядывали на заднее сиденье машины и с интересом изучали огромного потного иностранца в нелепом наряде. Каждый раз Хан лез в карман своей кожаной куртки, которую не снимал, несмотря на жару, и отсчитывал рупии, чтобы продолжить путь на юг.

НА КАЖДОМ ПОСТУ ВОЕННЫЕ ЗАГЛЯДЫВАЛИ НА ЗАДНЕЕ СИДЕНЬЕ МАШИНЫ И С ИНТЕРЕСОМ ИЗУЧАЛИ ОГРОМНОГО ПОТНОГО ИНОСТРАНЦА В НЕЛЕПОМ НАРЯДЕ.

Наконец «тойота» достигла Вазиристана. Машина ехала по ровной, безжизненной долине, покрытой черной галькой. Под солнцем пустыни камни раскалялись, над ними висела прозрачная дымка. Мортенсон преисполнился еще большего восхищения людьми, умеющими жить в подобных суровых условиях.

Мрачные коричневые горы в пятнадцати километрах западнее дороги наполовину принадлежали Пакистану, наполовину — Афганистану. (Мортенсон подумал, что британцы явно обладали чувством юмора, если проложили границу между странами по столь безжизненному региону.) Местные контрабандисты всю жизнь преодолевают здешние горные перевалы и отлично знают все укрытия. Пещер здесь столько же, сколько гор. Американский спецназ сломал зубы о лабиринт горных тоннелей Тора-Бора, пытаясь воспрепятствовать переходу Усамы бен Ладена и боевиков Аль-Каеды в Вазиристан. Выкурить оттуда фундаменталистов не представлялось никакой возможности.

Мортенсону казалось, что он попал в Средневековье, в мир воюющих между собой городов-государств. Пакистанские гарнизоны заняли бывшие британские крепости. Солдаты здесь служили всего по году. Поселения вазири располагались на каменистых возвышенностях по обе стороны дороги. Каждую деревню окружала глинобитная стена высотой шесть метров с бойницами и сторожевыми башнями. На башнях Грег увидел одинокие фигуры. Издалека ему показалось, что это вороны, но, подъехав поближе, он увидел, что это вооруженные мужчины, которые держали их машину на прицелах автоматов.

МОРТЕНСОНУ КАЗАЛОСЬ, ЧТО ОН ПОПАЛ В СРЕДНЕВЕКОВЬЕ, В МИР ВОЮЮЩИХ МЕЖДУ СОБОЙ ГОРОДОВ-ГОСУДАРСТВ.

Вазири не показывают чужакам не только своих женщин. С 600 года до наших дней это племя сопротивляется внешнему миру изо всех сил, сохраняя край таким же закрытым, как скрыты от посторонних глаз его женщины.

Они проезжали мимо оружейных мастерских, где ремесленники-вазири искусно копировали иностранное автоматическое оружие. На обед остановились в самом крупном поселении Вазиристана, Банну. Пришлось пробираться через глухую пробку из запряженных ослами повозок и пикапов. В чайной Мортенсон расположился поудобнее и попытался завязать разговор с соседями по столу. Рядом с ним сидели старики — как раз к таким людям и советовал обращаться Хаджи Али. Мортенсон говорил на урду, и его не понимали. Он подумал, что, вернувшись в Боузмен, стоит изучить пушту.

Напротив чайной за высокими стенами скрывалось построенное саудитами медресе. Через два года туда приедет изучать ваххабизм[1] «американский талиб» Джон Уокер Линд. После американской прохлады жгучее солнце Вазиристана покажется Линду невыносимым. Он перейдет границу и продолжит образование в горном медресе Афганистана, которое будет финансировать Усама бен Ладен.

Весь день Грег и его водитель Хан ехали дальше и дальше. По дороге Мортенсон пытался запомнить несколько вежливых приветствий на языке пушту.

«Мы ехали по самой суровой местности, какую только можно себе представить. И в то же время она была великолепно безмятежной, — вспоминает Мортенсон. — Мы забрались в са-

---

[1] Ваххабизм — религиозно-политическое течение в исламе, возникшее в XVIII веке в Центральной Аравии.

мое сердце племенных территорий. Я был в восторге от того, что нам это удалось».

«МЫ ЕХАЛИ ПО САМОЙ СУРОВОЙ МЕСТНОСТИ, КАКУЮ ТОЛЬКО МОЖНО СЕБЕ ПРЕДСТАВИТЬ. И В ТО ЖЕ ВРЕМЯ ОНА БЫЛА ВЕЛИКОЛЕПНО БЕЗМЯТЕЖНОЙ».

Когда солнце село за афганские горы, машина въехала в Кот Лангархель, родную деревню Хана. Там было два магазина, стоявших по обе стороны от каменной мечети. У Мортенсона возникло ощущение, что он попал на край света. Грязный пегий козел неспешно брел по середине дороги. Хан поздоровался с мужчинами, сидевшими у магазинного склада, и велел им закатить автомобиль в гараж.

Зайдя на склад, Грег сразу насторожился. На мешках и штабелях сидели шестеро вазири и курили гашиш. Все были вооружены до зубов. Вдоль стен стояли базуки, переносные ракетные установки и ящики с новенькими «АК-47». Мортенсон заметил, что из-за коробок с продуктами торчат антенны военных полевых раций, и понял: он оказался в самом сердце расположения крупной и отлично организованной банды контрабандистов.

Вазири живут по закону пуштунвали. Его основами являются кровная месть, бадал, а также защита семьи, имущества и земли. И еще один закон непререкаемо соблюдается в Вазиристане — закон гостеприимства. Хозяин обязан защищать гостя, которому нужна его помощь. Сложность заключается лишь в том, чтобы попасть в этот край гостем, а не захватчиком. Мортенсон в своем нелепом наряде выбрался из машины и изо всех сил постарался казаться гостем. Искать другое место для ночлега было слишком опасно.

«Я вспомнил все, чему меня учили в Балтистане, и постарался приветствовать этих мужчин максимально уважительно, — вспоминает Мортенсон. — По дороге Хан научил меня нескольким словам на пушту. Я поинтересовался, как поживают их родственники, и выразил надежду на то, что все они в добром здравии».

Многие мужчины вазири вместе с американскими спецназовцами воевали за пуштунские земли в Афганистане против Советской армии. За пять лет до начала «ковровых» бомбардировок Вазиристана с самолетов США американцев здесь принимали довольно приветливо.

Самый устрашающий из контрабандистов, от которого исходил густой запах гашиша, предложил Мортенсону трубку. Грег постарался отказаться максимально вежливо. «Наверное, мне нужно было покурить с ними, чтобы подружиться, но я не хотел чувствовать себя еще более безумным, чем был в тот момент», — вспоминает он.

Главарем контрабандистов был высокий мужчина в темных очках. На верхней губе у него, подобно крыльям летучей мыши, топорщились жесткие черные усы. Хан принялся обсуждать с ним, куда пристроить иностранца на ночь. Когда они замолчали, водитель сделал глубокую затяжку и повернулся к Мортенсону. «Хаджи Мирза любезно приглашает тебя в свой дом», — сказал он, выпуская дым сквозь зубы. Напряженность, которая не отпускала Грега с момента приезда в деревню, наконец-то спала. Теперь все будет в порядке. Он — гость.

НАПРЯЖЕННОСТЬ, КОТОРАЯ НЕ ОТПУСКАЛА ГРЕГА С МОМЕНТА ПРИЕЗДА В ДЕРЕВНЮ, НАКОНЕЦ-ТО СПАЛА. ТЕПЕРЬ ВСЕ БУДЕТ В ПОРЯДКЕ. ОН – ГОСТЬ.

Около получаса они в полной темноте поднимались на холм. Повсюду рос инжир, от которого исходил такой же сладкий аромат, как и от пропахшей гашишем одежды вазири. Они шли молча; тишину нарушало лишь ритмичное позвякивание автоматов. Последний луч солнца погас над Афганистаном. На вершине холма Хаджи Мирза что-то гортанно выкрикнул. Массивные деревянные двери в шестиметровой по высоте глинобитной стене (над ней высилась пятнадцатиметровая сторожевая башня, откуда снайперы могли подстрелить любого незваного гостя) медленно раскрылись. Охранник поднял керосиновый фонарь и внимательно осмотрел Мортенсона. Судя по лицу вазири, он предпочел бы пристрелить Грега, но после недолгого разговора с Хаджи Мирзой отступил в сторону и впустил их в деревню.

Мортенсона и Хана провели в дом. Они оказались в небольшой комнате, устланной коврами. В ней сидели трое бородатых мужчин с автоматами. К тому моменту, когда подали традиционный зеленый чай с кардамоном, водитель уже привалился к подушкам, натянул на голову кожаную куртку и мерно захрапел. Хаджи ушел распорядиться об ужине.

Два часа в полном молчании Грег пил чай в обществе четырех контрабандистов. Наконец подали ужин — дымящиеся куски жареного мяса. По комнате распространился острый аромат баранины, который разбудил даже Хана. Хотя водитель был городским жителем, при виде мяса он тут же достал кинжал, как и все остальные вазири. Затем слуга принес большой поднос с кабульским пловом — вареным рисом с морковью, гвоздикой и изюмом. Впрочем, мужчины смотрели только на баранину. Они набросились на нее, ловко орудуя длинными кинжалами. Они срезали с костей куски нежного мяса и отправляли их в рот прямо с ножей.

ДВА ЧАСА В ПОЛНОМ МОЛЧАНИИ ГРЕГ ПИЛ ЧАЙ В ОБЩЕСТВЕ ЧЕТЫРЕХ КОНТРАБАНДИСТОВ. НАКОНЕЦ ПОДАЛИ УЖИН.

«Я думал, что только балти так относятся к мясной пище, — вспоминает Мортенсон, — но здесь стал участником самой первобытной, варварской трапезы в своей жизни. Через десять минут на блюде остались только кости. Мужчины вытирали жирные руки о собственные бороды».

Вазири расположились на подушках и закурили трубки с гашишем и сигареты. Один из них протянул Мортенсону сигарету, которая еще пахла бараниной, и Грег принял ее. К полуночи он начал задремывать. Один из контрабандистов расстелил для него коврик. Засыпая, Мортенсон думал, что все оказалось не так плохо. В конце концов ему удалось вступить в контакт с одним из главарей банды, Хаджи Мирзой. Завтра можно будет познакомиться с кем-нибудь еще и узнать, как жители деревни относятся к идее постройки школы.

Грегу снилось, что он снова оказался в Хане, где Джанджунгпа кричит на Ахмалу, объясняя тому, почему деревне нужна альпинистская, а не обычная школа. Его разбудил чей-то крик. Он вскочил, не понимая, что происходит. Прямо перед его лицом какой-то человек держал фонарь, отбрасывавший на стены гротескные тени. Мортенсон увидел дуло автомата «АК-47», которое было нацелено прямо ему в грудь.

Автомат и фонарь принадлежали заросшему до самых глаз бородой боевику в сером тюрбане. Он кричал на языке, которого Грег не понимал. За его спиной стояли еще четверо. За окнами было темно. Грегу так хотелось спать, что он совершенно не понимал, чего хотят от него незнакомые мужчины, вооруженные автоматами.

Боевики резко подняли его на ноги и поволокли к двери. Грег пытался отыскать взглядом Хана или Хаджи Мирзу, но в комнате их не было. Его вытащили из дома.

Кто-то замотал Мортенсону глаза куском грубой материи и туго затянул повязку. «Помню, что тогда подумал: «На улице кромешная темнота. Что я могу увидеть?» — вспоминает он. Боевики поволокли Грега по улице, вынуждая его почти бежать и больно толкая в спину, когда он спотыкался на камнях. В конце концов его швырнули в кузов грузовика и придавили чем-то тяжелым.

«Мы ехали примерно три четверти часа, — вспоминает Мортенсон. — Я наконец окончательно проснулся и задрожал: в пустыне было довольно холодно. Кроме того, я по-настоящему был напуган».

Боевики, ехавшие в кузове, ожесточенно спорили на пушту. Мортенсон подумал, что они обсуждают, что с ним делать. Но почему они вообще его захватили? И где были Хаджи Мирза и его вооруженные люди? Почему он не слышал ни одного выстрела? Мысль о том, что люди, которые его пленили, — сообщники Мирзы, страшно испугала Грега. От его похитителей пахло дымом и немытым телом. Мортенсон с ужасом подумал о том, что уже никогда не увидит жену.

Грузовик свернул с дороги на ухабистый проселок. Через некоторое время машина, резко дернувшись, остановилась. Сильные руки подхватили его и вытащили из кузова. Он слышал, как кто-то отпирает замок, затем лязгнула железная дверь. Грега втолкнули внутрь какого-то помещения. И тут с его глаз сняли повязку.

Он находился в полутемной комнате с высоким потолком. В ширину комната была не больше трех метров, в длину — около шести. Возле крохотного окошка висела керосиновая лампа.

Мортенсон повернулся к тем, кто его привез, мысленно уговаривая себя не поддаваться панике, но увидел лишь, как закрывается тяжелая дверь. Затем услышал, как запирают замок.

ОТ ЕГО ПОХИТИТЕЛЕЙ ПАХЛО ДЫМОМ И НЕМЫТЫМ ТЕЛОМ. ГРЕГ С УЖАСОМ ПОДУМАЛ О ТОМ, ЧТО УЖЕ НИКОГДА НЕ УВИДИТ ЖЕНУ.

В дальнем конце комнаты Мортенсон обнаружил шерстяное одеяло и небольшой коврик. Здравый смысл подсказал ему, что лучше уснуть, чем мерять шагами свою тюрьму, раздумывая о будущем. Он улегся на коврик, натянул на себя грязное одеяло и провалился в глубокий сон.

Открыв глаза, Грег увидел своих похитителей. Двое мужчин сидели возле него на корточках. Из крохотного окна пробивался дневной свет. «Чай», — сказал один из них и протянул ему кружку. Мортенсон отхлебнул теплую жидкость и попытался улыбнуться боевикам. Судя по их загорелым обветренным лицам, большую часть времени они проводили на открытом воздухе. Ему показалось, что обоим было уже за пятьдесят. Их бороды щедро подернула седина. Лоб того, кто подал ему чай, пересекал широкий красный шрам.

«Наверное, это моджахедины, — решил Грег, — ветераны афганской войны с Советами. Но чем они занимаются сейчас? И что собираются с ним сделать?»

«НАВЕРНОЕ, ЭТО МОДЖАХЕДИНЫ, – РЕШИЛ ГРЕГ, – ВЕТЕРАНЫ АФГАНСКОЙ ВОЙНЫ С СОВЕТАМИ. НО ЧТО ОНИ СОБИРАЮТСЯ С НИМ СДЕЛАТЬ?»

Мортенсон допил чай и знаками показал, что ему нужно в туалет. Боевики подхватили автоматы и повели его во двор. Человек со шрамом указал на примитивный деревянный сортир. Грег попытался прикрыть за собой дверь, но боевик открыл ее ногой и вошел с ним внутрь. Второй наблюдал за Грегом со двора. «Мне часто доводилось пользоваться подобными туалетами, — вспоминает Мортенсон. — Но сейчас нужно было сделать это на глазах у двоих мужчин. Знаете, непросто облегчиться, когда на тебя пристально смотрят».

Затем его отвели в ту же комнату. Грег попытался заговорить со своими охранниками. Но они не обращали внимания на его слова и жесты.

«Я пал духом, — вспоминает Мортенсон. — И подумал: «Это не может долго продолжаться». Собственные перспективы мне виделись чернее черного». Свет в маленьком окошке померк. Охранники зажгли фонарь, но он не освещал комнату. Силы оставили Грега и, забыв о страхе, он уснул. Но беспокойство не оставляло его и во сне: он то и дело вздрагивал всем телом, открывал глаза — и вновь проваливался в небытие.

Проснувшись, Грег увидел рядом с собой на полу иллюстрированный журнал. Это был ноябрьский, 1979 года, выпуск

«Тайм[1]». На обложке под крупным заглавием «Испытание воли» красовалось изображение ухмыляющегося аятоллы[2] Хомейни, зловеще нависшего над фотографией испуганного Джимми Картера.

Мортенсон пролистал пожелтевшие от времени страницы. Журнал был посвящен политическому кризису, вызванному тем, что в Иране исламисты захватили американское посольство и всех, кто в нем находился. Грегу стало не по себе, когда он увидел фотографии беспомощных соотечественников с завязанными глазами, оказавшихся в руках толпы фанатиков. Зачем ему дали этот номер? Чтобы знал, что его ждет? Или это знак гостеприимства — хозяева «угостили» его единственным журналом на английском языке, что у них был?

Просматривая «Тайм» при тусклом свете керосиновой лампы, Грег читал репортажи о захвате посольства в Тегеране, о том, как исламисты обращались с заложниками. Всем американцам связали руки и ноги. Спали они на голом полу. Их освобождали только во время еды, для пользования туалетом и для курения. «Связанные руки доставляли такие мучения, что курить начали даже некурящие», — приводились слова заложницы Элизабет Монтань.

Исламисты отпустили семерых чернокожих морских пехотинцев — во время пресс-конференции, которая проходила под лозунгом: «Угнетенные чернокожие. Американское правительство — наш обший враг». Сержант Ладелл

---

[1] «Тайм» — общественно-политический еженедельный журнал в США.

[2] Аятолла — богослов-законовед высшего ранга у шиитов.

Маплз сообщил, что его вынудили выступить с восхвалением иранской революции, пригрозив расстрелять, если он откажется.

Журналисты «Тайм» писали: «Белый дом полагает, что печальная вероятность того, что заложники встретят Рождество с боевиками Хомейни в Тегеране, очень велика». Спустя семнадцать лет Мортенсон отлично знал, что в ноябре 1979 года журналисты и предполагать не могли, что заложники встретят в Тегеране два Рождества и проведут в плену 444 дня...

Грег отложил журнал в сторону. Его, по крайней мере, не связывали и не пытались расстрелять. Пока... Все может измениться. Но мысль о том, что в этой комнате придется провести 444 дня, была невыносима...

В НОЯБРЕ 1979 ГОДА ЖУРНАЛИСТЫ И ПРЕДПОЛОЖИТЬ НЕ МОГЛИ, ЧТО ЗАЛОЖНИКИ ВСТРЕТЯТ В ТЕГЕРАНЕ ДВА РОЖДЕСТВА И ПРОВЕДУТ В ПЛЕНУ 444 ДНЯ.

Принесли плов. Всю ночь Грег не спал, обдумывая свои дальнейшие действия. В журнале «Тайм» писали, что иранцы подозревали заложников в связях с ЦРУ. Может, и его похитили по той же причине? Считают агентом, направленным для изучения движения Талибан? Вполне вероятно. Но он не владеет пушту, так что объяснить свои намерения ему не удастся.

Может быть, его похитили ради выкупа? Хотя он все еще надеялся на то, что произошло простое недоразумение, мысль о выкупе показалась ему здравой. Или его схватили как неверного, оказавшегося на территории фундаменталистов? Охранники заснули, а Мортенсон все ворочался на своем коврике. И вдруг его осенило: портной в Равалпинди научил его молиться! Значит, он все-таки сможет повлиять на охранников, не говоря на их языке!

На следующий день, когда принесли чай, Грег уже был готов действовать. «Коран?» — произнес он и вытянул перед собой руки с раскрытыми ладонями. Охранники поняли его сразу. Человек со шрамом произнес что-то на пушту. Грег понял, что на его просьбу обратили внимание.

Только на третий день заточения Мортенсона к нему в комнату вошел старик, которого можно было принять за местного муллу. Он принес потрепанный пыльный Коран в обложке из зеленого бархата. На всякий случай Мортенсон поблагодарил его на урду, но старик не понял. Грег положил книгу на свой коврик и выполнил ритуальное омовение в отсутствие воды, а потом почтительно открыл священную книгу.

Грег склонился над Кораном, делая вид, что читает. Он повторял суры, которым его обучил портной из Равалпинди. Удивленный мулла удовлетворенно кивнул и вышел. Мортенсон вспомнил Хаджи Али. Тот был неграмотным, но листал Коран точно так же. Улыбнулся, подумав о своем друге.

Мортенсон молился пять раз в день. Он слышал призыв муэдзина с соседней мечети и молился по-суннитски — он же находился в стране суннитов! Впрочем, если его план и возымел какое-то действие, то поведение охранников совершенно не изменилось. В перерывах между молитвами он листал журнал «Тайм».

Он решил пропускать статьи о заложниках, потому что они будили в нем чувство тревоги. Мортенсон часто смотрел на суровый профиль знаменитого кандидата в президенты США, который в то время только объявил о своем намерении баллотироваться в президенты. Это был Рональд Рейган. «Настало время перестать думать о том, нравимся ли мы кому-либо, и начать возвращать себе уважение мира, — заявил Рейган журналисту «Тайм». — Ни один диктатор больше не сможет захватить наше посольство и взять в заложники наших людей».

Мир стал по-настоящему уважать Америку. Но чем это может помочь ему, Мортенсону? Даже если американские дипломаты и хотели бы освободить его, никто не знал, где он находится.

ДАЖЕ ЕСЛИ АМЕРИКАНСКИЕ ДИПЛОМАТЫ И ХОТЕЛИ БЫ ОСВОБОДИТЬ ЕГО, НИКТО НЕ ЗНАЛ, ГДЕ ОН НАХОДИТСЯ.

Минул пятый день заточения. Ночью вдалеке раздались короткие автоматные очереди. В ответ стрельбу открыли вблизи, откуда-то сверху, наверное, со сторожевой башни.

На шестую ночь Мортенсон почувствовал смертельную тоску. Он тосковал по Таре. Грег обещал ей, что вернется через пару дней. Она наверняка волновалась, и его терзала мысль о том, что он не может ее успокоить. Он отдал бы все, лишь бы увидеть фотографию, сделанную в день свадьбы. На том снимке они обнимались, стоя возле трамвая. Счастливая Тара смотрела прямо в камеру....

Усилием воли Грег отогнал мрачные мысли и, придвинувшись к закопченной лампе, принялся листать журнал, думая об уютном, спокойном мире, оставшемся далеко-далеко. Он снова и снова рассматривал рекламу «шевроле». Симпатичная женщина улыбалась с переднего сиденья новенького автомобиля, а позади нее сидели двое очаровательных малышей. Настоящая семейная идиллия!

Потом почти два часа он не отводил глаз от рекламы фотоаппаратов «кодак». Она занимала целый разворот и представляла собой изображение рождественской елки, на ветках которой вместо украшений были развешаны «кодаковские» фотографии счастливой семьи. Вот убеленный сединами дедушка учит светловолосого мальчика пользоваться рождественским подарком — спиннингом. Вот сияющая мать в окружении румяных малышей распаковывает футбольные шлемы и плюшевых щенят...

Детство Мортенсона прошло в Африке. Каждый год он с родителями наряжал лишь маленькую искусственную сосенку. Но разве дело в том, что именно ты наряжаешь на Рождество — сосенку или елку? Главное, что ты счастлив.

Фотографии из «Тайма» согревали его душу. Они были

единственной связью Грега с родным, знакомым миром, миром, в котором не существовало комнатушек, пропахших керосином, и страшных бородатых мужчин с автоматами.

На рассвете шестого дня Мортенсон «изучал» рекламу электрической зубной щетки. Слоган в ней гласил: «Улыбка не должна стать просто воспоминанием». Рекламный фотоколлаж изображал три поколения крепкой американской семьи на ступенях массивного кирпичного дома. Эти люди лучезарно улыбались и смотрели друг на друга с любовью и заботой. Грег снова вспомнил о Таре и с тоской подумал: здесь никто не собирался ни любить, ни заботиться о нем.

Он почувствовал, что рядом кто-то стоит. Поднял глаза и увидел крупного мужчину. Седая борода гостя была аккуратно подстрижена. Мужчина улыбнулся, вежливо поздоровался с Мортенсоном на пушту, а потом сказал по-английски: «Значит, ты и есть американец».

МОРТЕНСОН ПОДНЯЛСЯ, ЧТОБЫ ПОЖАТЬ ГОСТЮ РУКУ, И ГОЛОВА ЕГО ЗАКРУЖИЛАСЬ. В ЗАТОЧЕНИИ ОН ЕЛ ТОЛЬКО РИС И ПИЛ ЧАЙ.

Мортенсон поднялся, чтобы пожать гостю руку, и голова его закружилась. В заточении он ел только рис и пил чай. Мужчина подхватил его за плечи, удержал и велел подать завтрак.

Грег спросил, как зовут его гостя. Мужчина немного помедлил и ответил: «Называй меня просто Хан». В Вазиристане такое имя — то же самое, что Смит в Америке.

Хотя Хан был настоящим вазири, он учился в британской школе в Пешаваре. Он не стал объяснять, зачем приехал, но было ясно, что сделал это из-за американца. За чаем Мортенсон рассказал ему о своей работе в Балтистане. Объяснил, что собирался построить для пакистанских детей новые школы и приехал в Вазиристан, чтобы узнать, нужна ли здесь его помощь.

Грег с тревогой ожидал реакции Хана; надеялся, что все происшедшее с ним — лишь недоразумение и очень скоро он будет на пути в Пешавар. Но гость не спешил успокоить пленника. Хан взял журнал и начал рассеянно перелистывать его. Было ясно, что мысли его где-то далеко. Он задержал внимание на статье об американской армии, и Мортенсон насторожился. Указывая на фотографию женщины в военной форме с полевой рацией в руках, Хан спросил: «Американская армия посылает в бой даже женщин?» «Иногда, — осторожно ответил Грег. — В нашей стране женщины могут выбирать любую работу». И с испугом подумал, не оскорбил ли своего гостя.

«Моя жена скоро должна родить нашего первенца, сына, — сказал он. — И мне нужно быть дома ко времени родов».

Несколько месяцев назад Тара прошла ультразвуковую диагностику. Мортенсону показали расплывчатый, неопределенный снимок дочери. «Но я знал, что для мусульман важнее всего рождение сына, — вспоминает Мортенсон. — Мне не хотелось лгать, но я подумал, что ради первенца он может меня отпустить».

Хан словно не слышал его слов. Он продолжал смотреть на армейский снимок и хмурился. «Я сказал жене, что скоро буду дома, — добавил Мортенсон. — Она, наверное, беспокоится. Можно мне позвонить ей, чтобы сказать, что все в порядке?»

«Здесь нет телефонов», — ответил Хан.

«А на постах пакистанской армии? Нельзя позвонить оттуда?»

«Боюсь, это невозможно, — вздохнул Хан. Но посмотрел в глаза Мортенсону с неожиданной симпатией. — Не волнуйся. С тобой все будет в порядке». С этими словами он забрал чайные принадлежности и вышел.

«Я СКАЗАЛ ЖЕНЕ, ЧТО СКОРО БУДУ ДОМА, – ДОБАВИЛ МОРТЕНСОН. – ОНА, НАВЕРНОЕ, БЕСПОКОИТСЯ. МОЖНО МНЕ ПОЗВОНИТЬ ЕЙ, ЧТОБЫ СКАЗАТЬ, ЧТО ВСЕ В ПОРЯДКЕ?»

На восьмой день Хан снова пришел к Грегу. «Ты любишь футбол?» — спросил он.

Мортенсон подумал, не ловушка ли это, но так и не смог выявить тайный смысл вопроса. «Конечно, — ответил он. — Я играл в футбол в колл... в университете».

«Тогда мы покажем тебе матч, — сказал Хан, подталкивая его к двери. — Пошли».

Они вышли из ворот. У Грега на открытом пространстве закружилась голова. Он уже больше недели не был на улице. Мимо минаретов ветхой мечети тянулась вниз засыпанная щебенкой дорога. Она утыкалась в шоссе, проходящее по долине. А вдали, примерно в километре от деревни, высились крепостные башни блокпоста пакистанской армии. Мортенсону захотелось броситься туда, но он вспомнил об автоматчике на сторожевой башне и покорно пошел вслед за Ханом на холм, где два десятка молодых бородатых мужчин, которых он раньше не видел, на удивление искусно гоняли мяч по полю. Ворота были обозначены пустыми оружейными ящиками.

Хан подвел его к белому пластиковому креслу, установленному возле поля специально для него. Мортенсон внимательно следил за игрой. Игроки поднимали огромные тучи пыли, которая оседала на их пропотевших рубашках. И тут со сторожевой башни раздался крик. Часовой заметил движение возле блокпоста. «Очень жаль», — сказал Хан, быстро уводя Грега за высокую стену деревни.

Той ночью Мортенсону так и не удалось уснуть. По поведению и отношению окружающих к Хану он понял, что тот был командиром талибов. Но что это сулит? Была ли сегодняшняя прогулка знаком того, что его скоро освободят? Или это всего лишь «последняя сигарета» приговоренного?

В четыре утра за ним пришли, и он понял: его ведут на казнь. Хан завязал ему глаза, накинул на плечи одеяло и посадил в кузов грузовика, где уже сидело множество людей.

«До 11 сентября было не принято обезглавливать иностранцев, — вспоминает Мортенсон. — И мне казалось, что расстрел — вполне подходящая смерть. Но мысль о том, что Таре придется одной воспитывать нашу дочь, что она скорее всего никогда не узнает, что со мной произошло, сводила с ума. Я представлял ее боль. Жить в такой неопределенности очень мучительно».

«ДО 11 СЕНТЯБРЯ БЫЛО НЕ ПРИНЯТО ОБЕЗГЛАВЛИВАТЬ ИНОСТРАНЦЕВ, – ВСПОМИНАЕТ МОРТЕНСОН. – И МНЕ КАЗАЛОСЬ, ЧТО РАССТРЕЛ – ВПОЛНЕ ПОДХОДЯЩАЯ СМЕРТЬ».

В кузове грузовика кто-то предложил Мортенсону сигарету, но он отказался. Теперь он мог позволить себе не отвечать на знаки расположения боевиков. Тем более не хотел, чтобы последним воспоминанием в жизни стала сигарета. Ехали полчаса. Все это время Грег кутался в одеяло, но дрожь не проходила. Когда машина свернула на проселочную дорогу и вдали послышались автоматные очереди, его прошиб пот.

Водитель нажал на тормоза, грузовик остановился. Повсюду слышалась оглушительная автоматная стрельба. Хан развязал Мортенсону глаза и прижал его к груди. «Вот видишь, — сказал он. — Я же говорил, что все будет хорошо». За плечом

Хана он увидел сотни бородатых мужчин вазири. Они танцевали вокруг костров и палили в воздух. К своему удивлению, Грег увидел на их лицах не жажду крови, а радость.

Те, с кем он ехал, соскочили с грузовика и с криками радости присоединились к всеобщей пальбе. Мортенсон видел, что на кострах стоят котлы, а над огнем жарятся бараны.

«Что это? — крикнул он, следуя за Ханом среди танцующих мужчин. Ему не верилось в то, что восемь дней плена остались позади. — Зачем я здесь?»

«Лучше я не буду тебе объяснять, — крикнул в ответ Хан. — Скажем так: мы достигли некоторых договоренностей. Был спор, и могли быть большие проблемы. Но теперь все разрешилось, и мы устраиваем праздник. Праздник перед тем, как ты отправишься в Пешавар».

Грег все еще не верил. Но первая пачка рупий, которую боевики вложили ему в руки, убедила в том, что он теперь не в плену. Подошел охранник со шрамом на лбу. Сжимая в зубах трубку с гашишем, он размахивал розовой бумажкой в сто рупий, грязной и засаленной, как и его одежда. Боевик сунул деньги в карман рубашки Мортенсона.

Грег не знал, что думать. Он повернулся к Хану. «Это на твои школы! — прокричал тот ему в ухо. — Иншалла, ты сможешь построить много школ!»

Десятки вазири в честь Мортенсона стреляли в воздух. Его угощали дымящимся мясом и передавали ему деньги. Так продолжалось весь день. К ночи Мортенсон почувствовал, что живот и карманы у него набиты до отказа. Страх, который терзал его мучительные восемь суток, отступил.

ДЕСЯТКИ ВАЗИРИ В ЧЕСТЬ МОРТЕНСОНА СТРЕЛЯЛИ В ВОЗДУХ. ЕГО УГОЩАЛИ ДЫМЯЩИМСЯ МЯСОМ И ПЕРЕДАВАЛИ ЕМУ ДЕНЬГИ. ТАК ПРОДОЛЖАЛОСЬ ВЕСЬ ДЕНЬ.

Он веселился вместе со всеми. Бараний жир стекал по восьмидневной щетине. Мортенсон вспомнил, как танцевал в детстве в Танзании и под одобрительные крики вазири начал плясать вместе с ними у костра.

Чувство свободы опьяняло его.

Глава 14

Равновесие

Кажущегося противоречия между
жизнью и смертью больше нет.
Не мечись, не дерись, не беги. Больше нет
ни хранилища, ни того,
что можно было бы в нем хранить. Все
растворилось в ослепительной,
безмерной свободе.

Из воинской песни царя Гезара

Перед домом Мортенсона в Монтане стояла странного вида машина, заляпанная грязью настолько, что было непонятно, какого она цвета. На ее дверце красовалась надпись: «Повитуха». Грег узнал автомобиль акушерки.

Мортенсон вошел в дом, сложил на кухне пакеты — он купил все, что просила Тара: свежие фрукты и десяток банок с мороженым. Потом поднялся наверх, к жене.

Вместе с Тарой в маленькой спальне сидела крупная женщина с добрым лицом. «Роберта приехала, милый», — улыбнулась ему с постели Тара. Домой Мортенсон вернулся лишь неделю назад после трех месяцев, проведенных в Пакистане. Он еще не привык к виду собственной жены: она напоминала ему перезрелый плод. Грег кивнул акушерке: «Привет».

«Привет, — с сильным монтанским акцентом отозвалась Роберта, а потом повернулась к Таре. — Я расскажу, о чем мы говорили, хорошо? — И снова обратилась к Мортенсону. — Мы обсуждали вопрос о том, где пройдут роды. Тара сказала, что хотела бы родить свою девочку прямо здесь, в постели. И я согласна. В этой комнате чувствуется очень сильная позитивная энергия».

«Я не против», — улыбнулся Мортенсон, взяв жену за руку. Все-таки он имел немалый опыт работы медбратом и был уверен, что сможет помочь Роберте принять роды у Тары. Пусть жена остается дома. Роберта велела позвонить, когда начнутся схватки, в любое время дня и ночи, и уехала. Акушерка жила в горах, неподалеку от Боузмена.

Всю неделю Мортенсон так заботился о Таре, что та в конце концов, устала от его внимания. Она стала отправлять его из дома, чтобы хоть чуть-чуть передохнуть. После Вазиристана Боузмен казался Грегу неким идеальным местом, далеким от реальности. Долгие прогулки по тенистым аллеям, по ухоженным паркам помогали ему забыть о восьми днях, проведенных в заточении.

Вернувшись в пешаварский отель с карманами, полными розовых банкнот по сто рупий, полученных от вазири, Мортенсон сразу же достал из бумажника фотографию Тары и отправился на почту, чтобы позвонить в Америку. В Монтане стояла глубокая ночь, но Тара не спала. Все время разговора Грег не отрывал глаз от фотографии жены.

«Привет, милая, со мной все в порядке», — сказал он. В трубке шуршало и скрипело.

«ГДЕ ТЫ, ГРЕГ? ЧТО СЛУЧИЛОСЬ?» — «Я БЫЛ В ПЛЕНУ». — «ЧТО ЗНАЧИТ «В ПЛЕНУ»? — ВСТРЕВОЖИЛАСЬ ТАРА. — ТЕБЯ ПОСАДИЛИ В ТЮРЬМУ?» — «ТРУДНО ОБЪЯСНИТЬ. НО Я ЕДУ ДОМОЙ».

«Где ты? Что случилось?»

«Я был в плену».

«Что значит «в плену»? — встревожилась Тара. — Тебя посадили в тюрьму?»

«Трудно объяснить, — сказал он, стараясь не пугать жену. — Но я еду домой. Увидимся через несколько дней». Во время перелета Грег постоянно вытаскивал фотографию Тары из бумажника и смотрел на нее. Снимок жены стал для него настоящим лекарством.

Таре тоже стало легче. «Первые несколько дней, когда он не звонил, я думала, что он, как всегда, потерял счет времени. Но когда прошла неделя, начала волноваться. Я собиралась звонить в Госдепартамент и даже обсуждала эту возможность с матерью. Но мы знали, что Грег находится в закрытом районе. Из-за нашего звонка мог возникнуть международный скандал. Я была беременна и чувствовала себя совершенно беспомощной и одинокой. Можете представить, в какой панике я находилась. К тому времени, когда он наконец-то позвонил из Пешавара, я уже думала, что его убили».

В семь утра 13 сентября 1996 года, ровно через год после судьбоносной встречи с Грегом в отеле «Фэйрмонт», Тара почувствовала первые схватки. В семь вечера на свет появилась Амира Элиана Мортенсон. Имя «Амира» на фарси[1] означает «женщина-вождь», а «Элиана» на языке суахили — «дар Бога». Грег назвал дочку в честь своей любимой сестры — Кристы Элианы.

Когда акушерка уехала, Мортенсон прилег рядом с женой и дочерью. На шею девочки он надел сплетенный из цветных

---

[1] Фарси — язык персов, официальный язык Ирана.

ниток талисман балти, подаренный ему Хаджи Али. А потом попытался открыть первую купленную в своей жизни бутылку шампанского.

РОВНО ЧЕРЕЗ ГОД ПОСЛЕ СУДЬБОНОСНОЙ ВСТРЕЧИ ГРЕГА И ТАРЫ В ОТЕЛЕ «ФЭЙРМОНТ» НА СВЕТ ПОЯВИЛАСЬ АМИРА ЭЛИАНА МОРТЕНСОН. ГРЕГ НАЗВАЛ ДОЧКУ В ЧЕСТЬ СВОЕЙ ЛЮБИМОЙ СЕСТРЫ — КРИСТЫ ЭЛИАНЫ.

«Дай мне! Я открою!» — засмеялась Тара. Грег подхватил дочку на руки и отдал бутылку жене. Перед тем как раздался громкий хлопок и пробка вылетела, Мортенсон прикрыл крохотную головку дочери своей огромной ладонью. Он был настолько счастлив, что из глаз текли слезы. Счастье было огромным, невообразимым. Он поверить не мог тому, что после восьми дней, проведенных в пропахшей керосином комнате, оказался в уютной спальне своего дома, в кругу семьи, в родном и понятном мире.

«Что с тобой?» — спросила Тара, увидев его слезы.

«Ш-ш-ш, — прошептал он, свободной рукой откидывая прядку волос с ее лба и беря бокал. — Ш-ш-ш».

* * *

Телефонный звонок из Сиэтла нарушил счастливый покой Грега Мортенсона. Жан Эрни хотел точно знать, когда сможет увидеть фотографии построенной в Корфе школы. Мортенсон рассказал ему о своем похищении и о планах вернуться в Пакистан через несколько недель. «А пока, — сказал он, — я хотел бы немного побыть с дочерью». Эрни ответил: «Приезжай сразу, как только сможешь».

Нетерпение Эрни удивило. Грег спросил, что случилось. Ученый глубоко вздохнул: у него обнаружили миелофиброз — неизлечимую форму лейкемии. Врачи сказали, что ему осталось жить несколько месяцев. «Я должен увидеть школу перед смертью, — сказал Эрни. — Пообещай мне, что привезешь фотографию как можно быстрее».

ЭРНИ ГЛУБОКО ВЗДОХНУЛ: ВРАЧИ СКАЗАЛИ, ЧТО ЕМУ ОСТАЛОСЬ ЖИТЬ НЕСКОЛЬКО МЕСЯЦЕВ. «Я ДОЛЖЕН УВИДЕТЬ ШКОЛУ ПЕРЕД СМЕРТЬЮ».

«Обещаю», — ответил Мортенсон. К горлу подкатил комок. Он не мог поверить в то, что этот своенравный старик, поверивший в него, человек, всегда плывший против течения, уходит навсегда.

* * *

Осень в Корфе стояла сухая, но необычно холодная. Жители деревни давно перестали собираться по вечерам на крышах своих домов и перебрались поближе к очагам. Мортенсон провел в Америке всего несколько недель и снова отправился в Пакистан, чтобы закончить строительство школы и выполнить обещание, данное Эрни. Каждый день вместе с мужчинами Корфе он приходил на стройплощадку устанавливать последние стропила на крыше. Грег нервно посматривал на небо: боялся, что пойдет снег и работу придется останавливать.

Туаа удивлялся, как легко Мортенсон привык к местным холодам. «Мы все беспокоились, сможет ли доктор Грег спать в нашем доме, рядом со скотом, в дыму. Но он, казалось, вообще не обращал внимания на подобные вещи, — вспоминает Туаа. — Он вел себя совсем не так, как другие европейцы. Он не требовал удобств или особой пищи. Ел то, что давала ему моя мать, и спал рядом с нами в дыму, как балти. У него прекрасный характер. Он никогда не лжет. Мои родители и я очень полюбили его».

Как-то вечером Мортенсон рассказал Хаджи Али о своем похищении. Старик только-только положил в рот кусок жевательного табака. Услышав эту историю, он тут же выплюнул табак в очаг. Он хотел говорить разборчиво, чтобы Грег понял каждое его слово.

«Ты поехал один! — воскликнул он. — Ты не пытался стать гостем вождя деревни! Если я могу научить тебя хотя бы чему-то одному, пусть этим станет такой мой урок: в Пакистане ты не должен никуда ездить в одиночку! Поклянись, что не будешь делать это!»

«Клянусь», — сказал Мортенсон, присоединив к огромному множеству обетов, данных старику, еще один.

Хаджи Али отправил в рот новый кусок табака и задумался.

«Где ты собираешься строить следующую школу?» — спросил он.

«Думаю отправиться в долину Хуше, — ответил Грег. — Побываю в нескольких деревнях и посмотрю...»

«Могу я дать тебе еще один совет?» — перебил Хаджи Али.

«Конечно».

«Почему бы тебе не предоставить это нам? Я встречусь со старейшинами долины Бралду и выясню, какая деревня готова предоставить для строительства школы землю и рабочих. И тебе не придется колесить по всему Балтистану, как неприкаянному», — сказал вождь Корфе.

«Неграмотный старый балти снова преподал американцу урок, — вспоминает Мортенсон. — С того времени, где бы я ни строил школу, всегда вспоминал слова Хаджи Али и двигался медленно: от деревни к деревне, из долины в долину. Я всегда работал там, где у меня уже были контакты, и никогда не бросался в неизвестные места, вроде Вазиристана».

К началу декабря в школе удалось застеклить окна и развесить в классах грифельные доски. Оставалось лишь покрыть крышу железом. Алюминиевые листы имели острые кромки. Работать с ними под порывами ветра было очень опасно. Мортенсон всегда держал под рукой аптечку. Уже несколько мужчин были травмированы металлическими листами, и ему пришлось залечивать полдесятка серьезных ран.

Грег спустился с крыши, потому что его позвал Ибрагим — один из строительных рабочих. Мортенсон внимательно смотрел на крупного красивого балти, не понимая, в чем причина. Тот схватил американца за руку и повел к своему дому.

МОРТЕНСОН ВСЕГДА ДЕРЖАЛ ПОД РУКОЙ АПТЕЧКУ. УЖЕ НЕСКОЛЬКО МУЖЧИН БЫЛИ ТРАВМИРОВАНЫ МЕТАЛЛИЧЕСКИМИ ЛИСТАМИ, И ЕМУ ПРИШЛОСЬ ЗАЛЕЧИВАТЬ ПОЛДЕСЯТКА СЕРЬЕЗНЫХ РАН.

«Моя жена, доктор-сахиб, моя жена! — нервно твердил он. — С ней что-то не так!»

Ибрагим держал единственный в Корфе магазин. В его доме было специальное помещение, где жители деревни покупали чай, мыло, сигареты и другие товары. В хлеву на первом этаже, за жилыми комнатами, Мортенсон нашел жену Ибрагима, Рокию. Женщина лежала на залитом кровью сене, вокруг нее стояли овцы и обеспокоенные родственники. Два дня назад она родила ребенка, но по-прежнему чувствовала себя плохо. «Запах разлагающейся плоти был невыносим», — вспоминает Грег. При свете масляной лампы с разрешения Ибрагима он осмотрел женщину.

«Она была очень бледной и не приходила в сознание, — вспоминает Мортенсон. — После родов у нее не отошла плацента, и женщина могла умереть от септического шока».

Сестра Рокии держала на руках новорожденную девочку. Грег понял, что ребенок тоже находится при смерти. Поскольку вся семья считала, что Рокия отравилась, новорожденной не давали грудь. «Кормление стимулирует матку, и плацента могла бы отойти сама по себе, — вспоминает Мортенсон. — Я заставил их приложить ребенка к груди и дал Рокии антибиотик». Девочке явно стало лучше, но мать по-прежнему не поднималась. Когда она приходила в сознание, то начинала стонать от боли.

ПРИ СВЕТЕ МАСЛЯНОЙ ЛАМПЫ МОРТЕНСОН ОСМОТРЕЛ РОКИЮ С РАЗРЕШЕНИЯ ЕЕ МУЖА. ПОСЛЕ РОДОВ У НЕЕ НЕ ОТОШЛА ПЛАЦЕНТА, И ЖЕНЩИНА МОГЛА УМЕРЕТЬ ОТ СЕПТИЧЕСКОГО ШОКА.

«Я знал, что нужно сделать, — вспоминает Мортенсон. — Но беспокоило то, как отнесется к этому Ибрагим». Мортенсон отозвал балти в сторону. Ибрагим был самым «продвинутым» жителем деревни. Он носил длинные волосы и брил бороду, подражая иностранным альпинистам, которых сопровождал в восхождениях. Но при этом оставался истинным балти. Мортенсон осторожно объяснил, что ему нужно удалить из внутренностей Рокии то, из-за чего она болеет.

Ибрагим хлопнул его по плечу и сказал, чтобы он делал все необходимое. Грег вымыл руки горячей водой, затем вытащил из матки Рокии разложившуюся плаценту.

На следующий день с крыши школы Мортенсон видел, как Рокия вышла из дома и куда-то деловито направилась, держа на руках окрепшую дочку. «Я был счастлив от того, что удалось помочь, — вспоминает Грег. — Балти мог и не позволить иностранцу, неверному, прикасаться к своей жене. Ибрагим проявил настоящее мужество. Я был потрясен тем, насколько эти люди доверяли мне».

С этого дня, проходя мимо домов, он стал замечать, что женщины Корфе делают руками круговые движения. Они благословляли его путь.

10 декабря 1996 года Грег Мортенсон поднялся на крышу школы вместе со всей строительной бригадой и торжественно вбил последний гвоздь в крышу достроенного здания. Они успели завершить работу до первого снега. Хаджи Али приветствовал их со двора. «Я просил всемогущего Аллаха задержать снег до окончания строительства! — крикнул он, улыбаясь. — И в безмерной мудрости своей он внял моей просьбе. А теперь спускайтесь. Будем пить чай!»

Тем вечером при свете очага Хаджи Али отпер свой шкаф и вернул Мортенсону его отвес, уровень и бухгалтерскую книгу. А потом передал ему свою хозяйственную книгу. Грег перелистал ее. Страницы были плотно исписаны цифрами.

«Они записывали каждую рупию, потраченную на школу. Здесь была цена каждого кирпича, каждого гвоздя и доски. Здесь была зафиксирована зарплата каждого рабочего. Они пользовались старой британской колониальной системой расчетов, — вспоминает Грег. — И проделали они эту работу куда лучше, чем сделал бы ее я».

ХАДЖИ АЛИ ПЕРЕДАЛ ГРЕГУ СВОЮ ХОЗЯЙСТВЕННУЮ КНИГУ. ОН ЗАПИСЫВАЛ КАЖДУЮ РУПИЮ, ПОТРАЧЕННУЮ НА ШКОЛУ. ЗДЕСЬ БЫЛА ЦЕНА КАЖДОГО КИРПИЧА, КАЖДОГО ГВОЗДЯ И ДОСКИ.

Такую книгу он с гордостью мог предъявить Жану Эрни.

По дороге в Скарду и дальше, в Исламабад, джип Мортенсона попал в снежную бурю. Зима окончательно пришла в Каракорум. Водитель, старик с бельмом на глазу, каждые несколько минут останавливался, чтобы счистить лед с лобового стекла. Джип скользил по ледяной кромке над замерзшей рекой Бралду, и пассажиры хватались друг за друга каждый раз, когда шофер отпускал руль, чтобы вознести паническую молитву Аллаху с просьбой помочь им пережить бурю...

* * *

Снег занес и шоссе в Америке, по которому Мортенсон с семьей спешил добраться в штат Айдахо, где в больнице города Хейли лежал Жан Эрни. Грег изо всех сил сжимал руль и старался держать «вольво» на трассе. Дорога должна была занять не больше семи часов, но из дома Грег и Тара с дочкой на руках выехали уже двенадцать часов назад. Они попали в настоящую снежную бурю, а от Хейли их отделяло еще сто километров.

Мортенсон посмотрел на детское сиденье, в котором спала Амира. Ехать в сильное ненастье из Балтистана было рискованно. Но везти жену и ребенка в такую же непогоду ради того, чтобы показать умирающему человеку какую-то фотографию, было рискованно вдвойне. Мало того — они двигались по той самой трассе, на которой в автокатастрофе погиб отец Тары...

На въезде в национальный парк «Лунные кратеры» Мортенсон остановился, чтобы переждать снегопад. Спеша добраться до Хейли, он забыл залить антифриз в радиатор, поэтому не мог заглушить двигатель — после этого вполне можно было и не завестись. Тара и Амира спали, Грег с тревогой следил за стрелкой указателя уровня топлива. Через два часа снег немного утих, и можно было трогаться в путь.

Жену и дочь Мортенсон отвез в дом Эрни, а сам направился в медицинский центр. Больница была построена для лечения травмированных лыжников с соседнего курорта. Здесь было всего восемь палат. Лыжный сезон только начинался, поэтому семь из них были пусты. Мортенсон осторожно прошел мимо ночной сестры, которая спала за стойкой, и направился по коридору к последней палате справа. Из-под двери пробивался свет, хотя было два часа ночи.

Эрни сидел в постели.

«Ты опоздал, — сказал он. — Как всегда».

Мортенсон неловко переминался с ноги на ногу на пороге. Он был поражен тем, как стремительно развивается болезнь Жана. Он страшно исхудал; выглядел как скелет. «Как вы себя чувствуете, Жан?» — спросил Грег, кладя руку на плечо Эрни.

«Ты привез эту чертову фотографию?» — спросил Эрни.

Мортенсон поставил сумку на кровать, стараясь не задеть исхудавшие ноги больного, ноги альпиниста, который всего год назад совершил поход на гору Кайлас в Тибете. Протянул Эрни конверт и наблюдал за тем, как тот вскрывает его.

Ученый держал большую цветную фотографию в дрожащих руках. Он рассматривал школу в Корфе. Мортенсон сфотографировал ее в день отъезда, а потом напечатал фото в Боузмене. «Великолепно!» — воскликнул Эрни. Он видел прочное, кремового цвета, здание с малиновыми наличниками на окнах. Перед школой стояли семьдесят улыбающихся детей, которым предстояло начать учебу в новеньких классах.

Эрни подтянул к себе телефон и вызвал ночную сиделку. Когда та пришла, потребовал принести молоток и гвоздь.

«Для чего, милый?» — сонно спросила женщина.

«Чтобы я мог повесить на стену фотографию школы, которую я построил в Пакистане».

«Боюсь, это невозможно, — успокаивающе заворковала медсестра. — Есть правила...»

«Если захочу, то куплю всю вашу больницу! — рявкнул Эрни. — Немедленно принесите мне чертов молоток!»

«ПРИНЕСИТЕ МНЕ МОЛОТОК И ГВОЗДЬ, ЧТОБЫ Я МОГ ПОВЕСИТЬ НА СТЕНУ ФОТОГРАФИЮ ШКОЛЫ, КОТОРУЮ Я ПОСТРОИЛ В ПАКИСТАНЕ», — СКАЗАЛ ЭРНИ.

Сестра вернулась через мгновение с большим степлером. «Это самый тяжелый предмет, какой мне удалось найти», — сказала она.

«Снимите это со стены, — указал Эрни на акварель с изображением двух котят, играющих с клубком шерсти, — и повесьте фотографию».

Мортенсон снял акварель с крюка, вытащил из ее рамы гвоздь и прибил к стене степлером фотографию школы в Корфе. С каждым ударом с потолка сыпалась штукатурка.

Когда он повернулся к Эрни, увидел, что тот снова набирает телефонный номер. Ученый вызвал оператора международной связи и велел соединить его со Швейцарией. Он звонил своему давнему другу из Женевы. «C'est moi, Jean, — сказал он. — Я построил школу в Каракоруме. А что ты делал последние пятьдесят лет?»

* * *

У Эрни были дома в Швейцарии и в городе Сан-Вэлли в Айдахо. Но он предпочел умереть в Сиэтле. К Рождеству его перевезли в больницу Вирджинии Мейсон. В ясную погоду из окна своей палаты он мог видеть залив Эллиот и острые пики Олимпийского полуострова. Здоровье Жана стремительно ухудшалось. Большую часть времени он проводил за изучением юридических документов, которые скапливались на маленьком столике возле его кровати.

«В последние дни своей жизни Жан пересматривал свое завещание, — рассказывает Мортенсон. — Если он был на кого-то зол (а он вечно на кого-то злился), то брал черный маркер и вычеркивал этих людей из завещания. Он вызывал своего адвоката, Франклина Монтгомери, в любое время дня и ночи и требовал, чтобы тот составлял новый текст».

Грег оставил жену с дочерью в Монтане и круглосуточно дежурил у постели Эрни. Он купал его, занимался его туалетом, ставил катетеры и капельницы. И был рад, что может хоть чем-то отплатить этому человеку, сделав его последние дни максимально комфортными.

Над постелью больного он снова повесил большую фотографию школы в Корфе. Перед последней поездкой Грега в Пакистан Эрни дал ему видеокамеру. Теперь Мортенсон подключил ее к телевизору и показывал, как живет деревня Корфе. «Жан не мог смириться со смертью. Она его раздражала, — вспоминает Мортенсон. — Но, лежа в постели и глядя на жизнь деревни Корфе, видя, как пакистанские дети распевают «У Мэри был барашек» на ломаном английском языке, он немного успокаивался».

Однажды вечером Эрни сжал руку Грега с необычной для умирающего силой. «Он сказал мне: «Я люблю тебя, как сына», — вспоминает Мортенсон. — В его дыхании я почувствовал сладковатый кетоновый запах и понял, что ему осталось совсем недолго».

«Жана ценили за научные достижения, — говорит его вдова Дженнифер Уилсон. — Но, думаю, сам он превыше всего ценил эту маленькую школу в Корфе. Считал ее самым важным, что оставил после себя людям».

Эрни хотел убедить мир в том, что Институт Центральной Азии является столь же материальным, как и школа в Корфе. Прежде чем лечь в больницу, он оставил этой организации миллион долларов.

**«ЖАНА ЭРНИ ЦЕНИЛИ ЗА НАУЧНЫЕ ДОСТИЖЕНИЯ.
НО САМ ОН ПРЕВЫШЕ ВСЕГО ЦЕНИЛ ЭТУ МАЛЕНЬКУЮ
ШКОЛУ В КОРФЕ. СЧИТАЛ ЕЕ САМЫМ ВАЖНЫМ,
ЧТО ОСТАВИЛ ПОСЛЕ СЕБЯ ЛЮДЯМ».**

1 января 1997 года Мортенсон вернулся в палату Эрни из кафетерия и обнаружил Жана полностью одетым. Он уже успел выдернуть из руки капельницу. «Мне нужно на несколько часов съездить домой, — сказал он. — Вызови лимузин».

Мортенсон убедил удивленного врача поручить Эрни его заботам и вызвал черный «линкольн». Лимузин доставил их на берег озера Вашингтон, где находился дом Эрни. От слабости Жан не мог даже держать телефон. Он пролистал блокнот в кожаном переплете и заказал несколько букетов для своих старых друзей.

Когда был заказан последний букет, он сказал: «Хорошо. Теперь я могу умереть. Отвези меня обратно в больницу».

12 января 1997 года долгая и противоречивая жизнь провидца, создавшего полупроводниковую индустрию и Институт Центральной Азии, подошла к концу.

Грег Мортенсон купил первый в своей жизни приличный костюм и произнес прощальную речь в часовне Стэнфордского университета, где проходила поминальная служба, на которую собрались родственники и коллеги Жана Эрни. Этого человека вспоминали в самом сердце Силиконовой долины, созданной благодаря его усилиям. «Жан Эрни был провидцем. Он создал самую передовую технологию и привел нас в двадцать первый век, — сказал Грег. — Но он умел смотреть не только вперед, но и назад. Он думал о людях, которые и сегодня живут точно так же, как жили их предки».

Глава 15

Мортенсон в движении

Не удары молота, а танец воды доводит гальку до совершенства.

Рабиндранат Тагор

В три утра Грег Мортенсон поспешно подошел к громко звонящему телефону в боузменовский «офисе» Института Центральной Азии. Офисом служила бывшая прачечная, располагавшаяся в подвале его дома. Здесь он и узнал о том, что мулла деревни Чакпо в долине Бралду объявил ему фетву[1]. Из Скарду Грегу позвонил Гулям Парви — во время приезда в Пакистан Мортенсон установил в его доме телефон и оплачивал все счета.

«Этому мулле нет дела до ислама! — кипятился Парви. — Его волнуют только деньги! Он не имел права так поступать!»

По тону Парви Мортенсон понял, что проблема очень серьезна. Но, стоя в пижаме в собственном доме босыми ногами на холодном полу, он не мог в полной мере осознать происходящее.

«Вы можете поговорить с ним и разобраться с этим делом?» — спросил Мортенсон.

---

[1]Фетва — в мусульманстве заключение муфтия, т.е. высшего духовного лица, или факиха, специалиста в области исламского права, по спорному религиозно-юридическому или этическому вопросу.

«Ты должен приехать. Он не согласится встречаться со мной, если я не принесу ему мешок рупий. Ты хочешь, чтобы я так и поступил?»

«Мы не даем взяток и не собираемся этого делать, — ответил Мортенсон, с трудом скрывая зевок, чтобы не обидеть Парви. — Мы должны поговорить с муллой, который стоит выше того, деревенского. Вы знаете такого человека?»

«Возможно, — ответил Парви. — Завтра я звоню в то же время?»

«Да, в то же время».

«Аллах с тобой, сэр», — вздохнул Парви.

Грег прошел на кухню приготовить кофе, потом вернулся в подвал и погрузился в повседневную рабочую рутину директора Института Центральной Азии. Распорядок дня для него определялся 13-часовой разницей во времени между Боузменом и Пакистаном. Он ложился в 21.00, сделав все «утренние» звонки в Пакистан. Поднимался в два или три ночи, чтобы связаться со своими пакистанскими друзьями и контрагентами, пока там не закончился рабочий день. Из-за работы в Институте ему редко удавалось спать более пяти часов.

МОРТЕНСОН ПОДНИМАЛСЯ В ДВА ИЛИ ТРИ НОЧИ, ЧТОБЫ СВЯЗАТЬСЯ СО СВОИМИ ПАКИСТАНСКИМИ ДРУЗЬЯМИ И КОНТРАГЕНТАМИ, ПОКА ТАМ НЕ ЗАКОНЧИЛСЯ РАБОЧИЙ ДЕНЬ.

Он составил первое в тот день электронное письмо.

«Всем членам совета директоров Института Центральной Азии (ИЦА).

Предмет: фетва, объявленная Грегу Мортенсону.

Текст: Привет из Боузмена! Мне только что позвонил новый пакистанский руководитель проекта ИЦА Гулям Парви (он всех благодарит, телефон работает превосходно!!). Парви сообщил, что местный мулла, являющийся противником образования для девочек, только что объявил мне фетву, пытаясь помешать нашему фонду строить в Пакистане новые школы. К вашему сведению: фетва — религиозное предписание. Пакистан живет по светским законам, но в этой стране существует также система исламских законов, шариат, подобная той, что есть в Иране.

В маленьких горных деревнях, где работает наш фонд, местный мулла обладает властью большей, чем правительство Пакистана. Парви спрашивал, следует ли нам подкупить этого человека. (Я категорически отказался.) В любом случае этот человек станет для нас постоянным источником проблем. Я просил Парви узнать, не сможет ли нам помочь мулла более высокого ранга. Сообщу о результатах работы Парви позднее. Но, думаю, мне придется как можно быстрее возвращаться в Пакистан, чтобы со всем разобраться. Иншалла. Всего хорошего, Грег».

* * *

По своему завещанию Жан Эрни оставил Мортенсону 22 315 долларов. Старый ученый понял, что тот потратил в Пакистане все свои деньги. Отдельным пунктом он оговорил: Грег — директор благотворительной организации, располагающей средствами в размере около миллиона долларов.

ПО СВОЕМУ ЗАВЕЩАНИЮ ЖАН ЭРНИ ОСТАВИЛ МОРТЕНСОНУ 22 315 ДОЛЛАРОВ. СТАРЫЙ УЧЕНЫЙ ПОНЯЛ, ЧТО ГРЕГ ПОТРАТИЛ В ПАКИСТАНЕ ВСЕ СВОИ ДЕНЬГИ.

Мортенсон попросил вдову Эрни, Дженнифер Уилсон, войти в совет директоров ИЦА. Кроме нее туда вошел Том Воган, пульмонолог и альпинист, который помог Грегу в самое тяжелое время. Согласился принять участие в работе руководящего органа ИЦА и доктор Эндрю Маркус, председатель научного департамента Монтаны. Но самым необычным членом совета стала двоюродная сестра Дженнифер, Джулия Бергман.

В октябре 1996 года Бергман с друзьями путешествовала по Пакистану. В Скарду они зафрахтовали большой русский вертолет «МИ-17», чтобы увидеть К2. На обратном пути пилот спросил, не хотят ли они посетить горную деревню. Вертолет приземлился рядом с Корфе. Когда местные мальчишки узнали, что Бергман — американка, они за руку привели ее к местной достопримечательности: в маленькой пакистанской деревушке Корфе появилась большая школа, построенная американцем.

«Я посмотрела на табличку у входа и увидела, что школа была построена на средства Жана Эрни, мужа моей двоюродной сестры Дженнифер, — вспоминает Бергман. — Кузина говорила, что Жан пытается построить школу где-то в Гималаях, но то, что я оказалась именно в этом месте, показалось не просто совпадением. Я — человек не религиозный, но почувствовала, что меня привело сюда само Провидение. И разрыдалась».

Через несколько месяцев на поминальной службе в честь Эрни Бергман познакомилась с Мортенсоном. «Я была там! — воскликнула она, крепко обнимая удивленного Грега, который видел ее в первый раз. — Я видела школу!»

«ТО, ЧТО Я ОКАЗАЛАСЬ ИМЕННО В ЭТОМ МЕСТЕ, ПОКАЗАЛОСЬ НЕ ПРОСТО СОВПАДЕНИЕМ. Я — ЧЕЛОВЕК НЕ РЕЛИГИОЗНЫЙ, НО ПОЧУВСТВОВАЛА, ЧТО МЕНЯ ПРИВЕЛО СЮДА САМО ПРОВИДЕНИЕ. И РАЗРЫДАЛАСЬ».

«Вы — та блондинка из вертолета? — удивился Мортенсон. — Я слышал о том, что в деревню прилетала иностранка, но не поверил!»

«Это знак свыше, — сказала Джулия Бергман. — Это точно! Очень хочу помочь вам. Могу я что-нибудь сделать?»

«Сейчас я собираю книги для библиотеки в Корфе», — ответил Мортенсон. Джулия Бергман почувствовала волю Провидения — как это было с ней в Корфе. «Я библиотекарь», — сказала она.

* * *

Отправив электронные письма Джулии и другим членам совета, Мортенсон принялся составлять послания министру образования, с которым познакомился во время последней поездки в Пакистан, и Мохаммеду Ниязу, руководителю департамента образования в Скарду. Он просил совета, как поступить в ситуации с объявлением фетвы. Потом опустился на колени и в груде книг стал разыскивать трактат о применении исламских законов в современном обществе. Текст специально для него перевели с фарси. Читая, Грег выпил четыре чашки кофе. И тут услышал, как Тара ходит по кухне.

Жена сидела за кухонным столом, убаюкивая Амиру. Рядом с ней стояла большая кружка кофе с молоком. Грег поцеловал Тару, а потом выложил новости. «Мне придется уехать раньше, чем мы планировали».

* * *

Морозным мартовским утром сторонники Мортенсона собрались за чаем в неофициальной штаб-квартире фонда, в вестибюле отеля «Инд». Гостиница вполне устраивала Мортенсона. В отличие от туристических курортов Скарду, которые были разбросаны в идиллических пригородах, этот чистый и недорогой отель находился на главной улице города, между домом Чангази и автозаправкой.

В вестибюле висела доска объявлений, где альпинисты оставляли фотографии, сделанные в своих последних экспедициях. Рядом стояли два длинных деревянных стола; здесь было удобно пить чай и обсуждать дела. Тем утром за столом собрались восемь друзей Мортенсона. Им подали китайский джем, превосходные лепешки чапатти и чай с молоком, как любил Парви, то есть ужасно сладкий.

Грег поражался тому, как быстро удалось собрать этих людей из разных уголков Северного Пакистана. А ведь в их отдаленных поселениях даже не было телефонов! От момента отправки письма с попутным джипом до приезда человека в Скарду могла пройти целая неделя, но до появления спутниковых телефонов в этой части света другого способа связи просто не существовало.

Из долины Хуше, расположенной в ста шестидесяти километрах к востоку от Скарду, прибыл Музафар, старый друг Грега. Вместе с ним приехал повар из базового лагеря, Апо Разак. Напротив Грега с аппетитом завтракали Хаджи Али и Туаа. Они с радостью выбрались из долины Бралду, которая все еще утопала в снегу. Фейсал Байг, бывший проводник Джорджа Маккауна, прибыл только утром. Ему пришлось проделать более трехсот километров, выбираясь из скалистой долины Чарпурсон, расположенной на западе, на самой границе с Афганистаном.

Мортенсон приехал двумя днями раньше. Сорок восемь часов его автобус шел по Каракорумскому шоссе. В дороге его сопровождал новый знакомый из Равалпинди, сорокалетний таксист Сулейман Минас. Каждый приезд Грега Сулейман встречал его прямо в исламабадском аэропорту.

Познакомились они так. Вернувшись из Вазиристана в Пешавар, Мортенсон взял такси. По дороге в отель он рассказал водителю (это был Сулейман) о своем похищении. Таксист, возмущенный тем, что его соотечественники оказали гостю столь «негостеприимный» прием, стал усиленно опекать американца. Он уговорил Мортенсона остановиться в недорогой гостинице, более безопасной, чем привычный «Хьябан» (возле него исламские террористы чуть ли не каждую пятницу после молитвы стали взрывать бомбы). А потом почти ежедневно приезжал к Мортенсону, доставлял сладости и лекарства от паразитов, которых тот подцепил в Вазиристане.

Таксист возил американца в свой любимый ресторанчик, где подавали жареное мясо. Он же доставил Грега в аэропорт, откуда тот должен был лететь домой. В дороге их остановили полицейские. Сулейман так умело, умно и находчиво с ними разговаривал, что Мортенсон предложил ему стать представителем ИЦА в Исламабаде.

СУЛЕЙМАН СТАЛ УСИЛЕННО ОПЕКАТЬ ГРЕГА. КАЖДЫЙ ДЕНЬ ОН ПРИЕЗЖАЛ К МОРТЕНСОНУ, ДОСТАВЛЯЛ СЛАДОСТИ И ЛЕКАРСТВА ОТ ПАРАЗИТОВ, КОТОРЫХ ТОТ ПОДЦЕПИЛ В ВАЗИРИСТАНЕ.

В вестибюле «Инда» Сулейман сидел рядом с Грегом, как улыбающийся Будда. Руки он сложил на намечающемся животике. Выпуская изо рта клубы сигаретного дыма, развлекал собравшихся историями из своей жизни таксиста в большом городе. Сулейман принадлежал к пенджабскому большинству и никогда прежде не был в горах. Он с интересом и удивлением смотрел на людей, которые жили на самом краю света и которым приходилось учить урду.

Мимо отеля прошел Мохаммед Али Чангази в неизменных белых одеждах. Увидев его за стеклом, старый Апо Разак с бородавкой на носу наклонился и громким шепотом рассказал о том, что, по слухам, Чангази соблазнил двух сестер-немок, приехавших в Скарду в составе одной экспедиции.

«Да, судя по всему, он очень религиозный человек, — на урду сказал Сулейман, покачивая головой. — Наверное, молится по шесть раз в день. И по шесть раз в день моется». Все расхохотались, и Мортенсон в очередной раз подумал о том, как удачно ему удалось собрать этих очень разных людей.

Музафар, жители Корфе и Скарду были шиитами. Апо Разак, беженец из индийского Кашмира, и Сулейман — суннитами. Фейсал Байг, вызвавшийся быть телохранителем Мортенсона, принадлежал к шиитской секте исмаилитов. «Мы сидели, хохотали и спокойно пили чай, — вспоминает Грег. — Неверный и представители трех враждующих между собой течений ислама. И я подумал, что если мы так хорошо ладим друг с другом, то сможем добиться многого. Британцы исповедовали принцип «разделяй и властвуй». Я же считаю, что нужно «объединять и властвовать».

Гулям Парви спокойно рассказал собравшимся о фетве. Гнев его уже остыл, уступив место практическим соображениям. Он сказал Мортенсону, что договорился о встрече с Сайед Аббас Рисви, духовным лидером шиитов Северного Пакистана. «Аббас — хороший человек, — заметил Парви, — но с подозрением относится к иностранцам. Когда он увидит, что ты уважаешь ислам и наши обычаи, сможет нам помочь. Иншалла».

«МЫ СИДЕЛИ, ХОХОТАЛИ И СПОКОЙНО ПИЛИ ЧАЙ – НЕВЕРНЫЙ И ПРЕДСТАВИТЕЛИ ТРЕХ ВРАЖДУЮЩИХ МЕЖДУ СОБОЙ ТЕЧЕНИЙ ИСЛАМА. И Я ПОДУМАЛ, ЧТО ЕСЛИ МЫ ТАК ХОРОШО ЛАДИМ ДРУГ С ДРУГОМ, ТО СМОЖЕМ ДОБИТЬСЯ МНОГОГО».

Парви сообщил также, что прошение о строительстве школы в деревне Хемасил подали шейх Мохаммед и его сын Мехди Али. Мохаммед давно соперничал с муллой Чакпо за влияние в этом районе. Он написал письмо в Верховный совет аятолл в Коме. Мохаммед просил ведущих священнослужителей Ирана определить, справедливо ли была вынесена фетва.

Хаджи Али рассказал, что встречался со старейшинами всех поселений долины Бралду. Было решено строить вторую школу в бедной деревне Пахора, которой руководил близкий друг Хаджи Али, Хаджи Мусин.

Каменщик Махмал, отлично справившийся с работой в Корфе, попросил построить школу в его родной деревне Ранга, расположенной поблизости от Скарду. Он пообещал, что в строительстве примут участие все его родственники, опытные строители.

Мортенсон подумал, как счастлив был бы Эрни, оказавшись за этим столом. Вспомнил, что сказал ему Жан, когда узнал о конфликте Чангази и Ахмалу из-за первой школы: «Детям из всех этих деревень, где тебя пытались подкупить, тоже нужно учиться».

«ДЕТЯМ ИЗ ВСЕХ ЭТИХ ДЕРЕВЕНЬ, ГДЕ ТЕБЯ ПЫТАЛИСЬ ПОДКУПИТЬ, ГРЕГ, ТОЖЕ НУЖНЫ ШКОЛЫ».

Грег вспомнил детей, с которыми разговаривал в родной деревне Чангази. Всплыло в памяти то, с каким восторгом те заучивали английские слова. Он предложил построить школу в Куарду, тем более что местные старейшины уже согласились выделить землю.

«Ну, доктор Грег, — сказал Гулям Парви, постукивая карандашом по блокноту, в котором делал пометки. — Какую школу будем строить в этом году?»

«Все, иншалла», — ответил Мортенсон.

Грег Мортенсон чувствовал, что жизнь его развивается в правильном направлении. У него был дом, собака, семья. Перед отъездом они с Тарой говорили о том, что Амире нужна сестренка или братик... Грег построил одну школу, получил угрозы от обозленного муллы, встал во главе совета директоров ИЦА и руководил группой пакистанцев. С собой он привез пятьдесят тысяч долларов; еще больше денег лежало в банке. Несчастные дети Северного Пакистана получат все необходимое. Но сможет ли он работать в Пакистане с висящей над головой, словно топор палача, фетвой? Настало время использовать все силы и энергию.

За 5800 долларов Мортенсон купил двадцатилетний зеленый «лендкрузер», способный преодолеть любые препятствия, которых в избытке на каракорумских дорогах. Он нанял спокойного, опытного водителя Хусейна. Хусейн быстро раздобыл ящик динамита и поставил под пассажирское сиденье. Теперь на пути можно было взорвать любой оползень, не дожидаясь помощи дорожных рабочих. Парви и Махмал при покупке стройматериалов для трех школ торговались до последнего — и Грег сумел сделать необходимые приобретения достаточно дешево. Строительство можно было начинать сразу, как только оттает земля.

С СОБОЙ ГРЕГ ПРИВЕЗ ПЯТЬДЕСЯТ ТЫСЯЧ ДОЛЛАРОВ, ЕЩЕ БОЛЬШЕ ДЕНЕГ ЛЕЖАЛО В БАНКЕ. НЕСЧАСТНЫЕ ДЕТИ СЕВЕРНОГО ПАКИСТАНА ПОЛУЧАТ ВСЕ НЕОБХОДИМОЕ.

Во второй раз в жизни Грега Мортенсона бензозаправка сыграла важную роль в постижении ислама. Теплым апрельским днем он встретился с Сайед Аббас Рисви возле колонок местной заправочной станции. Парви объяснил, что лучше будет встретиться в людном месте: мулла пока еще не составил представления о неверном.

Аббас приехал с двумя молодыми помощниками. Бородатые мужчины явно были телохранителями. Мулла оказался высоким и худым, с аккуратно подстриженной бородой. Этому шииту удалось превзойти многих своих однокашников по медресе (Аббас учился в иракском Наджафе[1]). Мрачный

[1]Наджаф, Эн-Наджаф — город на юге Ираке, стоит в долине Евфрата. Священный город шиитов, место их паломничества.

черный тюрбан и квадратные старомодные очки дополняли выразительный облик муллы. Он внимательно рассмотрел крупного американца в пакистанской одежде — и протянул ему руку.

«Ассалам алейкум, — произнес Мортенсон, почтительно кланяясь и приложив руку к сердцу. Затем перешел на балти. — Большая честь встретиться с вами, Сайед Аббас. Господин Парви много говорил о вашей мудрости и сочувствии к бедным».

«Многие европейцы приезжают в Пакистан, чтобы унизить ислам, — вспоминает Сайед Аббас. — И сначала я беспокоился, что доктор Грег окажется одним из них. Но в тот день на автозаправке я заглянул в его сердце и понял, кто он на самом деле. Да, он неверный, но благородный человек, который посвящает свою жизнь образованию детей. Я сразу же решил помочь ему всем, что только будет в моих силах».

«ДА, ОН НЕВЕРНЫЙ, НО БЛАГОРОДНЫЙ ЧЕЛОВЕК, КОТОРЫЙ ПОСВЯЩАЕТ СВОЮ ЖИЗНЬ ОБРАЗОВАНИЮ ДЕТЕЙ. Я СРАЗУ ЖЕ РЕШИЛ ПОМОЧЬ ЕМУ ВСЕМ, ЧТО ТОЛЬКО БУДЕТ В МОИХ СИЛАХ», — ВСПОМИНАЕТ МУЛЛА САЙЕД АББАС.

На строительство школы в Корфе ушло больше трех лет. Грег совершал ошибки, его поджидали неудачи. Но теперь Институт Центральной Азии под руководством Грега Мортенсона, располагая средствами и людьми, преисполненными желания сделать жизнь детей балти лучше, построил три начальные школы всего за три месяца.

Махмал вместе со своими родственниками, кашмирскими каменщиками, возвел школу в деревне Ранга всего за десять недель. Там, где школы строились годами, такие темпы казались настоящим чудом. Хотя Ранга расположена всего в тринадцати километрах от Скарду, правительство не давало местным детям даже шанса на образование. Те, кто не мог оплатить транспорт и стоимость обучения в частных школах Скарду, оставались неграмотными. Потребовалось всего несколько месяцев напряженного труда — и жизнь детей Ранга изменилась навсегда.

БЛАГОДАРЯ УСИЛИЯМ ГРЕГА НОВЫЕ ШКОЛЫ СТАЛИ ПОЯВЛЯТЬСЯ ПО ВСЕМУ ПАКИСТАНУ, И ЖИЗНЬ МЕСТНЫХ ДЕТЕЙ ИЗМЕНИЛАСЬ НАВСЕГДА.

Друг Хаджи Али, Хаджи Мусин, в полной мере использовал возможность, предоставленную его деревне. Он убедил мужчин Пахоры не наниматься носильщиками, пока не будет построена школа, и получил целую армию подсобных рабочих. С их помощью местный подрядчик Заман построил отличную каменную школу в тополиной роще. «Заман проделал сложнейшую работу, — говорит Мортенсон. — В одной из самых отдаленных деревень Северного Пакистана он за двенадцать недель построил отличную школу. И сумел сделать это вдвое

Грег Мортенсон

К2. Фотография сделана Грегом Мортенсоном во время неудачной попытки восхождения в 1993 году.

Скотт Дарнси

Грег Мортенсон *(третий справа в кепке)*, Скотт Дарнси *(крайний справа)* и руководители экспедиции Дэниел Мазур *(второй справа)* и Джонатан Пратт *(крайний слева)* перед восхождением на К2 по труднейшему маршруту.

Грег Мортенсон

Музафар Али — знаменитый носильщик балти, который сумел благополучно вывести Мортенсона с ледника Балторо.

Грег Мортенсон

Хаджи Али, староста деревни Корфе и наставник Мортенсона.

Грег Мортенсон

Грег Мортенсон в Танзании с сестрами Кэри *(стоит)* и Соней. Рядом друг семьи Джон Хоул.

Грег Мортенсон

Грег Мортенсон с сэром Эдмундом Хиллари *(в центре)* и Жаном Эрни, на средства которого был создан Институт Центральной Азии, на ужине Американского Гималайского фонда, где Мортенсон познакомился со своей женой, Тарой Бишоп.

Мужчины из деревни Корфе под руководством Шера Такхи переносят материалы для строительства школы. Оползни перекрыли единственную дорогу, ведущую в долину Бралду, и балки пришлось нести вручную целых восемнадцать миль.

Строительство школы в Корфе.

Дэвид Оливер Релин

Грег Мортенсон с учениками школы в Кхандае.

Грег Мортенсон

Открытие школы в Хуше.

Грег Мортенсон с сотрудниками Института Центральной Азии и благотворителями в Скарду. Передний ряд: Сайдулла Байг *(слева)*, Сарфраз Хан. Второй ряд *(слева направо)*: Мохаммед Назир, Файсал Байг, Гулям Парви, Грег Мортенсон, Апо Мохаммед, Мехди Али, Сулейман Минхас.

Грег Мортенсон с женой, Тарой Бишоп, и девятимесячной дочерью Амирой на Хайберском перевале. Эта фотография была использована для семейных рождественских открыток и снабжена подписью: «Ради мира на Земле».

Грег Мортенсон

Сайед Аббас, духовный лидер шиитов Северного Пакистана, всегда поддерживал миссию Мортенсона.

Дэвид Оливер Релин

Грег Мортенсон и Туаа в Корфе у могилы отца Туаа, Хаджи Али.

Дэвид Оливер Релин

Грег Мортенсон с детьми Корфе.

Дэвид Оливер Релин

Нижняя долина Хуше.

Дэвид Оливер Релин

Староста деревни Хуше Аслам со своей дочерью Шакилой — первой жительницей деревни, получившей образование.

Дэвид Оливер Релин

Дэвид Оливер Релин со старейшиной деревни Хуше Ибрагимом.

Дэвид Оливер Релин

Джахан – первая женщина долины Бралду, получившая образование.
Фотография сделана в Скарду, где Джахан продолжала обучение.

Грег Мортенсон обсуждает афганские проекты с представителем США Мэри Боно.

Дэвид Оливер Релин

Дэвид Оливер Релин

Дэвид Оливер Релин на личной вертолетной площадке президента Мушаррафа в Исламабаде. Он собирается вылететь в северные районы страны на вертолете времен вьетнамской войны.

Грег Мортенсон с представителем Бадахшана Садхар Ханом.

дешевле, чем стоило бы правительственное учебное заведение, которое еще и строилось бы несколько лет».

В родной деревне Чангази старейшины так хотели быстрее получить школу, что снесли двухэтажный каменный дом в самом центре Куарду, чтобы отвести под нее место. Мужчины заложили прочный фундамент глубиной два метра и возвели двойной толщины каменные стены. Новая школа стала центром общественной жизни деревни.

Всю весну и лето Мортенсон колесил по Балтистану на своем зеленом «лендкрузере». Вместе с помощниками он доставлял мешки с цементом на разные стройплощадки; привозил Махмала в долину Бралду, чтобы тот мог вместе с Хаджи Али решить проблему с крышей в Пахоре; не давал покоя столярной мастерской в Скарду, где заказал пятьсот парт.

Когда стало ясно, что школы удастся построить раньше намеченного срока, Мортенсон занялся новыми амбициозными проектами. Парви рассказал ему, что пятьдесят девочек учатся в стесненных условиях на южном берегу Инда в деревне Торгу Балла. Мортенсон решил, что можно будет сделать пристройку к местной школе, чтобы заниматься стало комфортнее.

Как-то Грег отправился в родную деревню Музафара — Халде в долине Хуше. Он обещал построить в ней школу в будущем году. Музафар рассказал ему, что соседней деревне Хандай местный учитель, Гулям, обучает около сотни школьников, но при этом уже два года не получает денег от правительства. Мортенсон предложил платить Гуляму зарплату и нанять ему в помощь еще двух учителей.

Сайед Аббас, путешествуя по Балтистану, не раз слышал добрые слова в адрес Мортенсона. Люди ценили его прекрасный характер и доброту. Мулла отправил помощника в отель «Инд», чтобы тот пригласил американца к нему домой.

Мортенсон, Парви и Аббас сидели на полу на изысканных иранских коврах. Сын Аббаса подал зеленый чай в розовых фарфоровых чашках и сахарное печенье на великолепном расписном подносе, украшенном изображениями ветряных мельниц.

«Я поговорил с муллой из Чакпо, — со вздохом сказал Сайед Аббас, — и попросил его отозвать фетву. Но он отказался. Этот человек не следует духу ислама. Ему важны личные интересы. Он хочет изгнать тебя из Пакистана».

«Если вы думаете, что я действую вразрез с духом ислама, прикажите мне навсегда покинуть Пакистан, и я подчинюсь», — ответил Мортенсон.

«ЕСЛИ ВЫ ДУМАЕТЕ, ЧТО Я ДЕЙСТВУЮ ВРАЗРЕЗ С ДУХОМ ИСЛАМА, ПРИКАЖИТЕ МНЕ НАВСЕГДА ПОКИНУТЬ ПАКИСТАН, И Я ПОДЧИНЮСЬ», – СКАЗАЛ МОРТЕНСОН.

«Продолжай свою работу, — сказал Сайед Аббас. — Но держись подальше от Чакпо. Не думаю, что тебе грозит опасность, но твердой уверенности у меня нет». Духовный лидер шиитов Пакистана протянул Грегу конверт. «Я приготовил для тебя рекомендательное письмо. Оно тебе поможет, иншалла, при общении с другими муллами».

Объехав Чакпо стороной, Мортенсон вернулся в Корфе.

В тот вечер он, Хаджи Али, Туаа и Хусейн устроились на крыше дома вождя и долго беседовали. К ним присоединились жена Хусейна, Хава, и Сакина. «Мы ценим все, что ты делаешь для наших детей, — сказала Хава. — Но женщины просили меня узнать у тебя еще кое-что».

«Что же?» — спросил Грег.

«У нас очень суровые зимы. Мы целыми месяцами сидим дома и ничего не делаем. Если будет на то воля Аллаха, мы хотели бы построить женский центр, где мы сможем общаться, шить...»

Сакина игриво дернула Хаджи Али за бороду. «И где можно было бы отдохнуть от своих мужей», — сказала она.

В августе в присутствии гостей Хава радостно открывала новый женский центр деревни Корфе. Женщины деревни каждый день стали собираться в свободной комнате в доме Хаджи Али, где установили четыре новые ручные швейные машинки «Зингер», которые под руководством главной портнихи Скарду, Фиды, купил Мортенсон. Он же доставил машинки, нитки и ткани в деревню.

МОРТЕНСОН СТАЛ СОЗДАВАТЬ ЖЕНСКИЕ ЦЕНТРЫ ВО ВСЕХ ДЕРЕВНЯХ, ГДЕ СТРОИЛИ ШКОЛЫ.

«Балти издавна занимаются шитьем и ткачеством, — говорит Грег. — Им нужно было помочь, чтобы они возродили былой промысел. Идея Хавы оказалась просто гениальной. Мы стали создавать женские центры во всех деревнях, где строили школы».

В начале августа 1997 года, в день торжественного открытия школы в Корфе, Грег Мортенсон триумфально въехал в долину Бралду в сопровождении целой колонны джипов. В зеленом «лендкрузере» сидела Тара, а на ее коленях — Амира Мортенсон. Их сопровождали полицейские, военные, местные политики и члены совета директоров Института Центральной Азии Дженнифер Уилсон и Джулия Бергман. Джулия несколько месяцев собирала книги для библиотеки в Корфе.

«Я была счастлива наконец-то увидеть место, о котором Грег с такой любовью и так долго рассказывал, — вспоминает Тара. — После этого я стала лучше понимать собственного мужа».

Джипы остановились у моста, европейцы двинулись через реку, а жители Корфе радостно приветствовали их с другого берега. Приближаясь к деревне, гости увидели желтую школу, украшенную гирляндами, плакатами и пакистанскими флагами.

Через два года в Корфе приехала мать Мортенсона, Джерена. Она вспоминает, что была растрогана, узнав о плодах труда своего сына.

«Увидев школу, я заплакала и не могла остановиться, — вспоминает Джерена. — Я знала, как дорога она Грегу, как напряженно он трудился и сколько сил потратил. Когда чего-то добиваются твои дети, это куда важнее собственных достижений».

«В день открытия школы мы познакомились с Хаджи Али и его женой. Все жители деревни хотели подержать Амиру на руках, — рассказывает Тара. — Она была настоящим ангелом. Всем хотелось поиграть с маленькой светловолосой девчушкой».

Школа была доведена жителями Корфе до совершенства. В каждом классе на толстых коврах стояли десятки новых деревянных парт. На стенах висели яркие карты мира и портреты пакистанских лидеров. Торжественная церемония проходила во дворе. Над сценой висел плакат: «Приветствуем дорогих гостей!». Выступления заняли четыре часа, и все это время шестьдесят школьников Корфе терпеливо сидели на корточках под жаркими лучами солнца.

МАТЬ ГРЕГА ЗАПЛАКАЛА, КОГДА УВИДЕЛА ШКОЛУ В КОРФЕ. ОНА ВСПОМИНАЕТ: «КОГДА ЧЕГО-ТО ДОБИВАЮТСЯ ТВОИ ДЕТИ, ЭТО КУДА ВАЖНЕЕ СОБСТВЕННЫХ ДОСТИЖЕНИЙ».

«Это был лучший день в моей жизни, — вспоминает дочь учителя Хусейна, Тахира. — Господин Парви вручил каждому из нас новые учебники. Я боялась даже открыть книгу, настолько она была хороша. Раньше у меня никогда не было собственных книг».

Дженнифер Уилсон написала речь о том, как счастлив был бы присутствовать здесь ее муж, Жан Эрни. Гулям Парви перевел текст на балти, и она могла обращаться к жителям деревни на их родном языке. После выступления Дженнифер подарила каждому ученику новую школьную форму, аккуратно упакованную в целлофановый пакет.

«ГОСПОДИН ПАРВИ ВРУЧИЛ КАЖДОМУ ИЗ НАС НОВЫЕ УЧЕБНИКИ. Я БОЯЛАСЬ ДАЖЕ ОТКРЫТЬ КНИГУ, НАСТОЛЬКО ОНА БЫЛА ХОРОША. РАНЬШЕ У МЕНЯ НИКОГДА НЕ БЫЛО СОБСТВЕННЫХ КНИГ...»

«Я не могла оторвать глаз от иностранных дам, — вспоминает Джахан, которая вместе с Тахирой станет одной из первых образованных женщин за всю долгую историю долины Бралду. — Они казались такими благородными. Раньше, когда я видела чужаков, сразу убегала. Стыдилась своей грязной одежды. Но в тот день я получила первый в своей жизни комплект чистой новой формы. Помню, что подумала: «Может быть, мне не стоит стыдиться. Возможно, однажды, волей Аллаха, я тоже стану настоящей дамой».

Затем выступили директор школы Хусейн и два новых учителя, а за ними Хаджи Али и все почетные гости. «Во время выступлений Грег стоял поодаль, прислонившись к стене, — вспоминает Тара. — На руках он держал чужого ребенка. Это был самый грязный ребенок на свете, но Грегу не было до этого дела. Он просто стоял и держал его на руках — и был абсолютно счастлив. И тогда я подумала: «Вот настоящий Грег. Навсегда запомни этот момент».

Впервые в истории Корфе дети деревни начали учиться читать и писать в помещении. Им больше не были страшны ни дождь, ни мороз. Вместе с Дженнифер Уилсон Мортенсон развеял прах Жана Эрни с моста, построенного на его деньги над бурной рекой Бралду. Потом все вернулись в Скарду. Целыми днями Грег показывал Таре этот город, ставший для него родным. Они ездили на южные холмы в дом Парви, бродили по берегам кристально чистого озера Сатпара. Но радость Мортенсона кое-что омрачило: он заметил, что за ним следят.

«ГРЕГ СТОЯЛ И ДЕРЖАЛ НА РУКАХ САМОГО ГРЯЗНОГО НА СВЕТЕ РЕБЕНКА — И БЫЛ АБСОЛЮТНО СЧАСТЛИВ. И ТОГДА Я ПОДУМАЛА: «ВОТ НАСТОЯЩИЙ ГРЕГ. НАВСЕГДА ЗАПОМНИ ЭТОТ МОМЕНТ».

«Парню, которого приставили ко мне, явно мало платили, — вспоминает Грег. — Он себя особо не утруждал конспирацией. У него были ярко-рыжие волосы, ездил он на красном мотоцикле «судзуки». Не заметить его было невозможно. Каждый раз, когда я оборачивался, он курил и делал вид, что вовсе не следит за мной. Видимо, это был агент пакистанской разведки. Мне нечего было скрывать, поэтому я решил позволить ему наблюдать и докладывать о моих действиях своему руководству».

За семьей Мортенсона следил еще один житель Скарду — и эта слежка была более неприятной. Как-то раз Грег оставил Тару и Амиру на заднем сиденье своего «лендкрузера», а сам отправился купить минеральной воды на базаре. Тара решила покормить малышку. Вернувшись, Мортенсон обнаружил возле машины молодого человека, который не спускал глаз с его жены. Он явно подглядывал за кормящей грудью женщиной. Но на него уже стремительно надвигался телохранитель Грега Фейсал Байг.

«Фейсал загнал парня в переулок, чтобы не видела Тара, и избил до потери сознания, — рассказывает Мортенсон. — Я подбежал и остановил его. Мне пришлось проверить у парня пульс, чтобы убедиться, что мой телохранитель его не убил».

Грег хотел отвезти парня в больницу, но Байг не позволил. Он сказал, что этот тип получил по заслугам.

«Этому шайтану, этому дьяволу, еще повезло, что я не убил его, — сказал Байг. — Если бы я это сделал, никто бы в Скарду не осудил меня». Спустя много лет Мортенсон узнал, что, после того как жители города узнали, что тот человек проявил неуважение по отношению к жене доктора Грега, его подвергли настоящим гонениям — и ему пришлось уехать.

Отправив жену и дочь домой, Мортенсон провел в Америке еще два месяца. После создания женского центра мужчины Корфе решили спросить у Грега, не придумает ли он, как и им зарабатывать больше денег.

Вместе с братом Тары, Брентом Бишопом, Грег организовал первые в Пакистане курсы по подготовке носильщиков и проводников. Бишоп, как и его отец, был опытным, известным альпинистом: он покорил Эверест. Ему удалось убедить своего спонсора, фирму «Найк», выделить средства и оборудование для осуществления проекта Мортенсона.

«Носильщики балти успешно работали в самых сложных высокогорных условиях, — говорит Мортенсон. — Но у них не было никакой альпинистской подготовки». Во время экспедиций, организуемых Музафаром, Грег, Бишоп и «курсанты»-

балти проходили по леднику Балторо. (Пищу им готовил ветеран подобных походов Апо Разак.) На леднике американские альпинисты обучали носильщиков приемам первой помощи, спасению людей, провалившихся в трещины, и умению пользоваться страховочным снаряжением.

У МЕСТНЫХ ПРОВОДНИКОВ НЕ БЫЛО АЛЬПИНИСТСКОЙ ПОДГОТОВКИ, ПОЭТОМУ ГРЕГ И ЕГО ДРУЗЬЯ ОБУЧАЛИ НОСИЛЬЩИКОВ ПРИЕМАМ ПЕРВОЙ ПОМОЩИ И СПАСЕНИЮ ЛЮДЕЙ, ПРОВАЛИВШИХСЯ В ТРЕЩИНЫ.

Кроме того, учащиеся курсов занимались устранением ущерба, каждый сезон наносимого леднику Балторо экспедициями иностранцев. В местах альпинистских лагерей возводились каменные туалеты: проблема засорения местности экскрементами стояла в этом регионе очень остро.

Также Мортенсон и Бишоп запустили в действие ежегодную программу переработки отходов. После каждого похода в горы носильщики возвращались с ледника с пустыми корзинами. Но могли на пути домой наполнять их мусором, оставленным альпинистами, — и получать за это деньги! За первый год осуществления программы из базовых лагерей К2, Броудпика и Гашербрума было вынесено больше тонны жестяных банок, стекла и пластика. Мортенсон организовал доставку вторсырья в Скарду, при этом носильщики получили плату, соответствующую весу собранного ими мусора.

МОРТЕНСОН И БИШОП ЗАПУСТИЛИ В ДЕЙСТВИЕ ПРОГРАММУ ПЕРЕРАБОТКИ ОТХОДОВ — ИЗ БАЗОВЫХ ЛАГЕРЕЙ К2, БРОУД-ПИКА И ГАШЕРБРУМА БЫЛО ВЫНЕСЕНО БОЛЬШЕ ТОННЫ ЖЕСТЯНЫХ БАНОК, СТЕКЛА И ПЛАСТИКА.

Когда зимние морозы сковали высокогорные долины Каракорума, Грег вернулся домой. Этот год стал одним из самых плодотворных в его жизни.

«Анализируя масштабы гигантской работы, которая была сделана, несмотря на фетву, не устаю удивляться: как мне это удалось? — вспоминает Мортенсон. — Откуда взялось столько сил?»

Столь напряженная и обширная работа заставила Грега в полной мере осознать, как велика потребность в его усилиях. И началась подготовка к весенней кампании борьбы с бедностью в Пакистане: ночные телефонные звонки, рассылка электронных писем членам совета директоров.

Жизнь продолжалась.

Глава 16

Красная бархатная коробочка

Ни человек, ни другое живое существо не может жить вечно под вечным небом. Самые прекрасные женщины, самые образованные мужчины, даже сам Мохаммед, слышавший голос Аллаха, — все старятся и умирают. Все временно в этом мире. Небо переживает все. Даже страдание.

Бова Джохар, поэт балти,
дед Музафара Али

Мортенсон представлял, сколь непростым путем движется посланец Верховного совета аятолл на юго-восток — из Ирана в Афганистан и далее в Пакистан. Он будто видел внутренним взором маленького горного пони, пробирающегося по заминированной долине Шомали и высокогорным перевалам Гиндукуша. В седельной суме гонца лежало постановление Совета. Грег мысленно пытался задержать всадника, насылал перед ним камнепады, оползни и лавины. Надеялся, что путь его займет годы.

Ибо если гонец принесет недобрые вести, Мортенсону навсегда будет заказан путь в Пакистан...

ЕСЛИ ГОНЕЦ ПРИНЕСЕТ НЕДОБРЫЕ ВЕСТИ, МОРТЕНСОНУ НАВСЕГДА БУДЕТ ЗАКАЗАН ПУТЬ В ПАКИСТАН...

На самом деле красная бархатная коробочка с постановлением Верховного совета аятолл была отправлена из Кома в

Исламабад почтой. Она благополучно прибыла в Скарду. Там постановление размножили и распространили среди клириков Северного Пакистана для публичного чтения.

Пока Верховный совет рассматривал дело Мортенсона, в Пакистан заслали шпионов, которым было поручено разузнать все об американце, работающем в самом сердце шиитского Пакистана.

«Из многих школ мне сообщали, что к ним приезжали странные люди и расспрашивали о программе обучения, — рассказывает Парви. — Не пропагандируют ли школы христианство? Не распространяют ли западный образ жизни и вседозволенность? Наконец ко мне приехал иранский мулла. Он откровенно спросил, видел ли я, чтобы «этот неверный» пил спиртное или пытался соблазнить мусульманских женщин. Я честно ответил, что в моем присутствии доктор Грег никогда не пил спиртного, что он женатый человек, который уважает свою жену и детей, что он никогда не пытался обольстить женщин балти. Также я сказал мулле, что он может приехать с инспекцией в любую нашу школу. Я готов обеспечить ему транспорт и возместить все расходы на подобную поездку. «Мы уже были в ваших школах», — ответил он и очень вежливо поблагодарил за то, что я уделил ему время».

Апрельским утром 1998 года Парви пришел к Мортенсону в отель «Инд» и сообщил, что их обоих вызывают в мечеть.

Грег побрился и надел лучшую рубашку.

Как и многое в шиитском Пакистане, мечеть имама Бара скрыта от глаз посторонних. Она стоит за высокими глинобитными стенами, которые не радуют глаз никакими украшениями. Внешний мир может видеть за ними лишь высокий сине-зеленый минарет с громкоговорителями, с помощью которых муэдзин созывает правоверных на молитву.

Грег и Парви прошли через внутренний двор и ступили под сводчатую арку мечети. Мортенсон отодвинул тяжелый коричневый бархатный занавес и оказался во внутреннем святилище храма. Ни один неверный никогда не переступал этого порога. Грег сосредоточился и переступил порог правой ногой, как того требовал исламский обычай.

МОРТЕНСОН ОТОДВИНУЛ ТЯЖЕЛЫЙ КОРИЧНЕВЫЙ БАРХАТНЫЙ ЗАНАВЕС И ОКАЗАЛСЯ ВО ВНУТРЕННЕМ СВЯТИЛИЩЕ МЕЧЕТИ. НИ ОДИН НЕВЕРНЫЙ НИКОГДА НЕ ПЕРЕСТУПАЛ ЭТОГО ПОРОГА.

Внутри его ожидали восемь членов Совета мулл в черных тюрбанах. По суровости, с какой поздоровался с ним Сайед Мохаммед Аббас Рисви, можно было предположить худшее. Грег с Парви опустились на роскошные исфаханские[1] ковры. Сайед Аббас предложил членам Совета сесть рядом, потом сел сам и положил перед собой небольшую коробочку из красного бархата.

[1] Исфаханский — из города Исфахан в Иране.

Он медленно и церемонно снял с коробочки крышку и вынул из нее сверток пергамента, перевязанный красной лентой. Развязал ленту, развернул пергамент и строго посмотрел на Мортенсона.

«Почтенный Сочувствующий Бедным, — начал читать элегантную вязь фарси Сайед Аббас. — Наш Священный Коран учит, что все дети должны получать образование, в том числе наши дочери и сестры. Твой благородный труд соответствует высшим принципам ислама и направлен на помощь бедным и больным. В Священном Коране нет указаний на то, что неверный не может помогать нашим мусульманским братьям и сестрам. Мы приказываем нашим священнослужителям в Пакистане не мешать осуществлению твоих благородных намерений. Посылаем тебе наше разрешение, благословение и молитвы».

Сайед Аббас свернул свиток, положил его в красную бархатную коробочку и с улыбкой протянул Мортенсону. А потом пожал ему руку. Грег обменялся рукопожатиями со всеми членами Совета. От радости у него закружилась голова. «Это означает... — пробормотал он. — Фетва... Значит...»

«Забудь об этом ограниченном, жадном человеке, — улыбаясь, сказал Парви. — Нас благословил верховный муфтий Ирана. С этой минуты ни один шиит не будет мешать твоей работе. Иншалла».

Сайед Аббас приказал подать чай. Теперь, когда официальная часть осталась позади, все немного расслабились. «Я хотел обсудить с тобой еще одно дело, — сказал он. — Мы хотим предложить тебе сотрудничество».

«НАС БЛАГОСЛОВИЛ ВЕРХОВНЫЙ МУФТИЙ ИРАНА. С ЭТОЙ МИНУТЫ НИ ОДИН ШИИТ НЕ БУДЕТ МЕШАТЬ ТВОЕЙ РАБОТЕ. ИНШАЛЛА».

* * *

Той весной известие о постановлении иранского муфтия распространилось по Балтистану быстрее, чем ледниковые реки стекают в долины с вершин Каракорума. Утренние совещания в вестибюле отеля «Инд» стали настолько многолюдными, что двух столов уже не хватало и пришлось перебраться в банкетный зал наверху. Обсуждения становились все более шумными. Пока Грег находился в Скарду, к нему каждый день приезжали гонцы из сотен отдаленных деревень. Все они предлагали новые проекты. Получив одобрение Верховного совета аятолл, Мортенсон мог спокойно работать в Балтистане.

Он стал обедать прямо на кухне отеля. Только здесь было возможно спокойно съесть омлет или овощное карри[1], не отвечая на вопросы и обращения. Только тут у него не просили возродить добычу полудрагоценных камней или отремонтировать деревенскую мечеть.

---

[1] Карри — индийское густое жидкое блюдо из тушёных овощей и мяса с пряностями. Также смесь индийских пряностей.

Хотя Мортенсон этого еще не понимал, в его жизни начался новый этап. Больше не было времени на то, чтобы общаться с каждым просителем, хотя поначалу он пытался это делать. Он и раньше был занят, но теперь казалось, что в сутках явно не хватает часов шести-семи. Приходилось вычленять из сплошного потока прошений те проекты, которые можно было реально осуществить.

Сайед Аббас, влияние которого в высокогорных долинах было крайне велико, прекрасно понимал потребности каждой общины. Он был согласен с Мортенсоном в том, что только образование поможет бороться с бедностью. Но понимал, что у детей Балтистана есть более насущная проблема. В таких деревнях, как Чунда в долине Шигар, каждый третий младенец не доживает и до года. Антисанитария и отсутствие чистой питьевой воды — вот основные причины детской смертности.

Мортенсон с пониманием отнесся к этим словам.

В НЕКОТОРЫХ ДЕРЕВНЯХ КАЖДЫЙ ТРЕТИЙ МЛАДЕНЕЦ НЕ ДОЖИВАЕТ И ДО ГОДА. АНТИСАНИТАРИЯ И ОТСУТСТВИЕ ЧИСТОЙ ПИТЬЕВОЙ ВОДЫ — ВОТ ОСНОВНЫЕ ПРИЧИНЫ ДЕТСКОЙ СМЕРТНОСТИ.

Прежде чем растение начнет приносить плоды, его нужно тщательно поливать. Дети должны вырасти, прежде чем смогут пойти в школу. Вместе с Сайед Аббасом Рисви Грег отправился к вождю Чунда, Хаджи Ибрагиму, и убедил его предоставить рабочих для обеспечения деревни чистой питьевой водой. Присоединиться к проекту решили и жители четырех соседних деревень. Сотни рабочих по десять часов в день рыли канавы и траншеи. Работу удалось закончить за неделю. По трубам, закупленным Мортенсоном, чистая родниковая вода поступила в пять деревень.

«Я прислушиваюсь к мнению Сайед Аббаса Рисви, — говорит Мортенсон. — Он относится к тому типу священнослужителей, которыми я глубоко восхищаюсь. Умеет превратить сочувствие в действие, не ограничиваясь словами. Он живет в реальном, а не в книжном мире. Благодаря его трудам женщинам Чунды больше не нужно каждый день проходить много километров, чтобы принести в дом чистую воду. Детская смертность в регионе, где проживает две тысячи человек, сократилась наполовину».

ЖЕНЩИНАМ ЧУНДЫ БОЛЬШЕ НЕ НУЖНО КАЖДЫЙ ДЕНЬ ПРОХОДИТЬ МНОГО КИЛОМЕТРОВ, ЧТОБЫ ПРИНЕСТИ В ДОМ ЧИСТУЮ ВОДУ. ДЕТСКАЯ СМЕРТНОСТЬ В РЕГИОНЕ СОКРАТИЛАСЬ НАПОЛОВИНУ.

Перед отъездом в Пакистан Мортенсон провел заседание совета директоров, на котором было принято решение о строительстве весной и летом 1998 года еще трех школ. Главным для Грега было строительство школы в родной деревне Музафара. За последние годы Музафар серьезно сдал. Сила, которой он поражал всех на Балторо, иссякла. Он стал хуже слышать. Так бывает со многими балти, которые годами работают в условиях высокогорья. Старость подкрадывается коварно и незаметно, как снежный барс.

Халде, родная деревня Музафара, располагалась в плодородной долине Хуше, на берегу реки Шьок — в том месте, где течение замедляется перед впадением в Инд. Это было идеальная пакистанская деревня. Оросительные каналы тянулись по аккуратным полям. Улицы прятались в тени раскидистых абрикосов и шелковичных деревьев.

«Халде напоминала мне Шангри-Ла, — вспоминает Мортенсон. — Сюда я мечтал привезти все свои книги, сбросить ботинки и поселиться на долгое-долгое время». Музафар, когда его трудовая деятельность подошла к концу, хотел спокойно провести в родной деревне свои последние годы: в окружении садов, детей и внуков, подальше от страны вечного льда и снега.

Строительство шло по отработанной схеме. Мортенсон, Парви и Махмал приобрели участок земли между двумя абрикосовыми рощами и с помощью местных жителей за три месяца построили прочную каменную школу на четыре класса. Все расходы составили чуть больше двенадцати тысяч долларов.

Дед Музафара, Бова Джохар, был поэтом. Его имя славилось по всему Балтистану. Музафар же всю жизнь работал простым носильщиком и не занимал в Халде видного положения. Но вот он сумел организовать строительство школы и этим завоевал уважение односельчан. При этом Музафар, как и все, трудился на стройплощадке, справляясь с делами гораздо более тяжелыми, чем были под силу молодым.

Стоя перед построенной школой и глядя, как дети Халде поднимаются на цыпочки, чтобы заглянуть сквозь стеклянные окна в классы, где осенью им предстоит учиться, Музафар обеими руками сжал руку Грега.

«Мои дни на этой земле сочтены, Грег-сахиб, — сказал он. — Я хотел бы еще много лет трудиться вместе с тобой, но Аллах в великой мудрости своей лишил меня сил...»

Мортенсон обнял старого друга, который так часто помогал ему в поисках верного пути. Руки Музафара все еще были сильны. Он так сжал американца, что захватило дух. «Что ты будешь делать?» — спросил Грег.

«Поливать деревья», — просто ответил старый балти.

* * *

Мохаммед Аслам Хан был ребенком в те времена, когда в долине Хуше, в тени ледников Машербрума, еще не было дорог. Прошли годы, он стал подростком, но мало что изменилось в жизни его деревни Хуше. Летом он с другими мальчишками отгонял овец и коз на высокогорные пастбища, а женщины в домах делали кефир и сыр. С пастбищ была видна гора Чогори, «Большая гора», или К2, как ее называли во всем остальном мире. Ее острая вершина выглядывала из-за широкого плеча Машербрума.

Осенью Аслам со своими друзьями водил по кругу вокруг шеста шесть могучих яков, чтобы те своими тяжелыми копытами молотили убранную пшеницу. Долгие зимние дни и ночи он старался держаться как можно ближе к очагу. За самое теплое место в доме приходилось бороться с пятью братьями, тремя сестрами и домашним скотом.

Такова была жизнь. И каждый мальчишка в Хуше знал, что она будет идти именно так. Но отец Аслама, Голова Али, был вождем деревни. Все говорили, что Аслам — самый умный ребенок в семье, и у отца были на него другие планы.

В конце весны, когда погода устоялась, но река Шьок все еще стремительно несла ледниковые воды, Голова Али разбудил сына до рассвета и приказал ему собираться в дорогу. Аслам не понимал, что происходит. Но увидев, как отец собирает его мешок и заворачивает кусок твердого овечьего сыра в чистую тряпицу, заплакал.

Спорить с отцом было немыслимо, но можно было задать вопрос.

«Почему я должен уезжать?» — спросил он сквозь слезы, ища поддержку у матери. В свете масляной лампы мальчик увидел на ее глазах слезы.

«Ты идешь в школу», — ответил отец.

Аслам шел за отцом два дня. Как каждый мальчишка в Хуше, он отлично знал узкие горные тропы, которые вились по голым скалам, словно плющ по каменной стене. Но так далеко от дома он еще не уходил. Где-то внизу виднелась темная земля, освободившаяся от снега. Машербрум остался далеко позади — как и весь знакомый мир.

«ПОЧЕМУ Я ДОЛЖЕН УЕЗЖАТЬ?» — СПРОСИЛ ОН СКВОЗЬ СЛЕЗЫ, ИЩА ПОДДЕРЖКУ У МАТЕРИ. «ТЫ ИДЕШЬ В ШКОЛУ», — ОТВЕТИЛ ОТЕЦ.

Когда тропа привела к берегу Шьока, Голова Али повесил сыну на шею кожаный мешочек с двумя золотыми монетами. «Когда, иншалла, ты попадешь в город Хаплу, найдешь там школу. Отдашь сахибу — директору школы эти монеты в уплату за твое образование».

«Когда же я вернусь домой?» — спросил Аслам, пытаясь сдержать дрожь в голосе.

«Ты сам узнаешь», — ответил отец. Голова Али надул шесть козьих пузырей, связал их в плот. Так балти переправляются через глубокие реки, которые невозможно преодолеть вброд.

«Теперь держись крепче», — сказал отец.

Аслам не умел плавать.

«Когда отец столкнул плот в воду, я не совладал с собой и закричал. Он был сильным и гордым мужчиной. Но, отплывая, я видел слезы в его глазах».

Плот унес Аслама далеко от отца. Теперь он мог плакать открыто — никто не видел этого. Река стремительно неслась вперед, и мальчика охватил настоящий ужас. Это длилось десять минут, а может быть, два часа. Постепенно течение замедлилось, а река стала шире. Аслам увидел людей на дальнем берегу и стал грести к ним.

«Незнакомый старик выловил меня из воды и завернул в теплое одеяло из шерсти яка, — вспоминает Аслам. — Я все еще дрожал и плакал. Он спросил меня, почему я оказался в реке, и я передал ему слова отца».

«Не бойся, — сказал старик. — Ты смелый мальчик, раз забрался так далеко от дома. Когда-нибудь ты вернешься, и все будут относиться к тебе с уважением». Он дал ему пару смятых рупий и вывел на дорогу к Хаплу.

История Аслама стала известна по всей долине Хуше. Он шел по дороге в город, и каждый встречный давал ему немного денег на учебу. «Люди были так добры, что я воспрял духом, — вспоминает Аслам. — Очень скоро добрался до государственной школы в Хаплу и стал учиться изо всех сил».

Хаплу оказался самым большим городом, в каком когда-либо бывал Аслам. Ученики в школе встретили его негостеприимно. Они дразнили новичка за то, что он так бедно одет. «У меня была обувь из шкуры яка и шерстяная одежда, а все школьники ходили в красивой форме», — вспоминает Аслам. Учителя пожалели мальчика, собрали деньги и купили ему белую рубашку, коричневый свитер и черные брюки, чтобы он был одет так же, как другие мальчики. Аслам носил форму каждый день, а по ночам чистил ее в меру сил. После первого года обучения он отправился домой в долину Хуше. Новая форма произвела на односельчан глубокое впечатление. Старик, встретивший мальчика в дороге, не ошибся в своих предсказаниях.

«Я вошел в деревню, — вспоминает Аслам, — в чистой и красивой форме. Все смотрели и говорили, что я изменился. Все уважали меня. Я понял, что должен оправдать эту честь».

В 1976 году, когда Аслам окончил десятый класс школы в Хаплу, ему предложили должность в администрации Северных территорий. Но он решил вернуться домой и после смерти отца стал вождем Хуше. «Я видел, как тяжело живут люди в долинах, и решил, что мой долг — бороться за улучшение жизни в родной деревне», — рассказывает Аслам.

Аслам обратился к чиновникам. Ему удалось убедить администрацию в необходимости построить дорогу к деревне Хуше. Потом он задумал добиться выделения средств на небольшую школу для двадцати пяти мальчиков, которая расположилась бы в пустующей ферме. Но ему было трудно уговорить жителей деревни отправить своих детей учиться: по мнению взрослых, дети должны были помогать им на полях. Школа так и не была построена.

«Я ВИДЕЛ, КАК ТЯЖЕЛО ЖИВУТ ЛЮДИ В ДОЛИНАХ, И РЕШИЛ, ЧТО МОЙ ДОЛГ — БОРОТЬСЯ ЗА УЛУЧШЕНИЕ ЖИЗНИ В РОДНОЙ ДЕРЕВНЕ», — РАССКАЗЫВАЕТ АСЛАМ.

Когда дети Аслама подросли, он понял, что для того, чтобы дать им образование, ему необходима помощь. «Аллах благословил меня девять раз, — рассказывает Аслам. — У меня было пять мальчиков и четыре девочки. Самой умной среди них была Шакила. Ей было негде учиться, и она была слишком мала, чтобы отправить ее из дома. Хотя за годы через нашу деревню прошли тысячи альпинистов, ни один из них не захотел помочь детям. До меня доходили слухи о большом американце, который строит школы для мальчиков и девочек по всему Балтистану. Я решил разыскать его».

Весной 1997 года Аслам два дня ехал на джипе в Скарду. Он добрался до отеля «Инд» и спросил Мортенсона, но ему сказали, что американец уехал в долину Бралду и может пробыть там несколько недель. «Я оставил письмо с приглашением в мою деревню, — рассказывает Аслам, — но он мне не ответил». Наступил июнь 1998 года. Водитель джипа сообщил ему, что американец находится рядом, в деревне Хане.

«ДО МЕНЯ ДОХОДИЛИ СЛУХИ О БОЛЬШОМ АМЕРИКАНЦЕ, КОТОРЫЙ СТРОИТ ШКОЛЫ ДЛЯ МАЛЬЧИКОВ И ДЕВОЧЕК ПО ВСЕМУ БАЛТИСТАНУ. Я РЕШИЛ РАЗЫСКАТЬ ЕГО».

«Той весной я вернулся в Хане, — рассказывает Мортенсон, — чтобы созвать джиргу, то есть общий сход. Я хотел, чтобы люди сместили Джанджунгпу, который к тому времени стал вождем Хане, а я смог бы наконец-то построить в деревне школу». Но Джанджунгпа не собирался отказываться от титула вождя и от замысла построить альпинистскую школу. Он вызвал полицию, сообщив о подозрительном чужаке в пограничном районе. «Он сказал, что я шпионю в пользу злейшего врага Пакистана — Индии», — улыбается Грег.

Пока Мортенсон пререкался с полицейским, требовавшим от него документы, в деревню приехал Аслам. «Я сказал американцу: «Я — вождь деревни Хуше. Я пытался встретиться с вами в прошлом году, — вспоминает Аслам. — Приезжайте к нам вечером выпить чая». Мортенсон с радостью воспользовался поводом, чтобы уехать из Хане. Он пребывал в твердом убеждении, что эта деревня проклята.

Аслам был новатором во всех отношениях. Стены своего дома он расписал ярким геометрическим узором. Дом показался Мортенсону несколько смахивающим на африканский, но он сразу почувствовал себя в нем уютно. Они пили чай на крыше, и Грег слушал историю своего нового друга. Когда восходящее солнце окрасило ледяные вершины Машербрума в розовый цвет и настало время завтрака, Мортенсон согласился передать средства, выделенные советом директоров на школу в Хане, деревне Хуше.

«Я ДУМАЛ, МНЕ ПРИДЕТСЯ УНИЖЕННО УМОЛЯТЬ АМЕРИКАНЦА. НО ОН РАЗГОВАРИВАЛ СО МНОЙ, КАК БРАТ. ГРЕГ — ОЧЕНЬ ДОБРЫЙ, МЯГКОСЕРДЕЧНЫЙ И ВЕЖЛИВЫЙ ЧЕЛОВЕК», — ВСПОМИНАЕТ АСЛАМ.

«Я разыскивал его по всему Балтистану и с удивлением узнал, что доктор Грег совсем рядом, — вспоминает Аслам. — Я думал, мне придется униженно умолять американца. Но он разговаривал со мной, как брат. Грег — очень добрый, мягкосердечный и вежливый человек. Впервые встретившись с ним, я буквально в него влюбился. Его полюбили все мои дети и все семьи Хуше».

Школа, которую жители деревни Хуше построили летом 1998 года с помощью Института Центральной Азии, пожалуй, оказалась самой красивой в Северном Пакистане. Мортенсон во всем советовался с вождем, доверяя вкусу Аслама. Здание украшено алыми деревянными наличниками на оконных и дверных проемах, резной окантовкой крыши. Вдоль ограды школьного двора растут огромные подсолнухи. Летом они поднимаются выше самого высокого ученика. Из окон школы открывается вид на величественный гребень Машербрума — неудивительно, что местные дети ставят перед собой высокие цели.

* * *

Старшая дочь Аслама, Шакила, рассказывает нам о школе в Хуше, которая открылась, когда ей было восемь лет. Сегодня девушка учится в государственной женской высшей школе в Хаплу и живет в доме, снятом для нее отцом. Миловидная Шакила сидит на круглом шерстяном ковре рядом с отцом и улыбается из-под кремовой узорчатой шали.

«Сначала, когда я только начала ходить в школу, многие жители нашей деревни считали, что девочке не пристало учиться, — говорит Шакила. — Они говорили, что я все равно буду работать в поле, как все женщины, так к чему же забивать голову всякими книжными глупостями? Но я знала, как высоко мой отец ценит образование, поэтому не слушала их и упорно училась».

«Я старался дать образование всем своим детям, — говорит Аслам, кивая на старших братьев Шакилы, которые уже стали студентами и теперь живут в Хаплу, присматривая за сестрой. — Но эта девочка обратила на себя мое внимание еще в раннем детстве».

Смущаясь, Шакила прикрывает лицо шалью. «Я вовсе не особенная, — говорит она. — Но школу в Хуше окончила с хорошими оценками».

Учиться в Хаплу оказалось труднее. Она показывает отцу оценки за экзамен по физике. Ей стыдно, что она набрала всего 82 балла. «Учиться трудно, но я стараюсь, — говорит она. — В Хуше я была лучшей ученицей. Зато здесь всегда найдется старший ученик или учитель, который может помочь».

После того как была построена дорога, путь Шакилы к высшему образованию в Хаплу не был таким опасным, как у ее отца к начальной школе. Но и ей пришлось преодолевать серьезные трудности. «Шакила — первая девочка в долине Хуше, которая получит высшее образование, — с гордостью говорит Аслам. — И теперь все девочки берут с нее пример».

Услышав похвалу отца, Шакила снова закрывает лицо шалью. «Отношение к обучению детей у жителей Хуше начинает меняться, — говорит она. — Когда я возвращаюсь в деревню, то вижу, что все девочки учатся. Их матери говорят мне: «Шакила, мы ошибались. Ты правильно сделала, что прочитала эти книги и решилась уехать так далеко от дома. Ты — гордость нашей деревни».

КОГДА Я ВОЗВРАЩАЮСЬ В ДЕРЕВНЮ, ТО ВИЖУ, ЧТО ВСЕ ДЕВОЧКИ УЧАТСЯ. ИХ МАТЕРИ ГОВОРЯТ МНЕ: «ШАКИЛА, МЫ ОШИБАЛИСЬ. ТЫ ПРАВИЛЬНО СДЕЛАЛА, ЧТО РЕШИЛАСЬ УЕХАТЬ ТАК ДАЛЕКО ОТ ДОМА. ТЫ — ГОРДОСТЬ НАШЕЙ ДЕРЕВНИ».

«Мне бы хотелось стать доктором, — говорит Шакила, — и работать там, где можно быть полезной. Теперь я знаю, что мир очень велик, а я видела только малую его часть».

Успехи Шакилы в учебе вдохновили не только женщин долины Хуше, но и ее старших братьев. Восемнадцатилетний Якуб в течение года учился в университете Лахора, но провалил шесть из восьми экзаменов. Перевелся в колледж в Хаплу. Теперь он серьезнее относится к учебе, хочет стать правительственным чиновником. «У меня нет выбора, — говорит Якуб, поправляя бейсболку с золотой звездой. — Сестра для меня пример. Она упорно учится, так что и я тоже должен это делать».

Шакила набрала 100 баллов за экзамен по урду. Аслам с нежностью гладит страницу зачетки с оценкой, как золотой самородок, найденный на дне реки Шьок. «За это я благодарю всемилостивого Аллаха, — говорит Аслам, — и господина Грега Мортенсона».

В Северном Пакистане тысячи людей говорили то же самое летом и осенью 1998 года...

* * *

Вернувшись в Пешавар, Грег объехал лагеря беженцев. Сотни тысяч людей бежали из Афганистана от безжалостного режима талибов. Их нужно было кормить, где-то селить и учить. Конечно, в таких условиях о строительстве школ не могло быть и речи. Но в лагере Шамшату, юго-западнее Пешавара, Мортенсон организовал своеобразные курсы. Восемьдесят учителей проводили уроки для четырех тысяч афганских учеников. Грег согласился выплачивать учителям зарплату, пока беженцы остаются в Пакистане.

Поскольку в Северном Пакистане распространены глазные заболевания, Мортенсон пригласил американского специалиста по катаракте — доктора Джеффа Табина. Тот бесплатно сделал операции шестидесяти пожилым пациентам в Скарду и Гилгите. Единственного офтальмолога Балтистана, доктора Нияза Али, Грег отправил в современную глазную больницу в Непале. После курса переподготовки тот смог выполнять операции самостоятельно, а доктор Табин вернулся в Америку.

ПОСКОЛЬКУ В СЕВЕРНОМ ПАКИСТАНЕ РАСПРОСТРАНЕНЫ ГЛАЗНЫЕ ЗАБОЛЕВАНИЯ, МОРТЕНСОН ПРИГЛАСИЛ АМЕРИКАНСКОГО СПЕЦИАЛИСТА ПО КАТАРАКТЕ — ДОКТОРА ДЖЕФФА ТАБИНА.

Мортенсон решил: школы его Института должны давать детям начальное образование, до пятого класса; кроме того, надо обратить особое внимание на обучение девочек.

«Если обучать мальчиков, они уезжают работать в города, — объясняет он. — А девочки остаются дома, начинают играть видную роль в жизни деревни и сохраняют все, чему их научили. Если хочешь изменить культуру, нужно улучшать санитарно-гигиенические условия и бороться с детской смертностью. А для этого необходимо давать образование девочкам».

Мортенсон объезжал деревни на своем зеленом «лендкрузере», встречался со старейшинами и уговаривал их подписать обязательство ежегодно увеличивать количество девочек в каждой школе на 10 процентов, если они хотят и дальше получать поддержку Института.

«Даже если девочки будут учиться только до пятого класса, — говорит Грег, — в Пакистане все изменится». Совет директоров Института Центральной Азии разделяет эту точку зрения.

Жена Джорджа Маккауна, Карен, которая основала начальную школу в Сан-Франциско, вошла в совет директоров ИЦА. Новым его членом также стал Абдул Джаббар. Этот пакистанский профессор преподает в городском колледже Сан-Франциско. Теперь в совете стали работать профессиональные преподаватели.

Сегодня Институт руководит работой десятков пакистанских школ. Джулия Бергман вместе с двумя преподавателями городского колледжа, Джой Дьюригелло и Бобом Ирвином, организовала в Скарду летние курсы подготовки учителей. Педагоги имеют доступ к специально организованной библиотеке. Школы Института работают по той же программе, что и любая государственная школа в Пакистане. Здесь нет уроков «сравнительных культур», так популярных на Западе. В программе нет ничего, что консервативные религиозные лидеры могли бы расценить как «антиисламские» предметы. Но в то же время в этих школах нет места для пропаганды фундаменталистского ислама, чему учат во многих пакистанских медресе.

«Я не хочу, чтобы пакистанские дети мыслили как американцы, — говорит Мортенсон. — Я просто хочу дать им сбалансированное неэкстремистское образование. Эта идея лежит в основе всего, что мы делаем».

«Я НЕ ХОЧУ, ЧТОБЫ ПАКИСТАНСКИЕ ДЕТИ МЫСЛИЛИ КАК АМЕРИКАНЦЫ, — ГОВОРИТ МОРТЕНСОН. — Я ПРОСТО ХОЧУ ДАТЬ ИМ СБАЛАНСИРОВАННОЕ НЕЭКСТРЕМИСТСКОЕ ОБРАЗОВАНИЕ».

Каждый успешно осуществленный проект укрепляет репутацию Мортенсона в Северном Пакистане. Его фотографии висят на стенах домов и на лобовых стеклах джипов. Ислам запрещает поклоняться «ложным идолам», и в Пакистане нет такого пантеона богов, как в индуистских странах. Но, как и в Индии, некоторые общественные деятели там завоевывают глубокое уважение и почтение, фактически переходя в ранг святых.

Таким светским святым стал крикетист Имран Хан. А сейчас по суровым ущельям и скалистым долинам Балтистана распространяется легенда о «замечательном неверном» — докторе Греге.

Глава 17

Вишневые деревья на песке

Думаю, вы согласитесь со мной, что сегодня самое опасное место в мире — это полуостров Индостан и пограничная линия в Кашмире.

Президент Билл Клинтон,
перед отъездом из Вашингтона в дипломатический
миротворческий визит в Индию и Пакистан

Фатима и Амина жили в деревне Бролмо в долине Гултори. В тот день они работали в поле. Неожиданно раздался выстрел индийской артиллерийской батареи, которая расположилась всего в двенадцати километрах от деревни. Фатима увидела, как снаряд несется к ним по безоблачному синему небу. Потом раздался взрыв...

Фатима предпочитает не вспоминать о том, что было, когда посреди работающих в поле людей разорвался 155-миллиметровый снаряд. Иные воспоминания подобны камням, которые раскладывают среди углей, чтобы выпекать на них хлеб: они слишком горячи, чтобы к ним прикасаться. На поле валялись тела и фрагменты тел, а взрывы все гремели и гремели, сливаясь в непрерывную канонаду.

На индийских картах район, в котором стоит деревня Бролмо, обозначен как «оккупированный Пакистаном Кашмир»...

Амина схватила Фатиму за руку, и девочки вместе с односельчанами со всех ног бросились к горным пещерам, где можно было укрыться от беспощадного обстрела. Но им казалось, что бегут они слишком медленно.

НА ПОЛЕ ВАЛЯЛИСЬ ТЕЛА И ФРАГМЕНТЫ ТЕЛ, А ВЗРЫВЫ ВСЕ ГРЕМЕЛИ И ГРЕМЕЛИ, СЛИВАЯСЬ В НЕПРЕРЫВНУЮ КАНОНАДУ.

Они укрылись в спасительной темноте пещеры. Фатима не может или не хочет говорить о том, почему Амина вернулась под обстрел. Скорее всего, ее старшая сестра бросилась за другими детьми. Снаряд разорвался прямо у входа в пещеру, Фатима потеряла сознание. С этого момента жизнь сестер изменилась раз и навсегда...

* * *

27 мая 1999 года Мортенсон сидел в офисе, оборудованном в подвале его дома в Монтане, и изучал информацию о вспышке вооруженного конфликта между Индией и Пакистаном в Кашмире.

С момента разделения Британской Индии по религиозному признаку на два государства[1] (исламское большинство населения бывшей английской колонии проживает в Пакистане, индуистское — в Индии) Кашмир оставался взрывоопасным регионом. Его раздел не был закреплен официальными соглашениями о границах, и это стало причиной многолет-

[1] В 1947 году бывшая британская колония Британская Индия была разделена на независимые государства доминион Пакистан и Индийский Союз.

него ожесточенного спора между двумя странами. Для пакистанцев Кашмир — символ религиозных гонений, которым мусульмане подвергались в Британской Индии. Для индийцев — жемчужина, вырвать которую из индийского венца не позволено никому, — особенно участникам Фронта освобождения Джамму и Кашмира, которых в Индии считают террористами.

РАЗДЕЛ КАШМИРА НЕ БЫЛ ЗАКРЕПЛЕН ОФИЦИАЛЬНЫМИ СОГЛАШЕНИЯМИ О ГРАНИЦАХ, И ЭТО СТАЛО ПРИЧИНОЙ МНОГОЛЕТНЕГО ОЖЕСТОЧЕННОГО СПОРА МЕЖДУ ИНДИЕЙ И ПАКИСТАНОМ.

В 1971 году, после нескольких десятилетий непрерывных вооруженных стычек, страны договорились о «линии контроля». Эту линию провели по территории настолько гористой и безжизненной, что она, казалось бы, исключала возможность военного вторжения для обеих сторон конфликта. Но перестрелки на ней продолжались.

«Я узнал о постоянных многолетних перестрелках с человеческими жертвами, и это меня потрясло, — вспоминает Мортенсон. — Индийская и пакистанская армии построили наблюдательные пункты и разместили артиллерийские батареи прямо на ледниках. Сразу после утреннего чая индийцы выпускали из огромных шведских пушек пару снарядов в сторону пакистанских постов. Пакистанская армия отвечала несколькими выстрелами после завершения утренней молитвы. Особых проблем не возникало. В сентябре, когда становилось холодно, наблюдательные пункты сворачивались до весны».

Но в апреле 1999 года, когда потеплело раньше, чем обычно, вооруженный конфликт вспыхнул с неожиданной силой. По всей видимости, премьер-министр Пакистана Наваз Шариф решил испытать боеспособность Индии. (Годом раньше Пакистан поразил весь мир, проведя пять успешных испытаний ядерного оружия. Установление вооруженного паритета с более мощным соседом спровоцировало всплеск национальной гордости.) Около восьмисот тяжело вооруженных исламских боевиков пересекли «линию контроля» в Гултори и заняли позиции на территории индийского Кашмира (штат Джамму и Кашмир). Как утверждает Индия, во вторжении принимали участие не только моджахеддины, но и переодетые в гражданское солдаты северной легкой пехотной бригады — элитного военного подразделения, созданного для защиты северных территорий Пакистана.

Пакистанцам удалось захватить индийские позиции настолько незаметно, что раскрыли их только через месяц, когда разведка индийской армии обнаружила, что высоты в районе города Каргил заняты пакистанской армией.

Премьер-министр Индии Атал Бихари Ваджпайи обвинил Шарифа в военном вторжении на территорию Индии. Тот ответил, что речь идет о «борцах за свободу», которые действуют без поддержки со стороны пакистанской армии. Просто эти люди решили присоединиться к борьбе мусульман Кашмира за освобождение от индийских агрессоров. Однако обнаруженные на убитых солдатах северной легкой пехотной бригады документы говорили об ином.

26 мая 1999 года Ваджпайи отдал индийской авиации приказ атаковать позиции пакистанцев. Это произошло впервые за последние двадцать лет. Индийские бомбардировщики «МиГ» и истребители «Мираж» вступили в бой. Укрывшиеся в горах моджахеддины, используя американские ракеты «стингер», полученные в Афганистане, в первые же дни конфликта сбили «МиГ» и вертолет «Ми-17».

Это военное столкновение вошло в историю под названием «Каргилского конфликта».

Необъявленные войны, подобные «действиям по наведению порядка» (так в первые годы официально называли военные действия США во Вьетнаме), часто недооценивают, поскольку их названия звучат довольно сглаженно. Слово «конфликт» не передает объема и масштаба индийских бомбардировок; потери индийских войск составляют сотни погибших солдат. По информации Индии, под перекрестным огнем в зоне конфликта погибли тысячи гражданских лиц. Индийская армия ежедневно выпускала по позициям противника по пять тысяч артиллерийских снарядов, мин и ракет.

Хотя Индия продолжает это отрицать, но гражданские источники утверждают, что очень часто стрельба с ее стороны открывалась без оснований — по деревням, которые находились рядом с «линией контроля». По данным организации GlobalSecurity.org, весной и летом 1999 года по территории Пакистана было выпущено более 250 тысяч индийских снарядов, бомб и ракет. Такой высокой плотности огня не было на планете со времен Второй мировой войны.

В одной из обстреливаемых деревень жила Фатима Батул...

Мортенсон, чувствуя себя совершенно беспомощным, практически переселился в свой подвальный офис, откуда постоянно звонил знакомым из пакистанской армии. Услышанное лишало его сна. Тысячи беженцев из зоны конфликта пешком переходили высокогорные перевалы и оказывались в Скарду — изможденные, больные, страдающие. Этим людям нужна была помощь, которой в Балтистане не мог оказать никто.

ТЫСЯЧИ БЕЖЕНЦЕВ ИЗ ЗОНЫ КОНФЛИКТА ПЕШКОМ ПЕРЕХОДИЛИ ВЫСОКОГОРНЫЕ ПЕРЕВАЛЫ И ОКАЗЫВАЛИСЬ В СКАРДУ – ИЗМОЖДЕННЫЕ, БОЛЬНЫЕ, СТРАДАЮЩИЕ. ПОМОЩЬ ИМ НЕ МОГ ОКАЗАТЬ НИКТО.

Грег забронировал билет на авиарейс в Исламабад.

* * *

«Это красивейшее место на планете», — думал Мортенсон, проезжая в «лендкрузере» по плато Деосай на пути в Балтистан. По равнинам плато были разбросаны пятна ярко-фиолетового люпина — словно мазки кисти смелого художника. Грег забрался так далеко от людей, что встречал целые стада непуганых горных козлов. Дикие животные с полным безразличием наблюдали за продвижением его автомобиля. На западе можно было видеть Рупальскую стену Нанга Парбата, одну из самых крупных скал на земле...

* * *

В Исламабаде Мортенсона встречали Хусейн, Апо и Фейсал. Апо убедил его отправиться в Скарду по почти непроходимым дорогам плато Деосай, поскольку Каракорумское шоссе было забито конвоями, доставлявшими в зону военных действий боеприпасы и амуницию, а оттуда — тела мучеников-шахидов.

КАРАКОРУМСКОЕ ШОССЕ БЫЛО ЗАБИТО КОНВОЯМИ, ДОСТАВЛЯВШИМИ В ЗОНУ ВОЕННЫХ ДЕЙСТВИЙ БОЕПРИПАСЫ И АМУНИЦИЮ, А ОТТУДА — ТЕЛА МУЧЕНИКОВ-ШАХИДОВ.

На плато Грегу ничто не угрожало, поскольку высокогорные перевалы, ведущие сюда из Индии, все еще были покрыты снегом. Но оказалось, что и здесь снуют многочисленные пикапы «тойота» с бородатыми талибами в черных тюрбанах. Те, кто направлялся на северо-восток, при встрече приветственно размахивали автоматами и гранатометами. Раненые, двигавшиеся на юго-запад, с гордостью демонстрировали свои повязки.

Следом за ранеными ехали четыре конвоя с вооруженными боевиками. Громкими сигналами они согнали «лендкрузер» Грега с дороги.

«Апо! — крикнул Мортенсон, пытаясь перекричать работавший двигатель. — Ты когда-нибудь видел так много талибов?»

«Кабульцы всегда сюда приезжали, — ответил Апо и осуждающе покачал головой. Ему не нравились те, кто развязал в Балтистане кампанию насилия. — Но их никогда не было так много. Наверное, они очень спешат стать мучениками».

Когда они прибыли в Скарду, стало ясно, что это — прифронтовой город. Огромные грузовики стояли плотными рядами. В них грузили гробы, накрытые пакистанскими флагами. В небе кружили зеленые вертолеты. Мортенсон еще никогда не видел, чтобы их было так много. Пастухи-гожары, пакистанские цыгане, перегоняли облезлых коз прямо через город, пробираясь между военными машинами. Скот направлялся к границе с Индией — пакистанской армии нужно было продовольствие.

КОГДА ОНИ ПРИБЫЛИ В СКАРДУ, СТАЛО ЯСНО, ЧТО ЭТО – ПРИФРОНТОВОЙ ГОРОД.

Возле отеля «Инд» были припаркованы два черных пикапа «тойота» со светло-голубыми номерами Объединенных Арабских Эмиратов. Машины стояли очень неудобно, водители джипов не могли проехать, но почему-то даже не гудели. В вестибюле Мортенсон встретил управляющего Гуляма и его брата Назира. Они обнялись. За одним из больших столов пили чай двое бородатых мужчин. Их одежда была покрыта пылью.

«Более крупный мужчина посмотрел на нас и сказал: «Чай!», знаком подозвав меня, — вспоминает Мортенсон. — Роста он был немалого. Я это запомнил, потому что всегда был самым высоким в Балтистане. У него были... как это?.. настоящие брыли. И огромный живот. Я знал, что такой грузный человек не мог пройти через высокогорный перевал, поэтому понял, что передо мной не простой боевик, а более важная персона, большой командир».

Отвернувшись от бородачей, Гулям сделал Мортенсону предостерегающий знак.

«Понимаю», — кивнул Грег и направился к столу.

Он пожал руки мужчинам. У спутника «командира» была длинная клочковатая борода почти до пояса. Руки загорели так, что казалось: они вырезаны из темного дерева. Мортенсон встал у стола и заметил, что оба его собеседника придерживают ногами хорошо смазанные автоматы «АК-47».

МОРТЕНСОН ЗАМЕТИЛ, ЧТО ОБА ЕГО СОБЕСЕДНИКА ПРИДЕРЖИВАЮТ НОГАМИ ХОРОШО СМАЗАННЫЕ АВТОМАТЫ «АК-47».

«Pe khayr raghie, — сказал первый на языке пушту. — Добро пожаловать».

«Khayr ose», — почтительно ответил Мортенсон. После восьмидневного пребывания в Вазиристане он неплохо выучил пушту.

«Kenastel! — приказал командир. — Садись!».

Мортенсон сел, а затем перешел на урду, чтобы случайно не допустить какого-нибудь промаха. Голова Грега была замотана черно-белым клетчатым платком, как у Ясира Арафата. Платок защищал от вездесущей пыли, но боевики восприняли его как сигнал политической поддержки. И предложили Грегу чаю.

«Командир представился как Гуль Мохаммед, — вспоминает Мортенсон. — Он спросил, американец ли я. Думаю, что врать не имело смысла: они все равно узнали бы правду». Мортенсон почти незаметно кивнул Фейсал Байгу, который стоял в паре метров от стола. Телохранитель отошел и сел рядом с Апо и Парви.

«Билл Клинтон — о'кей!» — сказал Гуль Мохаммед на английском, выразительно поднимая большой палец. Клинтону не удалось установить мир между Израилем и Палестиной, но в 1994 году он, пусть и с опозданием, все же послал американские войска в Боснию, чтобы остановить истребление мусульман сербами-христианами. Такого моджахеддины, вроде Гуля, никогда не забывают.

Мохаммед одобрительно положил руку на плечо американца. Мортенсон почувствовал запах его тела и жареной баранины. «Ты солдат», — сказал араб.

«Я был солдатом, — ответил Грег. — Много лет назад. Теперь я строю школы для детей».

«Ты знаешь подполковника Сэмюэля Смита из Форт-Ворта в Техасе? — спросил второй боевик. — Он тоже американский солдат. Мы с ним навели шороху в Спин-Болдаке![1]». При этих словах моджахеддин громко топнул своим тяжелым армейским ботинком.

МОХАММЕД ОДОБРИТЕЛЬНО ПОЛОЖИЛ РУКУ НА ПЛЕЧО АМЕРИКАНЦА. МОРТЕНСОН ПОЧУВСТВОВАЛ ЗАПАХ ЕГО ТЕЛА И ЖАРЕНОЙ БАРАНИНЫ.
«ТЫ СОЛДАТ», — СКАЗАЛ АРАБ.

«Мне жаль, — ответил Мортенсон, — но я не знаю подполковника Смита. Америка велика».

«Большая и сильная страна. В Афганистане Аллах был на нашей стороне, — ухмыляясь, сказал Гуль. — И американские «стингеры» тоже».

Мортенсон спросил, не с фронта ли они. Гуль Мохаммед с воодушевлением стал рассказывать, что он там видел. Поведал, что моджахеддины смело сражались, но индийские самолеты жестоко расстреляли тех, кто защищал позиции в горах. Индийские пилоты научились сбрасывать бомбы с таких высот, что достать их ракетами уже не удавалось. «Да и пушки у них неслабые, — сказал Гуль. — Швеция — мирная страна, но продает суровое оружие».

Боевики стали расспрашивать Мортенсона о его работе. Узнав, что он дал возможность учиться четырем тысячам детей афганских беженцев-суннитов в Пешаваре и детям шиитов

[1] Спин-Болдак — город на юге Афганистана, провинция Кандагар.

Балтистана, одобрительно покачали головами. Гуль сказал, что он жил в долине Дариле — в том самом месте, где моджахеддины блокировали мост, когда Грег впервые ехал в Корфе по Каракорумскому шоссе на арендованном грузовике. «В нашей долине очень нужны школы, — сказал Гуль. — Почему бы тебе не отправиться с нами и не построить их там, штук десять или двадцать? Даже для девочек... Без проблем».

«В НАШЕЙ ДОЛИНЕ ОЧЕНЬ НУЖНЫ ШКОЛЫ, – СКАЗАЛ ГУЛЬ. – ПОЧЕМУ БЫ ТЕБЕ НЕ ОТПРАВИТЬСЯ С НАМИ И НЕ ПОСТРОИТЬ ИХ ТАМ, ШТУК ДЕСЯТЬ ИЛИ ДВАДЦАТЬ? ДАЖЕ ДЛЯ ДЕВОЧЕК...»

Мортенсон объяснил, что у его организации очень ограниченный бюджет и все проекты должны быть сначала одобрены советом директоров. Представив себе, как он стал бы рассказывать о подобной просьбе, с трудом подавил улыбку. Но все же пообещал обсудить этот вопрос на следующем заседании совета.

К девяти вечера, сколь напряженной ни была обстановка в вестибюле отеля «Инд», Мортенсон почувствовал, что у него слипаются глаза. За время поездки по плато Деосай он почти не спал. Боевики со свойственным пуштунам гостеприимством спросили, не хочет ли он заночевать с ними. Но Гулям и Назир, как всегда, приготовили для американца маленькую тихую комнату подаль от остальных номеров. Грег объяснил пуштунам, что у него уже есть ночлег, поклонился, приложив руку к сердцу, и отправился спать.

И тут из кухни выглянуло тощее рыжее привидение с вытаращенными голубыми глазами и потянуло его за рукав. Это был здешний поваренок и носильщик Ага Ахмед. Он давно выглядывал в вестибюль через щелку в двери и с напряжением наблюдал за беседой Грега с боевиками.

«Доктор Грик! — яростно зашептал он, испуганно оглядываясь. — Это был талибан!»

«Я знаю», — с улыбкой ответил Мортенсон и пошел к себе.

* * *

Утром Сайед Аббас позвонил Мортенсону. Грег еще не слышал, чтобы пакистанец был так встревожен. Обычно тот вел себя со спокойным достоинством и говорил так же размеренно, как и перебирал бусины своих четок. Но тем утром слова лились из него со скоростью горного потока. Война — это настоящая катастрофа для жителей долины Гултори, говорил он. Никто не знает, сколько крестьян было убито или ранено индийскими бомбами и снарядами. В Скарду уже прибыло две тысячи беженцев, еще тысячи в страхе попрятались по пещерам, выжидая удобного момента, чтобы бежать из родных мест.

Сайед Аббас сказал, что он уже обращался в администрацию Северных территорий и к Верховному комиссару ООН по делам беженцев, но... Местные власти заявили, что у них нет средств на то, чтобы бороться с таким масштабным кризисом. Из ООН ответили, что не будут помогать семьям из Гултори, поскольку они не являются международными беженцами — они не пересекали границ между государствами.

«Что нужно людям?» — спросил Грег.

«Все, — ответил Аббас. — Но в первую очередь вода».

В СКАРДУ УЖЕ ПРИБЫЛО ДВЕ ТЫСЯЧИ БЕЖЕНЦЕВ, ЕЩЕ ТЫСЯЧИ В СТРАХЕ ПОПРЯТАЛИСЬ ПО ПЕЩЕРАМ, ВЫЖИДАЯ УДОБНОГО МОМЕНТА, ЧТОБЫ БЕЖАТЬ ИЗ РОДНЫХ МЕСТ.

Сайед Аббас отвез Мортенсона, Апо и Парви в новый палаточный лагерь, расположенный западнее Скарду. Выгоревшие на солнце пластиковые палатки установили в песчаных дюнах возле аэродрома. Машина съехала с шоссе. Грег и его спутники вышли из нее и направились к лагерю беженцев. Над ними с оглушительным ревом пронеслись французские истребители «Мираж» пакистанской армии. Вокруг аэродрома в укреплениях, обложенных мешками с песком, были установлены орудия противовоздушной обороны, направленные в небо в сторону границы с Индией.

Беженцам выделили «бросовый», никому не нужный участок земли. Среди песчаных дюн не было естественного источника воды, до реки Инд нужно было идти больше часа. У Мортенсона закружилась голова — и не только от жара, которым дышали песчаные дюны. Он осознал непосильность взятой на себя задачи. «Как нам доставить сюда воду? — спросил он. — Мы так далеко от реки...»

БЕЖЕНЦАМ ВЫДЕЛИЛИ «БРОСОВЫЙ», НИКОМУ НЕ НУЖНЫЙ УЧАСТОК ЗЕМЛИ. СРЕДИ ПЕСЧАНЫХ ДЮН НЕ БЫЛО ЕСТЕСТВЕННОГО ИСТОЧНИКА ВОДЫ, ДО РЕКИ ИНД НУЖНО БЫЛО ИДТИ БОЛЬШЕ ЧАСА.

«Я слышал, что в Иране осуществляли подобные проекты, — ответил Сайед Аббас. — Они называют это «схемами подъема воды». Нам нужно докопаться до подземных вод и установить насосы. С помощью Аллаха это можно будет сделать».

Сайед Аббас стремительно шел по сверкающему песку. Его черные одеяния развевались на ветру. Он указывал места, где можно было бы провести пробное бурение. «Хотелось бы мне, чтобы европейцы, которые не понимают мусульман, увидели бы Сайед Аббаса Рисви в тот день, — говорит Мортенсон. — Они бы поняли, что большинство из тех, кто исповедует истинный ислам, даже консервативные муллы вроде самого Сайеда, верят в мир и справедливость, а не в террор. Тора и Библия учат помогать несчастным. Но и Коран учит мусульман помогать вдовам, сиротам и беженцам».

На первый взгляд лагерь беженцев казался вымершим. Его обитатели попрятались в палатках, пытаясь спастись от палящего солнца. Апо пошел расспрашивать людей о том, что им нужно в первую очередь. Грег, Парви и Сайед Аббас стояли в центре лагеря и обсуждали, как можно было бы осуществить подъем воды. Парви был уверен, что ему удастся убедить своего соседа, начальника департамента общественных работ

Скарду, выделить им землеройное оборудование, если фонд Мортенсона согласится приобрести трубы и насосы.

«Сколько человек здесь живет?» — спросил Мортенсон.

«Сейчас чуть больше полутора тысяч, — ответил Сайед Аббас. — Преимущественно мужчины. Они отправились сюда искать работу и кров, прежде чем вызвать к себе женщин и детей. Через несколько месяцев здесь будет четыре-пять тысяч человек».

Из ближайшей палатки, отогнув полог, выбрался Апо Разак и присоединился к ним. На лице старого повара, который всю жизнь обеспечивал пищей большие группы людей в самых негостеприимных уголках Каракорума, обычно играла веселая улыбка. Но на этот раз Апо был мрачен. Губы его сжались в тонкую ниточку.

«Доктор Грег, — сказал он, беря Мортенсона за руку и ведя его к палаткам. — Хватит разговоров. Как вы узнаете, что нужно людям, если не поговорите с ними?»

* * *

Старый мулла Гульзар из деревни Бролмо сидел в палатке, когда Апо привел к нему Мортенсона. Он попытался подняться, но безуспешно; пожал Грегу руку и извинился за то, что не может угостить его чаем. Мужчины расселись на пластиковой скатерти, разостланной прямо на теплом песке. Апо попросил муллу рассказать свою историю.

Яркий свет, пробивавшийся через синюю ткань палатки, отражался в больших стеклах очков муллы. Мортенсону казалось, что он слушает слепца в непрозрачных синих очках.

«Мы не хотели сюда приходить, — сказал мулла Гульзар, поглаживая длинную волнистую бороду. — Бролмо — хорошее место. Или было таким. Мы оставались там, пока было можно. Днем прятались в пещерах, а по ночам работали на полях. Если бы мы работали днем, никто бы не выжил — так много снарядов рвалось в нашей деревне. Но когда были разрушены оросительные каналы и поля погибли, а дома были стерты с лица земли, мы поняли, что наши женщины и дети погибнут, если мы ничего не сделаем. И пошли через горы в Скарду. Я уже немолод. Это был трудный путь».

«КОГДА БЫЛИ РАЗРУШЕНЫ ОРОСИТЕЛЬНЫЕ КАНАЛЫ И ПОЛЯ ПОГИБЛИ, А ДОМА БЫЛИ СТЕРТЫ С ЛИЦА ЗЕМЛИ, МЫ ПОНЯЛИ, ЧТО НАШИ ЖЕНЩИНЫ И ДЕТИ ПОГИБНУТ, ЕСЛИ МЫ НИЧЕГО НЕ СДЕЛАЕМ. И ПОШЛИ ЧЕРЕЗ ГОРЫ В СКАРДУ».

«Когда мы прибыли в Скарду, — продолжал мулла, — военные велели поселиться здесь. Мы увидели это место, этот песок, — и захотели вернуться домой. Но военные не позволили. Они сказали: «У вас больше нет дома. Все разрушено». Даже если бы мы возвратились, это была бы уже не жизнь. А скоро в эту пустыню придут наши женщины и дети — и что мы им скажем?»

Мортенсон сжал руку старика. «Мы поможем вам добыть воду», — пообещал он.

«Хвала Аллаху всемогущему! — ответил мулла. — Но вода — это только начало. Нам нужна пища, лекарства. Нашим детям нужно образование. Теперь этот лагерь — наш дом. Мне стыдно просить так много, но никто, кроме вас, больше к нам не пришел».

Старый мулла возвел глаза к небу, от которого его отделял синий полог палатки, словно взывая прямо к Аллаху. Свет перестал отражаться от стекол его очков, и Мортенсон увидел на глазах старика слезы.

«У нас ничего нет. За твою доброту и желание исполнить наши молитвы я ничего не могу тебе дать, — сказал мулла Гульзар. — Даже чая».

* * *

Реализация первой в истории Северного Пакистана «схемы подъема воды» заняла два месяца. Верный своему слову, Гулям Парви уговорил своего соседа выделить землеройное оборудование. Начальник департамента общественных работ дал даже трубы, необходимые для осуществления проекта. Армия одолжила двенадцать тракторов, чтобы двигать камни. Мортенсон снова и снова ездил на телефонный переговорный пункт, пока не дозвонился до Сан-Франциско. На снабжение лагеря беженцев водой ему было разрешено потратить из средств Института шесть тысяч долларов.

В Гилгите Мортенсон заказал мощные насосы и генераторы «Хонда». Мужчины из деревни Бролмо трудились день и ночь. Они построили огромный бетонный резурвуар. Воды в нем хватило бы на пять тысяч человек. Когда глубина скважины достигла 40 метров, появились подземные воды, и резервуар удалось наполнить. Теперь можно было приступать к постройке глинобитных домов. Мужчины-беженцы работали с огромным энтузиазмом, но в глазах этих людей была тревога: их женщинам и детям еще предстояло преодолеть весь трудный путь до Скарду.

НА СНАБЖЕНИЕ ЛАГЕРЯ БЕЖЕНЦЕВ ВОДОЙ МОРТЕНСОНУ БЫЛО РАЗРЕШЕНО ПОТРАТИТЬ ИЗ СРЕДСТВ ИНСТИТУТА ШЕСТЬ ТЫСЯЧ ДОЛЛАРОВ.

* * *

...В пещере Фатима не переставала плакать. Амина, которая всегда умела успокоить младшую сестру, теперь не могла позаботиться даже о себе. Раны, которые она получила от шрапнели, были легкими, но ее душа пострадала гораздо сильнее. С того самого дня, когда перед входом в пещеру разорвался снаряд и Амина упала, крича от страха и боли, она больше не произнесла ни слова. По утрам, когда снаряды рвались особенно часто, девушка дрожала и тоненько стонала. Фатима страдала вместе со старшей сестрой.

«Жизнь в пещерах была очень трудной, — говорит подруга Фатимы, Наргиз Али. — Наша деревня Бролмо — очень красивое место. На склоне над рекой Инд растут абрикосы и даже вишни. Но после каждого обстрела мы смотрели на деревню и видели, как она гибнет. Стреляли так часто, что мы не могли выйти из пещеры, чтобы позаботиться о животных или собрать фрукты. Плоды на деревьях зрели и гнили, а мы только смотрели на них издалека».

«В дождливые дни или во время снегопада в пещерах было очень тяжело готовить еду и спать, — вспоминает Наргиз. — Но мы все равно оставались там».

Наргиз рассказывает, что однажды ее дядя, Хавальда Абрагим, отправился на развалины своего дома, чтобы найти какие-нибудь припасы. Его убил случайный снаряд. «Он был очень добрым человеком, и мы хотели пойти за его телом. Но пришлось ждать до ночи, потому что мы не знали, не начнется ли обстрел. Только тогда мы смогли доставить его в пещеру, — говорит Наргиз. — Обычно люди обмывают тело покойного. Но дядя был так сильно изранен... Мы просто завернули его в ткань».

«СТРЕЛЯЛИ ТАК ЧАСТО, ЧТО МЫ НЕ МОГЛИ ВЫЙТИ ИЗ ПЕЩЕРЫ, ЧТОБЫ ПОЗАБОТИТЬСЯ О ЖИВОТНЫХ ИЛИ СОБРАТЬ ФРУКТЫ. ПЛОДЫ НА ДЕРЕВЬЯХ ЗРЕЛИ И ГНИЛИ, А МЫ ТОЛЬКО СМОТРЕЛИ НА НИХ ИЗДАЛЕКА».

Однажды мужчины собрались вместе, что-то обсудили между собой, а потом объявили всем детям, что настало время быть смелыми. Им нужно выйти наружу и отправиться в далекий путь. Еды будет очень мало, но оставаться в пещерах равносильно смерти.

Они собрали все то, что успели спасти из своих домов, и среди ночи отправились в соседнюю деревню, которая казалась им достаточно безопасной. Тем утром, впервые за несколько недель, увидели, как из-за гор поднимается солнце. Но когда развели костер, чтобы испечь лепешки, вокруг начали падать снаряды, и пришлось бежать прочь. Фатиме кажется, что их заметил индийский наблюдатель на горной вершине и навел на них огонь артиллерии.

«Каждый раз, когда взрывались снаряды, Амина начинала дрожать и плакать. Она упала на землю, — вспоминает Фатима. — Там не было пещер, поэтому мы могли только бежать. Стыдно, но я была так напугана, что бросила сестру и понеслась прочь. Я боялась, что Амину убьют, но сестра побежала следом за нами: она больше боялась остаться одна, чем погибнуть от снарядов».

«КАЖДЫЙ РАЗ, КОГДА ВЗРЫВАЛИСЬ СНАРЯДЫ, АМИНА НАЧИНАЛА ДРОЖАТЬ И ПЛАКАТЬ. ОНА УПАЛА НА ЗЕМЛЮ, — ВСПОМИНАЕТ ФАТИМА. — ТАМ НЕ БЫЛО ПЕЩЕР, ПОЭТОМУ МЫ МОГЛИ ТОЛЬКО БЕЖАТЬ...»

Три недели жители Бролмо пробирались на северо-запад. «Мы часто шли по звериным тропам, — вспоминает Фатима. — Когда нас обстреляли, мы бросили почти всю еду, поэтому страдали от голода. Люди выкапывали корешки и собирали мелкие ягоды, чтобы выжить, хотя от такой пищи страшно болел живот».

Преодолев все препятствия, последние жители Бролмо, измученные и голодные, прибыли в Скарду. Военные отправили их в лагерь. Здесь, среди песчаных дюн рядом с аэродромом, Фатима и все остальные стали постепенно забывать о перенесенных страданиях и начали учиться жить по-новому. Все, кроме Амины. «Когда мы прибыли в новую деревню, Амина легла и не вставала, — вспоминает Фатима. — Никто не мог ее успокоить. Даже рядом с отцом и дядями она не чувствовала себя в безопасности. Сестра умерла через несколько дней».

* * *

Фатима не может говорить об этом спокойно. Во время своего рассказа она не раз закрывала лицо белым платком, словно желая избежать расспросов. Она учится в школе для девочек в лагере беженцев из Гултори. Институт Центральной Азии построил эту школу в песчаных дюнах возле аэродрома Скарду летом 1999 года, в разгар Каргилского конфликта.

В разговор вступает ее одноклассница, Наргиз Али. Она сидит за партой возле яркой рельефной карты мира, перед ней лежит новая тетрадь, карандаш и точилка. И все это предоставила благотворительная организация, офис которой расположен в городе, который девочка так и не смогла найти на своей карте: Боузмен, штат Монтана.

«Когда мы прибыли в Скарду после долгой, тяжелой дороги и встретились с родными, то были счастливы, — говорит Наргиз. — Но потом я увидела, где нам предстоит жить, и испугалась. Там не было домов. Не было деревьев. Не было мечети. Не было ничего. А потом Сайед Аббас привел высокого американца, чтобы он поговорил с нами. Он сказал, что, если мы будем много работать, он поможет нам построить школу. И знаете что? Он сдержал свое обещание!»

Образование для Наргиз и Фатимы началось только после того, как они покинули родные деревни, и поэтому сейчас они учатся в пятом классе, хотя им уже по пятнадцать лет. (Их братья каждый день идут в школы для мальчиков в соседних деревнях.) Для 129 девочек из Гултори, которые могли вообще никогда в жизни не сесть за парту, их школа стала светом в конце долгого и страшного туннеля.

Вот почему, несмотря на то, насколько болезненны для Фатимы Батул расспросы, она откидывает с лица платок и выпрямляется, чтобы сказать еще одно: «Я слышала, что некоторые люди называют американцев плохими. Но мы любим американцев. Они были очень добры к нам. Только они захотели помочь».

ДЛЯ 129 ДЕВОЧЕК ИЗ ГУЛТОРИ, КОТОРЫЕ МОГЛИ ВООБЩЕ НИКОГДА В ЖИЗНИ НЕ СЕСТЬ ЗА ПАРТУ, ИХ ШКОЛА СТАЛА СВЕТОМ В КОНЦЕ ДОЛГОГО И СТРАШНОГО ТУННЕЛЯ.

В последние годы некоторые беженцы вернулись в Гултори, где Институт Центральной Азии построил уже две школы — на этот раз в пещерах, чтобы ученикам не угрожали снаряды, которые летят с индийской стороны границы, когда отношения между Индией и Пакистаном портятся. Но Наргиз и Фатима остаются в новой деревне рядом со Скарду. Теперь это их родина.

За засыпанным песком двором пятикомнатной школы охристого цвета стоят ряды глинобитных домов. На крышах некоторых из них можно увидеть спутниковые антенны — признак бытовой устроенности и достатка. И в тени этих домов, построенных там, где раньше был только голый песок, уже растут вишни. Здесь им вполне хватает воды. Пышные зеленые деревья, стоящие на песке, веселые стайки учениц, возвращающихся из школы домой, — все это выглядит как прекрасный мираж.

Но это не мираж — это реальность.

Глава 18

Тело в саване

Пусть ничто вас не тревожит, ничто не пугает — все пройдет. Только Бог не меняется. Терпением можно достичь всего.

Мать Тереза

Мортенсон готовился к своему выступлению в магазине туристических товаров. В помещении, которое отвела дирекция для встречи Грега с покупателями, желающими его послушать, вдоль стен стояли складные кресла. Их надо было разложить и расставить между тюками теплых спальных мешков, рюкзаков и витринами с электронными навигаторами, альтиметрами и поисковыми устройствами. В большинстве церквей, колледжей и магазинов, где он проводил свое слайд-шоу, ему всегда кто-то помогал. Но в Эппл-Вэлли, штат Миннесота, все сотрудники магазина занимались подготовкой к большой распродаже после Рождества, поэтому Грегу пришлось работать в одиночку.

Он быстро раскладывал кресла и расставлял их по местам. Грег старался действовать быстрее: часы показывали без четверти семь, до встречи оставалось всего 15 минут. Он работал так же энергично, как при строительстве моста в Корфе.

Мортенсон быстро вспотел. Последнее время он стал болезненно относиться к набранному весу, поэтому не расставался со своей просторной бесформенной фуфайкой. Особенно полезна она будет в помещении, где скоро появится множество настоящих спортсменов. Последние кресла он установил в ровно в семь часов, затем быстро прошел по рядам, раскладывая по сиденьям буклеты Института Центральной Азии. К каждому был приложен конверт для пожертвований с почтовым адресом ИЦА в Боузмене.

Урожай, который приносили эти конверты, делал выступления Мортенсона полезными. Поскольку средства фонда постоянно истощались, каждую неделю, проведенную в Соединенных Штатах, Грег обязательно где-нибудь выступал. Это было нелегко, но даже в самые плохие дни удавалось собрать несколько сотен долларов для пакистанских детей. И это заставляло его снова и снова отправляться из боузменского аэропорта в разные концы страны.

Он проверил старый проектор, который только что починил с помощью скотча, убедился, что слайды выставлены в нужном порядке, похлопал себя по карманам, посмотрел, на месте ли лазерная указка, — и повернулся лицом к залу.

Перед ним стояли пустые кресла.

Мортенсон расклеивал плакаты в кампусах[1] местных колледжей; умолял редакторов городских газет разместить объявление о встрече; рано утром выступил в радиопрограмме для водителей. Он ожидал, что соберется полный зал. Теперь же оставалось только ждать. Он прислонился к груде туристических рюкзаков и постарался расслабиться.

В зале появилась женщина с длинными косами. На ней

---

[1] Кампус — университетский или школьный городок в США.

была оранжевая спортивная куртка. Мортенсон заулыбался, но она извинилась, осмотрела ярко-желтый спальный мешок и потащила его к кассе.

В половине восьмого Мортенсон все еще стоял перед рядами пустых кресел. Покупателей, рыскающих по магазину в поисках товаров с рождественскими скидками, призвали занимать места в зале: «Ребята, к нам забрел альпинист мирового класса, который собирается показать вам отличные слайды вершины К2! Давайте же послушаем его!»

В последнем ряду появились два продавца в зеленых жилетах, которые уже успели закончить работу. «Что мне делать? — спросил Мортенсон. — Начинать выступление?»

«Вы будете говорить о восхождении на К2?» — спросил молодой парень с бородой и гривой светлых дредов[1].

«Что-то вроде того», — ответил Мортенсон.

«Классно, парень! — обрадовался продавец. — Ну, валяй!»

Мортенсон показал все слайды К2 и подробно рассказал о своей неудачной попытке восхождения, предпринятой семь лет назад; затем неловко перешел к основной части выступления. Он рассказал о восемнадцати построенных с помощью его фонда школах и показал их фотографии. Особое внимание уделил последним — двум школам в долине Гултори, построенным прямо в пещерах, чтобы дети не пострадали от взрывов. Ведь перестрелки продолжались и после официального окончания Каргилского конфликта. Но даже это не ме-

---

[1]Дреды, или дредлоки — свалявшиеся локоны или заплетенные пряди волос, составляющие традиционную прическу ямайских растафари (последователей авраамической религии на Ямайке).

шало тысячам крестьян восстанавливать свои разрушенные дома и отправлять детей в школы.

Показывая снимки Фатимы, Наргиз и их одноклассниц в новой школе для девочек из Гултори, Мортенсон заметил в зале мужчину средних лет, напоминавшего университетского профессора. Покупатель внимательно рассматривал витрину с многофункциональными часами. Мортенсон улыбнулся ему. Мужчина опустился в кресло и стал смотреть на экран.

ГРЕГ РАССКАЗАЛ О ВОСЕМНАДЦАТИ ПОСТРОЕННЫХ С ПОМОЩЬЮ ЕГО ФОНДА ШКОЛАХ И ПОКАЗАЛ ИХ ФОТОГРАФИИ.

Обрадованный тем, что его аудитория все же увеличилась, Мортенсон страстно выступал еще полчаса. Он рассказывал об ужасающей бедности, в которой живут дети Каракорума, говорил о планах строительства новых школ на севере Пакистана возле афганской границы.

«Нам удается налаживать отношения с местными общинами и убеждать этих людей вкладывать в наши проекты землю и труд. Мы можем строить и содержать школы для целого поколения. В одной школе тысячи детей получат образование всего за двадцать тысяч долларов. Это вдвое меньше, чем потратило бы на строительство той же школы правительство

Пакистана, и в пять раз меньше суммы, которую потратил бы на тот же проект Всемирный банк».

Свое выступление Грег завершил любимой цитатой — словами матери Терезы. «То, что мы пытаемся сделать, может показаться каплей в океане, — сказал он, улыбаясь слушателям. — Но без этой капли океан был бы гораздо меньше».

Аплодисменты трех слушателей доставили Мортенсону истинную радость. Он выключил проектор и начал собирать буклеты ИЦА с пустых кресел. Продавцы подошли помочь и пообщаться. «Скажите, вы принимаете добровольцев? — спросил бородатый парень с дредами на голове. — Я работал в строительстве и мог бы поехать туда заколотить несколько гвоздей».

«ТО, ЧТО МЫ ПЫТАЕМСЯ СДЕЛАТЬ, МОЖЕТ ПОКАЗАТЬСЯ КАПЛЕЙ В ОКЕАНЕ, — СКАЗАЛ ГРЕГ, УЛЫБАЯСЬ СЛУШАТЕЛЯМ. — НО БЕЗ ЭТОЙ КАПЛИ ОКЕАН БЫЛ БЫ ГОРАЗДО МЕНЬШЕ».

Мортенсон объяснил, что бюджет ИЦА весьма ограничен («А сейчас ограничен больше, чем когда бы то ни было», — прибавил он про себя), а отправлять американских добровольцев в Пакистан очень дорого. Он посоветовал парню обратиться в другие некоммерческие организации, набирающие людей для работы в Азии.

Бородатый парень с дредами полез в карман и протянул Грегу десять долларов. «Я собирался выпить пива после работы, — сказал он, переминаясь с ноги на ногу. — Но вы понимаете...»

«Спасибо», — искренне ответил Грег, пожимая парню руку. Он взял банкноту и положил ее в пустой конверт, приготовленный для сбора пожертвований. Затем собрал последние буклеты и сложил их в свою сумку. Немалый груз пришлось ему тащить на другой конец страны, чтобы заработать десять долларов...

На кресле, стоящем рядом с витриной с многофункциональными часами, Мортенсон увидел буклет, из которого торчал конверт. Внутри лежал чек на двадцать тысяч долларов...

НА КРЕСЛЕ, СТОЯЩЕМ РЯДОМ С ВИТРИНОЙ С МНОГОФУНКЦИОНАЛЬНЫМИ ЧАСАМИ, МОРТЕНСОН УВИДЕЛ БУКЛЕТ, ИЗ КОТОРОГО ТОРЧАЛ КОНВЕРТ. ВНУТРИ ЛЕЖАЛ ЧЕК НА ДВАДЦАТЬ ТЫСЯЧ ДОЛЛАРОВ.

Не каждую неделю Мортенсону приходилось выступать перед пустыми залами. Спортсмены Тихоокеанского побережья приняли его очень тепло — достаточно было лишь распространить информацию о своей деятельности. В феврале 1999 года о Мортенсоне написала газета «Орегониан» — крупное американское издание. В ней известный писатель Терри Ричард привлек внимание читателей к тому, как успешно бывший альпинист «взял новую вершину». «В этой части мира, — писал Ричард, — американцам не доверяют, а зачастую и ненавидят их. Но это не относится к 41-летнему жителю Монтаны Грегу Мортенсону, который посвятил жизнь строительству школ в удаленных деревнях горного Пакистана».

Ричард рассказал своим читателям о миссии Мортенсона и объяснил, что благотворительность на другом конце земного шара оказывает более сильное влияние на жизнь рядовых американцев, чем они могут себе представить.

«Сельский Пакистан — это регион политической нестабильности. Именно здесь растут террористы, преисполненные ненависти к Америке, — писал Ричард. — Неграмотные мальчишки часто оказываются в лагерях боевиков». А затем он привел слова Грега: «Повышая уровень грамотности, мы значительно снижаем уровень напряженности».

«Работа Мортенсона в одном из самых нестабильных регионов мира уже приносит свои плоды», — так Терри Ричард завершил свою статью.

В следующем месяце материал с информацией о предстоящем выступлении Мортенсона в Сан-Франциско опубликовал редактор газеты «Сан-Франциско Икземинер» Джон Флинн. Рассказав о необычной судьбе американца, он закончил свою статью словами: «Подумайте об этом, когда в следующий раз будете спрашивать: «Что может сделать один человек?».

Той зимой, когда Мортенсон устраивал свои слайд-шоу в Портленде и Сан-Франциско, организаторам выступлений приходилось отказывать сотням людей, которые просто не помещались в переполненных залах.

К 2000 году большинство известных американских альпинистов принимали участие в работе Мортенсона и его Института Центральной Азии. Соседом и другом Грега был один из самых известных и уважаемых покорителей вершин Алекс Лоуи. В октябре 1999 года он погиб под лавиной в Непале. Но до этого он помог Мортенсону выступить на благотворительном вечере в Монтане. «Пока большинство из нас пытается покорить новые вершины, — сказал Лоуи собравшимся альпинистам, — Грег в одиночку берет одну высочайшую высоту за другой. То, чего он достиг своей настойчивостью и упорством, просто невероятно. Нам всем следовало бы совершать подобные восхождения».

«ПОКА БОЛЬШИНСТВО ИЗ НАС ПЫТАЕТСЯ ПОКОРИТЬ НОВЫЕ ВЕРШИНЫ, ГРЕГ В ОДИНОЧКУ БЕРЕТ ОДНУ ВЫСОЧАЙШУЮ ВЫСОТУ ЗА ДРУГОЙ. ТО, ЧЕГО ОН ДОСТИГ СВОЕЙ НАСТОЙЧИВОСТЬЮ И УПОРСТВОМ, ПРОСТО НЕВЕРОЯТНО».

Слова Лоуи нашли отклик в мире альпинизма. «Многие из нас думали о том, что следовало бы помочь жителям высокогорья, но только Мортенсон сделал это», — говорит знаменитый альпинист Джек Такл. Он пожертвовал двадцать тысяч долларов, чтобы Институт Центральной Азии смог построить начальную школу для девочек в Джафарабаде, в долине Шигар.

Но чем сильнее любили Мортенсона в Пакистане и чем больше восхищались им альпинисты, тем больше страдали люди, которые работали с ним в Америке.

Когда он не колесил по пыльным дорогам Пакистана и не носился по всей стране со слайд-шоу, то всего себя отдавал семье или запирался в подвальном офисе.

«Даже когда он был дома, мы часто не получали известий целыми неделями, — говорит бывший член совета директоров ИЦА Том Воган. — Он не отвечал на звонки и электронные письма. Мы в совете директоров обсуждали вопрос о том, как заставить его отчитываться о потраченном времени, но поняли, что это бесполезно. Грег делает то, что хочет».

«Нужно было подготовить нескольких «Грегов-младших», — говорит вдова Эрни, Дженнифер Уилсон, — то есть людей, которым он мог бы поручать какие-то проекты. Но он отказывался делать это, говорил, что у нас слишком мало денег, чтобы снять офис или нанять сотрудников. А потом целиком сосредоточивался на одном проекте и забрасывал все остальные. Вот почему я решила дистанцироваться от ИЦА. Грег многого достиг. Но я чувствовала, что мы могли бы добиться гораздо большего, если бы он согласился относиться к нашей организации более ответственно».

«Давайте будем честны с самими собой, — говорит Том Воган. — ИЦА — это Грег. Без Мортенсона ИЦА не может существовать. Я понимаю, что в той части света он очень рискует — это часть его работы. Но меня начало раздражать то ужасное небрежение, с каким он относился к себе. Он перестал заниматься альпинизмом и физическими упражнениями, перестал спать. Он так поправился, что уже никто не принял бы его за альпиниста. Я понял, что Грег решил целиком отдаться работе. Но если у него случится инфаркт, кому от этого станет лучше?»

Мортенсон с неохотой согласился взять себе помощницу. Кристин Слотер стала каждый день по несколько часов работать в его офисе. Она сумела навести порядок в его бумажных делах. Но зимой 2000 года Мортенсон был очень встревожен сокращением бюджета фонда. На банковском счету Института осталось меньше ста тысяч долларов. Поэтому Грег выступил категорически против расширения работы ИЦА в Америке.

НА БАНКОВСКОМ СЧЕТУ ИНСТИТУТА ОСТАЛОСЬ МЕНЬШЕ СТА ТЫСЯЧ ДОЛЛАРОВ. ПОЭТОМУ ГРЕГ ВЫСТУПИЛ КАТЕГОРИЧЕСКИ ПРОТИВ РАСШИРЕНИЯ РАБОТЫ ИЦА В АМЕРИКЕ.

«Я знал, что за двенадцать тысяч долларов могу построить школу, в которой будут учиться несколько поколений деревенских детей, — говорит он. — Большинство наших сотрудников в Пакистане были счастливы заработать четыреста-пятьсот долларов в год. Мне было трудно платить намного более высокую зарплату американцам, когда я понимал, что значат эти деньги для Пакистана».

Зарплата самого Мортенсона составляла 28 тысяч долларов в год. Тара работала на полставки клиническим психологом. Семья еле сводила концы с концами. Но в ситуации, когда ИЦА столкнулся с серьезным финансовым кризисом, Грег просто не мог согласиться на повышение оклада, которое ему не раз предлагали члены совета директоров.

Мортенсон задумался над тем, чтобы найти одного богатого спонсора, который решил бы все проблемы Института одним росчерком пера. Богатые люди не склонны разбрасываться деньгами, Грег усвоил это со времен эпопеи с 580 письмами. Но Жан Эрни показал ему: в этом мире существует возможность получить на большое и благое дело хотя бы одно крупное пожертвование.

Когда в офис ИЦА начала звонить богатая женщина из Атланты, Мортенсон насадил наживку и забросил удочку.

«Я всю жизнь откладывала деньги, — по телефону объясняла Грегу семидесятивосьмилетняя вдова Вера Курц. — Мое состояние исчисляется шестизначной цифрой. Когда я прочитала про вашу работу, то поняла, что копила деньги именно для этого. Приезжайте в Атланту, чтобы мы могли обсудить мое пожертвование».

КОГДА В ОФИС ИЦА НАЧАЛА ЗВОНИТЬ БОГАТАЯ ЖЕНЩИНА ИЗ АТЛАНТЫ, МОРТЕНСОН НАСАДИЛ НАЖИВКУ И ЗАБРОСИЛ УДОЧКУ.

В зале прилета международного аэропорта Хартсфилд Мортенсон включил мобильный телефон и получил сообщение Веры Курц с инструкциями. Он немного проехал на автобусе, добрался до нужного ему отеля и направился к месту стоянки автомобилей.

Там стоял старенький «форд-фэйрлейн», за рулем которого сидела госпожа Курц. Заднее сиденье машины было забито старыми газетами и консервными банками. Грегу пришлось забираться в грязный салон и сидеть, держа сумку на коленях.

«Она устроилась возле отеля, чтобы не платить несколько долларов за парковку в аэропорте. Когда я понял, что она не может расстаться даже с газетами и консервными банками, мне следовало развернуться и улететь домой, но слова о ее шестизначном состоянии все еще звучали в ушах. Они заставили меня сесть в машину и захлопнуть дверцу».

Вера Курц лихо сорвала машину с места и понеслась по встречной полосе, грозя кулаком водителям, которые возмущенно гудели. Грег в ужасе вцепился в ручки своей сумки...

ВЕРА КУРЦ ЛИХО СОРВАЛА МАШИНУ С МЕСТА И ПОНЕСЛАСЬ ПО ВСТРЕЧНОЙ ПОЛОСЕ, ГРОЗЯ КУЛАКОМ ВОДИТЕЛЯМ, КОТОРЫЕ ВОЗМУЩЕННО ГУДЕЛИ. ГРЕГ В УЖАСЕ ВЦЕПИЛСЯ В РУЧКИ СВОЕЙ СУМКИ...

Дом вдовы был построен в 50-е годы. Тут тоже повсюду громоздились стопки газет и журналов. Они пробрались на кухню. В засоренной раковине стояла жирная грязная вода. «Она открыла несколько маленьких бутылочек виски, какие дают в самолетах, налила по рюмке и подарила мне букет старых роз, — вспоминает Мортенсон. — Цветы побурели и выглядели совершенно завядшими».

После традиционной светской беседы Грег попытался повернуть разговор в нужное русло — поговорить о пожертвовании Институту Центральной Азии. Но у хозяйки была своя программа. Она рассказала о планах на ближайшие три дня: сходить в художественный музей, прогуляться по ботаническому саду и посетить три лекции — в местной библиотеке, в колледже и туристическом клубе. Никогда еще предстоящие семьдесят два часа не казались Грегу столь унылыми. Он еще раздумывал, стоит ли соглашаться, когда раздался стук в дверь. Это пришел массажист.

«Вы так много работаете, Грег, — сказала Вера Курц, пока массажист раскладывал свой стол посреди гостиной. — Вы заслужили массаж».

«Она ожидала, что я разденусь прямо там, — вспоминает Мортенсон, — но я извинился и прошел в ванную, чтобы подумать. Я решил, что до сих пор сделал для ИЦА недостаточно и поэтому должен выдержать все, что Вера запланировала на ближайшие три дня. Особенно, если впереди маячила перспектива крупного пожертвования».

Грег перерыл всю ванную комнату, чтобы найти, во что можно было бы завернуться. На большинстве полотенец красовались поблекшие логотипы отелей. Все они были слишком малы. Грег вытащил из бельевого шкафа серую простыню, тщательно обмотал ее вокруг талии и отправился на массаж...

Мортенсон ночевал на продавленном матрасе. Вера Курц настояла на том, чтобы он спал в ее постели, а сама устроилась на диване. В два часа ночи зажегся свет, и Грег проснулся. Перед ним стояла семидесятивосьмилетняя Вера в прозрачном пеньюаре. Картина была поистине фантасмагорической.

«Она стояла прямо передо мной, — вспоминает Мортенсон. — Я был слишком шокирован, чтобы хоть что-то сказать».

В ДВА ЧАСА НОЧИ ЗАЖЕГСЯ СВЕТ, И ГРЕГ ПРОСНУЛСЯ. ПЕРЕД НИМ СТОЯЛА СЕМИДЕСЯТИВОСЬМИЛЕТНЯЯ ВЕРА В ПРОЗРАЧНОМ ПЕНЬЮАРЕ. КАРТИНА БЫЛА ПОИСТИНЕ ФАНТАСМАГОРИЧЕСКОЙ.

«Я ищу свои носки», — объяснила старая женщина, спокойно роясь в ящиках комода. Мортенсон натянул подушку на ухо и попытался заснуть.

Возвращаясь в Боузмен с пустыми руками, Мортенсон понял, что его хозяйка и не собиралась делать никаких пожертвований. «Она даже не задала мне ни единого вопроса о моей работе или о пакистанских детях, — вспоминает Грег. — Это была просто одинокая женщина, которой захотелось пригласить кого-то в гости. Я понял, что в будущем нужно быть умнее».

И все же он продолжал выискивать богатых благотворителей. После выступления на альпинистском кинофестивале в Банфе[1] Мортенсона пригласил к себе богатый канадский подрядчик Том Ланг. Он пообещал сделать большое пожертвование и предложил на следующий день организовать благотворительный вечер в своем поместье для сбора средств в фонд ИЦА.

Интерьер своего огромного дома Ланг проектировал лично. Стены большой гостиной были выкрашены под мрамор. По обе стороны от громадного камина сидели трехметровые гипсовые пудели. Гости бродили по просторному залу с бокалами дешевого вина, которое так часто подают в очень богатых домах.

Ланг демонстрировал Мортенсона гостям с той же гордостью, с какой показывал новое оборудование в ванной и пуделей возле камина. Хотя Грег выложил на буфетный стол большую стопку буклетов ИЦА, к концу вечера он не получил ни от гостей, ни от хозяина дома ни цента. Наученный горьким опытом общения с Верой Курц, он стал настойчиво расспрашивать Ланга о его пожертвовании.

«Мы обсудим это завтра, — отмахнулся Ланг. — А теперь давайте покатаемся на собачьих упряжках». (Дело было зимой.)

«На упряжках?»

«Вы же не можете вернуться домой из Канады, не прокатившись на собаках!» — ответил хозяин.

Мортенсону пришлось проехаться по темному лесу на упряжке из лаек, а потом они с Лангом заночевали в теплом лес-

[1] Банф — город в Канаде на юге Скалистых гор, а также название канадского национального парка.

ном домике. Большую часть следующего дня Грег выслушивал рассказы хозяина поместья о том, как простой подрядчик сумел завоевать строительный рынок Банфа только благодаря настойчивости и упорству.

Неудивительно, что Грег снова вернулся в Монтану с пустыми руками.

Вместе с Мортенсоном в Канаде была его мать, Джерена. Но за три дня она почти не видела сына.

«Мне было больно смотреть, как Грег обхаживает этих богатых парней, — говорит Джерена Мортенсон. — Они должны были проявлять к нему всяческое уважение, но относились к сыну легкомысленно, как к диковинному гостю».

К весне 2000 года Тара Бишоп устала от постоянных разъездов мужа — то по США, то по Пакистану. Она была на седьмом месяце беременности, когда решила серьезно поговорить с ним.

«МНЕ БЫЛО БОЛЬНО СМОТРЕТЬ, КАК ГРЕГ ОБХАЖИВАЕТ ЭТИХ БОГАТЫХ ПАРНЕЙ, — ГОВОРИТ ДЖЕРЕНА МОРТЕНСОН. — ОНИ ДОЛЖНЫ БЫЛИ ПРОЯВЛЯТЬ К НЕМУ ВСЯЧЕСКОЕ УВАЖЕНИЕ, НО ОТНОСИЛИСЬ К СЫНУ ЛЕГКОМЫСЛЕННО».

«Я сказала Грегу, что с уважением отношусь к его работе, — вспоминает Тара. — Но напомнила, что есть обязательства и перед собой, и перед семьей. Ему нужно было больше спать, заниматься физическими упражнениями и проводить больше времени дома, с нами». До этого разговора Мортенсон уезжал в Пакистан на три-четыре месяца в году. «Мы договорились ограничить эти поездки двумя месяцами, — рассказывает Тара. — За такой срок у нас дома накапливалась масса дел, с которыми мог справиться только мужчина». Грег пообещал жене разумнее планировать время.

Совет ИЦА каждый год выделял Мортенсону небольшую сумму, чтобы он мог прослушать курсы менеджмента, строительства и политологии Центральной Азии. Но получаемых знаний ему было мало.

«Я все свои личные деньги тратил на книги, — вспоминает Мортенсон. —Людям казалось, что я сижу в подвале и ничего не делаю, но я читал специальную литературу. День начинался в половине четвертого утра. Я старался разобраться в финансировании строительных работ и стать эффективным менеджером».

Но в Каракоруме он понял, что есть вопросы, ответов на которые в книгах не найти. Поэтому разработал для себя собственную программу обучения. Он понял, что лучшие строительные проекты в сельских районах были осуществлены на Филиппинах и в Бангладеш. Собравшись с духом, уехал из Боузмена, но на этот раз не в Пакистан, а в Юго-Восточную Азию.

В Кавите[1], в часе езды к югу от Манилы[2], Мортенсон посетил институт сельского развития, которым руководил Джон Ригби, близкий друг Лайлы Бишоп. Ригби научил его органи-

[1] Кавите — город и порт в Манильской бухте на Филиппинах.

[2] Манила — крупнейший город на Филиппинах, фактическая столица государства.

зовывать малые предприятия для бедняков, которые могли работать, к примеру, велорикшами или продавцами в сигаретных киосках. При минимальных инвестициях люди могли получать постоянный доход.

В Бангладеш, стране, которая когда-то называлась Восточным Пакистаном, Мортенсон посетил Ассоциацию сельского развития. «Многие называют Бангладеш подмышкой Азии, — говорит Мортенсон, — потому что это очень бедная страна. Однако образование для девочек поставлено здесь на очень высокий уровень. Я стучался во все двери и посещал все неправительственные организации, которые уже давно занимались этими программами. Видел удивительных, сильных женщин, которые выступали на собраниях и работали, чтобы дать будущее своим дочерям».

«Эти люди исповедовали ту же философию, что и я, — продолжает Мортенсон. — Идея нобелевского лауреата Амартии Сена, которая состоит в том, что можно изменить культуру, дав девочкам возможность получить образование и самим определять свое будущее, всегда была мне близка. После этого я стал еще большим приверженцем женского образования в Пакистане».

На пути из Дакки[1] в Калькутту[2] Грег не обращал внимания на воздушные ямы — настолько погрузился в свои мысли. Он был единственным иностранцем на борту самолета. Стюардесса устроила его в первом классе, где его соседками стали пятнадцать симпатичных девушек из Бангладеш в ярких но-

---

[1] Дакка — столица Бангладеш.

[2] Калькутта — административный центр индийского штата Западная Бенгалия.

вых сари. «Они были юны и прекрасны, — вспоминает Мортенсон. — И не умели застегивать привязные ремни. Когда самолет сел, я беспомощно наблюдал, как заранее подкупленные полицейские провели их в обход таможни. Я не мог ничего для них сделать. Я мог только представлять, насколько ужасной будет жизнь проституток в этой стране».

Из газетных заголовков в калькуттском международном аэропорту Мортенсон узнал о смерти женщины, перед которой всегда преклонялся. После долгой болезни умерла мать Тереза. У него было немного времени до вылета в США, и он решил отдать дань уважения великой монахине: посетить ее миссию.

«Гашиш? Героин? Девочку? Мальчика? — поинтересовался таксист, подхватывая Мортенсона под руку. — Чего хотите? Все, что угодно, за ваши деньги!»

«Только что умерла мать Тереза, — сказал предприимчивому индийцу Мортенсон. — Вы можете отвезти меня к ней?»

«Без проблем», — ответил таксист, взял сумку Мортенсона и направился к машине.

«ТОЛЬКО ЧТО УМЕРЛА МАТЬ ТЕРЕЗА, — СКАЗАЛ ПРЕДПРИИМЧИВОМУ ИНДИЙЦУ МОРТЕНСОН. — ВЫ МОЖЕТЕ ОТВЕЗТИ МЕНЯ К НЕЙ?»

Водитель безостановочно курил и сильно высовывался из окна своего старого черно-желтого такси. За время дороги

Мортенсон в полной мере оценил, насколько Калькутта забита чудовищными автомобильными пробками. Они остановились возле цветочного рынка. Мортенсон дал водителю рупий на десять долларов и попросил купить подходящий к случаю букет. «Он вернулся через полчаса с огромной охапкой гвоздик и роз, — вспоминает Мортенсон. — Мы еле разместили их на заднем сиденье».

На закате возле миссии матери Терезы собрались сотни скорбящих людей со свечами. Многие приносили фрукты и благовония.

Таксист вылез из машины и громко забарабанил в металлические ворота. «Сахиб приехал из Америки, чтобы отдать последнюю дань! — кричал он на бенгали. — Открывайте!» Пожилой индус, охранявший ворота, куда-то ушел и вернулся с молодой монахиней в синем одеянии. Она внимательно посмотрела на запыленного путешественника-американца с грудой цветов в руках и сделала знак впустить его. Следом за ней Мортенсон прошел в темный зал, где раздавались приглушенные голоса людей, читающих молитвы. Монахиня указала ему на ванную комнату.

«Вы не хотите сначала умыться?» — спросила она по-английски со славянским акцентом.

Мать Тереза лежала на постаменте в центре светлой комнаты, где было установлено множество мерцающих свечей. Мортенсон осторожно отодвинул другие букеты, освобождая место для своих цветов, и сел у стены. Монахиня ушла, оставив его наедине с матерью Терезой.

«Я сидел в углу и не знал, что делать, — вспоминает Мортенсон. — С самого детства она была для меня героиней».

МАТЬ ТЕРЕЗА ЛЕЖАЛА НА ПОСТАМЕНТЕ В ЦЕНТРЕ СВЕТЛОЙ КОМНАТЫ. МОРТЕНСОН ОСТОРОЖНО ОТОДВИНУЛ ДРУГИЕ БУКЕТЫ, ОСВОБОЖДАЯ МЕСТО ДЛЯ СВОИХ ЦВЕТОВ, И СЕЛ У СТЕНЫ.

Мать Тереза была этнической албанкой. Она родилась в македонском городе Скопье, в семье преуспевающего подрядчика. Тогда ее звали Агнес Гонджа Бояджиу. Уже в двенадцать лет она почувствовала стремление помогать бедным и начала готовиться к миссионерской работе. В подростковом возрасте вступила в ирландский Орден сестер Лоретанской Богоматери, потому что там активно занимались женским образованием. В течение двадцати лет мать Тереза преподавала в женской школе Святой Марии в Калькутте. Со временем стала директором школы. Но в 1946 году она услышала голос Бога, который направил ее служить «беднейшим из бедных». В 1948 году мать Тереза получила от папы Пия XII благословение на самостоятельную работу и основала в Калькутте под открытым небом школу для бездомных детей.

В 1950 году она получила от Ватикана разрешение на организацию собственного ордена — Ордена Милосердия. Главной задачей новой организации, по ее словам, была забота о «голодных, раздетых, бездомных, убогих, слепых, прокаженных — обо всех тех, кто чувствует себя нежеланным, нелюбимым и ненужным обществу».

Мортенсон, который всегда был преисполнен сострадания к отверженным, восхищался готовностью этой женщины служить несчастным. Еще в Танзании он узнал о ее работе за пределами Индии. Тогда мать Тереза создала хоспис[1] в Дар-эс-Саламе[2]. В 1979 году ей была присуждена Нобелевская премия мира. Слава матери Терезы помогала функционировать Ордену Милосердия, сиротским приютам, хосписам и школам во всем мире.

Мортенсон не раз слышал критику в адрес этой женщины. Он читал, как она отстаивала свое право получать пожертвования из «неблаговидных» источников. Деньги ей давали наркодилеры, преступники и коррумпированные политики, которые таким образом пытались купить себе спасение. Грегу было очень нелегко собирать деньги для работы в Пакистане, и он прекрасно понимал мать Терезу. В свое время она заявила: «Мне не важно, откуда эти деньги. Все деньги чистые, если идут на служение Богу».

ДЕНЬГИ МАТЕРИ ТЕРЕЗЕ ДАВАЛИ НАРКОДИЛЕРЫ, ПРЕСТУПНИКИ И КОРРУМПИРОВАННЫЕ ПОЛИТИКИ. В СВОЕ ВРЕМЯ ОНА ЗАЯВИЛА: «МНЕ НЕ ВАЖНО, ОТКУДА ЭТИ ДЕНЬГИ. ВСЕ ДЕНЬГИ ЧИСТЫЕ, ЕСЛИ ИДУТ НА СЛУЖЕНИЕ БОГУ».

---

[1] Хоспис — больница для смертельно больных пациентов, в которой они получают достойный уход. Основная задача хосписа — облегчить страдания умирающих.

[2] Дар-эс-Салам — город в Танзании на берегу Индийского океана.

«Я сидел в углу и смотрел на хрупкое тело в саване, — вспоминает Мортенсон. — Она казалась такой маленькой. Помню, подумал тогда: как удивительно, что такая маленькая женщина смогла оказать такое огромное влияние на человечество».

В зал входили монахини, чтобы отдать дань уважения матери Терезе. Они опускались на колени и прикасались к ее ногам. Мортенсон видел, что кремовый муслин савана потемнел от прикосновения сотен рук. Грег опустился на колени на холодный каменный пол и положил свою огромную ладонь на крохотную ручку великой монахини. Она полностью скрылась под его рукой.

Вернулась женщина, которая провела его внутрь. Она увидела, что американец стоит на коленях, и кивнула, словно спрашивая: «Готовы?». Мортенсон поднялся, следом за монахиней прошел по темным коридорам и вышел в жаркий и суетный город.

Таксист сидел на корточках у входа и курил. Увидев своего клиента, он вскочил. «Успешно? Успешно? — тараторил он, таща задумавшегося американца по улице, забитой рикшами, к своей машине. — А теперь, может быть, массаж?»

Зимой 2000 года в своем подвальном офисе Мортенсон не раз вспоминал о времени, проведенном рядом с матерью Терезой. Он поражался тому, как она прожила свою жизнь: не отдыхала от людских несчастий и страданий, не набиралась новых сил, чтобы продолжить борьбу. Той зимой Грег чувствовал себя совершенно обессиленным. Когда-то в горах он повредил плечо, которое так и не восстановилось. Он пытался лечить его йогой и акупунктурой, но безрезультатно. Иногда боль была такой сильной, что приходилось принимать по

15—20 таблеток обезболивающих, чтобы хоть как-то сосредоточиться на работе.

Мортенсон никак не мог привыкнуть к роли общественного деятеля. Все больше людей хотели выжать из него хоть что-то — и он замыкался в своем офисе, не брал трубку и не отвечал на сотни электронных писем.

К нему обращались альпинисты с просьбами помочь им организовать восхождения в пакистанском Каракоруме. Они обижались, что он ничего не делал, чтобы помочь им. Журналисты и телевизионщики хотели сопровождать его в поездках в Пакистан. Этим людям нужны были контакты, сложившиеся у Грега за семь лет. Они надеялись с его помощью попасть в удаленные регионы страны и опередить своих конкурентов. Физики, сейсмологи, этнографы и натуралисты писали длинные письма, требуя детальных ответов на научные вопросы, связанные с Пакистаном.

МОРТЕНСОН НИКАК НЕ МОГ ПРИВЫКНУТЬ К РОЛИ ОБЩЕСТВЕННОГО ДЕЯТЕЛЯ. ВСЕ БОЛЬШЕ ЛЮДЕЙ ХОТЕЛИ ВЫЖАТЬ ИЗ НЕГО ХОТЬ ЧТО-ТО — И ОН ЗАМЫКАЛСЯ В СВОЕМ ОФИСЕ, НЕ БРАЛ ТРУБКУ И НЕ ОТВЕЧАЛ НА СОТНИ ЭЛЕКТРОННЫХ ПИСЕМ.

Тара посоветовала мужу обратиться к знакомому психоаналитику в Боузмене. Мортенсон стал регулярно посещать сеансы, пытаясь понять причины своей замкнутости, которая проявлялась только в Америке. Ему нужно было научиться справляться с гневом на тех, кто хотел получить от него больше, чем он мог дать.

Дом тещи Лайлы Бишоп стал для него убежищем. Особенно хорошо он чувствовал себя в подвале, где находилась библиотека Барри Бишопа. Он часами читал книги о миграции народа балти из Тибета или перелистывал том с редчайшими черно-белыми снимками К2 и других гор.

Только когда вся семья собиралась в столовой на обед, Мортенсон отрывался от книг. К тому времени Лайла Бишоп уже поняла тревогу дочери. «Мне пришлось признать, что Тара была права: с «мистером Совершенство» что-то происходит», — вспоминает Лайла. Как и дочь, она почувствовала, что этот огромный немногословный мужчина, который жил рядом с ней, сделан из другого теста.

«Как-то зимой мы устроили барбекю. Я попросила Грега выйти на улицу и перевернуть рыбу на гриле, — вспоминает Лайла. — Через минуту я выглянула во двор и увидела, что он босиком стоит на снегу и спокойно переворачивает рыбу, словно это совершенно нормально. Думаю, для него это так и было. Тогда я поняла, что он — необычный человек».

Всю зиму Мортенсон изучал информацию о гуманитарной катастрофе, происходящей в северных регионах Афганистана. Более десяти тысяч афганцев, преимущественно женщины и дети, были вынуждены уходить на север, отступая от приближающейся армии талибов. Эти люди оказались почти на границе с Таджикистаном. Беженцы жили в глинобитных хижинах на островах посреди Амударьи. Они голодали. Им приходилось питаться травой, которая росла на берегах реки.

ВСЮ ЗИМУ МОРТЕНСОН ИЗУЧАЛ ИНФОРМАЦИЮ О ГУМАНИТАРНОЙ КАТАСТРОФЕ, ПРОИСХОДЯЩЕЙ В СЕВЕРНЫХ РЕГИОНАХ АФГАНИСТАНА.

Люди болели и умирали. А солдаты талибов развлекались тем, что запускали ракеты прямо в лагеря беженцев. Ракеты разрывались посреди поселков, сея ужас и разрушения. Люди пытались укрыться в Таджикистане, переплывая реку на бревнах, но тут их расстреливали пограничники.

«Когда я начал работать в Пакистане, то стал мало спать, — вспоминает Мортенсон. — Той зимой я почти не спал. Всю ночь мерил шагами офис, стараясь найти способ помочь этим людям».

Он разослал письма редакторам крупных газет и членам Конгресса, пытаясь заручиться их поддержкой. «Но никому не было до этого дела, — вспоминает Грег. — Белый дом, Конгресс и ООН не откликнулись. Я начал даже подумывать о том, чтобы взять автомат, поручить Фейсал Байгу собрать мужчин и отправиться в Афганистан защищать беженцев».

«Я понимал, — продолжает Грег, — что проиграл. Не смог привлечь внимание к этой проблеме. Тара скажет вам, что жить со мной было ужасно. Я думал только о замерзающих детях, которые зажаты между двумя армиями, которые умирают от дизентерии, напившись грязной речной воды, или от голода. Я чуть не сошел с ума. Удивительно, что Тара не бросила меня той зимой.

Во время войны, — говорит Мортенсон, — лидеры различных сообществ — христиане, евреи и мусульмане — говорят: «С нами Бог!» Но это не так. Во время войны Бог на стороне беженцев, вдов и сирот».

Настроение улучшилось лишь 24 июля 2000 года. В тот день Тара должна была рожать, у нее начались схватки. Новая акушерка, Вики Кейн, предложила ей рожать в воде. Ванна оказалась слишком мала, и акушерка принесла большой голубой пластиковый бассейн. Его установили на кухне и наполнили теплой водой...

«ВО ВРЕМЯ ВОЙНЫ ЛИДЕРЫ РАЗЛИЧНЫХ СООБЩЕСТВ — ХРИСТИАНЕ, ЕВРЕИ И МУСУЛЬМАНЕ — ГОВОРЯТ: «С НАМИ БОГ!» НО ЭТО НЕ ТАК. ВО ВРЕМЯ ВОЙНЫ БОГ НА СТОРОНЕ БЕЖЕНЦЕВ, ВДОВ И СИРОТ».

За два часа до рождения сына Мортенсон впервые за много месяцев ощутил прилив радости. А когда на его ладонь легла крохотная головка младенца, понял, что абсолютно счастлив.

Сына Грег и Тара назвали Хайбером.

За три года до этого, накануне открытия школы в Корфе, Грег взял жену и годовалую дочку с собой в Пакистан. Тогда они увидели Хайберский перевал. На рождественской фотографии того года супруги Мортенсон в национальных пакистанских одеждах стоят на афганской границе, держа в руках автоматы «АК-47». Под фотографией красовалась надпись: «Мир на земле».

Мортенсон завернул новорожденного сына в теплое одеяльце и принес Хайбера в детскую комнату к Амери. Девочка осторожно трогала крохотные пальчики своего братца — Грег неловко держал малыша в своих огромных руках и счастливо улыбался.

«Он такой маленький и сморщенный, — сказала светловолосая четырехлетняя малышка. — А он станет большим, как мы?»

«Иншалла», — ответил Мортенсон.

«Что?» — переспросила девочка.

«Надеюсь, дорогая, — сказал Грег. — Надеюсь!»

Глава 19

Деревня под названием Нью-Йорк

Время арифметики и поэзии прошло.
Сегодня, братья мои, мы учимся у наших
«калашниковых» и реактивных гранат.

Граффити на стене школы в Корфе

«Лендкрузер» Мортенсона въехал на улицы города Гулапор, что располагался в западной части долины Шигар.

«Что это? — спросил Мортенсон. — Что это перед нами?»

«Медресе, Грег-сахиб. Совсем недавно его построили», — ответил Апо, сидящий в кабине рядом. Грег попросил Хусейна остановить, чтобы лучше рассмотреть здание. Он вылез из джипа и прислонился к дверце. Хусейн остался за рулем, беспечно стряхивая сигаретный пепел прямо на деревянный ящик с динамитом.

Мортенсон покосился на водителя. Он высоко ценил его искусство без особых проблем ездить и ориентироваться на самых плохих дорогах Пакистана. Поэтому предпочитал никогда не давать ему советов. Вместе они проехали тысячи километров — без единого происшествия. Но сейчас Грег подумал, что в Скарду нужно будет сказать Хусейну, чтобы он обернул ящик с динамитом пластиковой пленкой.

Грег стал рассматривать здание медресе. Оно было очень большим. От посторонних взглядов его скрывала шестиметровая по высоте стена. Нечто подобное можно было бы увидеть в Вазиристане, но не здесь, в нескольких часах езды от

Скарду. «Ты уверен, что это не военная база?» — спросил Мортенсон.

«Это ваххабитское медресе», — ответил Апо.

«А зачем им столько места?»

«Ваххабитское медресе — это...» — Апо запнулся, подыскивая подходящее английское слово, потом замахал руками и зажужжал.

«Пчелы?» — попытался угадать Мортенсон.

«Да, как дом для пчел. В ваххабитском медресе учится очень много учеников».

Мортенсон молча вернулся в машину. «Лендкрузер» тронулся в путь.

В восьмидесяти километрах к востоку от Скарду, на окраине бедной деревни Юго, Грег заметил два изящных белых минарета, утопающих в зелени. «Откуда эти люди взяли деньги на новую мечеть?» — удивился он.

«Это ваххабиты, — ответил ему Апо. — Шейхи из Кувейта и Саудовской Аравии с чемоданами рупий. Они берут к себе лучших учеников. Когда юноша возвращается в Балтистан, он должен взять себе четырех жен».

«ЭТО ВАХХАБИТЫ, — ОТВЕТИЛ АПО. — ШЕЙХИ ИЗ КУВЕЙТА И САУДОВСКОЙ АРАВИИ С ЧЕМОДАНАМИ РУПИЙ. ОНИ БЕРУТ К СЕБЕ ЛУЧШИХ УЧЕНИКОВ. КОГДА ЮНОША ВОЗВРАЩАЕТСЯ В БАЛТИСТАН, ОН ДОЛЖЕН ВЗЯТЬ СЕБЕ ЧЕТЫРЕХ ЖЕН».

Через двадцать минут перед Мортенсоном появилась точная копия той же мечети — на этот раз в бедной деревне Шурд.

«Ваххабиты?» — спросил он, уже зная ответ.

«Да, Грег, — ответил Апо, набив рот табаком, привезенным из Америки. — Они повсюду».

«Я знал, что саудовские ваххабиты уже давно строят мечети вдоль афганской границы, — говорит Мортенсон. — Но весной 2001 года я был поражен тем, что их новые храмы появились в самом сердце шиитского Балтистана. Впервые я понял масштаб их действий, и это меня напугало».

Ваххабизм — это консервативная, фундаменталистская ветвь суннитского ислама, официальная государственная религия Саудовской Аравии. Многие саудиты считают такое название оскорбительным и предпочитают называть себя аль-мувахиддинами, то есть «монотеистами». В Пакистане и других бедных странах, находящихся под сильным влиянием ваххабитов, используют традиционное название.

Слово «ваххабизм» происходит от арабского выражения «аль-ваххаб», то есть «щедрый даритель», это одно из множества имен Аллаха. Ваххабиты и есть щедрые дарители. Они располагают практически неограниченными средствами. Деньги привозят в Пакистан чемоданами и переводят их по назначению, используя сложные финансовые схемы. Именно деньги формируют у жителей Пакистана представление о ваххабитах. Нефтедоллары, выкачиваемые из Персидского залива, направляются в Пакистан для создания настоящих рассадников религиозного экстремизма — ваххабитских медресе.

НЕФТЕДОЛЛАРЫ, ВЫКАЧИВАЕМЫЕ ИЗ ПЕРСИДСКОГО ЗАЛИВА, НАПРАВЛЯЮТСЯ В ПАКИСТАН ДЛЯ СОЗДАНИЯ НАСТОЯЩИХ РАССАДНИКОВ РЕЛИГИОЗНОГО ЭКСТРЕМИЗМА – ВАХХАБИТСКИХ МЕДРЕСЕ.

Определить точный объем денежных средств, вложенных в пакистанский ваххабизм, невозможно: работа ведется в обстановке строжайшей тайны. Однако даже в подцензурной саудовской прессе появляются сообщения о том, что суммы, направляемые на обучение бедных пакистанских юношей, огромны.

В декабре 2000 года саудовские СМИ сообщали о том, что одна из четырех крупнейших ваххабитских организаций «Фонд аль-Харамайн» за предыдущий год построила 1100 мечетей, школ и исламских центров в Пакистане и других мусульманских странах и наняла на работу 3000 человек.

Самой активной из четырех ваххабитских групп саудовская газета считает «Международную организацию исламского освобождения». Комиссия по расследованию событий 11 сентября обвинила ее в прямой поддержке движения Талибан и Аль-Каеды. В 1999 году эта организация финансировала возведение 3800 мечетей, потратила на «исламское образование» 45 миллионов долларов и наняла 6000 учителей, преимущественно в Пакистане.

«В 2001 году ИЦА осуществлял свои проекты в Северном Пакистане. Мы строили школы вдоль «линии контроля». Работали в западных регионах, ближе к афганской границе, — вспоминает Мортенсон. — Но наши средства не шли ни в какое сравнение со средствами ваххабитов. Каждый раз, когда я приезжал проверить, как идут дела, я видел десяток ваххабитских медресе, появившихся буквально на глазах».

Неэффективная пакистанская система образования делает продвижение ваххабитской доктрины вопросом чисто экономическим. Лишь малый процент пакистанских детей — из самых богатых семей — учится в элитных частных школах, оставшихся от Британской Индии. Мортенсон узнал, что на большей части территории страны все образование ограничивается чрезвычайно малым количеством плохо финансируемых государственных школ. В медресе же принимали учеников из самых бедных семей, которые не могли попасть даже в государственные школы. Ваххабиты обеспечивали детей бедников жильем и питанием. Они строили школы там, где их никогда не было. Для миллионов пакистанских родителей отдать детей в медресе было единственным способом дать им образование.

«Не хочу, чтобы вы подумали, что все ваххабиты плохие, — говорит Мортенсон. — Многие их школы и мечети прекрасно справляются с задачей помощи беднякам Пакистана. Но некоторые из них создаются лишь для того, чтобы вести священную войну — джихад».

По оценкам Всемирного банка, к 2001 году по меньшей мере в двадцати тысячах медресе обучалось около двух миллионов пакистанских юношей. При этом учебные программы в них были целиком происламскими. Лахорский журналист Ахмед Рашид — пожалуй, лучший эксперт в вопросах связи медресе с ростом исламского экстремизма, — считает, что более восьмидесяти тысяч учеников медресе вступили в движение Талибан. Всемирный банк полагает, что 15—20 процентов учащихся ваххабитских учебных заведений получают военную подготовку, изучают основы джихада и учатся ненависти к Западу — в ущерб таким предметам, как математика, физика и литература.

«МНОГИЕ ВАХХАБИТСКИЕ ШКОЛЫ И МЕЧЕТИ ПРЕКРАСНО СПРАВЛЯЮТСЯ С ЗАДАЧЕЙ ПОМОЩИ БЕДНЯКАМ ПАКИСТАНА. НО НЕКОТОРЫЕ ИЗ НИХ СОЗДАЮТСЯ ЛИШЬ ДЛЯ ТОГО, ЧТОБЫ ВЕСТИ СВЯЩЕННУЮ ВОЙНУ – ДЖИХАД».

Рашид описал ваххабитские медресе Пешавара в своей великолепной книге «Талибан». Он пишет, что ученики целыми днями изучают «Коран, изречения пророка Мохаммеда и основы исламского законодательства в истолковании малограмотных учителей». «Учителя не имеют, а ученики не получают адекватных знаний по математике, физике, истории или географии».

«Ученики медресе не знают своих корней, у них нет работы, они бедны и не обладают знаниями, — пишет Рашид. — Они восхищаются войной, потому что это единственное занятие, к которому они готовы. Деревенские муллы вбили в них веру в мессианский пуританский ислам. Только в это они могут верить, и только это придает их жизни смысл».

УЧЕНИКИ МЕДРЕСЕ НЕ ЗНАЮТ СВОИХ КОРНЕЙ, У НИХ НЕТ РАБОТЫ, ОНИ БЕДНЫ И НЕ ОБЛАДАЮТ ЗНАНИЯМИ. ОНИ ВОСХИЩАЮТСЯ ВОЙНОЙ, ПОТОМУ ЧТО ЭТО ЕДИНСТВЕННОЕ ЗАНЯТИЕ, К КОТОРОМУ ОНИ ГОТОВЫ.

«Школы, построенные Мортенсоном, — продолжает Рашид, — дают тысячам молодых людей то, что им жизненно необходимо: сбалансированное образование и средство для того, чтобы выбраться из нищеты. Но нам нужно гораздо больше таких учреждений. Школы Мортенсона — это капля в море, если оценить масштаб данной проблемы в Пакистане. Государство не может дать образование множеству молодых людей, что делает их легкой добычей экстремистов, строящих все новые и новые медресе».

Самое знаменитое медресе Дарул Улум Хаккания в Атток-Сити близ Пешавара прозвали «университетом джихада», потому что отсюда вышел руководитель движения Талибан, зловещий одноглазый мулла Омар, и другие члены руководства воинственной секты. Всего в медресе обучается три тысячи учеников.

«Когда я думаю о стратегии ваххабитов, у меня начинает кружиться голова, — говорит Мортенсон. — Это не просто несколько арабских шейхов, прилетевших с Персидского залива с чемоданами денег. Ваххабиты забирают самых умных учеников в Саудовскую Аравию и Кувейт на десятилетия.

За это время им внушают исламскую доктрину и убеждают брать четырех жен, чтобы, вернувшись, они размножались, как кролики.

Апо назвал ваххабистские медресе ульями, — продолжает Грег, — и он совершенно прав. Здесь поколение за поколением промывают мозги ученикам. Эти люди думают на двадцать, сорок, даже шестьдесят лет вперед, они готовятся к тому времени, когда созданные ими армии экстремистов захватят Пакистан и весь остальной исламский мир».

К началу сентября 2001 года мрачный красный минарет недавно построенной ваххабитской мечети и медресе за высокой каменной стеной появились в самом центре Скарду...

ЭТИ ЛЮДИ ДУМАЮТ НА ДВАДЦАТЬ, СОРОК, ДАЖЕ ШЕСТЬДЕСЯТ ЛЕТ ВПЕРЕД, ОНИ ГОТОВЯТСЯ К ТОМУ ВРЕМЕНИ, КОГДА СОЗДАННЫЕ ИМИ АРМИИ ЭКСТРЕМИСТОВ ЗАХВАТЯТ ПАКИСТАН И ВЕСЬ ОСТАЛЬНОЙ ИСЛАМСКИЙ МИР.

* * *

9 сентября Мортенсон ехал в своем зеленом «лендкрузере» по долине Чарпурсон в Северном Пакистане. Рядом с ним сидел Джордж Маккаун и любовался красотами природы. «Мы перешли из Китая через перевал Хунджераб, — вспоминает

он. — И это была самая красивая дорога на земле. Стада диких верблюдов бродили по девственной долине между самыми величественными пиками Пакистана».

Они направлялись в Зуудхан открывать три только что осуществленных на средства ИЦА проекта: систему водоснабжения, небольшую гидроэлектростанцию и амбулаторию. Зуудхан — это родная деревня телохранителя Мортенсона, Фейсала Байга. Маккаун лично пожертвовал восемь тысяч долларов на эти проекты. Он решил поехать и посмотреть, на что потрачены его деньги. К нему присоединились сын Дэн и невестка Сьюзен, которые ехали в другом джипе.

На ночь они остановились в Состе. Некогда это был караван-сарай на Великом шелковом пути; теперь он превратился в перевалочный пункт на пути в Китай. Мортенсон включил недавно купленный спутниковый телефон и позвонил в Исламабад своему другу — бригадному генералу Баширу. Башир подтвердил, что через двое суток за ними прибудет вертолет и доставит в Зуудхан.

Со времени последнего приезда Мортенсона в Пакистан его внешний вид изменился. Теперь на нем, кроме традиционной одежды, был жилет фотографа с множеством карманов, куда по горло занятому директору Института Центральной Азии можно было сложить все необходимое. В разных карманах лежали доллары, приготовленные для обмена, мелкие рупии для повседневных расходов, письма и прошения, требующие ответа. В других карманах лежали расписки, связанные с проектами, осуществляемыми в данное время. Эти документы нужно было предоставить придирчивым американским бухгалтерам. В самых объемистых карманах расположились пленочная и цифровая камеры. Фотографии подтвердили бы спонсорам, что их средства потрачены не впустую.

Пакистан тоже изменился. Поражение пакистанской армии во время Каргилского конфликта нанесло ощутимый удар по национальной гордости. Демократически избранный премьер-министр Наваз Шариф был смещен. В результате бескровного военного переворота к власти пришел генерал Первез Мушарраф. В Пакистане вступили в действие законы военного времени. Мушарраф обещал подавить движение исламских экстремистов, которых он считал повинными в понесенном страной поражении.

Мортенсон не до конца понимал мотивы деятельности Мушаррафа. Но он был благодарен за поддержку, которую новое военное правительство оказывало усилиям ИЦА. «Мушарраф заслуживает уважения хотя бы за то, что он начал бороться с коррупцией, — говорит Мортенсон. — Впервые с момента моего приезда в Пакистан я начал встречать в удаленных горных деревнях военных инспекторов. Эти люди проверяли наличие школ и больниц, убеждались в том, что государственные средства расходуются обоснованно. Впервые жители Бралду рассказали мне, что им поступили деньги из Исламабада. Эти действия значили для меня гораздо больше, чем бесплодная, пустая риторика правительств Шарифа и Бхутто».

Масштаб работы ИЦА в Пакистане расширялся, и военные пилоты предложили американцу свою помощь. Его работа вызывала их уважение. Теперь вертолеты переправляли Мортенсона из Скарду в удаленные деревни за несколько часов, тогда как раньше он тратил на тот же путь несколько дней.

МАСШТАБ РАБОТЫ ИЦА В ПАКИСТАНЕ РАСШИРЯЛСЯ, И ВОЕННЫЕ ПИЛОТЫ ПРЕДЛОЖИЛИ МОРТЕНСОНУ СВОЮ ПОМОЩЬ. ЕГО РАБОТА ВЫЗЫВАЛА ИХ УВАЖЕНИЕ.

В последние годы бригадный генерал Башир Баз, сподвижник Мушаррафа, на своем вертолете постоянно транспортировал солдат и боеприпасы на ледник Сиачен — самое высокогорное поле боевых действий на планете. Но потом он отошел от дел и организовал частную авиакомпанию «Аскари», спонсируемую военными. Когда у него было время и свободные самолеты, он сам и его люди с радостью доставляли Грега в самые удаленные уголки Пакистана.

«Я много людей встречал в своей жизни, но ни разу не видел никого подобного Грегу Мортенсону, — говорит Башир. — Он все силы тратил на то, чтобы помочь детям моей страны, и самое малое, что я мог для него сделать, это предложить свои услуги».

* * *

Мортенсон набрал номер и направил антенну спутникового телефона на юг. Через помехи он услышал мягкий голос

Башира. Новости из Афганистана, страны, горы которой он видел на западе, потрясли Грега до глубины души. «Повтори! — крикнул он. — Масуд убит?»

Пакистанская разведка только что сообщила о том, что убийцы из Аль-Каеды, скрывавшиеся под видом журналистов, только что застрелили Ахмад Шах Масуда. Башир добавил, что вертолет будет в полном распоряжении Мортенсона.

«Если это правда, — подумал Грег, — то Афганистан взорвется».

«ЕСЛИ ЭТО ПРАВДА, — ПОДУМАЛ ГРЕГ, — ЕСЛИ АХМАД ШАХ МАСУДА УБИЛИ, ТО АФГАНИСТАН ВЗОРВЕТСЯ».

Информация оказалась верной. Харизматичный лидер Северного альянса, силы которого сдерживали талибов и не давали им захватить самые северные районы Афганистана, был убит 9 сентября двумя членами Аль-Каеды, алжирцами по происхождению. Убийцы-смертники притворились бельгийскими документалистами марокканского происхождения. Они начинили видеокамеру взрывчаткой и привели бомбу в действие во время интервью с Масудом на его базе, расположенной всего в часе лета к западу от Соста. (Французская разведка установила, что видеокамера была украдена в прошлом году у фотожурналиста Жан-Пьера Венсенде, когда он снимал рождественские витрины в Гренобле.)

Масуд прожил после взрыва еще пятнадцать минут. Его погрузили в вертолет, чтобы доставить в госпиталь в Душанбе, но полученные Ахмад Шахом ранения оказались смертельными. Северный альянс скрывал известия о смерти своего лидера, чтобы талибы не начали новое наступление на последний анклав свободы на территории Афганистана.

Ахмад Шах Масуда прозвали Львом Панджшера. Он не жалел сил на защиту своей страны от захватчиков. В родной долине Панджшера он собрал настоящую партизанскую армию, которая успешно противостояла превосходящим силам противника. Сторонники его обожали. Другие же проклинали за жестокую осаду Кабула. Иными словами, для свой страны он был настоящим Че Геварой.

Для Усамы бен Ладена и его зловещих эмиссаров — тех девятнадцати саудовцев, которые через два дня проникнут на борты американских самолетов, неся с собой бомбы, — смерть Масуда означала устранение единственного человека, который был способен сплотить вождей Северного Афганистана, получить американскую военную помощь и установить контроль над страной.

ДЛЯ УСАМЫ БЕН ЛАДЕНА СМЕРТЬ МАСУДА ОЗНАЧАЛА УСТРАНЕНИЕ ЕДИНСТВЕННОГО ЧЕЛОВЕКА, КОТОРЫЙ БЫЛ СПОСОБЕН СПЛОТИТЬ ВОЖДЕЙ СЕВЕРНОГО АФГАНИСТАНА.

* * *

На следующее утро, 10 сентября, джипы Мортерсона и Маккауна снова двигались по долине Чарпурсон. В разреженном горном воздухе вершины афганского Гиндукуша были прекрасно видны. Джипы ехали медленно, со скоростью 20 километров в час. По обе стороны дороги виднелись растрескавшиеся ледники, которые сползали с острых зазубренных семитысячников.

Наконец они прибыли в Зуудхан — последнее пакистанское поселение в долине. Встречать американцев вышли все триста жителей жеревни. Мортенсон отметил, с какой гордостью Фейсал Байг принимает поздравления земляков, собравшихся, чтобы приветствовать своих гостей. Байг был одет традиционно: коричневый шерстяной жилет, белая фетровая шапочка и высокие ботинки. Также на нем были темные очки-авиаторы, подаренные Маккауном.

Джордж Маккаун был крупным мужчиной. Но Байг практически без усилий оторвал его от земли и крепко обнял. «Фейсал — настоящий подарок судьбы, — говорит Маккаун. — Мы познакомились во время восхождения на К2. Только благодаря ему мы смогли спуститься на Балторо. Он практически спас жизнь моей дочери Эми. Она обессилела, и он почти всю дорогу нес ее на руках. Здесь же, у себя дома, он с гордостью показывал нам все вокруг. Организовал по-настоящему королевский прием».

Музыканты с трубами и барабанами провожали гостей к дому Фейсала. Мортенсона, который уже не раз бывал здесь, контролируя ход работ, и выпил десятки чашек чая, принимали как родного. Мужчины Зуудхана обнимали его лишь чуть слабее, чем Фейсал Байг. Женщины в ярких одеждах и платках, характерных для народности вахи, ласково прикасались руками к щекам Грега и целовали тыльную сторону своих рук, как требует местный обычай.

Вместе с Байгом Мортенсон и Маккаун осмотрели проложенные трубы, по которым вода поступала из горной реки, протекавшей в северной части долины. Им была предоставлена честь запустить маленький генератор. Вырабатываемой энергии хватало на то, чтобы каждый вечер в течение нескольких часов освещать дома Зуудхана, когда в них будет проложена электропроводка.

Мортенсон заглянул в новую амбулаторию. Первая в истории Зуудхана медсестра только что вернулась с полугодовых курсов, которые она проходила в 150 километрах от дома, в клинике Гулмита. Обучение оплачивал ИЦА. Двадцативосьмилетняя Азиза Хусейн с гордостью продемонстрировала все оборудование и медикаменты, приобретенные на средства Института. На руках у нее был новорожденный сын, а за юбку держалась пятилетняя дочурка.

До ближайшей больницы раньше нужно было двое суток добираться по почти непроходимым дорогам. Неудивительно, что даже легкие заболевания в Зуудхане перерастали в критические. За год до того, как Азиза решила взять местное здравоохранение в свои руки, три женщины скончались во время родов. «Многие умирали от диареи, — рассказывает Азиза. — После того, как я прошла подготовку и доктор Грег снабдил нас лекарствами, мы смогли справиться с этими проблемами».

ДО БЛИЖАЙШЕЙ БОЛЬНИЦЫ РАНЬШЕ НУЖНО БЫЛО ДВОЕ СУТОК ДОБИРАТЬСЯ ПО ПОЧТИ НЕПРОХОДИМЫМ ДОРОГАМ. НЕУДИВИТЕЛЬНО, ЧТО ДАЖЕ ЛЕГКИЕ ЗАБОЛЕВАНИЯ В ЗУУДХАНЕ ПЕРЕРАСТАЛИ В КРИТИЧЕСКИЕ.

«Мы стали получать чистую воду через новые трубы. Научили людей ухаживать за детьми и соблюдать гигиену. За пять лет от несложных заболеваний не умер ни один человек. Я продолжаю работать в этом направлении, — говорит Азиза. — И обучаю других женщин. Мы добились огромного прогресса, и теперь никто больше не говорит, что образование женщинам не нужно».

«Я живу в мире, где крупные корпорации ворочают миллионами долларов и не получают желаемых результатов, — говорит Маккаун. — А Грег на те деньги, на которые можно купить дешевую машину, может изменить жизнь множества людей».

На следующий день, 11 сентября 2001 года, вся деревня собралась возле специально построенной сцены, над которой висел плакат: «Добро пожаловать, уважаемые гости!». Мортенсона и Маккауна усадили в кресла, а усатые старейшины в длинных белых шерстяных одеяниях, расшитых розовыми цветами, исполнили традиционный танец гостеприимства. Грег, улыбаясь, поднялся, чтобы присоединиться к ним. Он танцевал с удивительной для своего крупного телосложения грацией — и зрители разразились аплодисментами.

Десятью годами раньше под руководством Фейсала Байга и восьми старейшин, входивших в местный совет, в Зуудхане была построена школа на средства ИЦА. А теперь лучшие ученики школы демонстрировали гостям знание английского языка.

«Благодарим вас за то, что вы проводите свое драгоценное время в удаленном регионе Северного Пакистана», — сказал по-английски один из подростков, обращаясь к гостям.

Другой красивый мальчик попытался превзойти своего приятеля. «Это изолированный и удаленный регион, — сказал он, сжимая микрофон с энергией поп-звезды. — Мы очень одиноки здесь, в Зуудхане. Но доктор Грег и мистер Джордж захотели улучшить нашу жизнь. От имени бедных и нуждающихся этого мира, таких, как жители Зуудхана, мы говорим нашим благодетелям: «Спасибо!» Мы очень, очень благодарны!»

ЛУЧШИЕ УЧЕНИКИ ШКОЛЫ, ПОСТРОЕННОЙ В ДЕРЕВНЕ ЗУУДХАН НА СРЕДСТВА ИЦА, ДЕМОНСТРИРОВАЛИ ГОСТЯМ ЗНАНИЕ АНГЛИЙСКОГО ЯЗЫКА.

Праздник завершился игрой в конное поло[1], устроенной специально для развлечения почетных гостей. Маленьких, крепких горных пони свезли в Зуудхан из восьми деревень

[1] Конное поло — спортивная командная игра на лошадях с мячом и клюшками.

долины. Местное поло — игра столь же суровая, как и жизнь местных жителей. Игроки не пользуются седлами, а роль мяча в игре исполняет козий череп. Лошади носятся по полю с огромной скоростью и налетают друг на друга. Зрители подбадривают игроков криками и свистом.

Игра закончилась лишь тогда, когда солнце окончательно скрылось за афганскими горами. Зрители и участники нехотя разошлись по домам.

Фейсал Байг, который всегда терпимо относился к традициям других народов, предусмотрительно запасся бутылкой китайской водки. Этот напиток он и предложил гостям, но сам пить не стал. Отказался и Мортенсон. Вечером деревенские старейшины обсуждали убийство Масуда и его последствия. Если талибы захватят весь Афганистан (а от Зуудхана до границы было всего тридцать километров пути через Иршадский перевал), то жизнь местных деревень изменится. Границу закроют, традиционные торговые пути будут блокированы, вахи окажутся отрезанными от своих соплеменников. Раньше в этом регионе понятия границ не существовало. Люди беспрепятственно проходили через горные перевалы и долины из Пакистана в Афганистан и обратно.

* * *

Прошлой осенью, когда Мортенсон привозил в Зуудхан трубы для водопровода, он «прочувствовал» близость Афганистана. Вместе с Байгом Грег стоял на высокогорном лугу, наблюдая за тем, как с Иршадского перевала спускается пыльная туча, поднятая отрядом верховых. Всадники заметили Мортенсона и Байга и стали приближаться. В группе было не меньше десятка бородачей, перепоясанных патронташами.

«Они соскочили с коней и направились ко мне, — вспоминает Мортенсон. — Вид у них был самый устрашающий. Я сразу вспомнил свой вазиристанский опыт и подумал: «Ну вот! Все начинается снова!»

Вожаком афганцев был крепкий мужчина с охотничьим ружьем на плече. Байг преградил ему дорогу, защищая своего гостя. Но уже через минуту оба радостно обнимались и улыбались.

«Друг мой, — сказал Мортенсону Байг. — Они давно тебя разыскивают!»

Устрашающего вида бандиты оказались киргизскими кочевниками из удаленного северо-восточного региона Афганистана. В пакистанской долине Чарпурсон живет много киргизов, поэтому «земляческие» контакты между странами сложились самые тесные. Зажатые между Пакистаном и Таджикистаном и вытесненные талибами в самые отдаленные районы Афганистана, киргизы не получали помощи ни от правительства, ни от международного сообщества. Узнав о том, что сделал Мортенсон в долине Чарпурсон, они шесть дней скакали, чтобы поговорить с ним.

Вожак киргизского отряда подошел к Грегу. «Я привык к тяжелой жизни, — сказал он. — Но для детей это плохо. У нас мало еды, мало домов, негде учиться. Мы знаем, что доктор Грег строит школы в Пакистане. Не может ли он построить школу у нас? Мы дадим ему землю, камень, людей. Пусть проживет у нас зиму, чтобы мы могли обсудить планы строительства школы».

«У НАС МАЛО ЕДЫ, МАЛО ДОМОВ, НЕГДЕ УЧИТЬСЯ. МЫ ЗНАЕМ, ЧТО ДОКТОР ГРЕГ СТРОИТ ШКОЛЫ В ПАКИСТАНЕ. НЕ МОЖЕТ ЛИ ОН ПОСТРОИТЬ ШКОЛУ У НАС? МЫ ДАДИМ ЕМУ ЗЕМЛЮ, КАМЕНЬ, ЛЮДЕЙ».

Мортенсон вспомнил десять тысяч беженцев, оказавшихся на островах Амударьи... Но помочь этим людям он сейчас не мог. И все же, хотя воюющий Афганистан был не лучшим местом для реализации благотворительных проектов, он поклялся себе, что найдет способ помочь этим людям.

Мортенсон положил руку на плечо киргиза, ощутив под ладонью грубую овечью шерсть традиционного жилета, и повернулся к Байгу. «Скажи ему, что сейчас я должен ехать домой. Объясни, что работать в Афганистане очень трудно, — сказал он Фейсалу. — Но я обещаю навестить его деревню сразу же, как только смогу. И тогда поговорим о том, можно ли построить у них школу».

Киргиз внимательно выслушал Байга. Потом его выдубленное ветром лицо расплылось в улыбке. Он положил мускулистую руку на плечо Грега, потом развернул коня и вместе со своими людьми отправился обратно в горы Гиндукуша — докладывать о разговоре вождю племени.

* * *

Вспоминая ту встречу годовой давности, Мортенсон почувствовал, как его потянуло в сон. Он потерял нить негромкого разговора старейшин и задремал на удобной лежанке, устроенной Фейсалом Байгом. Вся семья Фейсала по-прежнему ночевала на полу. Тихо спали Дэн и Сьюзен; Маккаун храпел возле окна. Сквозь дремоту Грег вспоминал обещание, данное киргизам, и думал, что после убийства Масуда выполнить его станет невозможно.

Байг погасил свет уже после полуночи, заявив гостям, что в такое время обсуждать сложные вопросы нет никакого смысла; стоит поступить единственно правильным образом: попросить о защите у всемилостивого Аллаха и лечь спать.

В темноте Мортенсон окончательно провалился в сон. Последнее, что он слышал, была тихая молитва Байга. Фейсал просил Аллаха о мире.

В половине пятого утра Мортенсона растолкали. Фейсал Байг прижимал к его уху дешевый коротковолновый приемник. В тусклом свете Грег увидел на красивом лице телохранителя выражение, какого не видел никогда прежде — страх.

«Доктор-сахиб! Доктор-сахиб! Большая проблема! — шептал Байг. — Вставай! Вставай!»

Мортенсон мгновенно проснулся и вскочил, хотя проспал всего пару часов. «Ассалам алейкум, Фейсал, — сказал он, протирая глаза. — Что случилось?»

Обычно вежливый Байг молчал. А потом, стараясь не встречаться взглядом с Мортенсоном, ответил: «Мне очень жаль...»

«Что произошло?» — снова спросил Грег, заметив в руках своего телохранителя автомат «АК-47».

«Бомбили деревню Нью-Йорк», — сказал Фейсал.

Мортенсон натянул на плечи шерстяное одеяло, сунул ноги в промерзшие сандалии и вышел на улицу. Было еще темно и очень холодно. Байг выставил вооруженную охрану вокруг своих американских гостей. Брат Фейсала, Алам Хан, красивый светловолосый голубоглазый мужчина, с автоматом в руках прикрывал единственное окно. Мулла Хайдар внимательно смотрел в сторону Афганистана. Худощавый жилистый Сарфраз, бывший спецназовец пакистанской армии, следил за дорогой, одновременно настраивая свой приемник.

«ЧТО ПРОИЗОШЛО?» — СПРОСИЛ ГРЕГ, ЗАМЕТИВ В РУКАХ СВОЕГО ТЕЛОХРАНИТЕЛЯ АВТОМАТ «АК-47». «БОМБИЛИ ДЕРЕВНЮ НЬЮ-ЙОРК», — СКАЗАЛ ФЕЙСАЛ.

Мортенсон понял, что Сарфраз слушает передачу на уйгурском языке[1]. Китайская радиостанция сообщала о разрушении двух гигантских небоскребов. Пакистанец не понимал, что случилось, но ему стало ясно, что террористы убили очень много американцев. Он пытался найти другую программу, но,

[1]Уйгурский язык — один из тюркских языков, распространен в Китае, Казахстане, Узбекистане, Киргизии, Туркменистане.

сколько ни крутил настройку, по всем каналам передавали только меланхоличную уйгурскую музыку.

Мортенсон попросил принести ему спутниковый телефон, купленный специально для этой поездки. Самый технически продвинутый житель деревни, Сарфраз, направился к своему дому, где ночью учился пользоваться этим полезным устройством.

Фейсалу Байгу все было ясно. Сжав кулаки, с автоматом наперевес, он стоял и смотрел, как первые кровавые лучи солнца окрашивают вершины афганских гор. Много лет наблюдал он эту картину, но сейчас она предвещала большую бурю. Американская разведка потратила много месяцев и миллионы долларов, чтобы разобраться в том, что сразу же стало ясно этому неграмотному жителю пакистанской деревни.

«ПРОБЛЕМЫ В НЬЮ-ЙОРКЕ – ОТСЮДА, – СКАЗАЛ ОН, УКАЗЫВАЯ В СТОРОНУ ГРАНИЦЫ С АФГАНИСТАНОМ. – ВСЕ ЭТОТ ШАЙТАН АЛЬ-КАЕДЫ, УСАМА».

«Проблемы в Нью-Йорке — отсюда, — сказал он, указывая в сторону границы с Афганистаном. — Все этот шайтан Аль-Каеды, Усама».

* * *

Русский вертолет «Ми-17» прибыл ровно в восемь утра, как и обещал бригадный генерал Башир. Винты еще не остановились, а адъютант генерала Ильяс Мирза уже спрыгнул на землю и отсалютовал американцам. «Доктор Грег, мистер Джордж, сэр, мы к вашим услугам», — сказал он. Спецназовцы, выскочившие из вертолета, мгновенно окружили их.

Ильяс был высок и хорош собой, как голливудский герой. Он считался одним из лучших боевых пилотов Пакистана. Мирза родился в Вазиристане, в деревне Банну, через которую Мортенсон проезжал накануне своего похищения. Ильяс отлично знал, как вазири отнеслись к Грегу, поэтому был преисполнен решимости обеспечить своему американскому другу полную безопасность.

Фейсал Байг воздел руки к небу и произнес благодарственную молитву Аллаху, который послал военных защитить американцев. Не собирая вещей и не представляя, куда направляется, Фейсал поднялся в вертолет вместе с Маккаунами и Мортенсоном, чтобы быть абсолютно уверенным в их безопасности.

Уже в воздухе Грег позвонил в Америку по спутниковому телефону. Прижимая телефон к уху, он пытался сориентироваться по горам так, чтобы направить антенну телефона на юг, где находились спутники, благодаря которым он слышал голос жены. Говорить старался короче, потому что батареи хватало только на сорок минут.

Тара безумно обрадовалась звонку мужа. Она не могла сдержать слез, когда говорила, как любит его и тоскует. «Я знаю, что ты сейчас со своей второй семьей, — сказала она, — и они позаботятся о твоей безопасности. Заканчивай работу и возвращайся ко мне, любовь моя».

Маккаун когда-то служил в американской авиации стратегического назначения — занимался дозаправкой в воздухе «Б-52», несущих ядерные заряды. Он отлично представлял, какая судьба ожидает Афганистан. «Я был лично знаком с Рамсфелдом[1], — вспоминает он, — и прекрасно знал, что нас ожидает война. Я понимал, что, если за всем этим стоит Аль-Каеда, мы можем начать бомбить Афганистан в любую минуту.

Если бы это произошло, нельзя было предсказать реакцию Мушаррафа, — продолжает Маккаун. — Даже если бы он принял сторону США, неизвестно, поддержала бы его пакистанская армия, в которой было много сторонников талибов. Я понимал, что мы можем превратиться в заложников, и мечтал только об одном — оказаться подальше».

«Я ПОНИМАЛ, ЧТО В ТАКОЙ СИТУАЦИИ МЫ МОЖЕМ ПРЕВРАТИТЬСЯ В ЗАЛОЖНИКОВ, И МЕЧТАЛ ТОЛЬКО ОБ ОДНОМ — ОКАЗАТЬСЯ ПОДАЛЬШЕ».

Бортинженер извинился за то, что на борту недостаточно наушников, и предложил Мортенсону свою пару. Грег надел наушники и прильнул к иллюминатору, наслаждаясь потря-

[1]До́нальд Генри Ра́мсфелд — американский политик, республиканец, министр обороны США в 2001—2006 годах.

сающей панорамой. Под ними простирались крутые террасы долины Хунза, раскрашенные во все оттенки зеленого. Над террасами, словно гигантские слоны, высились серые гранитные горы.

Мортенсон видел зеленые ледники Ракапоши[1], которые трескались под лучами тропического солнца. Оттуда брали свое начало реки. У подножия гор находились деревни, которым не хватало воды. Грег представлял себе сеть оросительных каналов, по которым вода поступала бы на террасные поля каждой деревни. С такой высоты обеспечить жизнь и процветание уединенных поселений не представлялось сложным — достаточно было мысленно провести прямые линии трубопроводов и пустить по ним воду...

Грег вспомнил, с каким упорством деревенские муллы сопротивлялись обучению девочек. А местные политики всячески препятствовали созданию женских общественных центров и строительству школ. Но как же тогда препятствовать распространению экстремизма, который, подобно раковой опухоли, захватывал удаленные горные долины, если экстремисты прячутся за высокими стенами и маскируются под просветителей молодежи?

«Ми-17» приземлился на частном курорте «Шангри-Ла», находившемся на озере в часе лета от Скарду. Работу учреждения спонсировали пакистанские генералы. В доме хозяина была установлена спутниковая антенна, и американцы смогли видеть выпуски новостей Си-эн-эн. Мортенсон целый день

---

[1] Ракапоши — хребет в Западном Каракоруме.

смотрел, как огромные небоскребы, словно торпедированные корабли, тонут в океане пепла и пыли.

Студенты пешаварского медресе Джамия Дарул Улум Хакқания (что означает «Университет истинного знания») впоследствии рассказывали корреспонденту «Нью-Йорк Таймс», как они праздновали день совершения террористического акта в США. Все радостно бегали по двору школы, жестами показывая, как самолеты таранили здание Всемирного торгового центра. Учителя сказали им, что это была воля Аллаха в действии — самолеты, направляемые праведниками, разрушили небоскребы неверных.

МОРТЕНСОН ЦЕЛЫЙ ДЕНЬ СМОТРЕЛ, КАК ОГРОМНЫЕ НЕБОСКРЕБЫ, СЛОВНО ТОРПЕДИРОВАННЫЕ КОРАБЛИ, ТОНУТ В ОКЕАНЕ ПЕПЛА И ПЫЛИ.

В тот день Мортенсон сильнее, чем когда либо, осознал необходимость образования для пакистанских детей.

Маккаун стремился как можно быстрее покинуть Пакистан. В его спутниковом телефоне сели батарейки, пока он договаривался с деловыми партнерами, чтобы те встретили его на индийской границе или организовали перелет в Китай. Но границы были закрыты, а международные рейсы отменены.

«Я сказал Джорджу: «Ты находишься в самом безопасном месте на земле, — вспоминает Мортенсон. — Эти люди будут защищать тебя до последней капли крови. Поскольку мы не можем никуда уехать, почему бы не заняться собственными делами, пока не появится самолет?»

На следующий день генерал Башир предоставил Маккауну и его спутникам вертолет, который доставил их к базовому лагерю К2, где те могли отдыхать, пока не появится возможность отправиться в США. Из иллюминатора Мортенсон увидел внизу школу в Корфе — желтый полумесяц надежды среди изумрудных полей. Грег привык каждую осень перед возвращением в Америку приезжать сюда, чтобы выпить чаю с Хаджи Али. И сейчас он пообещал себе обязательно побывать в Корфе, как только его гости — Маккаун, его дочь и зять — смогут покинуть страну.

В пятницу 14 сентября Мортенсон и Маккаун на «лендкрузере» направились на запад, на открытие школы в деревне Куарду. На этот раз конвой джипов был гораздо больше, чем обычно: мрачные новости из большого мира достигли и уединенного Балтистана.

«Казалось, что все политики, полицейские, военные и религиозные лидеры Северного Пакистана приехали сюда, чтобы открыть школу в Куарду», — вспоминает Грег.

Начальная школа в этой деревне была построена и выпускала учеников в течение нескольких лет. Но Чангази откладывал официальное открытие, пока не представится возможность устроить грандиозную церемонию.

Во дворе школы под абрикосовыми деревьями собралось столько народу, что все еле поместились. Но в этот день люди думали не об открытии. Главным оратором на церемонии был

Сайед Аббас. Исламский мир переживал тяжелейший кризис, и народ Балтистана внимал каждому слову своего религиозного лидера.

«Бисмилла ир-Рахман ир-Рахим, — начал свое выступление Сайед Аббас. — Во имя Аллаха всемогущего и милосердного! Мир вам!

Это судьба, что Аллах всемогущий свел нас вместе в этот час, — продолжал он. Народу во дворе было так много, что сцены, на которой стоял мулла в черном одеянии и тюрбане, видно не было. Казалось, он просто парит над людьми. — Этот день наши дети запомнят навсегда и будут рассказывать о нем своим детям и внукам. Сегодня рассеялся мрак неграмотности и ярко просиял свет просвещения.

Открывая нашу школу, мы разделяем скорбь тех, кто сегодня страдает и плачет в Америке, — сказал он. — Те, кто совершил это злое дело, кто убил невинных, причинил страдания женщинам и детям, не руководствовались духом ислама. Волей Аллаха всемогущего, да свершится над ними правосудие!

«ТЕ, КТО СОВЕРШИЛ ЭТО ЗЛОЕ ДЕЛО, КТО УБИЛ НЕВИННЫХ, ПРИЧИНИЛ СТРАДАНИЯ ЖЕНЩИНАМ И ДЕТЯМ, НЕ РУКОВОДСТВОВАЛИСЬ ДУХОМ ИСЛАМА. ВОЛЕЙ АЛЛАХА ВСЕМОГУЩЕГО, ДА СВЕРШИТСЯ НАД НИМИ ПРАВОСУДИЕ!»

Я смиренно прошу прощения за эту трагедию у мистера Джорджа и доктора Грега-сахиба. Слушайте же меня все: защищайте и любите этих американских братьев! Не дайте причинить им вред. Разделите с ними все, что у вас есть, чтобы успешна была их миссия.

Эти два христианина приехали с другого конца света, чтобы дать образование мусульманским детям. Почему же мы сами не смогли дать образование своим детям? Отцы и родители, я призываю вас приложить все силы к тому, чтобы ваши дети стали образованными людьми. Иначе они останутся безгласными, как овцы в поле».

Сайед Аббас сделал паузу, раздумывая, о чем сказать дальше. В этот момент во дворе, где собрались сотни людей, воцарилась полная тишина, которой не нарушали даже самые маленькие дети.

«Я прошу Америку заглянуть в наши сердца, — продолжил Аббас. Голос его звенел. — Вы увидите, что подавляющее большинство из нас — не террористы, а нормальные люди. Наша страна погрязла в бедности, потому что дети не получают образования. Но сегодня зажглась еще одна свеча просвещения. Во имя Аллаха всемогущего, пусть осветит она путь из мрака, в котором мы находились».

«Это была необыкновенная речь, — вспоминает Мортенсон. — Когда Сайед Аббас закончил, все вокруг плакали. Я хотел бы, чтобы рядом с нами оказались все американцы, которые считают слово «мусульманин» синонимом слова «террорист». Истинный ислам учит справедливости, терпимости и милосердию. Сайед Аббас красноречиво и образно высказал саму суть умеренного мусульманства».

После церемонии вдовы Куарду выстроились в очередь, чтобы высказать свои соболезнования Мортенсону и Маккауну. Они принесли американцам яйца и просили передать эти символы сострадания своим далеким сестрам — вдовам из деревни Нью-Йорк.

Грег смотрел на горку свежих яиц в своих ладонях. И вдруг подумал о детях, которые могли находиться в тех самолетах, подумал о своих детях. Пробираясь через толпу людей, которые приветственно махали руками и желали ему счастья, он впал в какое-то оцепенение. Под ногами хрустела скорлупа абрикосовых косточек. «Насколько же все хрупко в этом мире!» — мысленно ужаснулся он...

На следующий день полковник Ильяс на вертолете доставил их в Исламабад. Вертолет приземлился на личной площадке президента Мушаррафа. Меры безопасности были приняты экстраординарные. Американцев провели в гостиную, находившуюся под круглосуточной охраной. Они устроились возле красивого мраморного камина, который выглядел так, словно им никогда не пользовались. На стене висел большой портрет президента в военной форме со всеми регалиями.

На вертолете «Алуэтт» времен вьетнамской войны, который пакистанские военные любили за высокую надежность, прибыл генерал Башир. «Орел вернулся в гнездо!» — театрально объявил Ильяс, наблюдая за тем, как массивный и неповоротливый в своем форменном авиационном костюме генерал спрыгивает на землю и приветственно машет рукой.

Они погрузились в вертолет и взлетели. Башир вел машину довольно низко, следуя за изгибами лесистых холмов. Когда главная достопримечательность Исламабада — построенная на средства саудовских мусульман мечеть Фейсал с четырьмя минаретами и огромным молельным залом, способным вместить семьдесят тысяч верующих, — скрылась из глаз, вертолет летел уже над территорией Лахора. Приземлились в международном аэропорту, всего в пятидесяти метрах от «боинга-747» сингапурских авиалиний. Он должен был унести американцев из региона, который вот-вот мог превратиться в зону боевых действий.

Обняв Мортенсона и Фейсала Байга, Маккаун и его родственники направились к самолету. Генерал Башир устроил их в первом классе и извинился перед остальными пассажирами за задержку рейса. Он оставался с американцами до самого взлета самолета.

«БОИНГ-747» ДОЛЖЕН БЫЛ УНЕСТИ АМЕРИКАНЦЕВ ИЗ РЕГИОНА, КОТОРЫЙ ВОТ-ВОТ МОГ ПРЕВРАТИТЬСЯ В ЗОНУ БОЕВЫХ ДЕЙСТВИЙ.

«Вспоминая те дни, — говорит Маккаун, — могу сказать, что в Пакистане к нам относились прекрасно. Я страшно беспокоился о том, что может случиться со мной в этой страшной исламской стране. Но ничего не произошло. Все плохое началось после моего отлета».

Следующую неделю Маккаун провел в роскошном отеле «Раффлз» в Сингапуре, мучаясь животом. Он ухитрился отравиться чем-то в первом классе самолета сингапурских авиалиний!

* * *

Мортенсон вернулся на север, в Корфе к Хаджи Али. Военный транспортный самолет доставил его в Скарду, откуда на «лендкрузере» он отправился в долины Шигар и Бралду. Всю дорогу проспал. Машину вел Хусейн, а сон американца охранял Байг.

На высокой скале в Бралду собралась огромная толпа. Но что-то было не так. Переходя реку по мосту, Мортенсон почувствовал, что у него перехватило горло. Он внимательно смотрел на дальний берег реки, но высокая скала, на которой всегда стоял Хаджи Али, мощный и неколебимый, как здешние горы, была пуста. На берегу Мортенсона встретил Туаа, который и сообщил Грегу печальное известие: Хаджи Али умер.

После смерти отца в знак траура Туаа побрил голову и отрастил бороду...

Еще прошлой осенью, когда Грег пил чай с Хаджи Али, он заметил, что старый вождь Корфе стал выглядеть хуже. Незадолго до этого его жена Сакина тяжело захворала: ее мучили боли в животе. Она относилась к ним стоически, как и подобает женщине балти. И умерла, отказавшись отправиться в больницу.

Вместе с Хаджи Али Мортенсон отправился на кладбище Корфе, которое располагалось в поле, неподалеку от школы. Вождь шел медленно. На кладбище он опустился на колени и прикоснулся к простому надгробию, установленному над могилой Сакины. Камень стоял лицевой стороной к Мекке. Когда Хаджи Али поднялся, глаза его были влажными. «Без нее я никто, — сказал он Грегу. — Совершенно никто».

ПОСЛЕ СМЕРТИ ХАДЖИ АЛИ В ЗНАК ТРАУРА ТУАА ПОБРИЛ ГОЛОВУ И ОТРАСТИЛ БОРОДУ...

«Я не мог представить, чтобы консервативный мусульманин-шиит произнес подобные слова, — вспоминает Мортенсон. — Многие мужчины относятся к своим женам с такой любовью. Но лишь немногие решаются в этом признаться».

Хаджи Али положил руку на плечо Мортенсона. Рука дрожала, и Грег подумал, что старик все еще плачет.

«Очень скоро ты приедешь ко мне и найдешь меня в этой же земле», — сказал он.

«Мысль о том, что Хаджи Али может умереть, не показалась мне пустой», — вспоминает Мортенсон. Голос его дрожит, хотя после смерти вождя Корфе прошло несколько лет. Хаджи Али был для него наставником, который научил своего американского сына очень многому...

В тот день Грег задал старшему другу один вопрос. «Что я должен сделать, когда этот день настанет?» — спросил он.

Хаджи Али посмотрел на ледяной пик К2 и ответил: «Послушай ветер»...

ХАДЖИ АЛИ БЫЛ ДЛЯ ГРЕГА НАСТАВНИКОМ, КОТОРЫЙ НАУЧИЛ СВОЕГО АМЕРИКАНСКОГО СЫНА ОЧЕНЬ МНОГОМУ...

Мортенсон и Туаа преклонили колени перед свежей могилой, чтобы отдать дань уважения ушедшему вождю Корфе. Сердце Хаджи Али перестало биться, когда ему было около восьмидесяти лет. «Ничто не длится вечно...» — подумал Грег.

Сердце его собственного отца остановилось в сорок восемь лет; он не успел задать ему вопросы, ответы на которые пришлось искать всю жизнь. А теперь ушел и старый балти, который сумел заполнить эту пустоту, который преподал ему столько уроков...

Мортенсон поднялся, пытаясь представить, что сказал бы в такой печальный момент Хаджи Али. И с поразительной ясностью услышал слова, сказанные вождем в прошлом году.

«Послушай ветер»...

И он прислушался к ветру. Услышал, как в ущелье Бралду свистит вихрь. Он нес с собой снег и предвещал конец лета. Но через завывание ветра, который стремился смести людей с маленькой скальной площадки в Гималаях, вдруг услышал детские голоса и смех. Дети играли во дворе местной школы. Мортенсон понял, что старый балти преподал ему свой последний урок. Он вытер глаза ладонью.

«Думай о них, — подумал он. — Всегда думай о них».

Глава 20

Чай с талибами

Взрывай всех — Аллах разберется.

Наклейка на грузовике
в Боузмене, штат Монтана

«Давай сходим в цирк», — предложил Сулейман. Мортенсон сидел на заднем сиденье белой «тойоты-короллы», которую ИЦА купил для таксиста из Равалпинди. Голова его покоилась на кружевной салфетке — Сулейман любовно украшал свою машину и закрепил такие салфетки на всех подголовниках. Рядом сидел Фейсал Байг, вооруженный автоматом. Сулейман встретил их в аэропорту. Грег и Фейсал прилетели из Скарду на военном самолете. В конце сентября 2001 года коммерческие рейсы в Пакистане были запрещены точно так же, как в Америке.

«Что?» — удивленно спросил Мортенсон.

«Тебе понравится», — ухмыляясь, ответил Сулейман. Он мастерски пробирался среди медленно двигавшихся машин. Они ехали в Исламабад. Водитель крутил руль одной рукой, а второй набирал номер на мобильном телефоне «Сони» размером со спичечный коробок. Таксист страшно гордился таким приобретением. Сулейман звонил управляющему гостиницей «Дом, милый дом» в столице — предупредить, чтобы тот готовил номер, хотя сахиб приедет поздно.

Сулейман неохотно остановил машину, чтобы предъявить документы на полицейском посту перед въездом в современный дипломатический квартал Исламабада — Голубую зону. Здесь находились правительственные учреждения, посольства, отели для бизнесменов. Широкие бульвары пересекались под прямым углом.

Мортенсон выглянул в окно, чтобы полицейские увидели иностранца. Газоны Исламабада были немыслимо зелеными, а деревья — пышными. Такая зелень в самом сердце выжженной земли доказывала, что у страны достаточно сил даже для того, чтобы противостоять силам самой природы. Увидев Мортенсона, полицейские отдали честь.

ПЫШНАЯ ЗЕЛЕНЬ В САМОМ СЕРДЦЕ ВЫЖЖЕННОЙ ЗЕМЛИ ДОКАЗЫВАЛА, ЧТО У ПАКИСТАНА ДОСТАТОЧНО СИЛ ДАЖЕ ДЛЯ ТОГО, ЧТОБЫ ПРОТИВОСТОЯТЬ СИЛАМ САМОЙ ПРИРОДЫ.

Исламабад строился по строгому плану в 60–70-е годы специально для богатых и наделенных властью. В сверкающих витринах магазинов, расположившихся по обе стороны широких бульваров, красовались последние достижения японской электроники; рядом мирно соседствовали такие «роскошные» заведения, как «Кентакки Фрайд Чикен» и «Пицца Хат».

В самом центре района находился пятизвездочный отель

«Марриотт» — оплот роскоши, отделенный от пакистанской бедноты мощной бетонной стеной и 150 охранниками в светло-голубой форме. Охранники прятались буквально за каждым кустом и деревом, держа оружие наготове. По ночам огоньки их сигарет, рассыпанные среди зеленых насаждений вдоль ограды, напоминали светлячков.

Сулейман остановил «тойоту» возле бетонного барьера. Двое охранников, вооруженных винтовками, осмотрели всю машину и даже засунули шесты с зеркальцами под дно, чтобы убедиться в том, что автомобиль не заминирован. Тщательно проверили багажник. Затем стальные ворота раскрылись, и их впустили на территорию.

«Когда мне нужно было решить какие-то организационные вопросы, я отправлялся в «Марриотт», — рассказывает Мортенсон. — У них всегда работал факс и был доступ в Интернет. Если кто-то приезжал со мной в Пакистан впервые, я прямо из аэропорта вез этого человека в «Марриотт», чтобы он мог освоиться в стране, не испытав культурного шока».

Но сейчас, после того как Мортенсона пропустили через металлодетектор и проверили все карманы, шок ожидал его самого. Огромный вестибюль, отделанный мрамором, где обычно никого не было, сегодня был заполнен народом. В Пакистан прибыли журналисты из всех стран мира. Они накачивались кофе и оживленно обсуждали последние события.

«Цирк!» — с усмешкой констатировал Сулейман, оглядываясь вокруг. Везде стояли видеокамеры с логотипами известных агентств: Си-эн-эн, Би-би-си, Эн-би-си, Эй-би-си, Аль-Джазира. Пробравшись мимо оператора, который что-то яростно кричал в свой спутниковый телефон, Мортенсон направился в кофейню «Надия Кофе Шоп». От вестибюля кафе отделяла плотная душистая стена комнатных растений.

ОГРОМНЫЙ ВЕСТИБЮЛЬ ОТЕЛЯ, ГДЕ ОБЫЧНО НИКОГО НЕ БЫЛО, СЕГОДНЯ БЫЛ ЗАПОЛНЕН НАРОДОМ. В ПАКИСТАН ПРИБЫЛИ ЖУРНАЛИСТЫ ИЗ ВСЕХ СТРАН МИРА.

Обычно Грег завтракал здесь в одиночестве, но сегодня все столики были заняты. «Похоже, наш забытый Богом уголок неожиданно стал многим интересен», — подумал он. И увидел рядом знакомую. Это была светловолосая канадская журналистка Кэти Гэннон. Она возглавляла местное отделение агентства «Ассошиэйтед Пресс», жила в Исламабаде давно и ходила в традиционной пакистанской одежде. Столика ей тоже не хватило, поэтому Грег и Кэти стали ждать, пока освободятся места, вместе.

«И давно здесь так?» — спросил Мортенсон, стараясь перекричать людской шум.

«Уже несколько дней, — ответила Кэти. — И это только начало. Когда начнут падать бомбы, в отеле будут сдавать номера по тысяче долларов за сутки».

«А сейчас сколько берут?»

«Со 150 долларов цена поднялась до 320 и продолжает расти, — вздохнула Кэти. — Дела у этих парней никогда еще не шли так хорошо. Все телеканалы установили на крыше собственные антенны, и отель берет с каждой команды по 500 долларов в день только за право здесь снимать».

«ЭТО ТОЛЬКО НАЧАЛО. КОГДА НАЧНУТ ПАДАТЬ БОМБЫ, В ОТЕЛЕ БУДУТ СДАВАТЬ НОМЕРА ПО ТЫСЯЧЕ ДОЛЛАРОВ ЗА СУТКИ».

Мортенсон покачал головой. Сам он никогда не арендовал номер в «Марриотте». Поскольку бюджет ИЦА и так оставлял желать лучшего, подобные траты для его сотрудников были недопустимы. Сулейман привозил его сюда для переговоров. А селился Грег в гостинице «Дом, милый дом». Бывший владелец этого отеля разорился, не успев его достроить. Вилла находилась возле посольства Непала. За ночь, проведенную в номере, — а все комнаты здесь отличались непредсказуемой работой сантехники и грязными розовыми коврами со следами от сигарет, — здесь брали всего двенадцать долларов.

«Доктор Грег-сахиб, мадам Кэти, проходите, — прошептал официант в смокинге, который хорошо их знал. — Столик сейчас освободится, и я боюсь, что эти... — он запнулся, подбирая нужное слово, — ...иностранцы... его захватят».

В журналистском мире Кэти Гэннон знали и любили за бесстрашие. В самые опасные моменты ее голубые глаза загорались. Когда-то талибы на афганской границе безуспешно пытались найти недочеты в ее паспорте, чтобы не впустить журналистку в Афганистан. Эти люди были поражены ее настойчивостью. «Вы — сильная, — сказал ей пограничник. — У нас есть хорошее слово для таких людей: мужчина». Гэннон ответила, что не считает это комплиментом.

За накрытым розовой скатертью столом Гэннон рассказала Мортенсону о «клоунах, жонглерах и воздушных гимнастах от журналистики», которые недавно съехались в Исламабад. «Это очень печально, — сказала она. — Неопытные репортеры, которые и понятия не имеют о ситуации в регионе, стоят на крыше в пуленепробиваемых жилетах и ведут себя так, словно горы у них за спиной — уже зона военных действий, а вовсе не место, куда семьи с детьми выезжают на выходные. Большинство из них не приближались к границе. Они передают информацию, даже не проверяя ее. А те, кто хочет поехать, лишены такой возможности. Талибы просто закрыли афганскую границу для всех иностранцев».

«Вы собираетесь попытаться?» — спросил Мортенсон.

«Я только что приехала из Кабула, — просто ответила Кэти. — Когда второй самолет врезался в небоскреб, я как раз разговаривала по телефону со своим редактором в Нью-Йорке. Я успела написать несколько статей, прежде чем меня выслали из страны».

«Что собираются делать талибы?»

«Трудно сказать. Я слышала, что они собрали совет и решили захватить Усаму, но в последнюю минуту мулла Омар переубедил их и заявил, что будет защищать его ценой собственной жизни. Вы знаете, что это значит. Многие талибы напуганы. Но самые упертые готовы идти до конца, — мрачно сказала Кэти. Потом она посмотрела на репортеров, толпившихся возле столика метрдотеля, и добавила: — Впрочем, этим парням такое развитие событий только на руку».

«КОГДА ВТОРОЙ САМОЛЕТ ВРЕЗАЛСЯ В НЕБОСКРЕБ, Я КАК РАЗ РАЗГОВАРИВАЛА ПО ТЕЛЕФОНУ СО СВОИМ РЕДАКТОРОМ В НЬЮ-ЙОРКЕ».

«Вы будете пытаться вернуться в Афганистан?» — спросил Мортенсон.

«Только официальным путем, — ответила Кэти. — Я не собираюсь пробираться в страну тайком и рисковать собственной жизнью. Я слышала, что талибы уже схватили двух французских репортеров и обвинили их в шпионаже».

«Я СЛЫШАЛА, ЧТО ТАЛИБЫ УЖЕ СХВАТИЛИ ДВУХ ФРАНЦУЗСКИХ РЕПОРТЕРОВ И ОБВИНИЛИ ИХ В ШПИОНАЖЕ».

Сулейман и Байг вернулись от буфетного стола с полными тарелками карри с ягненком. Сулейман получил бонус — миску дрожащего розового желе на десерт.

«Вкусно?» — спросил Мортенсон. Водитель, методично работая челюстями, кивнул. Прежде чем направиться к буфетному столу, Грег отложил из его миски пару ложек желе для себя. Оно напомнило британские десерты, какими его угощали в Восточной Африке.

Сулейман с удовольствием ел баранину. Он рос в семье, где было семеро детей. Его деревня Дхок Луна находилась на Пенджабской равнине, между Исламабадом и Лахором. Баранину там ели только по праздникам. И даже в такие дни четвертому сыну пакистанского бедняка доставалось не слишком много.

Сулейман извинился и отправился к буфету за добавкой.

* * *

Всю следующую неделю Мортенсон уходил ночевать в «Дом, милый дом», а остальное время проводил в «Марриотте». Как и пятью годами раньше в разрываемом войной Пешаваре, у него было ощущение того, что он присутствует при глобальной исторической буре. Поскольку в отеле собрались представители практически всех мировых средств массовой информации, Грег решил использовать эту возможность для пропаганды работы ИЦА.

ПОСКОЛЬКУ В ОТЕЛЕ СОБРАЛИСЬ ПРЕДСТАВИТЕЛИ ПРАКТИЧЕСКИ ВСЕХ МИРОВЫХ СРЕДСТВ МАССОВОЙ ИНФОРМАЦИИ, ГРЕГ РЕШИЛ ИСПОЛЬЗОВАТЬ ЭТУ ВОЗМОЖНОСТЬ ДЛЯ ПРОПАГАНДЫ РАБОТЫ ИЦА.

До 11 сентября дипломатические отношения с режимом Талибан поддерживали только Пакистан, Саудовская Аравия и Объединенные Арабские Эмираты. Через несколько дней после террористических актов в Нью-Йорке и Вашингтоне отношения СА и ОАЭ с фундаменталистским движением были разорваны. И Пакистан остался единственным местом, где талибы могли общаться с остальным миром. На лужайке перед ветхим посольством Афганистана, которое находилось в двух километрах от «Марриотта», они каждый день устраивали длинные пресс-конференции. Раньше от гостиницы добраться до посольства можно было за восемьдесят центов. Теперь же жадным до информации журналистам приходилось платить по десять долларов за поездку в один конец.

Ситуации в Афганистане были посвящены ежедневные брифинги, устраиваемые в «Марриотте» ООН. Толпы обгоревших на жарком солнце репортеров с удовольствием собирались в конференц-зале отеля, где, как всегда, прекрасно работали кондиционеры.

К осени 2001 года Мортенсон знал Пакистан гораздо лучше большинства иностранцев. Особенно хорошо ему были знакомы удаленные пограничные районы, куда репортеров не пускали. Журналисты постоянно предлагали Грегу деньги, лишь бы он обеспечил их переход в Афганистан.

«Мне казалось, что репортеры воюют друг с другом, — вспоминает Мортенсон. — Си-эн-эн объединилась с Би-би-си против Эй-би-си и Си-би-эс. Пакистанские стрингеры[1] сновали по вестибюлю, продавая информацию о том, как американс-

---

[1] Стрингер — внештатный корреспондент.

кий шпион, проникший в движение Талибан, был разоблачен и расстрелян. За обладание такими новостями между журналистами начиналась настоящая война.

Продюсер и репортер Эн-би-си пригласили меня на обед в китайский ресторан «Марриотта», чтобы поговорить о Пакистане, — продолжает Мортенсон. — Но им нужно было то же самое, что и всем остальным. Они хотели попасть в Афганистан и предлагали денег больше, чем я зарабатывал за целый год, лишь бы я согласился им помочь. Они озирались вокруг, словно боялись, что кругом установлены микрофоны, а потом продюсер шепнул: «Только не говорите Си-эн-эн и Си-би-эс!»

Грег постоянно давал интервью репортерам, которые редко выбирались куда-нибудь за пределы «Марриотта» и посольства талибов, но хотели украсить свои статьи о скучных пресс-конференциях местным колоритом. «Я пытался говорить о коренных причинах конфликта: об отсутствии системы образования в Пакистане, о распространении ваххабитских медресе и о том, как все это порождает терроризм, — говорит Мортенсон. — Но мои слова не попадали в печать. Журналистов интересовали только лидеры движения Талибан. Они хотели представить их злодеями, повинными в развязывании новой войны».

Каждый вечер, в одно и то же время, лидеры движения Талибан, находившиеся в Исламабаде, в черных развевающихся одеяниях и тюрбанах входили в мраморный вестибюль отеля «Марриотт» и устраивались за столиком в кафе «Надия», чтобы понаблюдать за «цирком».

«Я ПЫТАЛСЯ ГОВОРИТЬ О КОРЕННЫХ ПРИЧИНАХ КОНФЛИКТА: ОБ ОТСУТСТВИИ СИСТЕМЫ ОБРАЗОВАНИЯ В ПАКИСТАНЕ, О РАСПРОСТРАНЕНИИ ВАХХАБИТСКИХ МЕДРЕСЕ И О ТОМ, КАК ВСЕ ЭТО ПОРОЖДАЕТ ТЕРРОРИЗМ».

«Они сидели весь вечер, пили зеленый чай, — вспоминает Мортенсон. — На свое жалованье они не могли себе позволить шведский стол за двадцать долларов. Мне казалось, что любой журналист мог бы написать потрясающую статью, если бы предложил оплатить им ужин. Но не припомню, чтобы подобное случалось».

В конце концов Грег решил сам подойти к талибам. Для этого представился удобный случай: он увидел, что за одним из столов вместе с четырьмя талибами сидит его знакомый мулла Абдул Салам Заиф. (Асем Мустафа, который писал обо всех экспедициях в Каракоруме для пакистанской газеты «Нэйшн», часто общался с Мортенсоном в Скарду и рассказывал ему о новостях из мира альпинистов. Мустафа был знаком с послом талибов, муллой Абдул Салам Заифом. Как-то вечером в кафе «Надия» он познакомил с ним Грега.)

Грег почтительно поздоровался с муллой. Тот пригласил его за стол. Мортенсону досталось место под большим, написанным от руки, лозунгом: «Оле! Оле! Оле!». Иностранные бизнесмены, находившиеся в Исламабаде, ужинали в этом кафе практически каждый день, и для них здесь стали устраивать развлекательные вечера. В тот день в «Марриотте» планировался мексиканский ужин.

Усатый официант-пакистанец, имевший мрачно-униженный вид оттого, что его заставили надеть шутовское сомбреро и серапе[1], остановился у стола. «Только чай», — сказал на урду мулла Заиф. Взмахнув полами серапе, официант отправился выполнять заказ.

«Заиф был единственным лидером Талибан, имевшим нормальное образование и некоторый западный лоск, — вспоминает Мортенсон. — Его дети по возрасту были такими же, как и мои, поэтому мы немного поговорили о них. Мне было интересно, что думает талиб об образовании для детей, особенно для девочек. Я задал ему этот вопрос. Он ответил, как настоящий политик. После этого пошел общий беспредметный разговор о значимости образования».

МНЕ БЫЛО ИНТЕРЕСНО, ЧТО ДУМАЕТ ТАЛИБ ОБ ОБРАЗОВАНИИ ДЛЯ ДЕТЕЙ, ОСОБЕННО ДЛЯ ДЕВОЧЕК. Я ЗАДАЛ ЕМУ ЭТОТ ВОПРОС. ОН ОТВЕТИЛ, КАК НАСТОЯЩИЙ ПОЛИТИК.

Официант принес серебряный чайный набор и разлил по чашкам зеленый чай. Мортенсон беседовал с талибами на пушту. Расспрашивал о здоровье родственников, ему отвеча-

[1] Серапе — традиционная мексиканская одежда: орнаментированная (расшитая) накидка с отверстием для головы.

ли, что, слава Аллаху, все здоровы. Грег подумал о том, что через несколько недель ситуация может измениться.

Официанту было очень неудобно обслуживать гостей — помимо сомбреро и накидки-серапе на нем еще были декоративные патронташи, крест-накрест пересекавшие его грудь.

Мортенсон смотрел на четверых серьезных бородачей в черных тюрбанах и думал, приходилось ли им пользоваться оружием. Ему было интересно, что они думают о костюме официанта. «Наверное, они считали, что он выглядит ничуть не более странно, чем иностранные журналисты, стоявшие возле стола и пытавшиеся уловить, о чем мы говорим», — вспоминает Мортенсон.

МОРТЕНСОН СМОТРЕЛ НА ЧЕТВЕРЫХ СЕРЬЕЗНЫХ БОРОДАЧЕЙ В ЧЕРНЫХ ТЮРБАНАХ И ДУМАЛ, ПРИХОДИЛОСЬ ЛИ ИМ ПОЛЬЗОВАТЬСЯ ОРУЖИЕМ.

Мулла Заиф заговорил о приближающейся войне. Живя в Голубой зоне Исламабада, он не терял контактов с внешним миром и отлично понимал, чем все может закончиться. Но лидеры Талибан в Кабуле и Кандагаре были оторваны от внешнего мира. Глава движения, мулла Омар, как и большинство его приближенных, учился только в медресе. Министр образования в правительстве талибов, Мохаммед Сайед Гиасуддин, по словам Ахмед Рашида, вообще не имел образования.

«Может быть, нам нужно обратиться к бен Ладену, чтобы спасти Афганистан, — сказал Мортенсону мулла Заиф, жестом прося официанта принести счет. — Мулла Омар думает, что мы все еще можем избежать войны». Слова прозвучали довольно осторожно, поэтому мулла, чтобы не уронить себя в глазах иностранца, добавил: «Если на нас нападут, будем сражаться до последнего!»

Мулла Омар считал, что войны не будет, — до тех пор, пока американские крылатые ракеты не начали падать прямо на его резиденцию. Не имея прямой связи с Вашингтоном, лидер талибов в октябре дважды звонил по спутниковому телефону в президентскую службу по связям с общественностью. Он предлагал провести переговоры с Джорджем Бушем. Естественно, американский президент ему не ответил.

ЛИДЕР ТАЛИБОВ В ОКТЯБРЕ ДВАЖДЫ ЗВОНИЛ ПО СПУТНИКОВОМУ ТЕЛЕФОНУ В ПРЕЗИДЕНТСКУЮ СЛУЖБУ И ПРЕДЛАГАЛ ПРОВЕСТИ ПЕРЕГОВОРЫ С ДЖОРДЖЕМ БУШЕМ. ЕСТЕСТВЕННО, АМЕРИКАНСКИЙ ПРЕЗИДЕНТ ЕМУ НЕ ОТВЕТИЛ.

Хотя и неохотно, но Мортенсон все-таки ушел из «Марриотта» и вернулся к работе. В гостинице его уже ожидали телефонограммы из американского посольства с предупреждениями о том, что Пакистан более не может гарантировать безопасность американцам. Но Грегу нужно было посетить школы, финансируемые ИЦА. Они находились в лагерях беженцев за пределами Пешавара. Надо было выяснить, справятся ли они с притоком новых беженцев, которые неизбежно появятся с началом войны. Поэтому Мортенсон вызвал Байга и Сулеймана и направился по короткой дороге к Пешавару.

Его вызвался сопровождать знакомый репортер газеты «Денвер Пост» Брюс Финли, истосковавшийся по новостям в «Марриотте». Вместе они посетили лагерь беженцев в Шамшату. Около сотни учителей, работавших на средства ИЦА, изо всех сил старались как можно лучше выполнить свою работу в этих нечеловеческих условиях.

Финли написал об этой поездке статью. Он рассказал о работе Грега и привел его слова о приближающейся войне. Мортенсон призвал читателей «Денвер Пост» не мерить всех мусульман одной меркой. Афганские дети, оказавшиеся вместе с семьями в лагерях беженцев, стали жертвами, заслуживающими внимания и сочувствия. «Они — не террористы, — говорил он. — Их нельзя считать плохими людьми». Огульно обвиняя в кошмаре 11 сентября всех мусульман, американцы сеют панику среди невинных людей.

МОРТЕНСОН ПРИЗЫВАЛ НЕ МЕРИТЬ ВСЕХ МУСУЛЬМАН ОДНОЙ МЕРКОЙ. АФГАНСКИЕ ДЕТИ, ОКАЗАВШИЕСЯ ВМЕСТЕ С СЕМЬЯМИ В ЛАГЕРЯХ БЕЖЕНЦЕВ, СТАЛИ ЖЕРТВАМИ, ЗАСЛУЖИВАЮЩИМИ ВНИМАНИЯ И СОЧУВСТВИЯ.

«Победить терроризм можно единственным способом: научить людей, в странах которых существуют террористы, уважать и любить американцев, — говорил Мортенсон. — И нужно самим научиться любить и уважать этих людей. Что делает людей террористами? Я думаю, основная проблема — отсутствие образования».

Финли вернулся в Исламабад писать свою статью, а Мортенсон направился к афганской границе. Он решил ехать в Афганистан, чтобы самому разобраться, что происходит. Молодой талиб открыл зеленые металлические ворота и начал пристально изучать его паспорт. Остальные пограничники настороженно водили дулами автоматов из стороны в сторону, прикрывая товарищей. При виде автоматов Сулейман закатил глаза и неодобрительно покачал головой. Он считал, что «мальчишки могли бы с большим уважением отнестись к старшим». Но пограничники уже устали от постоянного ожидания начала войны, поэтому не обратили на Сулеймана никакого внимания.

Солдат, изучавший паспорт Мортенсона, сердито сощурил густо подведенные сурьмой глаза, когда увидел несколько написанных от руки виз, выданных посольством Афганистана в Лондоне.

Лондонским посольством руководил Вали Масуд, брат убитого лидера Северного альянса Ахмад Шах Масуда. Этот человек поклялся сделать все, лишь бы отстранить талибов от власти. Бывая в Лондоне по пути из Боузмена в Исламабад, Мортенсон часто пил чай с Вали Масудом. Они обсуждали проблему образования для девочек. Грег надеялся начать строить школы и в Афганистане, если обстановка в стране станет достаточно стабильной для подобной работы.

«Это вторая виза, — сказал пограничник, вырывая страницу из паспорта Мортенсона и тем самым делая документ недействительным. — Поезжайте в Исламабад и получите первую визу, визу Талибан». При этих словах пограничник недвусмысленно повел автоматом.

ГРЕГ НАДЕЯЛСЯ НАЧАТЬ СТРОИТЬ ШКОЛЫ И В АФГАНИСТАНЕ, ЕСЛИ ОБСТАНОВКА В СТРАНЕ СТАНЕТ ДОСТАТОЧНО СТАБИЛЬНОЙ ДЛЯ ПОДОБНОЙ РАБОТЫ.

По существу, после контакта с афганскими пограничниками Мортенсон остался без американского паспорта. Надо было его восстанавливать...

Американское посольство в Исламабаде отказалось выдать Мортенсону другой паспорт, мотивируя это тем, что его документ «подозрительно испорчен». Сотрудник консульства предложил оформить временный документ на десять дней. С этим документом можно вернуться в Америку и подать прошение об оформлении нового паспорта. Но Грег отказался. Вместо этого он вылетел в Катманду, где американское консульство, по слухам, было более сговорчивым.

В Катманду Мортенсон долго ждал своей очереди, а потом объяснил ситуацию довольно приветливому сотруднику. Однако, пока он говорил, выражение лица чиновника менялось. Грег понял, что приезд в столицу Непала не только ничего не изменит, но даже может доставить ему неприятности... Клерк брезгливо рассматривал десятки черно-белых виз Исламской Республики Пакистан и афганские визы, выданные Северным альянсом. Судя по всему, вопросы возникли серьезные, поэтому он отправился к своему руководству.

К тому времени, когда он вернулся, Мортенсон уже знал, что услышит. «Обсудить вашу проблему можно будет завтра, — нервно сказал чиновник, стараясь не встречаться с Грегом глазами. — До этого времени я вынужден задержать ваш паспорт».

На следующее утро целое подразделение морских пехотинцев сопровождало Мортенсона по лужайке американского дипломатического представительства в Катманду от здания консульства в здание посольства. Его привели в просторную комнату с длинным столом и заперли.

Сорок пять минут Грег сидел в полном одиночестве — с одним лишь американским флагом и большим портретом президента. «Я знал, что они собираются делать, — вспоминает Мортенсон. — Ситуация до слез напоминала полицейские телесериалы. Было ясно, что кто-то наблюдает за мной. Поэтому я просто улыбнулся, отсалютовал портрету Буша и стал ждать».

Наконец появились трое чисто выбритых мужчин в костюмах и галстуках и устроились за столом напротив Грега. «Все они носили простые американские имена — Боб, или Билл, или Пит. Представляясь, широко улыбались. Но я понимал, что это настоящий допрос и все они — сотрудники разведки», — рассказывает Мортенсон.

«Я ПОНИМАЛ, ЧТО ЭТО НАСТОЯЩИЙ ДОПРОС И ВСЕ ОНИ — СОТРУДНИКИ РАЗВЕДКИ».

Допрос начал самый старший мужчина. Он дал свою визитку, на которой было написано его имя и должность: «Атташе по политическим и военным вопросам, Юго-Восточная Азия». «Уверен, что мы сможем все прояснить», — сказал агент, сверкая улыбкой. Достал из кармана ручку и раскрыл блокнот, словно солдат, готовящий оружие перед боем. «Итак, почему вы хотите попасть в Афганистан? — начал он, переходя к делу. — Там очень опасно, и мы советуем американцам уехать».

«Знаю, — ответил Мортенсон. — В Афганистане я хотел осмотреться и понять, смогу ли я вести в этой стране ту же работу, какую я веду в Пакистане».

Трое агентов застрочили в своих блокнотах.

«Какого рода работу вы выполняете в Пакистане?» — спросил Боб-Билл-Пит.

«Я строю в Северном Пакистане начальные школы, преимущественно для девочек, — объяснил Грег. — Работаю там уже восемь лет. И осталось дел еще на месяц. Только потом я смогу вернуться домой».

«КАКОГО РОДА РАБОТУ ВЫ ВЫПОЛНЯЕТЕ В ПАКИСТАНЕ?» — СПРОСИЛ АГЕНТ БОБ-БИЛЛ-ПИТ.

«Сколько школ вы уже построили?»

«Не могу сказать точно».

«Почему?»

«Потому что их количество постоянно меняется. Если все строительные работы удастся завершить до наступления осени (а в этом никогда нельзя быть уверенным наверняка), то мы достроим двадцать вторую и двадцать третью школу. Но очень часто мы делаем пристройки к государственным школам, если знаем, что классы там переполнены. Так что количество меняется каждую неделю. Я ответил на ваш вопрос?»

Агенты уткнулись в свои блокноты, словно выискивая что-то важное, но так и не нашли в них ничего интересного.

«Сколько всего у вас учеников?»

«Трудно сказать».

«Почему трудно?»

«Вы когда-нибудь бывали в деревнях Северного Пакистана?»

«Что вы хотите сказать?»

«Ну, сейчас пора уборки урожая. Большинству семей необходима помощь детей в поле, поэтому они на время забирают их из школ. А зимой, когда становится очень холодно, школы вообще могут закрыться на несколько месяцев из-за невозможности их отапливать. А весной некоторые ученики...»

«Назовите приблизительную цифру», — перебил агент.

«Где-то между десятью и пятнадцатью тысячами учеников».

Ручки застрочили в унисон, фиксируя на бумаге этот удивительный факт.

«Есть ли у вас карта мест, где вы работаете?»

«В Пакистане — есть».

Один из агентов поднял трубку телефона, и через несколько минут в комнату доставили атлас.

«Этот район близ Кашмира называется...»

«Балтистан», — подсказал Мортенсон.

«И местное население...»

«Шииты, как в Иране», — ответил Мортенсон, следя за тем, как строчат в блокнотах агенты.

«А эти районы возле афганской границы, где вы начинаете строить школы, называются Северо-западные...»

«Северо-западные приграничные провинции», — подсказал Грег.

«И они являются частью Пакистана?»

«Это зависит от того, кто спрашивает».

«Но это же мусульмане-сунниты? Как и афганские пуштуны?»

«Да, на равнинах живут преимущественно пуштуны. Но там много исмаилитов и шиитов. А в горах живут племена, имеющие собственные обычаи: ховары, когистани, шины, торвали, калами. Есть даже одно анимистское племя, которое живет в маленькой долине за вот этой точкой. Если у вас есть более подробная карта, то эта долина называется Читрал».

Главный агент перевел дух. Чем больше углубляешься в пакистанскую политику, тем приходится чаще и быстрее строчить черной ручкой по белой бумаге. «Я хочу, чтобы вы написали имена всех тех, с кем имели контакты в Пакистане», — сказал он.

«А я прошу пригласить своего адвоката», — ответил Грег.

«Мне не хотелось создавать трудности. Эти парни занимались серьезным делом, особенно после событий 11 сентября, — вспоминает Мортенсон. — Но я отлично знал, что может произойти с невинными людьми, которые попадут в подобный список. И если эти ребята были теми, за кого я их принял, нельзя было позволить себе сотрудничать с ними. Если бы в Пакистане об этом узнал кто-нибудь из тех, с кем я работал, в следующий приезд меня бы просто уничтожили».

«Звоните своему адвокату, — сказал Боб-Билл-Пит, отпирая дверь и с облегчением запихивая блокнот в карман своего костюма. — Но завтра к девяти приходите сюда. И без опозданий».

На следующее утро Мортенсон сидел за тем же длинным столом. На этот раз с ним беседовал только главный агент. «Давайте сразу проясним несколько вещей, — сказал он. — Вы знаете, кто я?»

«Знаю».

«Вы знаете, что произойдет с вами, если вы не будете говорить мне правду?»

«Да, знаю».

«Хорошо. Есть ли среди родителей ваших учеников террористы?»

«Я не могу об этом знать, — пожал плечами Мортенсон. — У нас тысячи учеников».

«Где Усама?»

«Что?»

«Вы меня прекрасно слышали. Вы знаете, где Усама?»

Грег с трудом удержался от смеха — вопрос был абсолютно абсурдным. «Надеюсь, я никогда этого не узнаю», — сказал он серьезно. На этом допрос закончился.

ПОСОЛЬСТВО ПРИКАЗЫВАЛО ВСЕМ АМЕРИКАНСКИМ ГРАЖДАНСКИМ ЛИЦАМ НЕМЕДЛЕННО ПОКИНУТЬ СТРАНУ, КОТОРУЮ В ТЕЛЕФОНОГРАММЕ НАЗЫВАЛИ «САМЫМ ОПАСНЫМ МЕСТОМ ЗЕМЛИ».

Мортенсон вернулся в Исламабад с временным паспортом на один год, который ему неохотно выдали в консульстве в Катманду. Отдавая Грегу ключ от номера в гостинице «Дом, милый дом», портье вручил ему и целую кипу телефонограмм из американского посольства. Мортенсон рассеянно просматривал их, направляясь к своей комнате по грязному розовому ковру. Тон предупреждений с каждым днем становился все более угрожающим. Последняя телефонограмма была попросту истеричной. Посольство приказывало всем американским гражданским лицам немедленно покинуть страну, которую в телефонограмме называли «самым опасным местом Земли». Мортенсон бросил на постель сумку и попросил Сулеймана взять ему билет на ближайший самолет в Скарду.

* * *

Грег вернулся в США за два месяца до того, как был похищен и обезглавлен Дэниел Перл[1], а американские пожарные начали разбор разрушенного Всемирного торгового центра. Одним из множества сторонников Мортенсона в альпинистском сообществе был Чарли Шимански, бывший руководитель Американского альпинистского клуба. В том году ему удалось собрать среди членов своей организации рекордную сумму для ИЦА. Чарли вспоминает возвращение Мортенсона из Пакистана после событий 11 сентября.

«Когда Грег получит Нобелевскую премию мира, я надеюсь, что комиссия, собирающаяся в Осло, вспомнит этот день, — говорит Шимански. — Этот парень спокойно, упорно трудился в зоне военных действий. Он боролся с коренными причинами террора — и делал это так же героически, как пожарные, которые поднимались по лестницам горящих небоскребов, когда все остальные судорожно пытались спастись».

Весь следующий месяц, когда американские бомбы и крылатые ракеты падали на западные регионы Афганиста-

---

[1]Дэниел Перл — американский журналист газеты «The Wall Street Journal». Был похищен в январе 2002 года в Пакистане, в городе Карачи, и убит. Ответственность за похищение взяла на себя организация «Национальное движение за восстановление суверенитета Пакистана».

на, Мортенсон колесил по Северному Пакистану на своем «лендкрузере», прилагая огромные усилия к тому, чтобы все начатые проекты ИЦА были завершены до наступления холодов.

«Иногда по ночам мы с Фейсалом слышали рев двигателей военных самолетов США, пролетавших по воздушному пространству Пакистана. Мы видели далекие вспышки на западе — словно там разразилась чудовищная гроза. Фейсал, который каждый раз, видя фотографию Усамы бен Ладена, плевал на нее, вздрагивал при мысли о том, что должны чувствовать люди, оказавшиеся под этими бомбами. Он воздевал руки к небу, моля Аллаха избавить их от страданий».

«ФЕЙСАЛ, КОТОРЫЙ КАЖДЫЙ РАЗ, ВИДЯ ФОТОГРАФИЮ УСАМЫ БЕН ЛАДЕНА, ПЛЕВАЛ НА НЕЕ, ВЗДРАГИВАЛ ПРИ МЫСЛИ О ТОМ, ЧТО ДОЛЖНЫ ЧУВСТВОВАТЬ ЛЮДИ, ОКАЗАВШИЕСЯ ПОД БОМБАМИ».

Вечером 29 октября 2001 года Байг провожал Мортенсона в международном аэропорту Пешавара. Охранники пропускали в здание только пассажиров. Мортенсон забрал у Байга свою сумку и заметил, что глаза телохранителя наполнились слезами. Когда-то Фейсал Байг поклялся защищать Мортенсона в Пакистане и был готов пожертвовать ради него собственной жизнью.

«Что с тобой, Фейсал?» — спросил Грег, кладя руку на широкое плечо телохранителя.

«В твоей стране идет война, — сказал Байг. — Что я могу сделать? Как мне защитить тебя там?»

Мортенсон устроился у окна в почти пустом салоне первого класса. Его самолет направлялся из Пешавара в Эр-Рияд[1]. Из окна он видел яркие вспышки в небе над Афганистаном.

Тряска дала знать пассажирам о том, что они летят уже не над сушей, а над водами Аравийского моря. Через проход от Грега сидели двое бородатых мужчин в черных тюрбанах. Один из них смотрел в иллюминатор в мощный бинокль. Когда под самолетом появились огни кораблей, он оживленно заговорил со своим спутником. Потом вытащил из кармана спутниковый телефон и направился в туалет.

«В темноте под нами, — вспоминает Мортенсон, — плыли самые технически совершенные корабли мира, с которых взлетали бомбардировщики и крылатые ракеты, направлявшиеся в сторону Афганистана. Я не испытывал ни малейшей симпатии к талибам и Аль-Каеде, но должен был признать, что их работа была блестящей. Не имея спутников и самолетов, не располагая даже примитивными радарами, они научились использовать обычные регулярные авиарейсы для того, чтобы отслеживать положение кораблей Пятого флота. Я понял, что если в борьбе против террора мы будем рассчитывать только на военные технологии, нам придется усвоить множество непростых уроков».

---

[1] Эр-Рия́д — столица Саудовской Аравии.

«Я ПОНЯЛ, ЧТО ЕСЛИ В БОРЬБЕ ПРОТИВ ТЕРРОРА МЫ БУДЕМ РАССЧИТЫВАТЬ ТОЛЬКО НА ВОЕННЫЕ ТЕХНОЛОГИИ, НАМ ПРИДЕТСЯ УСВОИТЬ МНОЖЕСТВО НЕПРОСТЫХ УРОКОВ».

* * *

Благодаря своему временному паспорту и пакистанской визе Мортенсону не пришлось стоять в длинной очереди к таможенникам в международном аэропорту Денвера. Повсюду были видны американские флаги: они украшали стены и висели над каждой дверью. Такое обилие красного, белого и синего Грег видел только в День независимости. Направляясь на местный самолет в Боузмен, он позвонил по мобильному телефону Таре, спросил, в чем дело, почему повсюду красуются национальные флаги.

«Что случилось Тара? В Денвере настоящее 4 июля!»

«Добро пожаловать в новую Америку, милый!» — рассмеялась жена.

Той ночью Мортенсон никак не мог заснуть после долгого перелета. Выскользнул из постели, стараясь не разбудить Тару, спустился в офис, чтобы разобраться с горой почты, пришедшей в его отсутствие. За это время были напечатаны интервью, которые он давал в «Марриотте», статья Брюса Финли о посещении лагерей беженцев, электронное письмо, направленное им журналисту «Сиэтл Пост Интеллидженсер» Джоэлу Коннели. Десятки американских газет перепечатали его статьи, призывающие не мерить всех мусульман единой меркой.

Но подобный подход был чужд стране, подвергшейся беспрецедентной террористической атаке. Ведь Мортенсон писал о необходимости дать образование мусульманским детям, а не бомбить целые страны и регионы. Впервые в жизни в его почте оказалось множество писем, исполненных ненависти.

В послании без обратного адреса, но с почтовым штемпелем Денвера были такие слова: «Хотел бы, чтобы наши бомбы упали на тебя, потому что ты мешаешь нашим военным действиям».

Другое письмо без подписи со штемпелем Миннесоты поразило в самое сердце. «Господь заставит тебя жестоко заплатить за предательство. Очень скоро ты будешь страдать гораздо сильнее, чем наши смелые солдаты».

Мортенсон вскрыл десятки подобных анонимных писем. Ненависть, сочившаяся с их страниц, измучила его. «Можно ожидать такой реакции от невежественного сельского муллы, но огромное количество жестоких писем от американцев заставило меня задуматься над тем, чтобы все бросить, — вспоминает Грег. — Я впервые с начала моей работы в Пакистане ставил перед собой вопрос именно так».

Жена и дети мирно спали наверху. А Грег впервые всерьез озаботился их безопасностью. «Я понимал, что рискую, — говорит он. — Иногда у меня не было выбора, но дело всегда касалось только моей жизни. Подвергать же Тару, Амиру и Хайбера опасности в собственном доме было для меня немыслимо. Я не мог этого позволить».

«ОГРОМНОЕ КОЛИЧЕСТВО ЖЕСТОКИХ ПИСЕМ ОТ АМЕРИКАНЦЕВ ВПЕРВЫЕ ЗАСТАВИЛО МЕНЯ ЗАДУМАТЬСЯ НАД ТЕМ, ЧТОБЫ ВСЕ БРОСИТЬ», — ВСПОМИНАЕТ ГРЕГ.

Он заварил кофе и продолжил чтение. Многие люди писали, что поддерживают его. Он был рад узнать, что в момент серьезнейшего национального кризиса кто-то понял смысл его слов и работы в Пакистане.

На следующий день, 1 ноября 2001 года, Мортенсон, не успев пообщаться с женой и детьми, распрощался с ними. Собрав походную сумку, отправился в Сиэтл, где должен был выступать. Благотворительный вечер в пользу Института Центральной Азии организовал Джон Кракауэр, автор знаменитой книги «Из разреженного воздуха» — о том, какое губительное действие на Эверест оказывает коммерциализация альпинистских восхождений. Билет стоил двадцать пять долларов. Все эти деньги должны были пойти в фонд ИЦА.

Кракауэр стал одним из самых активных сторонников деятельности Института. Статья о предстоящем мероприятии называлась «Джон Кракауэр возвращается из разреженного воздуха». В ней Джон Маршалл писал о том, что писатель-отшельник согласился выступить перед публикой, потому что считает необходимым рассказать людям о работе Мортенсона. «То, что делает Грег, крайне важно, — приводил Маршалл слова Кракауэра. — Если Институт Центральной Азии прекратит свою работу, жители этого региона будут скандировать: «Мы ненавидим американцев!» А сейчас они видят в нас своих спасителей».

Мортенсон прибыл в ратушу Сиэтла, которая высилась над престижным районом города, подобно афинскому храму, с пятнадцатиминутным опозданием. Грег для этого мероприятия оделся в традиционный пакистанский костюм. Он был поражен, увидев, что все места в зале заняты и множество людей толпится под романскими арками.

«ЕСЛИ ИНСТИТУТ ЦЕНТРАЛЬНОЙ АЗИИ ПРЕКРАТИТ СВОЮ РАБОТУ, ЖИТЕЛИ ЭТОГО РЕГИОНА БУДУТ СКАНДИРОВАТЬ: «МЫ НЕНАВИДИМ АМЕРИКАНЦЕВ!» А СЕЙЧАС ОНИ ВИДЯТ В НАС СВОИХ СПАСИТЕЛЕЙ».

«Чтобы оказаться здесь, вы заплатили по двадцать пять долларов. Это немалые деньги, но я не буду предлагать вам отрывки из своих книг, — сказал Кракауэр, когда в зале воцарилась тишина. — Вместо этого я собираюсь прочесть отрывки из тех произведений, которые касаются сегодняшнего положения дел в мире и подчеркивают значимость работы Грега».

Он начал со «Второго пришествия» Уильяма Батлера Йейтса. «Все рушится, основа расшаталась, — взолнованно декламировал Кракауэр стихи ирландского поэта. — Мир захлестнули волны беззаконья. / Кровавый ширится прилив и топит / Стыдливости священные обряды... / У добрых сила правоты иссякла, / А злые будто бы остервенились»[1].

Стихи Йейтса были опубликованы в 1920 году, но и сегодня не потеряли своей актуальности. В Большом зале ратуши наступила такая тишина, словно там не было ни души. Затем Кракауэр прочел длинную выдержку из последнего выпуска «Нью-Йорк Таймс Мэгэзин». Статья была посвящена тяжелейшим условиям жизни детей в Пешаваре. Автор резонно замечал, что дети бедняков с легкостью становятся добычей мусульманских экстремистов.

«К тому моменту, когда Джон представил меня, весь зал уже рыдал. Прослезился и я», — вспоминает Мортенсон.

Когда настало время представлять Грега, Кракауэр сказал: «Хотя «злые будто бы остервенились», я уверен, что сила правоты у добрых не иссякла. И за доказательством не нужно далеко ходить. Посмотрите на человека, который сидит рядом со мной. То, чего он добился, имея совсем немного денег, просто поразительно. Если бы существовало клонирование и можно было получить еще пятьдесят грегов, то исламский терроризм остался бы в прошлом. Но существует только один такой человек. Встречайте — Грег Мортенсон!»

---

[1] Перевод Г. Кружкова.

«ЕСЛИ БЫ СУЩЕСТВОВАЛО КЛОНИРОВАНИЕ И МОЖНО БЫЛО ПОЛУЧИТЬ ЕЩЕ ПЯТЬДЕСЯТ ГРЕГОВ, ТО ИСЛАМСКИЙ ТЕРРОРИЗМ ОСТАЛСЯ БЫ В ПРОШЛОМ. НО СУЩЕСТВУЕТ ТОЛЬКО ОДИН ТАКОЙ ЧЕЛОВЕК. ВСТРЕЧАЙТЕ – ГРЕГ МОРТЕНСОН!»

Мортенсон обнял Кракауэра и поблагодарил его. Потом попросил включить проектор и показать залу первый слайд. На экране появилось изображение К2 — величественной пирамиды, ослепительно белой на фоне синего неба...

Грег потерпел неудачу при восхождении и не стеснялся признаться в этом перед лучшими альпинистами мира. Но сейчас ему показалось, что он одолел новую вершину.

Глава 21

Ботинки Рамсфелда

Сегодня в Кабуле чисто выбритые мужчины с удовольствием потирают щеки. Старик с аккуратно подстриженной седой бородой танцует на улице, держа в руках маленький плейер, из которого несется музыка. Талибы, которые запрещали слушать музыку и приказывали мужчинам носить бороды, ушли.

Кэти Гэннон, 13 ноября 2001 года, репортаж для «Ассошиэйтед Пресс»

Семь пилотов компании «Ариана» сидели в передней части полупустого салона старого «боинга-727». Они пили чай, курили и слушали музыку — на высоте десять тысяч метров. Каждый из них дожидался своей очереди у штурвала. Каждые десять минут дверь в кабину «боинга» открывалась, из нее выходил восьмой пилот, а один из ожидающих шел ему на смену...

Семь из восьми «боингов» афганской авиакомпании были уничтожены бомбами и минами. Перелет из Дубаи в Кабул длился два часа сорок пять минут. За это время каждый из летчиков должен был хоть немного времени провести у штурвала.

СЕМЬ ИЗ ВОСЬМИ «БОИНГОВ» АФГАНСКОЙ АВИАКОМПАНИИ «АРИАНА» БЫЛИ УНИЧТОЖЕНЫ БОМБАМИ И МИНАМИ.

Застенчивые афганские стюардессы каждые пять минут разносили по салону пластиковые стаканчики с «кока-колой». Грег прижался лицом к иллюминатору и изучал страну, которая снилась ему с самого начала работы в Пакистане.

К Кабулу они подлетали с юга. Когда пилот объявил, что они идут над Кандагаром, Мортенсон поднял спинку кресла и стал пристально вглядываться в бывший оплот талибов. Но с высоты десять тысяч метров он сумел разглядеть только шоссе, перерезавшее плоскую равнину, зажатую между коричневыми горами, и несколько неясных теней, которые, вероятно, были жилыми домами. Грег подумал, что, возможно, именно об этом говорил министр обороны Рамсфелд, когда жаловался на то, что в Афганистане нет хороших целей, и предлагал вместо Афганистана бомбить Ирак.

Однако американские бомбы все же упали на эту однообразную равнину...

* * *

В своем домашнем офисе Мортенсон рассматривал фотографии американских солдат в захваченном доме лидера движения Талибан муллы Омара. Солдаты сидели на огромной раззолоченной кровати в баварском стиле и демонстрировали стальные шкафы, найденные под ней. Шкафы были набиты хрустящими стодолларовыми банкнотами.

Чем больше Мортенсон читал о потерях среди мирного населения, тем хуже становилось его отношение к войне в Афганистане. Сотрудники ИЦА, работавшие в лагерях афганских беженцев, рассказывали о погибших детях, принимавших яркие желтые неразорвавшиеся блоки кассетных бомб за пакеты с продуктами.

«Почему чиновники из Пентагона рассказывают нам о точном количестве боевиков Аль-Каеды и Талибана, убитых в результате бомбардировок, но ничего не отвечают, когда их спрашивают о жертвах среди мирного населения? — писал Мортенсон в письме к редактору, опубликованному в газете «Вашингтон Пост» 8 декабря 2001 года. — Еще сильнее меня пугает нежелание журналистов задавать подобные вопросы министру обороны Рамсфелду».

Каждую ночь Грег просыпался около двух часов и лежал без сна, пытаясь избавиться от мыслей о потерях среди мирного населения. Он отлично знал, что под американскими бомбами погибли дети, которые ходили в школу ИЦА в лагере Шамшату близ Пешавара. Семьи беженцев устали жить в пакистанском лагере, вернулись в Афганистан — и там нашли свою смерть. И это не давало Мортенсону покоя.

ОН ОТЛИЧНО ЗНАЛ, ЧТО ПОД АМЕРИКАНСКИМИ БОМБАМИ ПОГИБЛИ ДЕТИ, КОТОРЫЕ ХОДИЛИ В ШКОЛУ ИЦА В ЛАГЕРЕ ШАМШАТУ БЛИЗ ПЕШАВАРА. И ЭТО НЕ ДАВАЛО МОРТЕНСОНУ ПОКОЯ.

Он лежал в темноте и с пугающей отчетливостью видел лица погибших детей. Он вставал, спускался в подвал и начинал звонить в Пакистан, чтобы узнать последние новости.

Знакомые военные сказали ему, что посол талибов, мулла Абдул Салам Заиф, с которым он пил чай в «Марриотте», был арестован и отправлен в лагерь для военнопленных Гуантанамо на Кубе. Само существование этого лагеря было незаконным.

«Той зимой разбор почты превратился для меня в русскую рулетку, — вспоминает Мортенсон. — Я получал несколько писем поддержки и пожертвований. А в следующем конверте находил послание, в котором писали, что господь пошлет мне мучительную смерть за то, что я помогаю мусульманам».

Грега беспокоила безопасность собственной семьи (воспоминания о письмах со спорами сибирской язвы были еще остры), поэтому он подал заявление на аренду почтового абонентского ящика. Сотрудница почты откладывала письма без обратного адреса и передавала их в ФБР.

Одно из самых теплых писем пришло от пожилой жительницы Сиэтла Пэтси Коллинз, которая стала постоянным спонсором ИЦА. «Я достаточно стара и прекрасно помню, как во время Второй мировой войны мы интернировали всех японцев безо всяких оснований, — писала она. — Эти ужасные письма с угрозами послужат тому, чтобы вы открыто рассказали американцам все, что знаете о мусульманах. Вы — олицетворение доброты и смелости, чем всегда отличалась Америка. Не бойтесь, работайте — и говорите о стремлении к миру. Пусть это станет делом вашей жизни».

Мортенсон последовал совету Коллинз и стал выступать по всей стране. Та кампания по сбору средств в пользу ИЦА стала самой успешной в истории Института. В декабре и январе, борясь со страхом, он выступил в большом спортивном магазине в Сиэтле, в Миннеаполисе, на конференции библиотекарей в Монтане и в альпинистском клубе на Манхэттене.

На некоторые его выступления приходило совсем мало народу. В «Йеллоустонском клубе» на горнолыжном курорте южнее Боузмена Грега провели в небольшую комнату без окон, где вокруг газового камина в мягких креслах расположились всего шесть человек. Вспомнив о том, что выступление перед двумястами пустыми креслами в Миннесоте обернулось солидным пожертвованием, Мортенсон повесил над камином белый экран и стал показывать слайды. Он говорил о том, какую ошибку совершает Америка, ввязываясь в афганскую войну.

Выступая, обратил внимание на красивую молодую женщину в свитере, джинсах и бейсболке. Она слушала его особенно внимательно. Когда Грег сворачивал экран, она подошла познакомиться. «Меня зовут Мэри Боно, — сказала женщина. — Я член Палаты Представителей от республиканской партии, представляю Палм-Спрингс. Хочу сказать, что за последний час я узнала от вас больше, чем на всех брифингах на Капитолийском холме, начиная с 11 сентября. Нам нужно вытащить вас туда».

«ХОЧУ СКАЗАТЬ, ЧТО ЗА ПОСЛЕДНИЙ ЧАС Я УЗНАЛА ОТ ВАС БОЛЬШЕ, ЧЕМ НА ВСЕХ БРИФИНГАХ НА КАПИТОЛИЙСКОМ ХОЛМЕ, НАЧИНАЯ С 11 СЕНТЯБРЯ. НАМ НУЖНО ВЫТАЩИТЬ ВАС ТУДА».

Мэри Боно протянула Мортенсону свою визитку и попросила позвонить ей, когда начнется сессия Конгресса, чтобы она смогла устроить его выступление в Вашингтоне.

* * *

Самолет заложил крутой вираж, направляясь к Кабулу — городу, расположенному в глубокой пыльной впадине между высокими горами.

Напуганные стюардессы начали молиться, прося, чтобы Аллах обеспечил им нормальную посадку. Они приземлились возле Логарских гор. Мортенсон заметил пушки танков талибов еще советских времен. Танки были спрятаны в пещерах и закрыты маскировочными щитами, чтобы не стать целью снарядов с лазерным наведением.

Много месяцев Грег изучал это место по электронным письмам Кэти Гэннон, которая сумела вернуться в афганскую столицу. От Гэннон он узнал, как разрозненные подразделения талибов бежали из города, когда с юга к Кабулу подошли танки Северного альянса, поддерживаемые американскими истребителями. Огонь сосредоточился на «Улице Гостей» — самом престижном и роскошном квартале города, где жили арабские боевики. 13 ноября 2001 года талибы окончательно бежали из Кабула. Гэннон написала Грегу о том, как после этого люди танцевали на улицах, как отовсюду неслась музыка — ведь режим Талибан запрещал музыку и танцы.

Но и в середине февраля 2002 года в далеких от Кабула Белых горах шли интенсивные бои. Американские пехотинцы пытались подавить последние очаги сопротивления.

Ботинки Рамсфелда

13 НОЯБРЯ 2001 ГОДА ТАЛИБЫ ОКОНЧАТЕЛЬНО БЕЖАЛИ ИЗ КАБУЛА. ПОСЛЕ ЭТОГО ЛЮДИ ТАНЦЕВАЛИ НА УЛИЦАХ, ОТОВСЮДУ НЕСЛАСЬ МУЗЫКА — ВЕДЬ РЕЖИМ ТАЛИБАН ЗАПРЕЩАЛ МУЗЫКУ И ТАНЦЫ.

Грег решил, что Кабул, который находился в руках Северного альянса и американских союзников, достаточно безопасное место, чтобы наконец можно было сюда приехать. Однако, шагая от самолета к терминалу мимо колонн бронированных бульдозеров, которые использовались для разминирования, задумался над тем, было ли это решение разумным. Обломки самолетов «Арианы» валялись по всему полю. Их почерневшие хвосты вздымались над летным полем, как траурные флаги. Обгорелые фюзеляжи напоминали скелеты китов, выброшенных на берег. Взлетные полосы были изрыты воронками.

Одинокий кабульский таможенник скучал за своим столом. Электричества в зале прилета не было, и паспорт Мортенсона таможенник изучал под лучом света, проникавшим в зал через дыру в крыше. Документ не вызвал никаких вопросов: таможенник поставил штамп и жестом отпустил американца. Грег пошел вдоль стены, на которой висел портрет убитого лидера Северного альянса Ахмад Шах Масуда.

В Пакистане Мортенсон привык, что в аэропортах его встречали. Прилетая в Исламабад, он сразу же видел улыбающегося Сулеймана. В Скарду Фейсал Байг преодолевал кордон безопасности и встречал Грега прямо на взлетной полосе, чтобы тот ни на минуту не оставался без охраны. Но в кабульском аэропорту Мортенсон оказался отданным на растерзание агрессивным таксистам. Он решил поступить излюбленным способом — выбрал того, кто казался наименее заинтересованным. Водитель подхватил его сумку и направился к машине.

Таксист Абдулла Рахман, как и большинство жителей Кабула, пострадал во время войны. У него не было век. Кроме того, была изуродована правая сторона лица — противопехотная мина взорвалась на обочине дороги, когда его машина проезжала мимо. Также у Абдуллы обгорели руки, так что теперь он не мог как следует обхватить руль. Тем не менее он отлично вел машину и прекрасно ориентировался в хаотичном дорожном движении афганской столицы.

Как и другие жители Кабула, после войны Абдулла перепробовал разные занятия. Ему нужно было кормить семью. Раньше за доллар и двадцать центов в месяц он работал в библиотеке военного госпиталя, охраняя три запертых шкафа с книгами, которые каким-то чудом уцелели при талибах (хотя те имели обыкновение сжигать все издания, кроме Корана). Но вот нашел работу в такси.

Абдулла доставил Мортенсона в отель «Мир». Вид здания гостиницы, испещренного следами от пуль, никак не соответствовал ее названию.

В маленьком номере не было ни электричества, ни воды. Мортенсон выглянул из зарешеченного окна и увидел шумную улицу Баг-э-Бала. Все дома пострадали от обстрела. Среди прохожих было множество инвалидов. Грег задумался, что делать дальше. Но составить план действий было не легче, чем рассмотреть лица кабульских женщин, закутанных в плотные синие одеяния.

До приезда Мортенсон намеревался арендовать машину и отправиться на север, чтобы связаться с киргизами, которые обращались к нему за помощью в Зуудхане. Но Кабул оказался настолько небезопасным местом, что вслепую отправляться за пределы столицы было равносильно самоубийству. По ночам, дрожа от холода в неотапливаемой комнате, он прислушивался к автоматным очередям и разрывам ракет, которыми талибы обстреливали город с окрестных гор.

ПО НОЧАМ, ДРОЖА ОТ ХОЛОДА В НЕОТАПЛИВАЕМОЙ КОМНАТЕ, ОН ПРИСЛУШИВАЛСЯ К АВТОМАТНЫМ ОЧЕРЕДЯМ И РАЗРЫВАМ РАКЕТ, КОТОРЫМИ ТАЛИБЫ ОБСТРЕЛИВАЛИ ГОРОД С ОКРЕСТНЫХ ГОР.

Абдулла познакомил Грега со своим другом Хашматуллой, симпатичным молодым механиком. Хашматулла служил у талибов, но был ранен и стал им не нужен. «Как и большинство талибов, Хаш (так он попросил себя называть) был борцом за веру чисто теоретически, — рассказывает Мортенсон. — Этот умный парень предпочел бы работать техником-связистом, чем быть боевиком. Но такой работы не было. Когда Хаш окончил медресе, талибы предложили ему триста долларов.

Он отдал деньги матери, которая жила в Хосте, и отправился на огневую подготовку».

Хаш был ранен, когда мина Северного альянса разорвалась возле стены, за которой он прятался. С тех пор прошло уже четыре месяца, но раны на спине все еще не зажили и издавали неприятный запах, а от физической нагрузки начинали свистеть травмированные легкие. Но он был счастлив избавиться от строгих правил Талибана. Как только стало можно, тут же сбрил бороду, которая для талибов обязательна. Когда Грег обработал его раны и провел курс антибиотиков, Хаш поклялся ему в верности до гроба.

Кабульские школы пострадали от обстрелов точно так же, как и все остальные здания. Они должны были официально открыться той же весной, но позже. Мортенсон сказал Хашу и Абдулле, что хотел бы осмотреть школы. На желтой «тойоте» Абдуллы они отправились разыскивать по городу учебные заведения. После этой поездки Грег понял, что только 20 процентов из 159 кабульских школ могли принять школьников. Но вместить в уцелевшие заведения триста тысяч учеников было чрезвычайно трудной задачей; пришлось бы организовывать обучение в несколько смен, проводить уроки на улице или в зданиях, настолько разрушенных, что они напоминали груду мусора.

Средняя школа Дурхани являла собой типичный пример образовательных проблем Афганистана. Директор Узра Фейсад, закутанная в синее одеяние, рассказала Мортенсону, что ей придется принять четыреста пятьдесят учеников, которые разместятся не только в здании, но и вокруг него. Девяносто учителей будут работать ежедневно в три смены. Количество регистрируемых учеников росло с каждым днем. Девочки, по мере того как росла их уверенность в том, что талибы ушли и больше не вернутся (талибы строго запрещали женщинам учиться), приходили записываться в школу.

«Передо мной стояла сильная, гордая женщина, которая пыталась совершить невозможное, — вспоминает Мортенсон. — Одна стена ее школы была полностью разрушена, крыша провалилась. И тем не менее она каждый день ходила на работу, потому что прекрасно понимала, что решить проблемы Афганистана можно только с помощью образования».

ДЕВОЧКИ, ПО МЕРЕ ТОГО КАК РОСЛА ИХ УВЕРЕННОСТЬ В ТОМ, ЧТО ТАЛИБЫ УШЛИ И БОЛЬШЕ НЕ ВЕРНУТСЯ (ТАЛИБЫ СТРОГО ЗАПРЕЩАЛИ ЖЕНЩИНАМ УЧИТЬСЯ), ПРИХОДИЛИ ЗАПИСЫВАТЬСЯ В ШКОЛЫ.

Мортенсон собирался зарегистрировать ИЦА в Кабуле, чтобы получить официальное разрешение на строительство школ. Но в городе не было не только электричества и телефонной связи, но и чиновников. «Абдулла возил меня из министерства в министерство, но мы нигде никого не находили, — вспоминает Мортенсон. — Поэтому я решил вернуться в Пакистан, собрать кое-какие школьные принадлежности и начать помогать тем, что было в моих силах».

Грегу предложили место в чартерном самолете Красного Креста, который летел из Кабула в Пешавар. После Афганистана проблемы Пакистана казались легко разрешимыми. Мортенсон направился в лагерь Шамшату — убедиться в том, что учителя получают деньги, выделяемые ИЦА. Между Шамшату и границей остановился сфотографировать трех афганских мальчишек, сидевших на мешках с картошкой. И понял: они были напуганы точно так же, как кабульская детвора. Грег отложил камеру и спросил на пушту, не может ли он им чем-нибудь помочь.

ГРЕГ ОСТАНОВИЛСЯ СФОТОГРАФИРОВАТЬ ТРЕХ МАЛЬЧИШЕК, СИДЕВШИХ НА МЕШКАХ С КАРТОШКОЙ. И ПОНЯЛ: ОНИ БЫЛИ НАПУГАНЫ ТОЧНО ТАК ЖЕ, КАК КАБУЛЬСКАЯ ДЕТВОРА.

Старший из ребят, Ахмед, которому было около тринадцати лет, с радостью заговорил с добросердечным иностранцем. Он рассказал, что всего неделю назад его отец повез в свою маленькую деревню возле Джелалабада целую повозку картофеля, купленного в Пешаваре. Отец погиб от ракеты, выпущенной с американского самолета. Вместе с ним были убиты пятнадцать человек.

Ахмед с младшими братьями вернулся в Пешавар и купил еще картофеля — добрые торговцы, знавшие его отца, сделали мальчику скидку. Теперь же они пытались вернуться к матери и сестрам, которые остались дома оплакивать мужа и отца.

Ахмед так спокойно говорил о смерти отца, что Мортенсон решил: мальчик еще не оправился от шока...

* * *

Три ночи Грег не мог заснуть, вспоминая ужасы Кабула и лагерей для беженцев из Афганистана. Он решил отправиться в знакомый Скарду и позвонил Парви. Его ожидали плохие известия.

Гулям Парви рассказал, что несколькими днями раньше под прикрытием ночи банда грабителей под командованием одного из самых влиятельных сельских мулл Северного Пакистана, Ага Мубарека, напала на только что построенную в деревне Хемасил школу. Бандиты пытались поджечь здание. Но строители еще не установили деревянные стропила и рамы, поэтому здание закоптилось, но не сгорело. Тогда бандиты Ага Мубарека вооружились кувалдами и стали крушить стены школы, дробя тщательно вырубленные и скрепленные раствором каменные блоки. Здание превратилось в груду мусора.

БАНДИТЫ АГА МУБАРЕКА ВООРУЖИЛИСЬ КУВАЛДАМИ И СТАЛИ КРУШИТЬ СТЕНЫ ШКОЛЫ. ЗДАНИЕ ПРЕВРАТИЛОСЬ В ГРУДУ МУСОРА.

К тому времени, когда Мортенсон прибыл в Скарду, чтобы разобраться с ситуацией в Хемасил, Ага Мубарек объявил ему фетву, которая запрещала «неверному» работать в Пакистане. Грега обеспокоило и то, что влиятельный местный политик Имран Надим, который всегда был консервативным шиитом, публично поддержал Мубарека.

Мортенсон собрал своих сторонников в небольшой столовой отеля «Инд». За чаем и сладостями они пытались выработать курс действий. «Мубарек хочет урвать свой кусок, — со вздохом сказал Парви. — Этот мулла требовал от совета Хемасил дань за свое разрешение построить в деревне школу. Они отказались — он все разрушил и объявил фетву».

Парви рассказал, что общался с Надимом. Этот политик поддержал Мубарека и ясно дал понять, что с помощью денег проблему можно решить практически мгновенно.

«Я был в ярости, — вспоминает Мортенсон. — Мне хотелось вооружить всех своих сторонников, позвать знакомых военных, ворваться в деревню Мубарека и заставить его молить о пощаде на коленях!» Парви посоветовал принять более разумное решение. «Если солдаты окружат дом этого бандита, он пообещает тебе что угодно, но как только военные уйдут, поведет себя как прежде, — сказал он. — Мы должны разобраться с этим вопросом раз и навсегда. Мы должны обратиться в суд. Шариатский суд!»

Мортенсон давно привык полагаться на советы Парви и согласился с ним. Вместе со старым другом Грега, старейшиной деревни Хемасил Мехди Али, Парви обратился в исламский суд Скарду. Мехди Али поддерживал строительство школы и руководил этим процессом. Теперь в суде рассматривалось дело мусульманина против другого мусульманина. Парви посоветовал Грегу не вмешиваться в юридическую борьбу и заняться работой в Афганистане.

«МЫ ДОЛЖНЫ РАЗОБРАТЬСЯ С ЭТИМ ВОПРОСОМ РАЗ И НАВСЕГДА. МЫ ДОЛЖНЫ ОБРАТИТЬСЯ В СУД. ШАРИАТСКИЙ СУД!»

Из Скарду Мортенсон позвонил членам совета директоров, рассказал о ситуации в Афганистане и попросил разрешения купить школьные принадлежности для доставки в Кабул. К его удивлению, Джулия Бергман изъявила желание вылететь в Пакистан и вместе с ним доставить груз из Пешавара в афганскую столицу. «Это был очень смелый шаг, — говорит Мортенсон. — В этой зоне все еще стреляли, но мне не удалось отговорить Джулию. Она знала, как страдали афганские женщины при талибах, и хотела помочь им».

В апреле 2002 года Джулия Бергман и Мортенсон перешли через пограничный пост Ланди Хотал. Они сели в минивэн пешаварского приятеля Сулеймана, пуштуна Монира, и направились в Кабул. Багажник и задние сиденья автомобиля были до отказа забиты школьными принадлежностями, купленными в Пешаваре. Сулейман, у которого не оказалось паспорта, был донельзя расстроен тем, что не сможет сопровождать Джулию и Грега. Он сурово наставлял Монира: «Клянусь кровью, если что-то случится с этим сахибом или мэм-сахиб, я собственноручно тебя прикончу!»

«К моему удивлению, пограничная зона была совершенно свободна, —вспоминает Мортенсон. — Я нигде не видел пограничников. Усама и сотня его боевиков могли совершенно беспрепятственно перейти на территорию Пакистана».

До Кабула было триста двадцать километров. Дорога заняла одиннадцать часов. «Вдоль шоссе мы видели обгоревшие, разбомбленные танки и другую военную технику, — вспоминает Бергман. — Эти уродливые останки резко контрастировали с потрясающей красотой природы. На полях цвели красные и белые маки, а над ними высились заснеженные горы. Все вокруг казалось мирным и спокойным, но это впечатление было обманчивым».

«Мы остановились перекусить в отеле «Спин Гар» в Джелалабаде, — вспоминает Мортенсон. — Когда-то этот город был оплотом талибов. Глядя на него сейчас, я вспомнил фотографии Дрездена после бомбардировок Второй мировой войны. От друзей из Шамшату я знал, что американская авиация подвергла этот район «ковровым» бомбардировкам. В Джелалабаде я страшно боялся за Джулию. В глазах людей, смотрящих на американцев, читал неприкрытую ненависть — и понимал их. Сколько наших бомб упало на головы невинных!»

«В ГЛАЗАХ ЛЮДЕЙ, СМОТРЯЩИХ НА АМЕРИКАНЦЕВ, ЧИТАЛ НЕПРИКРЫТУЮ НЕНАВИСТЬ – И ПОНИМАЛ ИХ. СКОЛЬКО НАШИХ БОМБ УПАЛО НА ГОЛОВЫ НЕВИННЫХ!»

Когда они наконец добрались до Кабула, Мортенсон поселил Джулию в отеле «Интерконтиненталь». За пятьдесят долларов в сутки они получили номер в уцелевшем от бомбежек крыле здания. Выбитые окна были затянуты пластиковой пленкой. Горничные раз в день приносили постояльцам ведра горячей воды, чтобы помыться.

Грег и Джулия отправились в поездку по школам (их сопровождали Хаш и Абдулла). Но сначала посетили Кабульский медицинский институт — самое престижное учебное заведение страны. Один из спонсоров ИЦА, Ким Труделл, попросила их об этом.

Ким Труделл жила в городе Марблхед в штате Массачусетс. Ее муж Фредерик Риммель 11 сентября отправился на медицинскую конференцию в Калифорнию. Его самолет компании «Юнайтед Эйрлайнс» врезался в южную башню Всемирного торгового центра. Ким попросила Мортенсона отвезти в Кабул медицинские книги ее мужа. Эта женщина верила в то, что решить проблему исламского экстремизма можно с помощью образования.

ЭТА ЖЕНЩИНА ВЕРИЛА В ТО, ЧТО РЕШИТЬ ПРОБЛЕМУ ИСЛАМСКОГО ЭКСТРЕМИЗМА МОЖНО С ПОМОЩЬЮ ОБРАЗОВАНИЯ.

В огромной неотапливаемой аудитории института под растрескавшимся потолком сидели пятьсот студентов и внимательно слушали лектора. Для них книги Фредерика Риммеля были большим подспорьем: в институте почти не осталось учебной литературы. Педиатр Назир Абдул рассказал Мортенсону, что всего несколько месяцев назад, когда Кабул находился в руках талибов, все книги с иллюстрациями были запрещены. Их публично сжигали на площадях. Вооруженные талибы из печально известного министерства Поощрения добродетели и предотвращения порока стояли во всех аудиториях, следя за тем, чтобы преподаватели не рисовали анатомических схем во время лекций.

В институте осталось всего десять учебников по анатомии. Пятьсот будущих докторов — 470 мужчин и 30 бесстрашных женщин — по очереди брали эти учебники домой и от руки переписывали главы.

Говорить о наличии медицинского оборудования в такой ситуации вообще не приходилось. «Мы — «книжные» врачи, — с горечью сказал доктор Абдул. — У нас нет ничего необходимого для диагностики и лечения. Нет денег на аппараты измерения давления и на стетоскопы. Я, врач, ни разу в жизни не заглянул в микроскоп!»

«МЫ — «КНИЖНЫЕ» ВРАЧИ, — С ГОРЕЧЬЮ СКАЗАЛ ДОКТОР АБДУЛ. — У НАС НЕТ НИЧЕГО НЕОБХОДИМОГО ДЛЯ ДИАГНОСТИКИ И ЛЕЧЕНИЯ. НЕТ ДЕНЕГ НА АППАРАТЫ ИЗМЕРЕНИЯ ДАВЛЕНИЯ И НА СТЕТОСКОПЫ».

* * *

Абдулла исступленно крутил руль, лавируя между воронками. Мортенсон и Бергман решили объехать восемьдесят деревень в окрестностях Кабула. Грег знал, что большая часть иностранной гуманитарной помощи, направляемой в Афганистан, оседает в столице. Деревням ничего не достается. Как и в Пакистане, он решил помогать сельским жителям.

Тремстам ученикам средней школы Шахабудин нужны были не только карандаши и тетради — детям необходимо было гораздо большее. «Младшие школьники учились в ржавых контейнерах. Восемьдесят девочек занимались прямо под открытым небом, — вспоминает Грег. — Они пытались учить уроки, но ветер засыпал им глаза песком и раскачивал школьную доску». Девочки были в восторге от новых тетрадей и карандашей. Они прижимали их к груди, чтобы не унес ветер.

Грег увидел, что несколько старшеклассников расположились в обгоревшей кабине бронетранспортера, подбитого противотанковой ракетой. Он подошел к ним. Школьники с гордостью показали свое самое ценное приобретение — швед из гуманитарной организации подарил им волейбольный мяч. «У этого шведа были длинные желтые волосы, как у горного козла», — с восторгом рассказывал Грегу по-английски мальчишка с бритой головой, по которой скакали блохи. Школьнику страшно хотелось продемонстрировать свои успехи в знании иностранного языка...

Когда Мортенсон уже направлялся к своей машине, над школой на бреющем полете пронеслись четыре американских вертолета «кобра». Они летели так низко, что можно было рассмотреть ракеты «хеллфайр». Доска, на которой учитель писал задания для девочек, от ветра упала прямо на камни и разбилась.

«Куда бы мы ни поехали, повсюду видели американские самолеты и вертолеты. Не могу даже представить, сколько денег потрачено на армию, — говорит Джулия Бергман. — Но где же гуманитарная помощь? В Америке я так много слышала о том, что мы делаем для народа Афганистана. Везде твердили, что главный приоритет для нас — восстановление страны. Приехав сюда, я не увидела ничего подобного. Для афганских детей Соединенные Штаты не сделали ничего. Мне было стыдно и больно».

«В АМЕРИКЕ ТВЕРДИЛИ, ЧТО ГЛАВНЫЙ ПРИОРИТЕТ ДЛЯ НАС – ВОССТАНОВЛЕНИЕ АФГАНИСТАНА. ПРИЕХАВ СЮДА, Я НЕ УВИДЕЛА НИЧЕГО ПОДОБНОГО. ДЛЯ АФГАНСКИХ ДЕТЕЙ СОЕДИНЕННЫЕ ШТАТЫ НЕ СДЕЛАЛИ НИЧЕГО».

На следующий день Мортенсон и Бергман встретились с директором школы Дурхани и передали школьные принадлежности четыремстам пятидесяти ученикам Узры Фейсад. Грег заметил, что школьникам приходится подниматься в классы на втором этаже по приставным лесенкам. Капитальные лестницы были разрушены, и восстановить их пока не удавалось. Школа не вмещала всех учащихся, дети занимались в три смены. Обрадованная возвращением Мортенсона, Узра пригласила американцев к себе домой.

Муж Узры был моджахеддином в армии Масуда и погиб во время войны. Узра жила как монахиня. Ее маленькая комнатка находилась прямо в здании школы. При талибах женщина бежала на север, в Талокан. Когда город пал, стала учить девочек тайно. Теперь же она открыто пропагандировала женское образование.

Узра опустила штору, закрывавшую единственное окно, сняла свою плотную накидку и повесила на крючок. Личного имущества у женщины практически не было — только новое, аккуратно сложенное шерстяное одеяло. Она разожгла маленькую газовую печку и стала готовить чай.

«Почему вы носите накидку? — спросила Джулия. — Ведь талибов больше нет».

«Я — консервативная женщина, — ответила Узра. — И делаю это по собственному желанию. В такой одежде чувствую себя в безопасности. Я заставляю всех своих учительниц надевать такую одежду, когда они отправляются в город. Мы не хотим давать повода запретить обучение девочек».

«Но разве вы не чувствуете себя... как бы это сказать... угнетенной в этой закрытой наглухо одежде?» — спросила эмансипированная жительница Сан-Франциско Джулия Бергман.

Узра впервые со времени их знакомства широко улыбнулась, и Мортенсон поразился тому, насколько красива эта пятидесятилетняя женщина, на долю которой выпало столько нелегких испытаний. «Мы, афганские женщины, видим свет через образование, — ответила она. — А не через отверстия в куске ткани!»

«МЫ, АФГАНСКИЕ ЖЕНЩИНЫ, ВИДИМ СВЕТ ЧЕРЕЗ ОБРАЗОВАНИЕ, — ОТВЕТИЛА ОНА. — А НЕ ЧЕРЕЗ ОТВЕРСТИЯ В КУСКЕ ТКАНИ!»

Зеленый чай был готов. Узра накрыла на стол и извинилась, что у нее нет сахара для таких дорогих гостей. «Я должна попросить вас об одной услуге, — сказала она после того, как все выпили чай. — Мы очень благодарны за то, что американцы избавили нас от талибов. Но я и мои учителя... Мы уже пять месяцев не получаем зарплату, хотя мне обещали все выплатить очень скоро. Не могли бы вы обсудить эту проблему с кем-нибудь в Америке? Знают ли там, что у нас происходит?»

Мортенсон и Бергман передали сорок долларов из средств ИЦА Узре и по двадцать долларов каждому из девяноста учителей ее школы.

Грег проводил Джулию в аэропорт и чартерным рейсом отправил ее в Исламабад, а сам стал раздумывать над тем, как найти в кабульских чиновничьих кабинетах деньги для учителей. На третий день бесплодных поисков пришел в полупустое Министерство финансов. Ему удалось встретиться с заместителем министра. Когда спросил у чиновника, почему Узра и ее учителя не получают зарплаты, тот только развел руками.

«Он сказал мне, что в Афганистан поступило меньше четверти средств, обещанных президентом Бушем. Из этих денег 680 миллионов долларов были «перенаправлены» на строительство взлетных полос и ангаров в Бахрейне[1], Кувейте и Катаре[2]. Судя по всему, шла активная подготовка к вторжению в Ирак, которого ожидали со дня на день».

На афганском самолете Мортенсон вылетел в Дубай, оттуда на английском — в Лондон, а оттуда, уже на американском, в Вашингтон. Он чувствовал себя ракетой, направленной в самое сердце собственного правительства. Его переполняла ярость. «Настало время искупить те страдания, которые мы принесли афганскому народу, и сделать что-то полезное для этой страны. Я был так разъярен, что всю дорогу до Вашингтона бродил вдоль самолетных кресел, — вспоминает Грег. — Если мы не можем обеспечить сорок долларов зарплаты самоотверженной учительнице, как же можно ожидать победы в войне с террором?»

«ЕСЛИ МЫ НЕ МОЖЕМ ОБЕСПЕЧИТЬ СОРОК ДОЛЛАРОВ ЗАРПЛАТЫ САМООТВЕРЖЕННОЙ УЧИТЕЛЬНИЦЕ, КАК ЖЕ МОЖНО ОЖИДАТЬ ПОБЕДЫ В ВОЙНЕ С ТЕРРОРОМ?»

---

[1] Бахре́йн — островное государство на архипелаге Бахрейн в Персидском заливе.

[2] Ка́тар — государство в Юго-Западной Азии, расположено на северо-востоке Аравийского полуострова, граничит с Саудовской Аравией и ОАЭ.

* * *

Мэри Боно была женой знаменитого поп-певца Сонни Боно. Судьба этой женщины складывалась непросто. Сонни являлся членом Палаты Представителей Конгресса США от республиканской партии. В 1998 году он погиб, катаясь на горных лыжах. Ньют Гингрич, в то время спикер Палаты Представителей, предложил Мэри занять политическое кресло мужа. Сначала та решила, что это просто шутка, поскольку никогда не занималась политической деятельностью. Когда-то она была гимнасткой, увлекалась альпинизмом, работала инструктором по фитнесу. В Вашингтон попала в возрасте тридцати семи лет и совершенно не походила на истинную республиканку, особенно когда демонстрировала свою спортивную фигуру в вечерних платьях на официальных приемах.

Однако очень скоро о Мэри Боно, обладавшей не только незаурядной внешностью, но и острым умом, заговорили как о восходящей звезде республиканской партии. К тому времени, когда Мортенсон приехал к ней на Капитолийский холм, Боно убедительно победила на выборах в Конгресс и пользовалась заслуженным уважением коллег. Несмотря на то что в американском Конгрессе преобладают мужчины, эта женщина среди них не терялась.

«Прилетев в Вашингтон, я не знал, что делать. Чувствовал себя, как в афганской деревне, — чужаком, не знающим местных обычаев, — вспоминает Мортенсон. — Мэри посвятила мне целый день; провела через туннель, соединяющий здание, где находился ее кабинет, с Капитолием. По дороге мы встретили десятки других законодателей, и Мэри представила меня всем. Рядом с ней конгрессмены краснели, как школьники. Краснел и я, потому что представляла она меня так: «Вам обязательно нужно познакомиться с этим человеком. Это Грег Мортенсон, настоящий американский герой».

Боно договорилась о том, чтобы Грег выступил в зале слушаний Капитолия, и разослала извещение о лекции всем членам Конгресса. Она приглашала их «встретиться с американцем, который борется с террором в Пакистане и Афганистане, строя школы для девочек».

«Я КАЖДЫЙ ДЕНЬ ВСТРЕЧАЮСЬ С МНОЖЕСТВОМ ЛЮДЕЙ, КОТОРЫЕ ГОВОРЯТ, ЧТО ПЫТАЮТСЯ ТВОРИТЬ ДОБРО И ПОМОГАТЬ ЛЮДЯМ. НО ГРЕГ НЕ ПРОСТО ГОВОРИЛ – ОН ДЕЛАЛ!»

«Это было самым малым, чем я могла помочь, — рассказывает Боно. — Я каждый день встречаюсь с множеством людей, которые говорят, что пытаются творить добро и помогать людям. Но Грег не просто говорил — он делал. Я — величайшая его поклонница. Та жертва, которую принес он и его родные, просто поразительна. Он символизирует все лучшее, что есть в Америке».

Установив свой старенький проектор, Мортенсон повернулся к залу, где собрались члены Конгресса. На Греге был его единственный коричневый костюм и потрепанные замшевые мокасины. Он предпочел бы увидеть двести пустых кресел, но тут же вспомнил вопрос Узры о невыплаченной зарплате — и поставил в проектор первый слайд. Мортенсон показывал потрясающую красоту и ужасающую бедность Пакистана. С жаром стал говорить о зарплате, которую не получает учительница Узра, и о том, как важно, чтобы Америка выполнила свое обещание и помогла Афганистану.

Его перебил конгрессмен-республиканец от штата Калифорния. Мортенсон навсегда запомнил его слова: «Конечно, строить школы для детей — дело доброе и достойное. Но главная задача нашего государства на современном этапе — безопасность. Какой смысл в подобной работе в отсутствие безопасности?»

Грег перевел дух, почувствовав приступ ярости, накапливавшейся на протяжении всего пути из Кабула. «Я делаю это не потому, что собираюсь бороться с террором, — сказал он, тщательно выбирая слова, чтобы его не вышвырнули из Капитолия. — Я делаю это, потому что забочусь о детях. Борьба с террором занимает в списке моих приоритетов седьмое или восьмое место. Работая в этом регионе, я многому научился. Понял, что террористы появляются не потому, что граждане Пакистана или Афганистана ненавидят Америку. Это происходит потому, что у детей нет достаточно яркого и интересного будущего, поэтому они предпочитают жизнь после смерти».

Затем Мортенсон с необычным для себя красноречием заговорил о лишенных всего необходимого государственных школах Пакистана; о том, как, подобно раковым клеткам, распространяются по стране ваххабитские медресе. Он говорил о миллиардах долларов, которые саудовские шейхи перекачивают в этот регион, чтобы подпитывать механизм джихада. Зал безмолвно внимал каждому его слову.

Когда Грег закончил свое выступление и ответил на несколько вопросов, к нему подошла познакомиться помощница конгрессмена от Нью-Йорка. «Это просто поразительно, — сказала женщина. — Почему мы никогда не слышали о вашей работе из новостей? Почему об этом ни разу не говорили на брифингах? Вы должны написать книгу!»

ГРЕГ ГОВОРИЛ О МИЛЛИАРДАХ ДОЛЛАРОВ, КОТОРЫЕ САУДОВСКИЕ ШЕЙХИ ПЕРЕКАЧИВАЮТ В ПАКИСТАН, ЧТОБЫ ПОДПИТЫВАТЬ МЕХАНИЗМ ДЖИХАДА. ЗАЛ БЕЗМОЛВНО ВНИМАЛ КАЖДОМУ ЕГО СЛОВУ.

«У меня нет времени писать», — ответил Грег. В зал уже входил генерал Энтони Зинни[1] в окружении офицеров. Наступало время нового брифинга.

«Вы должны найти время», — настаивала женщина.

---

[1]Энтони Зинни — генерал морских сил США. В 2002 году занимал пост специального дипломатического представителя США на Ближнем Востоке.

«Если не верите, спросите у моей жены, — пожал плечами Мортенсон. — У меня нет времени даже выспаться».

После выступления Грег вышел на проспект Мэлл и прогулочным шагом направился к набережной Потомака. Он раздумывал над тем, поняли ли его американские законодатели...

Через несколько месяцев Мортенсон оказался на другом берегу Потомака. В Пентагон его пригласил генерал, который, узнав о работе Грега, пожертвовал ИЦА тысячу долларов. Через сверкающий мрамором вестибюль они прошли в кабинет министра обороны.

«Больше всего мне запомнилось то, что люди старались не встречаться с нами взглядами, — вспоминает Мортенсон. — Они шагали очень быстро. Почти все несли ноутбуки. Они целиком и полностью были сосредоточены на своих задачах, словно наведенные на цель ракеты. Тогда я подумал, что тоже служил, но обстановка в Пентагоне ничем не напоминала армию, которую я знал. Это была армия ноутбуков».

«ОБСТАНОВКА В ПЕНТАГОНЕ НИЧЕМ НЕ НАПОМИНАЛА АРМИЮ, КОТОРУЮ Я ЗНАЛ. ЭТО БЫЛА АРМИЯ НОУТБУКОВ».

К удивлению Мортенсона, в кабинете министра обороны ему не предложили сесть. Когда он встречался с крупными чиновниками в Пакистане, ему всегда предлагали кресло и чай, даже если встреча была короткой и ни к чему не обязывающей. Грег неловко переминался с ноги на ногу в незнакомом кабинете и не знал, что делать и о чем говорить.

«Мы провели там всего минуту. Меня представили министру, — вспоминает Мортенсон. — Хотелось бы мне рассказать о том, как я сказал Дональду Рамсфелду нечто поразительное, нечто такое, что заставило его переоценить ход войны с террором. Но в ту минуту я просто смотрел на его ботинки.

Я плохо разбираюсь в обуви, — с улыбкой продолжает Грег. — Но было понятно, что это отличные ботинки: очень дорогие, идеально начищенные. Помню, что на Рамсфелде был стильный серый костюм и министр благоухал прекрасным одеколоном. Хотя я знал, что один из захваченных террористами самолетов обрушился на Пентагон, все же не мог избавиться от мысли о том, насколько далек этот человек от войны, горя и страданий — от всего того, что я видел в Кабуле».

Мортенсон и его сопровождающий снова оказались в негостеприимном вестибюле. На этот раз они направлялись в зал, где предстояло выступить перед группой военных. Всю дорогу Грег раздумывал над тем, насколько все то, что он почувствовал в Пентагоне, влияет на решения, принимаемые в этом здании. Как бы он сам относился к войне, если бы все то, что он увидел: мальчики, потерявшие отца, девочки-школьницы у разбитой грифельной доски, инвалиды на улицах Кабула — стало для него лишь цифрами на экране ноутбука?

Небольшой зал был наполовину заполнен офицерами. Кое-где попадались и гражданские специалисты в костюмах.

Мортенсон решил сразу перейти к сути. «Мне казалось, что все слова будут тщетны. Мне не изменить отношения администрации Буша к этой войне, — вспоминает он. — Поэтому я решил действовать по наитию».

Он представился и начал говорить: «Я поддерживал войну в Афганистане, потому что верил нашим словам о готовности восстановить и перестроить эту страну. Я пришел к вам, потому что понял, что победа на поле боя — лишь первый этап борьбы с террором. Боюсь, что следующие этапы мы проходить не собираемся».

«МНЕ КАЗАЛОСЬ, ЧТО ВСЕ СЛОВА БУДУТ ТЩЕТНЫ. МНЕ НЕ ИЗМЕНИТЬ ОТНОШЕНИЯ АДМИНИСТРАЦИИ БУША К ЭТОЙ ВОЙНЕ, – ВСПОМИНАЕТ МОРТЕНСОН. – ПОЭТОМУ Я РЕШИЛ ДЕЙСТВОВАТЬ ПО НАИТИЮ».

Затем заговорил о племенных традициях в конфликтном регионе; рассказал о том, как враждующие стороны ведут переговоры до начала военных действий, как обсуждают, на какие потери готовы пойти, как победители будут заботиться о вдовах и сиротах побежденных соперников.

«Люди, живущие в этой части света, привыкли к смерти и насилию, — сказал Мортенсон. — Если вы скажете им: «Нам жаль, что твой отец погиб, но он умер, как мученик, во имя свободы Афганистана»; если предложите компенсацию и проявите уважение, думаю, люди поддержат вас даже сейчас. Но то, что делаем мы, — худшее из всего, что возможно».

Целый час Мортенсон говорил о легионах экстремистов, которых готовят в ваххабитских медресе. В завершение рассказал о разрушенных американскими крылатыми ракетами домах на кабульской улице Гостей.

«Я не военный специалист, — сказал Грег. — И цифры могут быть неточными. Но по моим подсчетам мы выпустили в Афганистане 114 крылатых ракет «Томагавк». А теперь давайте умножим эту цифру на стоимость одной ракеты, оборудованной современной системой наведения. Полагаю, она стоит около 840 тысяч долларов. За эти деньги мы могли построить десятки школ, в которых учились бы десятки тысяч детей. Их образование было бы общепринятым, а не экстремистским. Мы повлияли бы на целое поколение. Как думаете, не стала бы от этого более безопасной наша собственная жизнь?»

После выступления к Мортенсону подошел подтянутый мужчина в отлично сшитом гражданском костюме. Но даже костюм не мог скрыть его военной выправки.

«Не могли бы вы составить для нас карту расположения ваххабитских медресе?» — спросил он.

«Я не самоубийца», — ответил Грег.

«Не могли бы вы строить школы рядом с этими медресе?»

«Вы хотите таким образом вывести ваххабитов из игры?» — усмехнулся Грег.

«Я говорю серьезно. Мы можем выделить деньги. Что скажете насчет двух миллионов двухсот тысяч долларов? Сколько школ вы сможете построить на эти деньги?»

«Около ста».

«НЕ МОГЛИ БЫ ВЫ СОСТАВИТЬ ДЛЯ НАС КАРТУ РАСПОЛОЖЕНИЯ ВАХХАБИТСКИХ МЕДРЕСЕ?» — СПРОСИЛИ ГРЕГА В ПЕНТАГОНЕ. «Я НЕ САМОУБИЙЦА», — ОТВЕТИЛ ОН.

«Разве вы не этого хотите?»

«Люди узнают, что это деньги военных, и я больше не смогу работать».

«Нет проблем, — пожал плечами собеседник. — Мы можем сделать частное пожертвование от бизнесмена из Гонконга». Мужчина перелистал свой блокнот. Мортенсон заметил иностранные имена и цифры на полях: 15 миллионов, 4,7 миллиона, 27 миллионов. «Подумайте об этом и перезвоните мне», — сказал военный, что-то отметив в своем блокноте, и вручил свою визитку.

Весь 2002 год Мортенсон неотступно думал об этом щедром предложении. Мысль о сотне школ не оставляла его. Но Грег точно знал: взять деньги у военных он не сможет.

«Я понимал, что моя репутация в Центральной Азии целиком определяется тем, что я действую независимо от американского правительства, — говорит Мортенсон. — И особенно от военных».

В том году на выступления Грега приходило особенно много слушателей, благодаря чему удалось улучшить финансовое положение ИЦА; но все оставалось непрочным, как всегда. На поддержание школ в Пакистане и одновременное строительство новых школ в Афганистане не хватило бы никаких средств, если бы Мортенсон не вел дела предельно экономно.

Он решил отклонить повышение своего оклада, предложенное советом директоров ИЦА: вместо 28 тысяч долларов ему предлагали 35. Думать об этом можно было только тогда, когда положение Института укрепится окончательно. Настал 2003 год, и заголовки газет запестрели сообщениями об оружии массового уничтожения в Ираке. Каждое утро, когда Грег садился к компьютеру и читал новости в Интернете, он чувствовал приближение новой войны. И радовался тому, что отказался от денег Пентагона.

КАЖДОЕ УТРО, КОГДА ГРЕГ САДИЛСЯ К КОМПЬЮТЕРУ И ЧИТАЛ НОВОСТИ В ИНТЕРНЕТЕ, ОН ЧУВСТВОВАЛ ПРИБЛИЖЕНИЕ НОВОЙ ВОЙНЫ. И РАДОВАЛСЯ ТОМУ, ЧТО ОТКАЗАЛСЯ ОТ ДЕНЕГ ПЕНТАГОНА.

Пэтси Коллинз, которая активно поддерживала работу Мортенсона после событий 11 сентября, незадолго до своей кончины предложила ему чаще выступать и бороться за мир.

Она чувствовала, что национальный кризис станет звездным часом для Грега и его организации. Путешествуя по Америке и ощущая ту напряженность, которая возникла после террористических актов, Грег сумел преодолеть природную застенчивость и превратился в настоящего оратора. Но каждый раз, собирая вещи и готовясь к двадцатисемичасовому перелету в Пакистан и очередному расставанию с семьей, думал: а понял ли его кто-нибудь?

Глава 22

«Главный враг – это невежество»

Когда США борются с режимом Саддама Хусейна в Ираке, 45-летний Грег Мортенсон спокойно ведет собственную кампанию против исламских фундаменталистов, которые часто вербуют своих сторонников в религиозных школах — медресе. Мортенсон исповедует очень простую идею: он строит светские школы и пропагандирует образование — особенно для девочек — в самом нестабильном регионе мира, тем самым лишая Талибан и другие экстремистские движения поддержки.

Кевин Федарко, журнал «Пэрейд»,
6 апреля 2003 года

Дорога кончилась, Хусейн нажал на тормоза. Пассажиры в кузове слезли с завернутых в пластиковую пленку ящиков с динамитом. Пока машина добралась до того места, где проселочная дорога превратилась в тропинку между валунами, уже стемнело. Тропинка вела в горы Каракорума. Для Мортенсона, Хусейна, Апо и Байга это место, откуда начинался ледник Балторо, было, можно сказать, родным. Кевину же Федарко показалось, что он оказался на самом краю света.

Бывший редактор журнала «Аутсайд» Кевин Федарко решил бросить сидячую работу и написать «репортаж с места событий». В результате тем холодным сентябрьским вечером он и его фотограф Теру Куваяма оказались на другом конце земли. «Звезды над Каракорумом были просто потрясающие. Небо буквально светилось», — вспоминает Федарко. Три звезды отделились от общей массы и покатились по небу, приветствуя гостей деревни Корфе.

«Вождь Корфе Туаа с двумя друзьями уже встречали нас на высокой скале, — вспоминает Федарко. — Они освещали дорогу китайскими фонарями. Мы перебрались через реку по подвесному мосту и устремились в темноту. Забыть такое невозможно. Казалось, что я попал в средневековую деревню. Мы шли по узким переулкам между каменными домами при тусклом свете фонарей».

«МЫ ПЕРЕБРАЛИСЬ ЧЕРЕЗ РЕКУ ПО ПОДВЕСНОМУ МОСТУ И УСТРЕМИЛИСЬ В ТЕМНОТУ. ЗАБЫТЬ ТАКОЕ НЕВОЗМОЖНО. КАЗАЛОСЬ, ЧТО Я ПОПАЛ В СРЕДНЕВЕКОВУЮ ДЕРЕВНЮ».

Федарко собирался работать над статьями о противостоянии Индии и Пакистана. Его материалы должны были периодически выходить в журнале «Аутсайд» в цикле «Самая холодная война».

«У меня не было знакомых в Пакистане. Но Грег согласился помочь, — вспоминает журналист. — Он договорился о моем приезде с пакистанскими военными, со всеми познакомил и устроил наш с Теру перелет на вертолете к «линии контроля». Самому бы мне этого никогда не добиться. Потом Грег пригласил нас в Корфе. Он отнесся ко мне с поразительным участием. Ко мне никто еще так не относился».

Федарко не знал, что очень скоро сможет отплатить Мортенсону за его доброту...

В ночь приезда в Корфе Мортенсон устроил гостей в своем личном жилище.

«Накануне своей смерти Хаджи Али построил рядом с домом небольшую пристройку и сказал, что это будет мое жилье в Балтистане, — рассказывает Мортенсон. — Туаа украсил стены цветной тканью, накрыл пол одеялами и подушками и прикрепил к стене мои фотографии, сделанные в Корфе. Эта пристройка в мое отстутствие была для жителей деревни чем-то вроде мужского клуба. Утром следовало ожидать множества гостей».

Федарко разбудили громкие голоса. «Я открыл глаза, — вспоминает он, — и подумал, что попал на общественное собрание. Комната была заполнена жителями Корфе. Люди были страшно рады видеть Грега, поэтому они собрались здесь, пока мы еще спали. Когда принесли чай, они начали смеяться, кричать и спорить друг с другом, словно мы бодрствовали уже несколько часов. Через некоторое время гомон утих, и Грег заговорил со старейшинами о делах».

«Когда бы я ни приезжал в Корфе или другие деревни, где мы работали, я всегда проводил несколько дней, общаясь с деревенским советом, — вспоминает Мортенсон. — Всегда находилось множество работы. Нужно было изучить отчеты о школе, выяснить, не нужно ли что-то ремонтировать, не кончились ли школьные принадлежности, вовремя ли получают зарплату учителя. Всегда находились и другие просьбы — новая швейная машинка для женского центра, трубы для водопровода и прочее. Обычные дела».

Но тем утром произошло нечто необычное. В комнату вбежала симпатичная, уверенная в себе девушка. Ее все знали, это была дочь вождя Туаа, лучшая ученица в деревне, Джахан. Она не обратила внимания на тридцать мужчин, сидевших на подушках с чашками чая, — она шла к человеку, который построил в Корфе школу. Сев напротив, Джахан прервала неспешное общение старейшин.

«Доктор Грег, — недрогнувшим голосом произнесла она на балти. — Вы однажды дали нам обещание и выполнили его: построили школу. Но когда она была достроена, вы дали еще одно обещание. Помните?»

Мортенсон улыбнулся. Приезжая в школы ИЦА, он всегда расспрашивал учеников об их жизни и планах на будущее. Особенно его интересовали планы девочек. Сначала деревенские старейшины, сопровождавшие его, недоуменно качали головами. Им было странно, что серьезный мужчина тратит время, задавая школьницам вопросы об их надеждах и мечтах. Но скоро они привыкли к «эксцентричности» Мортенсона и спокойно ждали, пока он побеседует с теми, с кем считает нужным. Некоторые девочки мечтали о продолжении обучения после окончания школы в Корфе, и Грег всегда говорил: «Я помогу!»

«Я сказала вам, что хочу стать доктором, и вы обещали помочь. — Джахан ничуть не стеснялась собравшихся мужчин. — Этот день настал. Я окончила школу. Вы должны сдержать свое обещание. Я готова учиться на врача, но мне нужно двадцать тысяч рупий».

Джахан протянула Мортенсону свое заявление, написанное на английском языке. Девушка хотела учиться в Центре женского здоровья в Скарду. Мортенсон с удовольствием отметил: Джахан тщательно обосновала расходы на обучение.

«Отлично, милая, — сказал он. — Я это прочту, когда будет время, и поговорю обо всем с твоим отцом».

«Нет! — решительно воскликнула девушка на английском. Затем перешла на балти, чтобы точнее выразить свои мысли. — Вы не понимаете! Занятия начинаются на следующей неделе. Деньги мне нужны сейчас!»

Грег улыбнулся такой настойчивости. Первая выпускница его первой школы отлично усвоила урок, который он надеялся преподать всем девушкам Пакистана. Она не собиралась ни в чем уступать мужчинам. Мортенсон попросил Апо принести деньги ИЦА, которые тот хранил в рюкзаке, отсчитал двадцать тысяч рупий (около четырехсот долларов) и передал их Туаа на образование дочери.

ГРЕГ УЛЫБНУЛСЯ. ПЕРВАЯ ВЫПУСКНИЦА ЕГО ПЕРВОЙ ШКОЛЫ ОТЛИЧНО УСВОИЛА УРОК, КОТОРЫЙ ОН НАДЕЯЛСЯ ПРЕПОДАТЬ ВСЕМ ДЕВУШКАМ ПАКИСТАНА. ОНА НЕ СОБИРАЛАСЬ НИ В ЧЕМ УСТУПАТЬ МУЖЧИНАМ.

«В тот день я стал свидетелим самого необычного события в своей жизни, — рассказывает Федарко. — Девушка из консервативной исламской деревни врывается на собрание мужчин, разом нарушив шестнадцать запретов. Она училась в школе и стала первой образованной женщиной в долине, где живет три тысячи человек. Она не стала извиняться, села прямо перед Грегом и заставила его выполнить данное когда-то обещание: помочь ей построить лучшее будущее для себя и жителей деревни.

В тот момент, — говорит Федарко, — впервые за шестнадцать лет работы журналистом я потерял всю объективность.

И сказал Грегу: «То, что ты делаешь, гораздо важнее того, о чем я собирался писать. Я должен найти способ рассказать о тебе людям».

Той осенью Кевин Федарко остановился в Нью-Йорке по пути домой. Два месяца, проведенные в высокогорье, даром не прошли. Как-то раз он обедал со старым другом Ламаром Грэмом, заместителем главного редактора журнала «Пэрейд». «Ламар спросил меня о моих военных статьях, но я стал рассказывать ему о том, что видел и чем занимался вместе с Грегом», — говорит Федарко.

«ТО, ЧТО ТЫ ДЕЛАЕШЬ, ГОРАЗДО ВАЖНЕЕ ТОГО, О ЧЕМ Я СОБИРАЛСЯ ПИСАТЬ. Я ДОЛЖЕН НАЙТИ СПОСОБ РАССКАЗАТЬ О ТЕБЕ ЛЮДЯМ».

«Это была одна из самых удивительных историй, которые я когда-либо слышал, — вспоминает Грэм. — Я сказал Кевину, что, если хотя бы половина из рассказаного им — правда, мы немедленно должны написать об этом в журнале».

На следующий день в офисе Мортенсона раздался звонок. «Парень, ты действительно существуешь? — спросил Грэм с характерным для уроженца штата Миссури акцентом. — Ты реально сделал в Пакистане все то, о чем мне рассказал Кевин? Если это так, ты — мой герой!»

Смутить Мортенсона было достаточно просто. Тот день не стал исключением. «Да, полагаю, что так, — медленно ответил он, чувствуя, как кровь приливает к щекам. — Но мне многие помогали».

В воскресенье, 6 апреля, когда американские войска вышли на окраины Багдада и готовились к решительному удару по столице Ирака, в газетных киосках Америки появились 34 миллиона экземпляров журнала «Пэрейд» с фотографией Мортенсона на обложке и заголовком: «Он борется с террором с помощью книг!».

«ЕСЛИ МЫ ДЕЙСТВИТЕЛЬНО ХОТИМ ОБЕСПЕЧИТЬ МИР СВОИМ ДЕТЯМ, ТО ДОЛЖНЫ ПОНЯТЬ, ЧТО ПОБЕДИТЬ В ЭТОЙ ВОЙНЕ МОЖНО ТОЛЬКО КНИГАМИ, А НЕ БОМБАМИ».

Никогда еще Грегу не удавалось обратиться к столь широкой аудитории за столь короткое время. С того самого дня, когда его разбудили в Зуудхане, чтобы сообщить новость о трагедии в Нью-Йорке, он пытался донести свои мысли до как можно большего числа людей — и теперь это удалось в полной мере! Статья Федарко начиналась с описания того, как Джахан ворвалась на мужской совет в Корфе. Затем журналист описывал, как работа Грега на другом конце света влияет на благополучие американцев в США. «Если мы будем пытаться бороться с терроризмом одной лишь военной мощью и ничем более, — обращался в статье Мортенсон к читателям журнала, — то наша безопасность будет такой же, как и до

11 сентября. Если мы действительно хотим обеспечить мир своим детям, то должны понять, что победить в этой войне можно только книгами, а не бомбами».

Слова Мортенсона поразили американцев: им был показан новый способ борьбы с террором. После этого Грег получил более восемнадцати тысяч писем из пятидесяти штатов и двадцати стран мира.

«История Грега вызвала самый живой читательский отклик за шестьдесят четыре года существования нашего журнала, — говорит главный редактор «Пэрейда» Ли Кравиц. — Думаю, это произошло потому, что люди поняли: он — настоящий американский герой. Мортенсон ведет свою личную борьбу с террором, и это оказывает влияние на всех нас. Его оружие — не пушки и бомбы, а школы. И это — потрясающе!»

В течение нескольких недель после публикации статьи на ИЦА обрушился вал телефонных звонков. Он грозил захлестнуть маленькую благотворительную организацию, офис которой находился в подвале небольшого дома в Монтане. Мортенсон обратился за помощью к прагматичной подруге жены, Анне Байерсдорфер. (Позднее эта женщина работала в избирательном штабе Арнольда Шварценеггера, баллотировавшегося на пост губернатора Калифорнии.) Байерсдорфер прилетела из Вашингтона и организовала в подвале дома Грега настоящий штаб. Для ответов на звонки она обратилась в телефонный банк в Омахе, штат Небраска; с помощью специалистов наладила работу сайта Института Центральной Азии таким образом, чтобы ему не грозила перегрузка.

В один из таких горячих дней, наступивших после публикации статьи, Мортенсон открыл почтовый ящик и вынул из него ни много ни мало восемьдесят писем, адресованных ИЦА. К ящику была прикреплена записка: «Просьба забрать ваши письма на почте!».

В ТЕЧЕНИЕ НЕСКОЛЬКИХ НЕДЕЛЬ ПОСЛЕ ПУБЛИКАЦИИ В ЖУРНАЛЕ «ПЭРЕЙД» СТАТЬИ О РАБОТЕ МОРТЕНСОНА НА ИЦА ОБРУШИЛСЯ ВАЛ ТЕЛЕФОННЫХ ЗВОНКОВ.

«Значит, вы — Грег Мортенсон, — сказал ему почтальон. — Надеюсь, у вас большая машина». Мортенсон погрузил пять мешков писем в свою «тойоту» и на следующий день приехал за оставшимися четырьмя. В течение следующих трех месяцев письма от читателей «Пэрейд» заставили почтальонов Боузмена изрядно потрудиться.

К тому времени, когда весь мир облетели кадры свержения бронзовой статуи Саддама Хусейна, Мортенсон понял, что его жизнь изменилась навсегда. Поддержка людей не оставляла ему никакого выбора. Он должен был смириться со своим новым национальным статусом. «Я чувствовал, что моими устами говорит сама Америка, — улыбается Мортенсон. — Самое удивительное было в том, что, закончив разбирать почту, я понял: ругательное письмо там было всего одно!»

Действительно, никаких угроз, подобных тем, что Грег получал после 11 сентября, не было и в помине. «Меня радовало, что нас поддерживали самые разные люди: церковные общины, мусульмане, индуисты и евреи, — говорит Мортенсон. —

Я получил письмо поддержки от политической организации лесбиянок, молодежного баптистского объединения в Алабаме, от генерала американских военно-воздушных сил — словом, от абсолютно разных людей».

Тринадцатилетний Джейк Гринберг из пригорода Филадельфии так близко к сердцу принял историю Мортенсона, что пожертвовал ИЦА больше тысячи долларов из денег, полученных на бар-мицву[1], и предложил свои услуги по работе в Пакистане. «Прочтя о работе Грега, — рассказывает Джейк, — я понял, что, в отличие от меня, дети из мусульманских стран не могут получить образование. Неважно, что я, иудей, послал деньги для помощи мусульманам. Мы все должны работать для того, чтобы сеять семена мира и добра».

«НЕВАЖНО, ЧТО Я, ИУДЕЙ, ПОСЛАЛ ДЕНЬГИ ДЛЯ ПОМОЩИ МУСУЛЬМАНАМ. МЫ ВСЕ ДОЛЖНЫ РАБОТАТЬ ДЛЯ ТОГО, ЧТОБЫ СЕЯТЬ СЕМЕНА МИРА И ДОБРА».

На сайт ИЦА пришло письмо от женщины, подписавшейся просто Суфия: «Я мусульманка, родилась в Америке. Господь снизослал на меня благодать, а мои сестры во всем мире страдают от угнетения. Арабские страны должны обратить внимание на вашу работу и устыдиться из-за того, что сами не могут

[1] Бар-мицва — празднование (по законам иудаизма) достижения еврейским мальчиком совершеннолетия в возрасте 13 лет. Также иудаистский термин, означающий само достижение совершеннолетия («возраст бар-мицва»).

помочь собственным народам. С искренним уважением и восхищением. Спасибо!»

Письма приходили и от американских солдат. Они видели в Мортенсоне товарища по борьбе против террора. «Будучи капитаном американской армии и ветераном войны в Афганистане, я очень хорошо представляю себе жизнь в сельских районах Центральной Азии, — писал Джейсон Б. Николсон из Файетвилля, Северная Каролина. — Война в Афганистане была и остается кровавой и разрушительной. И страдают от нее те, кто меньше всего этого заслуживает, — невинное гражданское население, люди, которые мечтают лишь об одном: о мирной, достойной жизни со своими семьями. Проекты ИЦА — прекрасная альтернатива образованию, которое дают во множестве радикальных медресе, где талибы пропагандируют свой так называемый фундаментальный исламизм. Что может быть лучше, чем мир, который станет безопасным для всех нас благодаря образованию? Отныне я буду помогать Институту Центральной Азии».

«ЧТО МОЖЕТ БЫТЬ ЛУЧШЕ, ЧЕМ МИР, КОТОРЫЙ СТАНЕТ БЕЗОПАСНЫМ ДЛЯ ВСЕХ НАС БЛАГОДАРЯ ОБРАЗОВАНИЮ? ОТНЫНЕ Я БУДУ ПОМОГАТЬ ИНСТИТУТУ ЦЕНТРАЛЬНОЙ АЗИИ».

Тысячи людей разделяли эти чувства. К тому моменту, когда американская армия окончательно оккупировала Ирак, а

Анна Байерсдорфер завершила работу в штабе ИЦА и вернулась домой, на банковском счету Института было более миллиона долларов! И это после долгих лет бедности!

«Прошло много времени с того момента, когда у ИЦА были достойные средства. Но теперь они у нас появились. Мне хотелось быстрее заставить эти деньги работать, — вспоминает Мортенсон. — Но совет директоров заставил меня осуществить ряд шагов, о которых мы давно говорили. Я согласился».

За шестьсот долларов в месяц Грег снял небольшой, отделанный деревом офис в здании, которое находилось в квартале от главной улицы Боузмена, и нанял четырех сотрудников, которые планировали его выступления, выпускали газету, руководили сайтом и составляли базу данных ИЦА. По настоянию совета, после десяти лет сопротивления Мортенсон наконец-то согласился на повышение своей зарплаты.

Тара Бишоп оценила это повышение. Почти десять лет семья с трудом сводила концы с концами. Но еще больше ее огорчали частые отлучки мужа. «После похищения Грега и после событий 11 сентября я даже не пыталась отговаривать мужа от его планов. Я знала, что это бесполезно, — с напряженной улыбкой говорит Тара. — Научилась в его отсутствие жить с тем, что я называю «функциональным отрицанием». Просто твержу себе, что с ним все в порядке. Я доверяю людям, с которыми Грег работает. Верю в то, что он набрался опыта и понимает, как нужно вести себя в том регионе. Но знаю и то, что достаточно одного фундаменталиста, чтобы убить мужа. Я отказываюсь даже думать об этом, когда он в Пакистане».

«ПОСЛЕ ПОХИЩЕНИЯ ГРЕГА И ПОСЛЕ СОБЫТИЙ 11 СЕНТЯБРЯ Я ДАЖЕ НЕ ПЫТАЛАСЬ ОТГОВАРИВАТЬ МУЖА ОТ ЕГО ПЛАНОВ. Я ЗНАЛА, ЧТО ЭТО БЕСПОЛЕЗНО», — С НАПРЯЖЕННОЙ УЛЫБКОЙ ГОВОРИТ ТАРА.

Кристиана Летингер, муж которой, альпинист Чарли Шимански, предсказал Мортенсону получение им Нобелевской премии мира, считает спокойную твердость Тары Бишоп столь же героической, как и работу ее мужа в Азии. «Многим ли женщинам хватит сил и мужества, чтобы отпустить отцов своих детей в такое опасное место на долгие месяцы? — спрашивает Летингер. — Тара же не только отпускает Грега, но и поддерживает его. Она искренне верит в его миссию. Если это не героизм, то что же?»

* * *

Первым в Пакистане услышал от Мортенсона хорошие новости из Америки Сулейман. Он встретил Грега в аэропорту, и тот сразу рассказал старому другу о том, как американцы поддержали деятельность ИЦА. Теперь Грег был намерен по достоинству вознаградить тех, кто долго работал вместе с ним, не требуя ничего сверх того, что он мог дать.

Мортенсон сообщил Сулейману, что его зарплата повышается с восьмисот до тысячи шестисот долларов в год. На эти деньги он мог осуществить свою заветную мечту: перевезти семью из деревни Дхок Луна в Равалпинди и отправить сына в частную школу. Сулейман сначала недоверчиво посмотрел на Мортенсона, а потом с радостью закачал головой.

МОРТЕНСОН СООБЩИЛ СУЛЕЙМАНУ, ЧТО ЕГО ЗАРПЛАТА ПОВЫШАЕТСЯ С ВОСЬМИСОТ ДО ТЫСЯЧИ ШЕСТИСОТ ДОЛЛАРОВ В ГОД. НА ЭТИ ДЕНЬГИ ОН МОГ ПЕРЕВЕЗТИ СЕМЬЮ ИЗ ДЕРЕВНИ В ГОРОД И ОТПРАВИТЬ СЫНА В ЧАСТНУЮ ШКОЛУ.

За те годы, что они проработали вместе, оба заметно поправились, а Сулейман почти полностью поседел. Но теперь вдохновленный перспективой повышения зарплаты пакистанец не собирался сдаваться старости без борьбы. Он припарковал машину возле торгового центра «Джинна» и направился в парикмахерскую. Вышел он оттуда только через два часа. Все это время Мортенсон провел в своем любимом книжном магазине. Увидев друга выкрашенным в невероятный оранжевый цвет, Грег оторопел...

В Скарду помощники Мортенсона собрались в вестибюле отеля «Инд». Он объявил, что Апо, Хусейн и Фейсал получают давно заслуженные повышения окладов. Их зарплата удваивается — с пятисот до тысячи долларов в год. Парви исполнял роль директора ИЦА в Пакистане и получал две тысячи долларов в год. Теперь его жалованье стало составлять четыре тысячи. Это была фантастическая сумма для Скарду, но Грег отметил, что «все проекты ИЦА в Пакистане стали возможными только благодаря Парви».

Для Хусейна Мортенсон выбил дополнительные пятьсот долларов, чтобы тот заменил двигатель в стареньком «лендкрузере», который служил им верой и правдой на ухабистых дорогах горной страны. Парви предложил арендовать склад в Скарду, чтобы можно было закупать цемент и стройматериалы оптом и хранить их до тех пор, пока не потребуются.

Такой прилив сил и желание работать Грег испытывал лишь шесть лет назад, когда его помощники впервые собрались за деревянными столами в вестибюле отеля. Он сообщил, что начнет тратить деньги читателей журнала «Пэрейд», как только они будут готовы к реализации новых программ. До отъезда в инспекционные поездки с целью начала строительства двух десятков новых школ, женских центров и водопроводов Мортенсон предложил еще один проект. «Я давно думаю о том, что делают наши ученики после окончания школ, — сказал он. — Господин Парви, как вы думаете, не построить ли нам общежитие в Скарду, чтобы лучшие ученики могли здесь поселиться, если мы сможем дать им стипендии на продолжение образования?»

«Это было бы замечательно, доктор-сахиб!» — радостно улыбнулся Парви.

«Да, и еще одно...»

«Да, доктор Грег, сэр?»

«Одну из первых стипендий ИЦА стоит выделить для Ясмины. Не знаете, на кого она хотела бы учиться, когда осенью окончит частную школу?»

«ОДНУ ИЗ ПЕРВЫХ СТИПЕНДИЙ ИЦА СТОИТ ВЫДЕЛИТЬ ДЛЯ ЯСМИНЫ. НЕ ЗНАЕТЕ, НА КОГО ОНА ХОТЕЛА БЫ УЧИТЬСЯ, КОГДА ОСЕНЬЮ ОКОНЧИТ ЧАСТНУЮ ШКОЛУ?»

Пятнадцатилетняя Ясмина, дочь Парви, была круглой отличницей. От отца она унаследовала острый ум и отдавалась учебе со всей страстью.

«Что вы об этом думаете?» — улыбаясь, спросил Грег.

Самый красноречивый человек в Скарду, Гулям Парви не сразу нашел нужные слова. «Не знаю, что ответить...» — пробормотал он.

«Аллах Акбар! — воскликнул Апо, воздевая руки театральным жестом. Все за столом расхохотались. — Как долго я ждал этого дня!»

* * *

Летом 2003 года Мортенсон работал не покладая рук. Он испытывал на прочность новый двигатель «лендкрузера». Вместе со своими помощниками он посетил новые стройплощадки, организовал закупку и доставку стройматериалов. Теперь в Северном Пакистане возводилось сразу девять новых школ.

В одной из «старых» школ в деревне Халде (строительством которой когда-то руководил старый Музафар) возникла необычная проблема. Стареющий проводник Якуб (тот самый проводник, который в 1993 году благополучно вывел с Балторо друга Мортенсона, Скотта Дарсни) хотел, чтобы его назначили сторожем при школе. Он подал в совет старейшин прошение о работе. Но получил отказ. Тогда Якуб запер двери школы и отказался их открывать до тех пор, пока не получит должности и жалованья сторожа.

Мортенсон узнал об этом в Скарду, когда вернулся после утомительной восьмичасовой поездки по пыльным и ухабистым пакистанским дорогам. Решение пришло неожиданно. Мортенсон усмехнулся и проверил, стоит ли под водительским сиденьем «лендкрузера» ящик с динамитом...

На следующее утро он был в Халде. Якуб неуверенно переминался возле запертых на большой замок дверей школы в окружении толпы односельчан. Грег с улыбкой подошел к проводнику и приветственно хлопнул его по плечу правой рукой. В левой он держал две палки динамита.

После обычных приветствий и расспросов о семье и друзьях Якуб дрогнувшим голосом задал вопрос, избежать которого было нельзя.

«Для чего это, доктор Грег-сахиб, сэр?» — спросил он, указывая на динамит.

Мортенсон с улыбкой протянул Якубу взрывчатку.

«Я хочу, чтобы ты взял это, Якуб, — на балти сказал Грег, вкладывая динамит в дрожащую руку Якуба. — Я уезжаю в Хандай, где мы строим новую школу. Завтра я вернусь и привезу спички. Если школа не будет открыта и ученики не займут свои места в классах, мы позовем на площадь всех жителей Халде и будем смотреть, как ты взорвешь школу».

«ЕСЛИ ШКОЛА НЕ БУДЕТ ОТКРЫТА И УЧЕНИКИ НЕ ЗАЙМУТ СВОИ МЕСТА В КЛАССАХ, МЫ ПОЗОВЕМ НА ПЛОЩАДЬ ВСЕХ ЖИТЕЛЕЙ ХАЛДЕ И БУДЕМ СМОТРЕТЬ, КАК ТЫ ВЗОРВЕШЬ ШКОЛУ».

Якуб обхватил динамит дрожащими руками, а Мортенсон направился к джипу. «Выбор за тобой, — бросил он через плечо. — Увидимся завтра. Khuda hafiz!»

На следующий день Грег привез школьникам Халде карандаши и тетради. Дети с удовольствием рассаживались за партами. Старый приятель Грега, Музафар, был еще не настолько слаб, чтобы не прийти в школу, которую помогал строить. От Апо Мортенсон знал, что Музафар, у которого здесь учились двое внуков, разговаривал с Якубом. «Возьми ключи и открой школу, — сказал он, — или я лично привяжу тебя к дереву и взорву динамитом, который дал доктор Грег». В наказание деревенский совет приговорил Якуба каждое утро убираться в школе без всякой оплаты.

* * *

Однако не каждое препятствие в Северном Пакистане было так легко преодолимо. Мортенсон с удовольствием взорвал бы муллу Агу Мубарека, который объявил ему фетву и руками нанятых им бандитов разрушил недостроенную в Хемасил школу, возводимую на средства ИЦА. Но Грег последовал разумному совету Парви и подал на Мубарека в шариатский суд. И теперь наблюдал за тем, как рассматривается дело.

Строительство школы в Хемасил имело печальную предысторию. В 1998 году в долине Харамош между деревнями Хемасил и Хунза был убит американский альпинист и лыжник-олимпиец Нед Жиллет. Его жена Сьюзен серьезно пострадала. Пакистанские власти не смогли найти преступников. Мортенсон поговорил с жителями Харамоша и пришел к выводу, что дело было так. К Жиллету и его жене пристали носильщики, которые требовали, чтобы они их наняли. Но Жиллет собирался путешествовать налегке, с двумя легкими рюкзаками. Он отказал, возможно, излишне грубо. Той же ночью носильщики вернулись к палатке, где ночевали супруги.

«Думаю, они просто хотели их ограбить, — говорит Грег. — Забрать что-то, что могло бы компенсировать моральный ущерб. Но, к сожалению, ситуация вышла из-под контроля». Жиллет был убит выстрелом в живот. Сьюзен была ранена в бедро, и ей удалось выжить.

«Насколько мне известно, — продолжает Мортенсон, — Нед Жиллет был первым европейцем, убитым в Северном Пакистане. В Америке ко мне обратилась его сестра, Дебби Лоу. Она хотела построить школу в память о брате. Я решил сделать все, чтобы реализовать ее мечту. Не могу представить себе более достойного увековечения памяти о прекрасном человеке».

Но место, выбранное для школы имени Неда Жиллета старейшинами долины Шигар, — деревня Хемасил, — находилось не только рядом с перевалом, где он был убит, но еще и рядом с Чутраном, родной деревней муллы Ага Мубарека.

В 1998 ГОДУ В ДОЛИНЕ ХАРАМОШ БЫЛ УБИТ АМЕРИКАНСКИЙ АЛЬПИНИСТ И ЛЫЖНИК-ОЛИМПИЕЦ НЕД ЖИЛЛЕТ. ЕГО ЖЕНА СЬЮЗЕН СЕРЬЕЗНО ПОСТРАДАЛА. ГРЕГ РЕШИЛ ПОСТРОИТЬ В ХЕМАСИЛЕ ШКОЛУ ИМЕНИ НЕДА ЖИЛЛЕТА.

«Мы возвели стены, и наши мужчины начали строить крышу, — рассказывает Мехди Али, старейшина, руководивший строительством школы. — И тут пришли люди Ага Мубарека, чтобы помешать нашей работе».

Мехди активно выступал за образование. Это его отец, шейх Мохаммед, обратился к иранским шиитам, когда против Мортенсона была объявлена фетва. Мехди вспоминает: «Мубарек сказал нам: «Школа этого кафира — плохая. Это не мусульманская школа. Здесь готовят христиан». Я ответил ему: «Я знаю господина Грега Мортенсона очень давно. Он никогда не сделает ничего подобного». Но Мубарек не стал меня слушать. После полуночи его люди пришли с кувалдами и разрушили школу».

Мехди и Парви приводили свидетелей в шариатский суд всю весну и лето. Они и сами давали свидетельские показания. «Я сообщил главному мулле, что Ага Мубарек собирал деньги с моих людей, но ничего не делал для наших детей, — говорит Мехди Али. — Я сказал им, что Ага Мубарек не имел никакого права издавать фетву против такого святого человека, как доктор Грег. Это его нужно судить по закону Аллаха всемогущего».

В августе 2003 года шариатский суд вынес окончательное постановление в пользу Мехди Али и Мортенсона. Суд объявил фетву Ага Мубарека незаконной. По приговору суда он должен был оплатить покупку восьмисот кирпичей, разбитых его людьми.

«Это была значительная победа, — вспоминает Мортенсон. — Исламский суд в консервативном шиитском Пакистане защитил права американца, когда Америка без суда и следствия годами держит мусульман в тюрьме Гуантанамо. Мне стыдно за наше хваленое правосудие!»

СУД ОБЪЯВИЛ ФЕТВУ АГА МУБАРЕКА НЕЗАКОННОЙ. ПО ПРИГОВОРУ СУДА ОН ДОЛЖЕН БЫЛ ОПЛАТИТЬ ПОКУПКУ ВОСЬМИСОТ КИРПИЧЕЙ, РАЗБИТЫХ ЕГО ЛЮДЬМИ.

Тем летом Грег приобрел влиятельного союзника. Руководителем Северных территорий страны был назначен Мохаммед Фарид Хан. Уроженец Вазиристана, Хан приступил к борьбе с бедностью в Северном Пакистане с агрессивностью, свойственной его народу.

Он пригласил Мортенсона в свою резиденцию — колониальную британскую виллу XIX века в Гилгите. Там за чаем и сэндвичами с форелью они обсудили вопрос о том, во что вкладывать деньги, которые исламабадское правительство Мушаррафа наконец-то стало направлять на север. Чтобы продемонстрировать поддержку женского образования, Хан вызвался сопровождать Грега и лично открыть в Хемасил школу имени Неда Жиллета, после того как полиция проконтролирует процесс ее восстановления.

ЧТОБЫ ПРОДЕМОНСТРИРОВАТЬ ПОДДЕРЖКУ ЖЕНСКОГО ОБРАЗОВАНИЯ, ХАН ВЫЗВАЛСЯ СОПРОВОЖДАТЬ ГРЕГА И ЛИЧНО ОТКРЫТЬ В ХЕМАСИЛ ШКОЛУ ИМЕНИ НЕДА ЖИЛЛЕТА.

Еще более необычным образом продемонстрировал поддержку Мортенсона бригадный генерал Бангу. Он был личным пилотом президента Мушаррафа, а затем ушел в отставку и стал работать в гражданской авиакомпании генерала Башира. Он носил форму военного летчика, но сменил походные ботинки на ярко-голубые кроссовки. Говорил, что в кроссовках лучше чувствует педали управления. Летом 2003 года генерал регулярно доставлял Мортенсона в удаленные уголки Пакистана на своем стареньком вертолете «Алуэтт».

Как-то раз генерал забирал Мортенсона из удаленной деревни в долине Шигар. Когда Грег показал ему развалины школы в Хемасил и рассказал историю своей вражды с Ага Мубареком, Бангу пришел в ярость.

«Покажи-ка мне дом этого господина!» — велел Бангу. Двигатель вертолета взревел. Мортенсон указал на соседнюю деревню Чутран, а в ней — на большой дом, обнесенный мощной стеной. Судя по всему, благосостояние Мубарека явно не отвечало доходам обычного сельского муллы. Бангу сжал губы. Его тщательно подстриженные усы воинственно встопорщились. Он потянул ручку штурвала на себя, и вертолет спикировал на дом Мубарека.

Генерал заходил на дом муллы раз пять, как рассерженный овод, намеревающийся ужалить. Люди на крышах в ужасе попрятались. После каждого такого захода во дворе поднимался настоящий пыльный смерч. Рука генерала то и дело тянулась к красной кнопке, над которой красовалась надпись «Ракеты». «Какая жалость, что мы не вооружены, — вздохнул он, направляя вертолет к Скарду. — Но и это заставит его задуматься».

Через полгода ракеты на бортах вертолетов появились. Пятнадцать машин направились в долину Дарил, где скрывались боевики движения Талибан и Аль-Каеды. Военные выслеживали экстремистов, которые взорвали восемь государственных женских школ. Действия Мушаррафа очень радовали Грега. Он с удовлетворением отмечал, что правительство Пакистана твердо намерено бороться за женское образование.

* * *

Осенью 2003 года бригадный генерал Башир Баз пообещал Мортенсону помочь с перелетом из Пакистана в Афганистан и пригласил Грега в офис своей авиакомпании в Равалпинди. (В Пакистане работа ИЦА шла по накатанному пути, и Грег мог переключиться на другие проекты.) В беседе с уважаемым гостем генерал твердо высказывался за образование для девочек и говорил об успехах Америки в деле борьбы с террором.

«Знаете, Грег, я должен поблагодарить вашего президента, — сказал Башир, листая на экране плоского монитора расписание полетов своей авиакомпании. — На нашей западной границе творился настоящий кошмар, а он решил положить этому конец. Не могу даже представить, почему он это сделал».

Башир на минуту отвлекся, чтобы посмотреть на телевизионный репортаж Си-эн-эн из Багдада. Но и глядя в экран маленького телевизора, продолжал листать расписание на мониторе. Увидев рыдающих иракских женщин, вытаскивающих убитых детей из-под развалин разбомбленных домов, генерал помрачнел.

Его плечи неожиданно ссутулились. «Люди вроде меня — лучшие друзья Америки в этом регионе, — молвил он. — Я умеренный мусульманин, образованный человек. Но, глядя на такие кадры, даже я готов стать шахидом. Как американцы могут говорить, что борются за собственную безопасность?»

УВИДЕВ РЫДАЮЩИХ ИРАКСКИХ ЖЕНЩИН, ВЫТАСКИВАЮЩИХ УБИТЫХ ДЕТЕЙ ИЗ-ПОД РАЗВАЛИН РАЗБОМБЛЕННЫХ ДОМОВ, ГЕНЕРАЛ БАШИР ПОМРАЧНЕЛ.

Баширу было нелегко не обрушить свой гнев на американца, сидевшего за его столом. «Твой президент Буш отлично сумел настроить миллиард мусульман против Америки на ближайшие двести лет!»

«Но и Усама не остался в стороне», — возразил Мортенсон.

«Усама! — разъяренно воскликнул Башир. — Усаму породил не Пакистан и не Афганистан. Он — порождение Америки. Благодаря США Усама теперь в каждом доме! Я — военный и понимаю, что невозможно одолеть того, кто стреляет и прячется. В такой ситуации надо поразить источник силы противника. Америка должна воевать не с Усамой и не с Саддамом. Главный враг — это невежество. И чтобы победить его, нужно установить конструктивные отношения с народами, ввести их в современный мир с помощью образования и бизнеса. Иначе война будет длиться вечно!»

«ГЛАВНЫЙ ВРАГ — ЭТО НЕВЕЖЕСТВО. И ЧТОБЫ ПОБЕДИТЬ ЕГО, НУЖНО УСТАНОВИТЬ ОТНОШЕНИЯ С НАРОДАМИ, ВВЕСТИ ИХ В СОВРЕМЕННЫЙ МИР С ПОМОЩЬЮ ОБРАЗОВАНИЯ И БИЗНЕСА. ИНАЧЕ ВОЙНА БУДЕТ ДЛИТЬСЯ ВЕЧНО!»

Башир перевел дыхание и снова посмотрел на телеэкран. На этот раз оператор снял молодых иракцев-радикалов, которые потрясали кулаками и стреляли в воздух. «Простите, сэр, — сказал генерал. — Я был непростительно груб. Конечно, вы понимаете мое состояние. Не пообедать ли нам?» Башир нажал кнопку и попросил помощника прислать обед из «Кентакки Фрайд Чикенс», который он заказал в Голубой зоне специально для своего американского гостя.

Когда погода портится, Скарду превращается в очень унылое место. Но в октябре 2003 года, во время своего последнего визита в северные регионы Пакистана перед отлетом в Афганистан, Грег чувствовал себя превосходно, несмотря на низкие черные тучи и пронизывающий холод.

Перед отъездом Мортенсона из Равалпинди бригадный генерал Башир передал ему около шести тысяч долларов, весьма значительную для Пакистана сумму, на строительство новой школы ИЦА в его родной деревне, расположенной юго-восточнее Пешавара. Ваххабитских медресе в этом регионе было предостаточно, а светских школ не хватало. Генерал пообещал убедить своих друзей в армии сделать новые пожертвования. Он верил, что война против террора, которую вел американец, должна увенчаться успехом.

* * *

Весной в Северном Пакистане должны были открыться еще десять новых школ: девять, построенных на средства читателей журнала «Пэрейд», и восстановленная школа имени Неда Жиллета в Хемасил. В горных долинах Каракорума и Гиндукуша уже работало более сорока учебных заведений ИЦА. Дети, которые получали в них образование, стали самым драгоценным урожаем каждой деревни.

Свой последний день в Скарду Мортенсон провел в гостях у близких его сердцу людей. Туаа снял в шумном и суетливом городе маленький глинобитный домик с видом на широкое поле, где городские дети играли в футбол рядом с пасущимся стадом. В этом домике теперь жила дочь нового вождя Корфе Джахан со своей школьной подругой Тахирой. За ними присматривали двое братьев Тахиры, которые специально для этого спустились с гор. Мужчины следили за тем, чтобы две лучшие девушки долины Бралду сумели реализовать свои мечты.

В ГОРНЫХ ДОЛИНАХ КАРАКОРУМА И ГИНДУКУША УЖЕ РАБОТАЛО БОЛЕЕ СОРОКА УЧЕБНЫХ ЗАВЕДЕНИЙ ИЦА. ДЕТИ, КОТОРЫЕ ПОЛУЧАЛИ В НИХ ОБРАЗОВАНИЕ, СТАЛИ САМЫМ ДРАГОЦЕННЫМ УРОЖАЕМ КАЖДОЙ ДЕРЕВНИ.

Грег долго разговаривал с Туаа: его интересовали успехи девочек. Джахан приготовила для мужчин чай — точно так же, как когда-то делала ее бабушка Сакина. Грег отхлебнул из чашки и с удивлением обнаружил, что пьет «Липтон», а не зеленый чай с прогорклым молоком яка. Он подумал, как бы принимала его в этом доме Сакина. Наверняка она предпочла бы подать ему традиционный напиток балти. И, конечно же, страшно гордилась бы своей внучкой...

Джахан и Тахира окончили курсы акушерок, но предпочли остаться в Скарду и продолжить образование. Они первыми получили стипендии ИЦА и теперь проходили курс в частной образцовой женской школе, где их учили говорить на урду, английскому и арабскому языкам, физике, экономике и истории.

Тахира по дому ходила в безукоризненно белоснежном платке и босоножках, каких никогда не носила в горах. Она рассказала Мортенсону, что после окончания женской школы собирается вернуться в Корфе и преподавать в школе вместе с отцом, учителем Хусейном. «Мне выпал счастливый шанс, — сказала она. — Теперь, когда мы приезжаем домой, все смотрят на нас, на нашу одежду. И считают модными дамами. Думаю, каждая девушка из Бралду заслуживает того, чтобы хотя бы раз в жизни спуститься с гор. Тогда ее жизнь изменится. Лучшее, что я могу сделать, это вернуться и постараться сделать так, чтобы это произошло».

Раньше Джахан собиралась стать медсестрой и вернуться в Корфе. Теперь же она ставила перед собой более высокие цели. «До встречи с вами, доктор Грег, я даже не представляла, что такое образование, — сказала она, наполняя его чашку. — Но теперь думаю, что образование — как вода. Оно необходимо в жизни каждого человека».

«ДО ВСТРЕЧИ С ВАМИ, ДОКТОР ГРЕГ, Я ДАЖЕ НЕ ПРЕДСТАВЛЯЛА, ЧТО ТАКОЕ ОБРАЗОВАНИЕ, — СКАЗАЛА ДЖАХАН. — НО ТЕПЕРЬ ДУМАЮ, ЧТО ОБРАЗОВАНИЕ — КАК ВОДА. ОНО НЕОБХОДИМО В ЖИЗНИ КАЖДОГО ЧЕЛОВЕКА».

«А как же семья?» — спросил Мортенсон, зная, что любой мужчина с радостью женился бы на дочери вождя, особенно если той всего семнадцать лет и она хороша собой. Но обычный мужчина вряд ли смог бы соответствовать запросам этой интересной молодой девушки.

«Не волнуйтесь, доктор Грег! — Туаа рассмеялся хрипловатым смехом, который унаследовал от Хаджи Али. — Эта девушка отлично усвоила ваши уроки. Она уже дала понять, что намеревается закончить учебу, прежде чем можно будет искать для нее подходящего жениха. И я согласен. Если нужно, продам всю свою землю, чтобы она смогла получить образование. Это мой долг перед памятью отца».

«Что же ты собираешься делать?» — спросил Мортенсон у Джахан.

«А вы не будете смеяться?» — застенчиво спросила девушка.

«Не буду», — поклялся Грег.

Джахан вздохнула и собралась с духом. «Когда я была маленькой девочкой, то убегала и пряталась, увидев мужчину или даму в красивой чистой одежде. Но когда закончила школу, моя жизнь изменилась. Я почувствовала, что стала чистой — и теперь могу разговаривать с кем угодно и на любую тему.

Сейчас я уже учусь в Скарду, — продолжала девушка, — и понимаю, что все в моих силах. Не хочу быть просто медсестрой. Я мечтаю стать образованной женщиной, создать больницу и руководить ею — для того чтобы решать все медицинские проблемы жителей долины Бралду. Хочу стать самой знаменитой женщиной нашей долины!»

Говоря это, Джахан смущенно накручивала на палец бахрому своего красивого шелкового платка. Она смотрела в окно, за которым мальчишки гоняли мяч по полю, и тщательно подбирала слова. «Я хочу стать... Суперледи!»

«Я МЕЧТАЮ СТАТЬ ОБРАЗОВАННОЙ ЖЕНЩИНОЙ, СОЗДАТЬ БОЛЬНИЦУ И РУКОВОДИТЬ ЕЮ — ДЛЯ ТОГО ЧТОБЫ РЕШАТЬ ВСЕ МЕДИЦИНСКИЕ ПРОБЛЕМЫ ЖИТЕЛЕЙ ДОЛИНЫ БРАЛДУ. ХОЧУ СТАТЬ САМОЙ ЗНАМЕНИТОЙ ЖЕНЩИНОЙ НАШЕЙ ДОЛИНЫ!»

Мортенсону стало весело, но он не позволил себе даже улыбнуться. Он с огромной гордостью смотрел на прекрасную внучку Хаджи Али и думал о том, какое выражение было бы на лице старого вождя, если бы он дожил до этого дня и увидел, что семена, посеянные им, принесли столь великолепные плоды.

Он был бы счастлив, подумал Грег. И пятьсот восемьдесят писем, двенадцать быков и десять лет работы — не слишком высокая цена за такое счастье.

Он был в этом абсолютно убежден.

Глава 23

Превратим камни в школы

Наша земля ранена. Ее океаны и озеры больны, ее реки подобны разверстым ранам. Воздух напонен ядом. Черный дым бесчисленных адских костров закрывает солнце. Мужчины и женщины, лишенные родины, семьи, друзей, одиноко и печально бродят под палящими лучами ядовитого солнца…

В этой пустыне пугающей, слепой неуверенности люди ищут убежища, стремясь к власти. Есть такие, кто не гнушается обманом и иллюзиями. Если мудрость и гармония все еще живут в этом мире, а не остаются пустой мечтой, потерянной в закрытой книге, они скрываются в наших сердцах.

И мы плачем из глубины своих сердец. Мы плачем, и наши голоса — это зов нашей израненной земли. Наш плач — это великий ветер, несущийся над землей.

Из воинской песни царя Гезара

Самолет, совершавший короткий перелет из Исламабада в Кабул, пролетел над границей Афганистана. Король сидел возле иллюминатора. Он смотрел на страну, из которой был изгнан тридцать лет назад. Мортенсон сразу узнал его — изображение бывшего монарха было на старых афганских банкнотах, которые Грег видел на базарах. В свои восемьдесят девять лет Захир Шах[1] выглядел гораздо старше, чем на официальных портретах.

ИЗ ИЛЛЮМИНАТОРА САМОЛЕТА КОРОЛЬ СМОТРЕЛ НА СТРАНУ, ИЗ КОТОРОЙ ОН БЫЛ ИЗГНАН ТРИДЦАТЬ ЛЕТ НАЗАД.

В салоне не было никого, кроме бывшего правителя Афганистана, его телохранителей, Грега и нескольких стюардесс.

[1]Мухаммед Захир Шах — король (падишах) Афганистана в 1933—1973 годах. После ликвидации монархии и провозглашения Афганистана республикой отрекся от престола.

Шах отвернулся от окна и встретился взглядом с Мортенсоном, сидевшим через проход.

«Ассалам алейкум, сэр», — поздоровался Грег.

«Здравствуйте, сэр, — ответил Шах. За время жизни в Риме он познакомился с разными культурами и без труда определил, откуда прибыл этот крупный светловолосый мужчина в жилете с множеством карманов. — Американец?»

«Да, сэр», — ответил Мортенсон.

Захир Шах вздохнул. Это был вздох старика, за долгие годы лишившегося всяких надежд. «Вы — журналист?» — спросил он.

«Нет, — ответил Мортенсон. — Я строю школы для девочек».

«А чем вы занимаетесь в моей стране, могу я спросить?»

«Весной начал строить пять или шесть школ, иншалла. Я везу деньги на продолжение строительства».

«В Кабуле?»

«Нет, — покачал головой Мортенсон. — В Бадахшане[1] и в Ваханском коридоре[2]».

Шах недоуменно поднял брови. Он пересел к Грегу, и американец немного подвинулся. «Вы кого-нибудь знаете в этом регионе?» — спросил король.

«Это долгая история, — сказал Мортенсон. — Но несколько лет назад киргизы через Иршадский перевал спустились в долину Чарпурсон, где я работал. Они просили меня постро-

---

[1] Бадахша́н — провинция на северо-востоке Афганистана, граничит с Таджикистаном.

[2] Ваханский коридор — узкая полоса приграничного высокогорья в Бадахшане.

ить школы в их деревнях. Я пообещал приехать... обсудить эти планы. Но до сих пор мне это не удавалось».

«Американец в Вахане, — задумчиво произнес Шах. — Мне говорили, что для меня где-то там построили охотничий домик, но я никогда в нем не был. Туда слишком сложно добираться. В Афганистане теперь мало американцев. Год назад этот самолет был бы забит журналистами и сотрудниками благотворительных организаций. Но теперь они все в Ираке. Америка опять забыла про нас».

Годом раньше Шах прилетел в Кабул из долгого изгнания. В аэропорту его приветствовали восторженные толпы. Возвращение короля стало символом того, что жизнь входит в нормальное русло, символом прекращения насилия, которое властвовало в этом регионе во времена правления воинственных вождей и талибов. Захир Шах правил страной с 1933 по 1973 годы, затем был свергнут своим двоюродным братом Мохаммад Дауд Ханом. Годы, в которые Шах находился у власти, стали самым продолжительным мирным периодом в современной истории Афганистана. При нем была принята конституция 1964 года. Она превратила Афганистан в демократическое государство. Были окончательно освобождены афганские женщины. Король основал первый современный университет и пригласил в страну иностранных ученых и специалистов. Для многих афганцев возвращение короля было символом жизни, которую они надеялись обрести вновь.

Но к осени 2003 года эти надежды рухнули. Американские войска, все еще находившиеся в стране, были значительно сокращены (военные или охотились за бен Ладеном и его сторонниками, или охраняли новое правительство Хамид Карзая) — в результате уровень насилия в стране стал постоянно расти. Ходили слухи о том, что талибы снова собирают силы.

ДЛЯ МНОГИХ АФГАНЦЕВ ВОЗВРАЩЕНИЕ КОРОЛЯ БЫЛО СИМВОЛОМ ЖИЗНИ, КОТОРУЮ ОНИ НАДЕЯЛИСЬ ОБРЕСТИ ВНОВЬ. НО К ОСЕНИ 2003 ГОДА ЭТИ НАДЕЖДЫ РУХНУЛИ.

«Боюсь, что мы предали моджахеддинов, — говорит Мортенсон. — В страну поступило меньше трети денег, обещанных нами в качестве помощи. С помощью Мэри Боно я нашел конгрессмена, который отвечал за помощь Афганистану. Я рассказал ему об Узре Фейсад и учителях, которые не получают зарплату, и спросил, почему деньги не поступают в страну. «Все очень сложно, — сказал он. — В Афганистане нет центрального банка, и мы просто не можем переводить деньги».

Но меня подобное объяснение не устроило, — продолжает Мортенсон. — Спецагенты США без проблем чемоданами возили деньги лидерам Северного альянса, воевавшим против талибов. Почему же нельзя сделать то же самое, чтобы построить дороги, водопровод, школы? Если обещания не исполняются и деньги в страну не поступают, народ понимает, что американскому правительству нет дела до Афганистана».

Захир Шах положил свою руку с огромным лазуритовым перстнем на безымянном пальце на руку Грега. «Я рад, что здесь остался хотя бы один американец, — сказал он. — На севере вам нужно встретиться с Садхар Ханом. Он моджахеддин, но заботится о своем народе».

«Я слышал о нем», — кивнул Мортенсон.

Захир Шах вытащил из кармана делового костюма, поверх которого было накинуто традиционное цветное одеяние, визитку и попросил одного из телохранителей принести его саквояж. Затем король прижал большой палец к чернильной подушечке и оставил на обороте визитки отпечаток. «Если вы покажете это Хану, он вам поможет, — сказал Шах. — Аллах с вами. Благословляю».

Заложив крутой вираж, самолет приземлился в кабульском аэропорту. Столица все еще была небезопасным местом, как и год назад. Пилоты делали все, чтобы не оказаться мишенью для «стингеров», которых в руках афганских талибов осталось великое множество.

ПИЛОТЫ ДЕЛАЛИ ВСЕ, ЧТОБЫ НЕ ОКАЗАТЬСЯ МИШЕНЬЮ ДЛЯ «СТИНГЕРОВ», КОТОРЫХ В РУКАХ АФГАНСКИХ ТАЛИБОВ ОСТАЛОСЬ ВЕЛИКОЕ МНОЖЕСТВО.

Уличное движение в Кабуле показалось Мортенсону еще более пугающим, чем раньше. Абдулла невозмутимо крутил руль своей «тойоты», и им удалось избежать четырех столкновений, которые казались абсолютно неизбежными. Наконец Мортенсон оказался в гостинице «Мир».

«Кабул явно контролировался правительством, которое поддерживала Америка, — вспоминает Мортенсон. — Но власть ограничивалась пределами города. Да и в городе они не могли наладить даже дорожное движение. Водители просто не обращали внимания ни на дорожные знаки, ни на полицейских. Все ездили так, как им было угодно».

Мортенсон хотел поехать в Файзабад, самый большой город в Бадахшане. Оттуда можно было совершать вылазки с целью поиска мест для строительства деревенских школ. Добраться же до Файзабада можно было только на машине. Двое суток предстояло ехать по весьма небезопасным дорогам, но другого выбора не было. В свой третий приезд в Афганистан Грег был преисполнен решимости исполнить обещание, данное когда-то киргизам. Пока он был в Пакистане, они обследовали весь Ваханский коридор и проделали долгий путь в Зуудхан, чтобы сообщить о результатах Фейсалу Байгу. Выяснилось, что в этом регионе проживает пять тысяч двести детей, которым негде учиться. И все они, иншалла, ждут, когда Мортенсон начнет строить для них школы.

В ЭТОМ РЕГИОНЕ ПРОЖИВАЕТ ПЯТЬ ТЫСЯЧ ДВЕСТИ ДЕТЕЙ, КОТОРЫМ НЕГДЕ УЧИТЬСЯ. И ВСЕ ОНИ ЖДУТ, КОГДА МОРТЕНСОН НАЧНЕТ СТРОИТЬ ДЛЯ НИХ ШКОЛЫ.

Генерал Башир предлагал переправить Грега прямо в Файзабад на маленьком самолете «сессна», который когда-то доставлял американским солдатам мороженое, минеральную воду, протеиновые батончики и другие припасы. Но американский штаб, располагавшийся в Катаре и контролировавший воздушное пространство Афганистана, отклонил просьбу генерала. Ему запретили отправлять самолет — пусть даже и с гуманитарной миссией.

Мортенсон бродил по темному гостиничному номеру, ругая себя за то, что забыл зарядить ноутбук и аккумуляторы видеокамеры в Исламабаде. Ситуация с электричеством в афганской столице была нестабильной. Очень возможно, что ни одной действующей розетки ему не попадется до самого Бадахшана.

Грег намеревался выехать на север утром. Путешествовать он собирался только в светлое время. Послал Абдуллу найти ему подходящий автомобиль и водителя, которого не напугала бы долгая дорога, изрытая воронками и простреливаемая со всех сторон.

К обеду Абдулла не вернулся. Мортенсон решил поесть, но потом улегся на узкую постель, положил на ухо жесткую подушку, которая пахла помадой для волос, и заснул.

В полночь проснулся от стука в дверь. Ему показалось, что возле гостиницы взрываются мины.

Абдулла принес вести хорошие и плохие. Ему удалось нанять русский джип и найти молодого таджика, который готов был и вести машину, и быть переводчиком. Хаш не мог ехать на север — вряд ли бы там с распростертыми объятиями встретили бывшего талиба. Мортенсона вызвался сопровождать Абдулла. Единственной проблемой, по его словам, был туннель Саланг — единственный путь на север. Туннель собирались закрыть в шесть утра.

«А когда его откроют?» — спросил Грег, протирая глаза.

Абдулла пожал плечами. Понять выражение его обожженного лица было невозможно. Но по сгорбленным плечам таксиста Мортенсон понял, что лучше было и не спрашивать. «Через двенадцать часов... А может, через двое суток, — сказал Абдулла. — Кто знает...»

Мортенсон начал быстро собираться в дорогу.

* * *

Машина Мортенсона кружила по ночным улицам Кабула: водитель-таджик по имени Кайс разыскивал работающую заправочную станцию. Абдулла дремал, Грег смотрел по сторонам.

Город казался обманчиво мирным. Мортенсон увидел разбомбленное здание бывшего Министерства обороны и поразился, как оно еще стоит. Поселившиеся в нем бродяги разожгли костры, чтобы приготовить пищу. Пробоины в стенах и ряды разбитых окон напоминали пустые глазницы, в которых мерцал красноватый отсвет костров. Здание имело нереальный, зловещий вид.

Мортенсону вспомнилась «армия ноутбуков», деловито «маневрирующая» в коридорах Пентагона, сверкающие мраморные полы и безупречно начищенные ботинки Дональда Рамсфелда...

Туннель Саланг находился всего в ста километрах севернее Кабула, но потрепанный джип преодолевал это расстояние так медленно, словно карабкался по крутым дорогам Гиндукуша. Грег был напряжен — засада могла поджидать в любом месте. И все-таки он ухитрился на какое-то время провалиться в сон.

Двухкилометровый туннель Саланг был построен советскими военными в 60-е годы для обеспечения торговли Афганистана со среднеазиатскими республиками СССР. Его пробили в горном хребте, отделяющем северные районы Афганистана от центральной равнины Шомали. Во время войны с талибами Масуд приказал взорвать туннель. После этого добраться до оплота Северного альянса в долине Панджшер можно было только по сложнейшим горным тропам. В результате малочисленные и плохо вооруженные моджахеддины Масуда смогли успешно противостоять армии талибов, имевшей в своем распоряжении танки и японские грузовики. Новое афганское правительство пригласило для расчистки туннеля турецких строителей. Они не только освободили дорогу от бетонных обломков, но и укрепили стены подземного коридора.

ВО ВРЕМЯ ВОЙНЫ С ТАЛИБАМИ МАСУД ПРИКАЗАЛ ВЗОРВАТЬ ТУННЕЛЬ САЛАНГ. ПОСЛЕ ЭТОГО ДОБРАТЬСЯ ДО ОПЛОТА СЕВЕРНОГО АЛЬЯНСА МОЖНО БЫЛО ТОЛЬКО ПО СЛОЖНЕЙШИМ ГОРНЫМ ТРОПАМ.

Мортенсон проснулся оттого, что машина стояла. Он протер глаза: вокруг была непроглядная тьма. У капота джипа раздались голоса. Грег зажег спичку и увидел перепуганного водителя-таджика, а рядом с ним обескураженного Абдуллу.

«Когда отказал радиатор, — вспоминает Мортенсон, — мы находились в середине туннеля, прямо на повороте. Водители других машин, идущих за нами, не могли нас видеть. Для поломки мы выбрали самое плохое место».

Грег вытащил рюкзак и стал рыться в нем в поисках фонарика. Только потом вспомнил, что в спешке оставил его в Кабуле вместе с ноутбуком и фотоаппаратом. Вышел из машины и вместе с Абдуллой склонился над открытым капотом. По туннелю гулял холодный ветер, и спички гасли, стоило только их зажечь. Мортенсон увидел, что лопнул резиновый шланг радиатора.

Он понял, что починить машину своими силами быстро не удастся. И вдруг увидел, что по туннелю со страшным гудением прямо на них несется русский «КамАЗ». Грузовик шел по центру дороги. Мортенсон уже приготовился к столкновению, но в последнюю секунду водитель «КамАЗа» вывернул на соседнюю полосу. Грузовик пронесся в нескольких сантиметрах от джипа, оторвав лишь боковое зеркало.

«Я боялся даже думать о том, что произойдет, если мы будем беспомощно стоять на месте, а из-за поворота выскочит следующая тяжелая машина, — вспоминает Мортенсон. — Поэтому, когда я услышал сзади шум мотора, выскочил на дорогу и замахал руками. К счастью, грузовик остановился. Это было для нас спасением».

Мортенсон и Кайс устроились в кузове грузовика, где уже сидели пятеро афганцев, а Абдулла сел за руль джипа. Грузовик стал вытягивать джип из туннеля. «Это были суровые парни, — вспоминает Мортенсон, — контрабандисты. Но к нам они отнеслись по-дружески. Они везли в Мазаришариф десятки новых холодильников. Грузовик был перегружен, мы еле двигались, но меня это вполне устраивало».

Кайс с опаской поглядывал на своих спутников. На ухо Грегу он тихо прошептал на английском: «Это плохие люди!»

«Я БОЯЛСЯ ДАЖЕ ДУМАТЬ О ТОМ, ЧТО ПРОИЗОЙДЕТ, ЕСЛИ МЫ БУДЕМ БЕСПОМОЩНО СТОЯТЬ НА МЕСТЕ, А ИЗ-ЗА ПОВОРОТА ВЫСКОЧИТ СЛЕДУЮЩАЯ ТЯЖЕЛАЯ МАШИНА».

«Я велел Кайсу помолчать, — рассказывает Мортенсон, — а сам припомнил опыт, накопленный в Пакистане. Контрабандисты были пуштунами, а Кайс — таджиком, поэтому он неизбежно должен был относиться к ним с подозрением. Я же решил довериться им и немного поболтать. Через несколько минут все расслабились. Даже Кайс понял, что это хорошие ребята, когда они предложили нам огромную ветку винограда».

Машины ползли к выходу из туннеля, а Грег жадно поедал сочный виноград. Только сейчас он понял, что с утра прошлого дня у него не было во рту ни крошки.

Когда по другую сторону перевала дорога в туннеле пошла под уклон, Мортенсон поблагодарил контрабандистов за спасение и чудесный виноград. Они с Кайсом забрались в джип к Абдулле. Таксист сумел зажечь фары, хотя двигатель так и не работал. Грег вытянулся на заднем сиденье. Сил у него практически не осталось. Абдулла снял машину с тормоза и умело повел джип, покатившийся вниз по склону, к дневному свету.

Для талибов долина Панджшер, расположенная на востоке за высокими горами, превратилась в территорию страданий и смерти — здесь боевики движения Талибан становились легкой мишенью для армии Масуда. Но Грегу открывшаяся впереди долина Панджшер показалась настоящей Шангри-Ла. Острые заснеженные вершины были окрашены розовым светом восходящего солнца.

ДЛЯ ТАЛИБОВ ДОЛИНА ПАНДЖШЕР ПРЕВРАТИЛАСЬ В ТЕРРИТОРИЮ СТРАДАНИЙ И СМЕРТИ.

«Я был так счастлив, что мы выбрались из туннеля и видим дневной свет, что крепко обнял Абдуллу, — вспоминает Мортенсон. — Он чуть не вывалился из джипа».

Абдулла остановил машину на обочине дороги и вылез из кабины, чтобы попытаться починить поломку. Он оказался ветераном не только военных действий, но и авторемонта в походных условиях. От запасной шины он отрезал кусок резины, обмотал ею поврежденный участок шланга и закрепил скотчем, который Грег обнаружил в пакете с таблетками от кашля в своем рюкзаке.

Залив в радиатор драгоценную минеральную воду из бутылок, они двинулись дальше на север. Стоял священный месяц рамадан, и Абдулла ехал очень быстро, стараясь добраться до ближайшей чайной до того, как начнется официальный дневной пост. Но когда они доехали до первой деревни Поликамри, где некогда находился советский гарнизон, все закусочные и рестораны оказались уже закрыты. Мортенсон вытащил мешок с арахисом, припасенный специально на этот случай. Кайс и Абдулла набросились на орехи.

После завтрака Абдулла отправился на поиски бензина. Вернувшись, загнал джип во двор глинобитной хижины и остановился возле ржавой бочки. К ним подошел согбенный старик, опиравшийся на палку. На то, чтобы дрожащими руками открутить крышку бочки, у него ушло две минуты. Он начал качать бензин ручным насосом, но Абдулла, увидев, что задача старику не по силам, предложил свои услуги.

Пока Абдулла заполнял бак джипа, Грег заговорил со стариком. Тот изъяснялся на дари (этот язык, родственный фарси, очень распространен в Северном Афганистане), а Кайс переводил. «Раньше я жил в Шомали, — рассказал старик, представившийся Мохаммедом. (Огромная равнина Шомали севернее Кабула некогда была житницей всего Афганистана.) — Наш край был настоящим раем. Кабульцы строили возле моей деревни загородные дома и приезжали на выходные. Рядом находился дворец короля Захир Шаха, да будет благословенно имя его! В саду я выращивал фруктовые деревья, виноград и арбузы!»

При упоминании о давно забытом винограде и арбузах Мохаммед сглотнул: его беззубый рот наполнился слюной.

«Когда пришли талибы, оставаться там стало опасно, — продолжал он. — Мы с семьей ушли на север. Прошлой весной я вернулся, чтобы посмотреть, сохранился ли мой дом. Но не смог его найти. В той деревне я родился и прожил семьдесят лет, но теперь не мог ее узнать. Все дома были разрушены. Все деревья вырублены. Талибы сожгли не только постройки, но и все деревья и кустарники. Я узнал собственный сад только по обгоревшему абрикосовому дереву, которое имело необычный ствол, напоминающий человеческую руку».

Чувствовалось, что воспоминания даются старику нелегко.

«Я могу понять, когда на войне стреляют в людей и бомбят дома. Такое случается — и будет случаться всегда, — вздохнул Мохаммед. — Но зачем, зачем талибы убили нашу землю?»

Этот вопрос был адресован не Грегу. Но у кого было найти на него ответ?

«Я МОГУ ПОНЯТЬ, КОГДА НА ВОЙНЕ СТРЕЛЯЮТ В ЛЮДЕЙ И БОМБЯТ ДОМА. ТАКОЕ СЛУЧАЕТСЯ — И БУДЕТ СЛУЧАТЬСЯ ВСЕГДА, — ВЗДОХНУЛ МОХАММЕД. — НО ЗАЧЕМ, ЗАЧЕМ ТАЛИБЫ УБИЛИ НАШУ ЗЕМЛЮ?»

Чем дальше Мортенсон продвигался на север, тем яснее он видел картину разрушений и убийств. В Афганистане убивали всех — не только солдат, но и мирных жителей. Они проехали мимо обгоревшего советского танка «Т-51». Его башня была сворочена какой-то чудовищной силой. Деревенские дети облепили танк со всех сторон. Боевая машина превратилась в игровую площадку.

Они проехали мимо кладбища, где надгробиями служили обломки тяжелых советских вертолетов. Мортенсон подумал, что пилотам не повезло оказаться рядом с территорией Масуда после того, как ЦРУ снабдило моджахеддинов «стингерами» и научило пользоваться ими.

Помимо ржавых и обгоревших боевых машин, Грег повсюду видел лицо Ахмад Шах Масуда — светского святого Северного Афганистана. Масуд смотрел на них с плакатов, доказывая, что его жертва была не напрасной и что есть нечто и после жизни.

До заката они проехали города Ханабад и Кундуз и были на подъезде к Талокану, где собирались остановиться поужинать. В рамадан есть можно было только после вечерней молитвы. Мортенсон, который через неделю должен был выступать перед группой жителей Денвера, собиравшихся сделать пожертвования в фонд ИЦА, торопил Абдуллу. Он не знал, что делать: ехать после ужина в Файзабад или дождаться дня, когда дорога будет более безопасной. Вопрос решился сам собой. Впереди раздались автоматные очереди, и Абдулла резко нажал на тормоза.

ВПЕРЕДИ РАЗДАЛИСЬ АВТОМАТНЫЕ ОЧЕРЕДИ, И АБДУЛЛА РЕЗКО НАЖАЛ НА ТОРМОЗА.

Он включил заднюю передачу и нажал на газ, стараясь увести машину подальше от огненных штрихов трассирующих пуль, пронизывающих темноту афганской ночи. Но автоматные очереди раздались и позади, и Абдулле пришлось снова жать на тормоз. «Быстрее!» — скомандовал он, вытаскивая Кайса и Мортенсона из джипа и падая в грязную канаву на обочине. Пакистанец прижал головы своих спутников к земле, а сам начал молиться, прося Аллаха о защите.

«Мы попали в место разборок между торговцами опиумом, — вспоминает Мортенсон. — Как раз настало время перевозки товара. В эти месяцы банды постоянно воюют между собой за право контролировать дороги, по которым доставляют урожай. Они палили над нашими головами из автоматов. «Калашниковы» издают очень характерный звук, я сразу его узнал. Кайс впал в панику. А Абдулла разозлился. Он был настоящим пуштуном. Он лежал рядом со мной в грязи и ругал себя за то, что подверг меня, своего гостя, такой опасности!»

Мортенсон лежал на холодной земле и старался придумать, как бы выбраться из-под огня. Но сделать ничего было нельзя. К перестрелке присоединились новые бойцы, и интенсивность огня усилилась. Стало почти светло от трассирующих пуль.

«Я перестал думать о спасении и начал вспоминать детей, — говорит Мортенсон. — Пытался представить, как Тара будет объяснять им, почему я погиб; гадал, поймут ли они, что я хотел сделать; поймут ли, что я не хотел их покидать, а просто пытался помочь другим детям, таким же, как они. Решил, что Тара сумеет им все объяснить. И сразу же успокоился».

На дороге появился грузовик, ехавший в направлении Талокана. Его фары осветили обочины дороги, где затаились торговцы опиумом. Перестрелка затихла: бандиты знали местные деревенские машины и не трогали их. Абдулла выскочил из канавы и замахал руками. Старенький грузовик кренился набок под грузом свежих козьих шкур, которые нужно было доставить в дубильню. Он еще не успел остановиться, а Мортенсон уже почувствовал отвратительный запах гниющего мяса.

«Я ПЫТАЛСЯ ПРЕДСТАВИТЬ, КАК ТАРА БУДЕТ ОБЪЯСНЯТЬ МОИМ ДЕТЯМ, ПОЧЕМУ Я ПОГИБ; ГАДАЛ, ПОЙМУТ ЛИ ОНИ, ЧТО Я НЕ ХОТЕЛ ИХ ПОКИДАТЬ, А ПРОСТО ПЫТАЛСЯ ПОМОЧЬ ДРУГИМ ДЕТЯМ, ТАКИМ ЖЕ, КАК ОНИ».

Абдулла подбежал к кабине. По обе стороны дороги начали раздаваться отдельные автоматные очереди. Абдулла окликнул Кайса — ему потребовался переводчик. Таджик дрожащим голосом попросил водителя подвезти иностранца до Файзабада. Абдулла позвал Грега и указал ему на кузов. Мортенсон, еще служа в армии, уяснил, что в подобных ситуациях нужно бегать быстро, пригнувшись. Он изо всех сил старался не стать мишенью для стрелков. Забрался в кузов, и Абдулла закидал его влажными козьими шкурами.

«А что будет с тобой и Кайсом?»

«Аллах позаботится о нас, — ответил Абдулла. — Эти шайтаны стреляют друг в друга, а не в нас. Подождем, а потом на джипе вернемся в Кабул». Мортенсон надеялся, что его друг прав. Абдулла хлопнул ладонью по крылу машины, и грузовик двинулся вперед.

Грег, придавленный вонючими козьими шкурами, зажал нос. Он почувствовал, что грузовик прибавил скорость, и стал смотреть назад. Далеко позади гремели выстрелы, следы от трассирующих пуль рассекали темноту ночи...

Грузовик проехал через Талокан и направился к Файзабаду, поэтому снова пришлось обойтись без ужина. Впрочем, вонь козьих шкур аппетита не возбуждала. И все же ночью инстинкт взял свое. Грег вспомнил про арахис и только тут понял, что оставил сумку в джипе. Он вскочил и начал ощупывать карманы своего жилета. С облегчением обнаружил, что паспорт и пачка долларов при нем. А вот визитная карточка короля осталась в забытой сумке. Вздохнул — делать было нечего: придется общаться с Садхар Ханом без верительных грамот. Мортенсон снова замотал голову клетчатым платком и уставился в звездное небо.

«Я был один, — вспоминает он. — Был покрыт грязью и козлиной кровью. Я потерял свою сумку. Я не говорил на местном языке. Несколько дней ничего не ел, но почему-то у меня было прекрасное настроение. Я чувствовал себя как много лет назад, когда на грузовике, груженном стройматериалами, ехал по ущелью Инда строить школу в Корфе. Как и тогда, не знал, что ждет впереди. Планы на ближайшие несколько дней были расплывчатыми. Я не знал, удастся ли добиться успеха. Но мне это нравилось!»

Торговцы шкурами доставили Грега в файзабадскую гостиницу «Улайя». В разгар сезона перевозки опиума все номера была заняты. Сонный портье выдал одеяло и предложил устроиться в вестибюле, где уже спали человек тридцать. Воды в отеле не было, а Мортенсону страшно хотелось смыть с себя козлиную вонь. Он вышел на улицу. Возле отеля стояла цистерна с водой. Грег открутил кран и обдал себя струей ледяной воды.

«Я БЫЛ ОДИН. БЫЛ ПОКРЫТ ГРЯЗЬЮ И КОЗЛИНОЙ КРОВЬЮ. Я ПОТЕРЯЛ СВОЮ СУМКУ. Я НЕ ГОВОРИЛ НА МЕСТНОМ ЯЗЫКЕ. НЕСКОЛЬКО ДНЕЙ НИЧЕГО НЕ ЕЛ, НО ПОЧЕМУ-ТО У МЕНЯ БЫЛО ПРЕКРАСНОЕ НАСТРОЕНИЕ».

«Я даже не пытался просохнуть, — вспоминает Мортенсон. — Просто завернулся в одеяло и улегся прямо на пол. Это было самое ужасное место для ночевки, какое только можно себе представить. Меня окружали торговцы опиумом и оказавшиеся не у дел моджахеддины. И все страшно храпели! Но стоило закрыть глаза, как я заснул мертвым сном, словно в номере пятизвездочного отеля».

В четыре утра портье всех разбудил и предложил завтрак. По законам ислама, вкушать пищу можно только до утренней молитвы. Грег был так измучен, что ему даже не хотелось смотреть на еду. И все же он присоединился к остальным постояльцам и подкрепился карри с фасолью и четырьмя плоскими лепешками-чапатти.

В морозном утреннем воздухе окрестности Файзабада напомнили Балтистан. Лучи утреннего солнца золотили вершины Памира. Мортенсон снова оказался в знакомых горах. Если не вдаваться в детали, можно было представить, что он вернулся в свой второй дом. И все же разница между Афганистаном и Пакистаном бросалась в глаза. Женщины здесь не прятались по домам. Они свободно ходили по улицам, хотя большинство куталось в глухие белые одежды. Сразу было понятно, что рядом находится бывший Советский Союз: на улицах Грег видел группы вооруженных чеченцев, говоривших с чуждым уху славянским акцентом. Чеченцы деловито направлялись к мечетям для утренней молитвы.

Файзабад — город бедный. Единственным источником дохода в нем является торговля опиумом. На маковых полях Бадахшана собирают урожай, который перерабатывают в героин на городских фабриках. А затем переправляют наркотик в Чечню и в Москву. Талибы жестоко преследовали торговцев опиумом, но когда они ушли, маковых полей в северном Афганистане стало еще больше.

НА МАКОВЫХ ПОЛЯХ БАДАХШАНА СОБИРАЮТ УРОЖАЙ, КОТОРЫЙ ПЕРЕРАБАТЫВАЮТ В ГЕРОИН НА ГОРОДСКИХ ФАБРИКАХ. А ЗАТЕМ ПЕРЕПРАВЛЯЮТ НАРКОТИК В ЧЕЧНЮ И В МОСКВУ.

Согласно данным, собранным организацией «Хьюман Райтс Уотч», при талибах опиум в Афганистане почти не производили, зато к концу 2003 года его было получено почти четыре тысячи тонн. Вся прибыль от торговли наркотиками шла местным вождям, которые на эти деньги формировали собственные армии. Шаткое правительство Хамид Карзая не могло контролировать обстановку. Чем дальше от Кабула, тем слабее влияние центральной власти.

Провинция Бадахшан — самый отдаленный от Кабула регион Афганистана. Абсолютная власть здесь принадлежала командиру Садхар Хану. Мортенсон давно слышал об этом человеке. Местное население относилось к нему с обожанием. Его почитали здесь не меньше героя-мученика, который вел борьбу с талибами, то есть Ахмад Шах Масуда. Хан, как и все местные вожди, взимал плату с торговцев опиумом, тропы которых проходили по его территориям. Но в отличие от других он выделял средства на улучшение благосостояния своего народа. Для бывших боевиков построил большой базар и одалживал им деньги, чтобы они могли заняться частной торговлей и превратиться из моджахеддинов в хозяев. Народ любил Хана, а враги его боялись, потому что вождь был крут.

Бывший пакистанский спецназовец Сарфраз, который защищал Мортенсона и его друзей, когда стало известно о событиях 11 сентября, познакомился с Ханом в Ваханском коридоре, на тропах контрабандистов. «Он, в некотором роде, президент Бадахшана, — говорил Сарфраз. — Хороший ли он человек? Да, хороший. Но опасный. Если враг не соглашается сдаться и присоединиться к его армии, он привязывает его к двум джипам и разрывает пополам».

Днем Мортенсон обменял немного денег и нанял джип. Владельцы машины, отец и сын, согласились доставить его в «столицу Садхар Хана», Бахарак, если он готов выехать немедленно. Правоверные мусульмане хотели вернуться домой к вечерней молитве.

«ЕСЛИ ВРАГ НЕ СОГЛАШАЕТСЯ СДАТЬСЯ И ПРИСОЕДИНИТЬСЯ К ЕГО АРМИИ, ХАН ПРИВЯЗЫВАЕТ ЕГО К ДВУМ ДЖИПАМ И РАЗРЫВАЕТ ПОПОЛАМ».

«Я могу ехать прямо сейчас», — согласился Мортенсон.

«А где твой багаж?» — спросил мальчик, немного говоривший по-английски.

Грег пожал плечами и полез в джип.

«До Бахарака было не больше ста километров, — вспоминает Мортенсон. — Но мы ехали три часа. Окрестности напоминали мне ущелье Инда. Дорога шла вдоль реки, которая проложила русло в узком скалистом каньоне. К счастью, у нас была хорошая машина. Американские машины годятся только для того, чтобы ездить за покупками или возить детей на футбол. По тем дорогам можно проехать только на настоящем русском джипе».

За двадцать минут до Бахарака ущелье закончилось, и взгляду открылась пышная зелень долины между покатыми холмами. На склонах трудились местные «фермеры». Опиумный мак здесь выращивали на каждом клочке земли. «Если бы не мак, можно было подумать, что мы въезжаем в долину Шигар, — говорит Мортенсон, — и направляемся к Корфс. Я сразу почувствовал, насколько близко мы от Пакистана. Хотя я никогда не бывал здесь прежде, показалось, что я вернулся домой, к своему народу».

Окруженный заснеженными пиками Гиндукуша, Бахарак был воротами Ваханского коридора. Эта узкая долина начиналась всего в нескольких километрах восточнее. Мортенсону было приятно думать, что его друзья в Зуудхане совсем рядом.

Водитель и его сын отправились на базар, чтобы узнать дорогу к дому Садхар Хана. На базаре Грег понял, что жизнь тех, кто выращивал, а не продавал опиум, была нелегкой, как и у балти. Продукты на прилавках лежали самые простые, да и тех явно не хватало. Маленькие ослики с трудом таскали корзины с припасами. Животные выглядели больными и недокормленными. Мортенсон знал, что во времена правления талибов Бадахшан оказался полностью отрезанным от внешнего мира, но не представлял себе, насколько тяжела жизнь местного населения.

НА БАЗАРЕ ГРЕГ ПОНЯЛ, ЧТО ЖИЗНЬ ТЕХ, КТО ВЫРАЩИВАЛ, А НЕ ПРОДАВАЛ ОПИУМ, БЫЛА НЕЛЕГКОЙ, КАК И У БАЛТИ.

На рынке единственным транспортом были ослики. Среди них ярким пятном выделялся белый джип, который ехал прямо к ним. Мортенсон замахал руками, справедливо полагая, что человек, имеющий в Бахараке подобную машину, должен знать Садхар Хана. В джипе оказались устрашающего вида моджахеддины. За рулем сидел мужчина средних лет с острым взглядом черных глаз и аккуратно подстриженной черной бородой. Он вылез и подошел к Грегу.

«Я ищу Садхар Хана», — на ломаном дари, которому по пути из Кабула его обучил Кайс, сказал Мортенсон.

«Он здесь», — по-английски ответил мужчина.

«Где?» — не понял Грег.

«Это я. Я — командир Хан».

* * *

Мортенсон нервно ходил вокруг предложенного ему кресла на крыше дома Садхар Хана, расположенного в окружении темных холмов Бахарака. Хан ушел на вечернюю молитву и должен был вот-вот вернуться. Дом командира оказался на удивление скромным, но было совершенно ясно, что этот человек обладает огромной властью. На краю крыши виднелась антенна мощного радиопередачика, напоминавшая длинный флагшток. Хан явно шагал в ногу со временем. На юг смотрели несколько небольших спутниковых тарелок. На крышах соседних домов Грег заметил снайперов, следивших за ним через прицелы своих винтовок.

На юго-востоке виднелись заснеженные горы Пакистана. Мортенсон сразу подумал о Фейсале Байге — и тут же забыл о снайперах. Он начал вспоминать школу за школой, деревню за деревней от долины Хунза до Гилгита и дальше через ущелье Инда до Скарду. Припоминал знакомые места и дорогих ему людей. И ему стало не так одиноко на этой пустой крыше...

Перед закатом Мортенсон увидел, как сотни мужчин выходят из мечети Бахарака. Мечеть больше напоминала военную казарму, чем место поклонения. Последним появился Хан вместе с городским муллой. Он наклонился к старику, обнял его и направился к дому, где на крыше его ждал иностранец.

«Садхар Хан пришел без всякой охраны. С собой он взял только молодого помощника-переводчика. Я знал, что снайперы следят за нами со всех крыш. Даже если бы я не так посмотрел на их командира, меня бы тут же застрелили. И все же я оценил этот жест, — вспоминает Мортенсон. — Как и на базаре, когда мы только познакомились, он хотел во всем разобраться самостоятельно».

«Я ЗНАЛ, ЧТО СНАЙПЕРЫ СЛЕДЯТ ЗА НАМИ СО ВСЕХ КРЫШ. ДАЖЕ ЕСЛИ БЫ Я НЕ ТАК ПОСМОТРЕЛ НА ИХ КОМАНДИРА, МЕНЯ БЫ ТУТ ЖЕ ЗАСТРЕЛИЛИ».

«Простите, что не могу предложить вам чаю, — сказал Хан (его помощник владел английским «на отлично»). — Но через несколько минут вы сможете получить все, что пожелаете». Хан показал на солнце, которое уже скрывалось за горами на западе.

«Все нормально, — ответил Грег. — Я проделал долгий путь, чтобы поговорить с вами. Для меня большая честь — быть здесь».

«И о чем хочет поговорить американец, приехавший из самого Кабула?» — спросил Хан, расправляя свое коричневое шерстяное одеяние, расшитое алыми нитями, — знак высшей власти.

Мортенсон рассказал ему свою историю. Начал он с того, как киргизские всадники в облаке пыли спустились с Иршадского перевала, и закончил свой рассказ описанием перестрелки, свидетелями которой стал днем раньше, и путешествия под козьими шкурами. К удивлению Грега, страшный командир моджахеддинов Бадахшана радостно расхохотался и бросился обнимать пораженного американца.

«Да! Да! — кричал он. — Вы — доктор Грег! Мой друг Ахмед Рашид говорил мне о вас. Это невероятно. Надо же, а я даже не подготовил торжественный ужин! И не пригласил местных старейшин познакомиться с вами. Простите меня!»

Мортенсон улыбнулся. Напряженность, охватившая его за время тяжелейшей поездки на север, исчезла. Хан вытащил из кармана жилета, надетого под традиционной одеждой, самый современный спутниковый телефон и приказал помощникам готовить праздничный ужин. Затем они стали разгуливать по крыше, обсуждая подходящие для строительства школ места.

Познания Хана о Ваханском коридоре, где Мортенсон собирался начать свою работу, были просто энциклопедическими. Он рассказал о пяти деревнях, где построить начальные школы было абсолютно необходимо. Вспомнил о девочках, которые не могли получить образование. Их оказалось гораздо больше, чем Грег мог себе представить. Хан сказал, что в одном только Файзабаде пять тысяч девочек пытаются учиться под открытым небом рядом со школой для мальчиков. И такая ситуация сохранялась во всем Бадахшане. Хан перечислил множество проблем, над решением которых Мортенсон и сотрудники его Института могли работать десятилетиями.

Когда солнце скрылось за западными горами, Хан положил руку на плечо Мортенсона, а другой обвел открывавшийся с крыши пейзаж. «В этих горах мы боролись вместе с американцами против талибов, — сказал он. — И хотя мы слышали немало обещаний, они так и не вернулись помочь нам, когда война кончилась.

Посмотрите на эти холмы, — Хан указал на покрытые валунами склоны. Мрачные валуны высились, как армия мертвых, поднявшихся после наступления темноты. — Сколько людей погибло на них! — Садхар Хан повернулся к Мортенсону. — Каждая скала, каждый камень на этих полях политы кровью кого-то из моих моджахеддинов, шахидов — мучеников, отдавших жизнь в борьбе против талибов. И мы должны сделать так, чтобы их жертва не была напрасной. Мы должны превратить эти камни в школы».

Мортенсон всегда сомневался в том, что перед смертью человек успевает увидеть всю свою жизнь. Слишком мало времени. Но за ту секунду, что он смотрел в черные глаза Садхар Хана, он успел увидеть ту жизнь, которую еще не прожил...

«КАЖДАЯ СКАЛА, КАЖДЫЙ КАМЕНЬ НА ЭТИХ ПОЛЯХ ПОЛИТЫ КРОВЬЮ КОГО-ТО ИЗ МОИХ МОДЖАХЕДДИНОВ. И МЫ ДОЛЖНЫ СДЕЛАТЬ ТАК, ЧТОБЫ ИХ ЖЕРТВА НЕ БЫЛА НАПРАСНОЙ. МЫ ДОЛЖНЫ ПРЕВРАТИТЬ ЭТИ КАМНИ В ШКОЛЫ».

На этой крыше, в окружении суровых каменистых холмов, Грег оказался на распутье. Если он повернется к этому человеку и к этим камням, перед ним откроется новая дорога.

Мортенсон видел эту дорогу еще более отчетливо, чем ту, на которую когда-то давным-давно ступил в Корфе. Видел так ясно, как в детстве — вершину Килиманджаро. Или устремленную в небо К2, которая все еще продолжала сниться ему по ночам.

Он понял, что даст обет, исполнять который будет твердо.

Нужно будет учить новые языки, узнавать новые обычаи... И лишь потом начнется настоящая работа. Снова придется на долгие месяцы покидать жену и детей, и эти расставания омрачали яркую картину, которая открывалась перед ним. Его ожидали блестящие перспективы, которые сияли и переливались на солнце, как нетронутый снежный склон, — и опасности. Опасности поджидали его на каждом шагу...

Мортенсон положил руки на плечи Садхар Хана, как десять лет назад в других горах клал их на плечи другого человека, Хаджи Али. В тот момент он не думал о снайперах, следивших за каждым его жестом с крыш соседних домов. Он думал только о новой вершине, которую поклялся покорить.

В ТОТ МОМЕНТ ОН НЕ ДУМАЛ О СНАЙПЕРАХ, СЛЕДИВШИХ ЗА КАЖДЫМ ЕГО ЖЕСТОМ С КРЫШ СОСЕДНИХ ДОМОВ. ОН ДУМАЛ ТОЛЬКО О НОВОЙ ВЕРШИНЕ, КОТОРУЮ ПОКЛЯЛСЯ ПОКОРИТЬ.

Покорить — во что бы то ни стало.

Благодарности

Когда говорит твое сердце, запомни его слова.

Джудит Кэмпбелл

Я считаю, что все люди планеты должны в течение следующего десятилетия объединить усилия в борьбе за всеобщую грамотность и детское образование. Более 145 миллионов детей в мире лишены возможности учиться из-за бедности, эксплуатации, рабства, религиозного экстремизма и коррупции, процветающей в разных странах. Быть может, эта книга поспособствует тому, чтобы свет просвещения проник в самые темные уголки на нашей планете.

Обычаи многих народов требуют начинать или заканчивать любой разговор извинениями. Люди просят друг у друга прощения за невольные обиды, которые могли нанести собеседнику. Я свято чту и уважаю эту традицию. В своей решимости описать в своей книге все так, как было на самом деле, я невольно обижал разных людей, причинял им боль. Сожалею об этом и прошу прощения. Teri asees chaunde.

Все страницы этой книги можно было бы заполнить благодарностями тысячам людей, которые помогли мне совершить поразительное путешествие, которое началось с поездки на Поле мечтаний в Дайерсвилле, штат Айова, а закончилось на пшеничном поле в другом конце света — в пакистанской деревне Корфе.

Сожалею, — и эта мысль лишает меня сна, — что не могу поблагодарить их всех лично: ведь они наполнили мою жизнь глубоким смыслом. Благодарность живет и в сердце каждого ребенка, получившего образование в результате деятельности Института Центральной Азии (ИЦА), — это стало возможным только благодаря их состраданию и душевной щедрости.

Хотелось бы особенно поблагодарить замечательного автора этой книги, Дэвида Оливера Релина, который не пожалел для работы более двух лет своей жизни. Спасибо тебе, командир Релин!

Больше двух лет нами руководила литературный агент Элизабет Каплан. Лишь благодаря ее помощи наша книга прошла весь путь: от идеи до издания. Лично мне работа над книгой показалась куда более тяжелой, чем все то, о чем в ней рассказывается. Я бесконечно благодарен вам, Элизабет, за терпение, спокойствие и полезнейшие советы!

Судьба свела меня с потрясающими людьми из издательства «Викинг Пингвин»: Рэем Робертсом, Кэролайн Коулберн, Нэнси Шеппард, Джуди Пауэрс и Шарон Гонсалес. Друзья! Наблюдая за тем, как вы готовили издание, я многому научился. Ваш профессионализм и трудолюбие стали для меня примером. Душевно благодарю вас!

Важную роль в создании книги сыграли средства массовой информации. Спасибо всем: газетам в маленьких городках, государственным радиостанциям, телевизионным каналам, журналам и международным агентствам. Спасибо Кэти Гэннон, бывшему руководителю филиала «Ассошиэйтед Пресс» в Пакистане и Афганистане, Ахмед Рашиду, автору книги «Талибан». Вы щедро делились со мной своими энциклопедическими знаниями о горах, медресе и моджахеддинах. Я благодарен сотрудникам журнала «Аутсайд» — Хэлу Эспену, Элизабет Хайтауэр и Марку

Дженкинсу, которые рассказали мне многое о К2, войне на леднике Сиачен и о Ваханском коридоре в Афганистане. Вы сделали все, чтобы свет гуманизма зажегся там, где раньше лишь гремели войны.

Через девятнадцать месяцев после 11 сентября, когда журнал «Пэрейд» опубликовал статью Кевина Федарко «Он борется с террором книгами», американцы прислали в наш маленький офис ИЦА в Монтане более четырнадцати тысяч писем. Америка приняла идею борьбы с терроризмом с помощью просвещения и образования. Нам писали и консерваторы, и либералы, и мусульмане, и христиане, и евреи, и индуисты, и атеисты, и конгрессмены, и водители грузовиков. Спасибо тебе, Кевин; сердечно благодарю и редакторов журнала Ли Кравича и Ламара Грэма — за то, что помогли достучаться до умов и сердец американцев.

За двенадцать лет мы не потратили ни цента из денег налогоплательщиков на строительство школ и покупку учебных принадлежностей. Мы делали нашу работу на средства спонсоров. И я выражаю глубочайшую признательность депутату Палаты Представителей Мэри Боно, которая научила меня пропагандировать в моей стране идею развития женского образования в Пакистане и Афганистане. Благодаря ее урокам я сумел рассказать о том, как образование помогает странам не скатиться в бездну войны и террора. Спасибо и Марку Удаллу за его поистине неоценимую помощь.

Не могу не поблагодарить жителей Южной Дакоты и соучеников по альма-матер. На мою жизнь оказали огромное влияние четверо из них: Ларс Оверскей, Том Брокау, доктор Дэн Беркленд и Эл Нойхарт, основатель журнала «Ю-Эс-Эй Тудей» и организации «Форум свободы», которая в 2004 году присудила мне премию «За свободу духа».

Дорогие друзья мои: наставники, старейшины, учителя, проводники, братья и сестры в Пакистане и Афганистане! У меня нет слов, чтобы выразить вам свою благодарность! Каждый из вас — это звезда, которая горит в ночном небе. Спасибо за вашу верность, энергию и настойчивость в деле образования детей. Шукурия, рахмат, манана, шаккерам, баф, бакшиш — спасибо!

Как бывший военный я салютую нашим солдатам, которые с честью и доблестью служат стране. Как гуманитарий хочу поблагодарить сотрудников благотворительных организаций, которые изо всех сил борются с неграмотностью, болезнями, загрязнением окружающей среды, нарушениями прав человека — и делают это наперекор всему!

Спасибо ученикам Вестсайдской начальной школы из города Ривер-Фоллз, штат Висконсин, которые в 1994 году начали кампанию «Пенни во имя мира» (www.penniesforpeace.org). Вы собрали 62 340 пенни, но ваш пример вдохновил более 80 тысяч школьников из 350 школ. Было собрано не меньше 12 миллионов пенни — на эти деньги мы подарили школьникам Пакистана и Афганистана новые карандаши. И новые надежды.

Большое спасибо сотрудникам Института Центральной Азии (ИЦА) — Дженнифер Сайпс, Келли Тейлор и Кристиане Лейтингер, а также членам совета директоров: доктору Абдул Джаббару, Джулии Бергман и Карен Маккаун. Вы стали истинными участниками этого непростого путешествия. Только благодаря вашей неустанной поддержке и упорству нам удается добиваться успеха.

Хотелось особо поблагодарить верных друзей, которые всегда меня понимали. В моих постоянных метаниях между двумя разными мирами они помогали преодолевать преграды, неизбежно возникающие при переходе из одной культуры в другую. Я бы хотел выразить свою благодарность следующим людям: Джорджу

Маккауну, Талат Джаббару, Нэнси Блок, Анне Байерсдорфер, Бену Райсу, Чарли Шимански, Биллу Гэллоуэю, доктору Луису Райхардту, Джиму Виквайру, Стиву Свенсону, доктору Эндрю Маркусу, Дженнифер Уилсон, Ким Клейн, Берк (Кэтрин) Киган, Винсу и Луизе Ларсенам, Лайле и Бренту Бишопам, Джону и Анне Ригби, Тони О'Брайену, Викки Кейн, Кейт Хамбург, Джеффе Макмиллану, Эндрю Лоусону, Бринн Брейнер, Джону Гузе, Стефани Фриз, Тому и Джуди Воган, Луизе Форрест, Пэм Хайберт, Хадж Фиде Мохаммед Нашаду, Сайед Аббасу, бригадному генералу Башир Базу, полковнику Ильяс Мирзе, капитану Вассим Ифтакар Джанджуа, командиру Садхар Хану, Вохид Хану, Туаа, Элизе и, конечно же, Пэтси Коллинз и Хосе Форкету. Непреклонные и упорные сотрудники ИЦА в Пакистане способны сдвинуть горы во имя своей высокой цели. Бохот шукурия незаменимым Апо ЧаЧа Абдул Разаку, Гулям Парви, Сулейман Миньясу, Сайдулл Байгу и Фейсал Байгу, а в Афганистане Сарфраз Хану, Абдул Ваиклу, Парвин Биби и мулле Мохаммеду.

Не могу не упомянуть о Жане Эрни и Заджи Али. Надеюсь, что не обманул ваших надежд!

Мое детство прошло в Танзании. Родители, Демпси и Джерена Мортенсон, каждый вечер при свете фонаря читали книги мне и моим сестрам: Соне, Кэри и Кристе. Это они пробудили во мне интерес к другим странам и народам. Вдохновили на исполнение гуманитарной миссии, которая определила смысл моей жизни. Меня воодушевлял пример матери, которая посвятила жизнь делу образования. Хотя смертельная болезнь рано отняла у меня отца, никогда не забуду, каким сочувствующим, терпимым и высокодуховным человеком он был.

Что заставило меня делать все то, о чем рассказывается в этой книге? Ответ прост. Когда я заглянул в глаза афганских и пакистанских детей, полные страдания и надежды, то увидел глаза собственных детей. И мы — сотрудники ИЦА — сделали все, что в наших силах, чтобы их будущее стало мирным и счастливым. Для этого надо разорвать порочный круг насилия, войн, терроризма, расизма и ханжества.

Я бесконечно благодарен своим замечательным детям: Амире Элиане и Хайберу. Вы всегда дарили и дарите мне постоянную и бескорыстную любовь. Она заставляет меня стараться изменить этот мир. Я хочу сделать его лучше, чтобы вы — и все дети на Земле! — могли жить долго и счастливо.

Но больше всего я благодарен моей невероятной, чудесной, замечательной жене Таре. Я счастлив, что мы разделяем одни и те же убеждения, любимая. Ты — верный спутник, подруга, мать и жена. За десять лет брака мы часто и надолго расставались. Но твоя любовь давала мне силы следовать зову своего сердца.

Грег Мортенсон

* * *

Благодарю Грега Мортенсона за то, что он рассказал мне свою удивительную, потрясающую историю. Спасибо ему и за то, что предложил мне поведать ее миру. Также хочу поблагодарить Тару, Амиру, Хайбера и весь клан Мортенсонов-Бишопов за то, что во время моих частых наездов в Боузмен я всегда чувствовал себя как дома.

Бригадный генерал Башир Баз и полковник Ильяс Мирза из авиакомпании «Аскари» помогли мне не только добраться до самых отдаленных долин Северного Пакистана, но и понять те сложнейшие проблемы, с которыми сталкивается сегодня пакистанская армия. Бригадный генерал Бангу на своем верном «Алуэтте» вылетал со мной в горы Каракорума и Гиндукуша, а по ночам увлекательно рассказывал мне о прекрасном будущем своей страны.

Сулейман Миньяс помогал мне успешно преодолевать все полицейские барьеры и показывал самые интересные районы Исламабада и Равалпинди. Благодаря его удивительному чувству юмора я — чужой в Пакистане — сумел понять душу этой страны и оценить ее колорит. Гулям Парви был неустанным наставником и переводчиком, который помог мне познакомиться с богатейшей культурой народа балти. Апо, Фейсал, Назир и Сарфраз приняли меня как родного и заботились обо мне во время поездок по Северному Пакистану. Туаа, Джахан и Тахира и все остальные красивые и гордые жители Корфе помогли понять, что изоляция от мира и бедность не могут помешать обществу создать счастливое будущее для своих детей. За время поездок по Пакистану я убедился в том, что более гостеприимной страны на Земле просто не существует.

Ахмед Рашид, принимавший участие в мировом саммите в Мадриде, посвященном проблемам терроризма, не пожалел времени на то, чтобы познакомить меня с проблемами и сложностями пакистанской политической системы. Он ясно показал связь между ростом количества медресе и уровнем экстремизма. С миром альпинизма меня познакомили Конрад Анкер, Дуг Кэбот, Скотт Дарсни, Джон Кракауэр, Дженни Лоуи, Дэн Мазур и Чарли Шимански. Джим «Мэпмен» МакМагон сделал прекрасные карты к этой книге.

Я бесконечно обязан моему старинному другу, Ли Кравицу из журнала «Пэрейд», который однажды сказал мне о Греге Мортенсоне: «Вот человек, с которым ты должен познакомиться». Наша книга была создана только благодаря его мудрости и советам. Хочу поблагодарить его и за то, что в свое время ему хватило здравого смысла жениться на Элизабет Каплан, которая направляла нашу работу, довела книгу до публикации и объяснила все тонкости книжного бизнеса. Я благодарен также Рэю Робертсу из издательства «Викинг» — за его эрудицию и умение справляться со всеми трудностями, которые возникали во время подготовки книги к печати.

Спасибо виноторговой фирме «Мерфи-Гуди» за предоставленные напитки, благодаря которым многие интервью в моей работе стали более интересными и содержательными. Я благодарен также Виктору Ичиоке из компании «Маунтин Хардвер» за экипировку, необходимую для поездки в Северный Пакистан. Не могу не отметить многочисленные кофейни Портленда — пожалуй, лучшие на Земле, — за то, что там позволялось накачанному кофеином писателю работать далеко за полночь.

И, наконец, хочу поблагодарить Даун — она сделала для меня очень многое. Меня неизменно вдохновляло ее прелестное, освещенное теплым светом камина лицо, когда я читал ей первые главы книги.

Дэвид Оливер Релин

Дополнительную информацию можно получить по адресу:

Central Asia Institute
P.O. Box 7209
Bozeman, MT 59771
406-585-7841
www.ikat.org

Литературно-художественное издание

ПСИХОЛОГИЯ. ЗАРУБЕЖНЫЙ БЕСТСЕЛЛЕР

Грег Мортенсон

Дэвид Оливер Релин

ТРИ ЧАШКИ ЧАЯ

Главный редактор *Р. Фасхутдинов*
Руководитель направления *Л. Ошеверова.* Ответственный редактор *К. Елисеева*
Литературные редакторы *И. Гетманский, О. Ганеева*
Художественный редактор *П. Петров.* Технический редактор *О. Куликова*
Компьютерная верстка *Г. Дегтяренко.* Корректор *О. Степанова*

Страна происхождения: Российская Федерация
Шығарылған елі: Ресей Федерациясы

ISBN 978-5-699-43672-9

9 785699 436729 >

ООО «Издательство «Эксмо»
123308, Россия, город Москва, улица Зорге, дом 1, строение 1, этаж 20, каб. 2013.
Тел.: 8 (495) 411-68-86.
Home page: www.eksmo.ru E-mail: info@eksmo.ru
Өндіруші: «ЭКСМО» АҚБ Баспасы,
123308, Ресей, қала Мәскеу, Зорге көшесі, 1 үй, 1 ғимарат, 20 қабат, офис 2013 ж.
Тел.: 8 (495) 411-68-86.
Home page: www.eksmo.ru E-mail: info@eksmo.ru.
Тауар белгісі: «Эксмо»
Интернет-магазин : www.book24.ru
Интернет-магазин : www.book24.kz
Интернет-дүкен : www.book24.kz
Импортёр в Республику Казахстан ТОО «РДЦ-Алматы».
Қазақстан Республикасындағы импорттаушы «РДЦ-Алматы» ЖШС.
Дистрибьютор и представитель по приему претензий на продукцию,
в Республике Казахстан: ТОО «РДЦ-Алматы»
Қазақстан Республикасында дистрибьютор және өнім бойынша арыз-талаптарды
қабылдаушының өкілі «РДЦ-Алматы» ЖШС,
Алматы қ., Домбровский көш., 3«а», литер Б, офис 1.
Тел.: 8 (727) 251-59-90/91/92; E-mail: RDC-Almaty@eksmo.kz
Өнімнің жарамдылық мерзімі шектелмеген.
Сертификация туралы ақпарат сайтта: www.eksmo.ru/certification
Сведения о подтверждении соответствия издания согласно законодательству РФ
о техническом регулировании можно получить на сайте Издательства «Эксмо»
www.eksmo.ru/certification
Өндірген мемлекет: Ресей. Сертификация қарастырылмаған

12+

Дата изготовления / Подписано в печать 12.11.2021.
Формат 60x84 $^1/_{16}$. Гарнитура «GaramondBookITC ».
Печать офсетная. Усл. печ. л. 36,4 + вкл.
Доп. тираж 4000 экз. Заказ 7408/21

Отпечатано в соответствии с предоставленными
материалами в ООО "ИПК Парето-Принт",
170546, Россия, Тверская область, Промышленная зона
Боровлево-1, комплекс № 3А, www.pareto-print.ru

Пакистан
и соседние
государства
Таджикистан
Китай
Файзабад
Бахарак
Вакханский коридор
Каракорумская гряда
Гиндукуш
Афганистан
Гилгит
Инд
Каракорумское
шоссе
Скарду
Плато Деосай
Балтистан
Долина Панджшер
Туннель
Саланг
Пограничная линия
Равнина Шомали
Каргил
Джелалабад
Кабул
Хайберский
перевал
Шринагар
Тора-Бора
Пешавар
Исламабад
Равалпинди
Северный
Вазиристан
Банну
Южный
Вазиристан
Пакистан
Инд
Лахор
Индия
N
W
E
S
0
80 километров
0
50 миль
Аравийское
море
Бенгальский
залив